KB043150

# 韓國의 檄文

# 한국의 격문

송찬섭 · 안태정 엮음

다른생각

# 책머리에

역사는 종종 물의 흐름에 비유되기도 하는데, 잔잔히 흐르기도 하지만 때로는 격류를 이루기도 한다. 특히 외세의 침략과 전쟁, 내부적인 갈등과 저항, 이렇게 빚어진 사건들은 거센 격류가 되어 역사의 흐름이 얼마나 도도한지 뼈저리게 느끼게 한다.

이 책은 주로 역사가 격류를 이룰 때 터져 나온 주장들을 모은 책이다. 이른바 격문류라고 부를 수 있는데, 곧 각종 격문을 비롯하여 선언문, 창의문 등을 포함할 수 있다. 이러한 글은 대단히 역사적 가치가 있는 자료들이다. 이 같은 격류 속에서 사회의 실태를 잘 드러내고 있기 때문이다.

이러한 목소리들은 시기마다 있었을 것이다. 우리 근·현대사에 있어서 갑오농민전쟁, 의병전쟁, 3.1운동, 4월혁명, 6월민주항쟁 등 큰 사건마다 여러 종류의 자료들이 있다. 반면 전근대 시기에는 실제 남아 있는 자료가 별로 없었다. 그래서 임진왜란 때부터 시작하였지만 자료의 대부분은 근·현대 사회가 중심이 되었다. 여기에 담은 내용은 각 시대의 중요한 사건들이 많이 포함되었다. 비중이 큰 사건일수록 이 같은 문제를 해결하기 위해 격문의 주체들이 우리 사회를 향해 목소리를 내고 호소하였기 때문이다. 외세의 침략에 대해서는 당연히 구성원 모두를 향해 호소하게 되겠지만, 사회 내부 지배권력이나 지배집단에 대한 저항인 경우에도 그러한 경우가 많다. 가령 노동·농민 단체들의 선언문은 기본적으로 그들의 사정을 담은 것이지만 대중들에게 호소하는 의미도 있다. 이런 의미에서 진정한 격문은 우리 사회 전체 구성원을 대상으로 한다고 볼 수 있다. 따라서 일부집단, 특히 권력층이 대중에게 홍보하기 위해 만든 자료는 당연히 여기에 포함할 수 없다.

이 자료를 모으기 위해 여러 가지 문집, 독립운동사사료집, 신문, 잡지 등을 비롯하여 여러 단체에서 나온 백서 등을 이용하였다. 여기에서 빠진 자료도 많고 또 앞으로 진행될 사건에서도 계속 자료가 만들어질 것이다. 그런 점에서 지속적으로 보완할 필요가 있다.

그렇지만 막상 모아놓고 보니 부족한 점이 많았다. 어디까지를 이같은 범주에 넣을 수 있을지 판단하기가 어려웠다. 또한 의외로 일반인들이 직접 작성한 글은 거의 없었다. 주로 지식인들이 작성한 글이어서 내용이 어려운 글들도 많았다. 이를 다시 쉽게 풀이하거나 재구성할 필요가 있지 않을까 하는 생각도 들었다. 또한 격문 형식의 모든 글들을 포함할 수가 없어서 선택에 문제가 있을 수 있다. 필자 소개나 간단한 주석을 달았지만 그 격문이 나오는 과정을 잘 이해할 수 있는 상세한 설명이 필요한 곳도 적지 않을 것 같다.

이 같은 격문을 모으는 작업을 한 것은 십여 년 전의 일이다. 1980년대 사회의 민주화과정에서 다양한 계층의 목소리들이 선언문 등의 이름으로 터져 나왔기에 이런 자료들이 한 시기를 생생하게 이해하는 데 매우 중요한 자료가 되리라고 여겼다. 그러나 처음에 의미를 갖고 대략 모았으나 그 뒤 마무리를 하지 못 한 채 던져두었다.

출판사 측으로부터 다시 요청을 받고 보완작업을 하였으나, 여전히 끌어나가야 할 것인지 멈추어야 할 것인지 판단하기가 쉽지 않았다.

다만 10여 년을 끌어온 미안함을 부끄러워하면서 그러나 더 이상 묵혀
둘 수 없는 상황이어서 부족한대로 출간을 하기로 하였다. 독촉도
하며 작업을 완료하기 위해 애를 쓴 출판사에 미안함과 더불어 고마움
을 표한다.

　　아무쪼록 이 책이 우리 역사의 흐름을 이해하는 데 조그마한 도움이
라도 된다면 매우 다행스럽겠다.


　　　　　　　　　　　　　　　　　　　　2007년 7월
　　　　　　　　　　　　　　　　　　　　엮은이

# 한국의 격문 ······················································· 차례

# 제3부 일제 침략기의 격문

# 제4부 해방정국의 격문

# 제5부 현대의 격문

# 제1부 조선시대의 격문

| 곽재우 |

# 김수(金睟)를 처단하자

　도내(道內)의 여러 의병과 군자들에게 고하노라. 김수는 나라를 망친 큰 반역자이다. 춘추대의로 논한다면 누구를 막론하고 그 자의 목을 베어야 할 것이거늘 혹자는 말하기를 "감사(監司)의 과오는 말을 꺼내기도 어려운데 하물며 어떻게 목을 베자고 하겠는가?"라고 한다.

　이는 한갓 감사만 알고 임금을 모르는 말이다. 왜적을 맞아들여 서울까지 들어가게 하여 임금으로 하여금 피난하게 하였으니 이런 자를 어찌 감사라고 하리요? 수수방관하면서 나라가 망하는 것을 즐거워하였으니 이런 자를 어찌 감사라 할 수 있단 말인가?

　온 도(道)의 백성들이 모두 김수의 신하라면 차마 그의 죄를 말하지 못하고 그의 목을 베자고도 하지 못하겠지만 온 도의 백성들이 모두 주상 전하의 신하일진대 나라를 망하게 한 반역자는 누구나 처단해야 할 것이며 패망을 기뻐한 간사한 자는 누구나 다 죽여야 할 것이다. 그럼에도 불구하고 김수를 사형에 처하자는 말이 의리에 부합되지 않는 일이라고들 말한다.

　나라의 원수를 갚고 나라의 반역자를 처단하는 것, 이것이 곧 의리이다. 김수는 의리를 저버린 지 이미 오래이다. 김수야말로 의리에 부합되느냐 안 되느냐는 논할 여지도 없다. 먼저 반역자의 목을 베어 퇴각하라는 조서가 내리지 않도록 하고 국왕의 행차를 모시고 돌아와 나라를 중흥시키는 것이야말로 의리에 크게 마땅한 일이다.

　충심으로 원하노니 의병과 여러 군자들은 이 격문을 자세히 읽고 사방 병사들을 인솔하여 김수가 있는 곳으로 모이라. 김수의 목을 베어 왕의 행재소(行在所)에 바친다면 그 공은 풍신수길(豊臣秀吉)의 목을 바치는 것보다 몇 배나 되리라. 여러 의병들은 깊이 생각할지어다.

만일 지방의 유수(有守)로서 이 나라가 처한 위험과 신하로서의 의리를 생각지 아니하고 반역자인 김수의 죄를 감추고 자기 고을 사람들로 하여금 의병을 일으키지 못하도록 한다면 이런 자는 김수와 같은 반역자로 벌하리라.

---

**곽재우[郭再祐; 1552(명종 7년)~1617(광해군 9년)]**

경남 의령 출신으로 그 장인인 조식(曺植)의 문하에서 공부하였고 무예에도 뛰어났다. 24세에 문과에 급제하였으나 왕의 뜻에 거슬린 글귀 때문에 박탈당하였다. 1592년 왜란이 일어나자 곧 의병을 일으켜 하늘이 내린 홍의장군(紅衣將軍)이라 불리며 왜적을 거듭 물리쳤다. 당시 경상도 순찰사 김수는 적병을 피하여 도망했다가 곽재우를 모함하고 그 의병부대를 유지하기 어렵게 하였다. 이에 곽재우는 김수의 죄를 질책하는 두 개의 격문을 써서 김수와 경상도 각 고을에 보냈다. 이 격문은 그의 문집인 『망우당집(忘憂堂集)』에 실려 있다. 임진란 이후 여러 차례 벼슬이 내려졌으나 사양하고 은둔생활을 하다가 세상을 떠났다.

| 김응복 |

# 왜장 가등청정(加藤淸正)과 남도가하수(南島加賀守)에게 보내는 격문

조선은 비록 작으나 예의를 숭상하는 나라이며 일본은 비록 크다고 하나 바다 건너의 추악하고 더러운 나라이다.

우리는 우리대로 살고, 너희는 너희대로 살 것이다. 우리는 우리의 풍속과 습관으로, 너희는 너희의 풍속과 습관으로 살아갈 것이다. 의관도 같지 않고 언어도 서로 다르므로 예전부터 교린(交隣)을 나눔이 없어 서로 왕래한 기회도 적었다. 그런데 이 무슨 일이냐? 흉악하게도 대군을 몰아 함부로 우리나라에 쳐들어오다니! 네놈들은 참으로 음흉하고 패악스러워 그 죄를 모르고 있다. 내 이제 너희의 죄를 물어 너희들에게는 죽음만이 있을 뿐 살길이 없음을 알리노라. 그러나 우리는 선으로써 너희들에게 너희가 죽음에서 살아날 수 있는 길을 깨우쳐 주리니 들어라!

너희가 이미 우리 임금을 핍박하였으므로 임금의 원수를 갚는 것은 우리나라 충신들의 의분이요, 너희가 이미 우리의 도성을 함락시켰으니 나라의 치욕을 씻는 것은 우리나라 의사들의 의분이요, 너희가 이미 우리 부모들을 죽였으니 그 원수를 갚는 것은 우리나라 효자들의 마음이며, 너희가 이미 우리의 형들을 살육하였으니 그 원한을 씻는 것은 갸륵한 동생들의 마음씨이다. 그러므로 충신과 의사, 효자와 갸륵한 동생들이 여기저기서 벌떼처럼 일어나 곳곳에서 군사들을 모으고 있다. 이러한즉 너희 무리들에게는 반드시 죽음만

있을 뿐 살아날 길이 없음이다. 하물며 하늘까지도 더러운 네 놈들을
증오하고 있음에랴!

    …(원문 65자 생략)…

　너희 도적의 무리들이 이미 죽음에 직면하였으니 너희가 비록 살아
남아 있기는 하나 이는 독 안에 든 쥐새끼 무리에 지나지 않는다.
하늘은 높아 오르지 못할 것이요, 땅은 깊어 들어가지 못할 것이니,
너희가 장차 어디로 도망칠 것이냐?

　구원병이 벌써 함흥에 이르러 산중에 진을 치고도 네 놈들을 급히
공격하지 않는 것은 너희가 임해군(臨海君)과 순화군(順和君) 두 왕자를
공손히 모시고 있고 홍여공(洪汝恭)의 딸 신씨, 물씨 두 부인을 살려두고
있기 때문이다. 바로 오늘 시급히 이분들을 풀어 돌려보내야 한다.
오늘 할 수 없다면 내일 돌려보내라. 내일도 할 수 없다면 모레는
보내야 한다. 만일 모레까지 보낼 수 없다면 결국 돌려보내지 않으려는
것이니 그렇다면 강력한 궁사 10만, 화포군 3만, 창을 든 병졸 6만을
몰아 곧바로 성 밑으로 진격하여 너희의 소굴을 소탕해버릴 것이다.
이때 가서 비록 후회한들 무슨 소용이 있겠느냐? 만일 너희들이 납치해
간 늙은이와 어린이들을 돌려주고 흉악한 무장을 거두어 너희 나라로
돌아간다면 우리는 마땅히 너희에게 돌아갈 길을 내어줄 것이요, 우리
나라에 귀화하기를 원한다면 우리는 너희에게 장차 살길을 마련해
줄 것이다. 우리나라는 본래 예의를 소중히 여기는 나라로써 말한
것은 반드시 실행하나니 거짓말인가 의심하지 말고 격문이 이르는
대로 서둘러 계책을 세우라!

　* 큰 종이에 이 격문을 써서 장대 끝에 달아매서 계사년(1593) 2월
초여드렛날 내 몸소 군사 열두 명을 거느리고 곧바로 만세교(萬歲橋;

함흥 읍내의 다리—엮은이)와 낙민루(樂民樓) 아래로 들어가서 꽂았다. 그랬더니 왜놈들이 무리로 줄을 지어 서서 한 놈을 보내어 그 장대를 뽑아 가지고 이 글을 보고는 곧 다음과 같이 답서를 보내왔다.

"오늘은 이미 날이 저물어 회답할 수 없으니 내일 날이 새면 곧 만세교에 이르러 다시 답서를 올릴 것을 약속하니 오늘은 그대로 돌아가 달라."

놈들이 약속한대로 이튿날 회답한 글을 가서 보려고 하였더니 북병사 성윤문(成允文)과 남병사 최호(崔湖)가 왜적이 이 글을 보고 곧 군사를 동원하여 싸우러 나오지 않을까 두려워하여 나를 꾸짖고 심지어 죄까지 주려고 곧 도순사에게 보고하였다. 그러나 그는 나에게 벌을 주기는 커녕 도리어 정윤문과 최호를 꾸짖었다. 다음날 성 안을 바라보니 포성은 잠잠해졌고 정문은 닫혀 있지 않았다. 가만히 들어가 보니 빈 가마니가 다리 위에 깔려 있었으니 왜놈들이 밤을 타서 몰래 남으로 도망친 것이 분명하였다. 성 안에 들어가 보니 다만 부상자만 4, 5명 있을 뿐 관사의 창고들은 모조리 탕진되어 남은 것이라고는 아무 것도 없었다. 이리하여 피난하였던 백성들은 돌아와서 다시 모여 살게 되었다. 이 격문이 용만(龍灣)에까지 전해지자 임금이 보고 극히 감탄하였다고 한다.

**김응복(金應福, 1561~1611)**

나주에서 출생하였고 고향에서 학문을 닦다가 전쟁이 일어나자 의병을 조직하여 정문부(鄭文孚)를 도와 왜장 가등청정의 부대와 용감히 싸웠다. 임란 후 그 공로로 장흥고 직장이라는 벼슬을 하였으며 문과에도 급제하였다. 그의 문집으로 『해산정유고집(海山亭遺稿集)』이 전해지고 있다.

## | 홍계남 |
# '복수대(復讐隊)'로 나서자

이 땅에서 먹고 자라 숨쉬고 사는 사람은 모두 다 창을 베고 자며 쓸개를 씹어가면서 임금과 어버이를 위해 복수하려 한다. 그러나 나는 불행히도 이번 난리를 만나 흉한 칼날 아래 아버지와 형을 함께 잃었으니 어찌 구차히 살아 있기를 구하여 왜적들과 한 하늘을 이고 살 수 있으랴?

생각건대 멀고 가까운 지방 선비와 백성으로서 나와 같은 참화를 입은 사람이 천, 백뿐이 아니리라. 그런 사람들을 모아 한 부대를 이루어 '복수대'라고 일컬으며 부형의 깊은 원수를 갚으려 한다.

부형과 처자의 죽은 뼈가 들판에 버려져 있으며 그 원통한 넋이 의지할 곳 없는데 나 홀로 편안히 앉아서 복수할 것을 생각지 않는다면 황천에서도 알음이 있다고 할 때 그들이 과연 '나도 아들이 있다', '나도 아우가 있다'고 말하겠느냐?

> **홍계남**(洪季男, 생몰연도 미상)
>
> 수원 출신으로 임진란이 일어나자 아버지인 충의위(忠義衛) 홍언수(洪彦秀)를 따라 안성에서 의병을 일으켜 싸우다가 아버지가 전사하자 혼자 적진에 뛰어들어 그 주검을 찾아왔다. 부모 형제가 왜적에게 죽은 사람들에게 격문을 보내 원수를 갚기 위한 의병부대를 조직하여 여러 곳에서 승리를 거두었다. 그 공으로 수원 판관, 충청도 조방장, 영천 군수 등을 역임했으나 서자 출신이므로 진급할 수 없었다. 1595년 경상도 조방장(助防將)이 되어 이몽학(李夢鶴)의 난을 토벌하는 데 공을 세웠다.

## | 조 헌 |

# 의병이여 일어나라! 왜적을 쳐부수자

임진년(萬曆 20년, 선조 25) 6월 12일 전 제독관 조헌은 팔도의 문무 동료와 향리의 여러 동지, 승려와 백성, 부모 형제, 영웅호걸들에게 삼가 고하노라.

천지의 큰 덕은 살리는 것이니 그러기에 만물이 제각기 자리를 얻어 사는 것이다.

귀신과 사람이 다 같이 증오하는 것은 도적이라. 화살이 이 원수들에 게 함께 하여 그들의 고향 땅에 돌아가지 못하게 하리라. 볼 수 있고 들을 수 있는 자라면 누구인들 분노하지 않겠는가! 이들 섬 오랑캐의 노략질은 묘족이 의를 업신여김보다 심하여 임금 죽이기를 여우나 토끼 잡듯이 하여 그 죄악은 하늘에 사무치고 인민을 죽이기를 풀 베듯 하였나니 그 원한은 온 나라에 가득 찼다. 불알 까고 코 베는 짓까지 다하면서도 그칠 줄 모르고 난류를 알고서도 끝내지를 않는다.

한착[寒捉; 하(夏)나라 사람. 처음에 한후(寒后) 백명(伯明)에게 벼슬하고 나중에 예(羿)가 찬탈하여 유궁씨(有窮氏)를 칭하자 그 재상이 되었다가 예를 시해하고 황제가 되었다. 하나라의 신하 미(靡)가 유격씨(有隔氏)의 힘을 빌어 착(捉)을 면하고 소강(少康)을 세웠다―엮은이]이 제 무덤을 파는 것을 알지 못하고 역량(逆亮; 풍신수길을 가리킴―엮은이)이 전쟁을 일삼아 감언과 간사한 계교로 처음에는 이익을 노리는 듯하더니 사람을 감추고 자취 를 숨겨 몰래 군대를 거느리고 바다를 건너 이 땅에 기어들었구나.

태평세월이 오래여서 원수를 막아낼 준비가 없었으나 사나운 말굽 아래 이렇게 짓밟힐 줄 꿈에도 몰랐구나. 애석하게도 문경 새재가 무너지자 민망스럽게도 임금의 수레는 멀리 옮겨갔다. 통분하도다! 서울[漢中]에 원수의 칼날이 번득이다니, 애닯게도 먼 북쪽 하늘만 바라보노라.

내 어찌 알았으랴! 이 나라 수십 고을에 적을 단숨에 물리칠 용사가 한 사람도 없을 줄을. 원수들이 칼춤을 추면서 제멋대로 침범한 적은 이 나라 역사에 있지 않았노라.

남의 부모를 죽이고 남의 남편을 죽이는 죄만 하여도 화기를 헤쳐 재앙을 받을 것인데 온 겨레의 목숨을 빼앗고 온 겨레의 재산을 불태우니 어찌 악하면 죄를 재촉한다는 것을 알지 못하는가.

날마다 백성들의 원한이 쌓여가고 달마다 의사들의 분노는 더해 가는데 하물며 신하된 자들이 도망하여 숨는 짓은 금수들의 음탐함보다도 심하도다. 인간의 가죽을 썼다면 인간의 마음이 있으련만 예의와 염치는 찾아볼 수 없구나. 천명을 받들면 반드시 하늘의 토벌이 이루어질 것이니 어찌 적중에 파고 들어가고 적이 강한 것을 겁내겠는가. 싸움을 일삼는 자는 싸움으로 망하나니 백기[白起; 전국시대 진나라 사람으로 용병에 능하였고 소왕(昭王)에게 사사하여 남북의 여러 지역을 정복하였으나 나중에 사사(賜死)됨—엮은이]가 사사되었고, 살육을 좋아하는 자는 대벽(大辟)을 받게 되니 나중에 황소가 패멸한 것과 같다. 그런 까닭으로 중국과 만이(蠻夷)가 모두 이 왜적이 망할 것이라고 하며, 산천의 귀신도 이미 이 추한 무리들을 지하에서 저주했을 것이다.

생각건대 병사를 동원하여 적을 치려면 군법을 세워 군법대로 할 것이요, 태평무사하게 좋은 날 좋은 때만 앉아서 기다릴 것은 아니다. 그런데 어째서 높은 관리들은 거듭 내리는 임금의 명령을 헛되이만 하느냐?

영남과 호남을 지키던 자들은 임금과 어버이의 근심과 급박함을 모르는 체하였고, 경기지방에서도 앉아서 고스란히 원수들에게 내맡기고 말았다. 삼도를 관장하는 임무를 맡고서도 선봉대를 구원하지 않고, 싸우다가 한 번 패하면 영영 다시 일어설 줄 모르니, 이를 논한다면 왜구를 도와준 큰 죄로 어찌 병사를 지휘하는 대권에 합당한 일이겠는가. 북쪽 저 묘당(廟堂)은 머나먼 데서 군대가 누차 패하였다는 소식에 탄식하였으리라.

원수들의 포위망은 겹겹이 싸여 이 나라 백성들은 다시 살길이 끊겼으니 이렇듯 원수들의 침해와 횡포가 계속된다면 필경 이 나라는 피바다가 되고 말리라. 고상한 예절과 찬란한 문화로 빛나던 이 나라 이 강산이 영원히 섬 오랑캐에게 짓밟힌단 말이냐?

아! 하늘이 조선을 도우사 아직도 서해안 일대가 온전하다. 백성들이 도리를 알고 있거니 어찌 목숨을 바쳐 싸우려는 영웅들이 없을쏘냐? 때마침 의병을 불러일으키는 격서가 내리자 과연 그 한 줄의 글발이 지사들의 의기를 불러일으켰다.

의병장 고동래(高東來, 고경명을 말함—엮은이)는 적정을 헤아리는 데 밝고, 김수원(金水原, 김천일을 말함—엮은이)은 부대 편성에 뛰어나며, 곽 장군(곽재우—엮은이)은 영남에서 의병을 일으켜 그 기세가 산악을 진동하고, 김 제독(金沔)은 호남 우도에 격문을 날려 그 위력이 활활 타오르고 있다. 이 모두 시국을 바로잡으려는 영재들이니 필연코 사람을 움직이는 큰 힘이 되리로다.

맹호 같은 우리 부대 왕성히 모여들 때, 쥐떼 같은 원수들은 점점 망하리라. 하물며 호서지방 선비들의 기풍으로 다투어 적개심을 높인다면 광무제가 등군(鄧軍)의 의견을 믿어 큰 공훈을 세우게 한 것같이 어찌 천추에 이름을 날릴 장한 위훈을 세우지 않겠는가!

바라노니 우리의 한 몸 아끼지 말고 세 번 크게 이길 것을 기약한다면 진실로 같은 소리가 서로 호응할 것이다. 온 나라 백성들도 우리를 믿고 따르리니 인헌(仁憲) 같은 묘한 전술을 쓴다면 손영(孫寧) 같은 부사도 두 손을 들 것이요, 악비(岳飛)처럼 묘계를 꾸민다면 올술 같은 맹장도 무장을 벗으리라.

뜻을 굳게 먹는다면 귀신이 감동하고 백성들이 따라 나서며, 일을 이루려고만 한다면 천지만물도 도우리라. 어이타! 포악무도한 왜적으로 하여금 문명한 이 강토에 오래도록 발을 붙이게 한단 말인가!

원충갑(元沖甲, 1250~1321)[1]은 북을 한 번 치고 매를 날려 치악산에서 합단(哈丹)의 몽고 침략병을 꺾었고, 김윤후(金允侯)는 큰 활을 버티어 당겨 황산성 싸움에서 몽고병을 물리쳤다. 혹은 선비였고 혹은 승려였나니 무사도 아니었고 이름난 장수도 아니었건만 오직 임금을 위한 일편단심으로 천고에 빛나는 이름을 남겼도다. 보아라! 이 나라 강토에는 실로 인재들이 가득하노니 고려 말기에 빈번한 해적의 침습이 있었으나 선배들이 모조리 물리쳤고, 을묘년 여름에 변방에 기어든 도적떼[선조 12년 니탕개(尼蕩介)의 난을 가리킴—엮은이]도 후배 용사들이 단숨에 진압하였다.

그 뒤 백여 년간 나라가 무사하여 무력 양성을 쉬었으나 어찌 충신의사들의 가슴속에 백만 대병이 없을쏘냐? 어떤 이는 백 보 밖에서도 버들잎을 쏘아 맞히고 또 어떤 이는 높은 벼랑을 달리면서 맨손으로

---

1) 본관 원주(原州). 시호 충숙(忠肅). 향공진사(鄕貢進士)로 원주별초(別抄)에 있던 중 1291년(충렬왕 17년) 합단(哈丹)의 침입으로 원주성이 포위되자, 10여 차에 걸친 공방전 끝에 적을 물리치고 성을 사수하였다. 이 공으로 추성분용광국공신(推誠奮勇匡國功臣)에 책봉되고 삼사우윤(三司右尹)에 이르렀다. 1303년(충렬왕 29) 홍자번(洪子藩)과 함께 간신 오기(吳祁)를 체포하여 원나라에 압송하였다. 충선왕 때 응양군상호군(鷹揚軍上護軍)에 봉해졌다.

호랑이를 사로잡기도 했다. 문을 숭상하고 무를 차별하였으니 이는 이 나라 조정의 크나큰 실책이었다. 마땅히 국가를 자기 한 몸 같이 여겨야 할 때인데 신하의 직분을 다하는 것을 보기 어렵구나. 환난을 당하면 뒤를 삼가야 하고 역사를 귀감 삼아 마땅히 앞을 경계해야 하리라.

진실로 천지를 뒤흔들려는 사람들이라면 어찌 하천을 띠로 두르고 산을 갈아버릴 맹세를 아끼리요.

삼도의 역량을 합하여 위급한 나라를 구할 때가 바로 지금이며, 일생의 지혜를 기울여 환난을 물리칠 때가 바로 이 날이로다. 원컨대 나와 뜻을 같이하는 여러 선비들이여! 다시 얻기 어려운 이 기회를 놓치지 말라. 씩씩하고 용감한 무사들을 두루 모아 위태로운 이 나라의 운명을 회복하자.

활을 당기어 먼저 발도의 목을 쏘고 적들의 방패에 부딪쳐 저들의 창과 겨룬 다음에 적의 군마의 발목을 찌른다면 놈들은 절로 흩어지고 말 것이다. 그러면 우리 백성들이 돌아와 모여 살면서, 밭갈이하던 자는 비록 때가 늦은 농사일지라도 보살피고, 목수는 허물어진 집을 다시 지을 것이다. 영남 호남의 길이 열리면 상인들은 사방으로 장사하러 다닐 것이다.

이리하여 우리 성군을 의주에서 맞아들이면 마땅히 간절한 교서가 내리리라. 조정 신하들의 안목을 새로 넓혀 나라에 도움될 좋은 계책을 진언하면 지난날의 폐단은 절로 없어지고 새 세대이 은택이 빛나리리.

이제 오늘의 이 일전이 후손들에게 은덕을 드리우는 영광된 전투임을 알리라. 이 격문 받아 읽는 자들은 모두 나라를 위하여 왜적을 토벌할 계책을 십분 상의하여 각자 마음과 힘을 다하여라. 지혜를 가진 자는 계책을 다하고 용역을 가진 자는 용역을 다하라! 재산을 가진 자는 군량을 바치고 노력을 가진 자는 군대 전열을 보충하라!

즉시 각 지방 책임자에게 보고하여 공문을 작성하라. 다시는 때를 늦추지 말고 이 호소에 다 같이 호응하라! 그리하여 남쪽 지방의 우리 부대와 연계 지으면서 협공하여 적을 물리칠 대전투를 준비하자.

만일 왜적을 치는 데 협력하지 않는 자가 있다면 이는 저 선산 군수, 김해 군수와 같은 무리들로서 왜적을 도와 도적들에게 넘어간 자로 지목하리니, 이 전란이 끝나는 날에 마땅히 그 죄와 벌을 논하고 중형에 처하리라.

마을마다 유민들을 선발하여 원근 지방에 척후를 배치하라. 원수들의 교활한 행동은 미리 예견키 어려우니 적의 병력이 적을 때는 정병을 매복시켜 감쪽같이 사로잡고 적의 병력이 많을 때는 여러 고을의 힘을 합쳐 일제히 공격하라! 작은 이득을 탐내다가 우리의 정예 부대를 훼손시키지 말며 유언비어에 동요하다가 우리 군의 사기를 저하시키지 말라!

맹세코 왜적들을 이 땅에서 몰아내고 기어코 이씨의 종묘사직을 완전히 회복하자! 이렇게 되면 그 얼마나 좋을소냐! 그 얼마나 다행이랴!

그러지 않고 만일 때를 기다려 하늘의 소리를 대하여 출동하다가는 도리어 원수들의 침습만 받으리니 필경은 청주의 여러 영웅들이 다 같이 참화를 당한 것처럼 될까 걱정이다. 바로 이 점이 조헌이 피어린 심정으로써 소리높이 호소하는 바이니 기회를 잃지 말고 반드시 이 왜적들을 토멸하자!

붓을 놓고 나니 도리어 지루하다. 여러 동지들의 양심에 호소할 뿐이로다. 삼가 고하노라.

**조 헌[趙憲, 1544(중종 36)~1592(선조 25)]**

　이이(李珥), 성혼(成渾)의 문인으로 24세에 문과에 급제하였고 그후 나랏일에 대하여 생각한 바를 자주 상소하였다가 비난을 받고 여러 번 귀양살이를 하였다. 1586년 공주 제독관에 임명되었고, 1591년 일본 사신이 오자 상경하여 일본 침략에 대비하여 국방력을 강화할 것을 주장했으나 받아들여지지 않았다. 1592년 왜란이 일어나자 곧 의병을 일으켰고 영규(靈圭)의 승병과 합세하여 청주를 수복하고 이어 금산 전투에서 끝까지 싸우다가 7백 명의 의병과 함께 전사하였다. 금산에는 '칠백의총'이 있으며 그의 문집으로 『중봉집(重峰集)』이 있다.

　이 격문은 충청도 공주에서 의병을 일으키면서 보낸 것이다. 임진왜란 초기의 관군의 참패는 이순신의 해전에서의 연승과 의병의 활약으로 극복되기에 이른다. 관군의 참패는 그간 척신정치 아래서 심한 군역의 수탈로 군사제도가 유명무실하게 되었던 결과였다. 의병은 그러한 척신정치에 비판적이던 각지의 사림(士林)들이 주도하였고, 의병들의 진주, 거창, 금산 등지에서의 전과에 힘입어 전라도 일대를 공략하려는 일본의 의도를 막아낼 수 있었다.

# 각 부대의 병사들은 군령을 지켜야 한다

천고에 듣지 못한 흉악한 변고가 갑자기 우리 동방예의지국에 미쳐 왔다. 경상도 연안의 여러 성을 지키던 병사들이 그 바람에 흩어져 달아나 적으로 하여금 자리를 말 듯이 쳐들어오게 하였다. 임금의 수레가 서쪽으로 옮겨가고, 백성들의 목숨은 도마 위의 고기가 되었고, 3경(서울, 개성, 평양)이 연속으로 함락되어 종묘사직이 텅 비게 되었다. 우리들 3도의 수군은 그 누가 의리를 떨쳐 죽기를 각오하고 싸우려 하지 않으랴만 기회를 얻지 못하여 지금까지 뜻을 펴지 못하였다.

이제 다행히 평양에 있는 적을 소탕하였고 그 결과 개성과 서울까지 도 회복하였다. 신하된 우리가 기쁨으로 뛰고 구르며 무어라 말할 바를 모르고 또 싸워서 죽을 곳을 알지 못하던 차에, 위에서 선전관이 파견되어 왔다. 그것은 곧 마지막으로 도망가는 적의 길목을 끊어서 단 한 척의 배도 돌아가지 못하게 하라는 분부였다. 이런 간곡한 하교가 5일 만에 다시 내려온 것이다.

지금은 바로 충성심을 발휘하여 제 몸을 잊어야 할 때이다. 그런데 어제 적과 맞서 전투하였을 때 꾀를 부려 피하거나 머뭇거리는 태도가 많았던 것은 지극히 통분할 일이다. 즉각 마땅히 군율에 비추어 처단할 것이로되 앞으로의 일이 아직 많고 옛날에도 법령은 세 번까지 깨우쳐 이른 뒤에 적용하였다고 하니 새로운 공으로 그 죄를 씻게 하는 것이 병가(兵家)의 좋은 방법이다.

그러므로 그 죄를 적발하지 않는 바이니 군령으로 선포한 조항은 하나하나 받들어 지켜야 한다.

**이순신**[1545(인종 1년)~1598(선조 31년)]

　　서울에서 출생하였고 무예를 닦아 35세에 무과에 급제하여 여러 지방의 미관말직을 지내다가 1591년 유성룡의 천거로 전라좌도 수군 절도사가 되어 좌수영[여수]에 부임하여 거북선 제조 등 군비 확충에 진력하였다. 이듬해 왜란이 터지자 옥포, 당항포, 한산도 등지에서 승리하여 남해안 일대의 적군을 소탕하고 한산도로 진을 옮겨 본영으로 삼고 최초로 삼도수군통제사가 되었다. 1597년 모함으로 사형을 받게 되었으나 정탁(鄭琢, 1526~1605)의 변호로 백의종군하였다가 정유재란이 일어나자 다시 삼도수군통제사에 임명되었다. 12척의 배와 빈약한 병력을 가지고 명량대첩에서 대승하였다. 철수하는 적선 500척이 노량에 집결하자 명나라의 수군과 연합하여 싸우던 중 전사하였다. 임진왜란 중 뛰어난 전략과 용맹으로 싸움마다 승리하여 왜적의 수군을 꺾어 제해권을 장악하여 곡창 전라도 지역을 지켜 전쟁에 승리할 수 있게 하는 데 크게 공헌하였다. 아산의 현충사에 제향되었고 시호는 충무이다. 이 글은 1593년 도망치는 왜군의 길을 막으라는 중앙 정부의 명령에 출동 준비 태세를 갖추면서 부하 장병들에게 내린 명령으로, 그의 자필로 직접 쓰인 격문으로 추정된다.

| 고경명 |

# 각 도에 호소한다

임진년 6월 ?일에 전라도 의병장 절충장군 행 의흥위 부호군 지제교
(折衝將軍 : 무관 벼슬의 정3품 당상관의 첫째 품계, 行:품계는 높고 관직은
낮을 때 붙임, 義興衛 : 5위의 하나이며 중위로서 갑사 보충대와 경기, 강원,
충청, 황해도의 군사들이 소속됨, 副護軍:오위도총부의 종4품 벼슬로 현직이
없는 문무관이나 음관을 임명함, 知製敎:왕의 교서를 작성하는 일을 맡은
관라—엮은이) 고경명은 삼가 각 도의 수령 및 사대부, 백성과 군인들에게
급히 통고한다.

최근 나라의 운세가 불행하여 섬 오랑캐가 불의에 침략하였다. 처음
에는 우리나라와 약속한 맹세를 저버리더니, 나중에는 통째로 집어삼
킬 야망을 품었다. 우리가 경계하지 아니한 틈을 타서 약한 구석을
뚫고 기어들더니 하늘도 무서워하지 않고 저희들 멋대로 치밀고 올라
왔구나!

그런데 우리 장군들은 기로에서 헤매고 있으며, 수령들은 도주하여
산 속으로 들어가 숨어 버렸다.

적들의 포위 속에 임금을 버려둠이 어찌 차마 할 노릇이며 지존으로
하여금 사직을 근심케 함이 너희에게는 편안하더냐? 어찌 수백 년간
교양된 백성으로서 단 한 사람의 의기 있는 사나이가 없단 말이냐?

고립된 군대를 끌고 남의 나라에 깊이 들어옴은 본래 병법에 어긋나
는 일이건만, 유구한 비사를 가진 이 나라 백성들로서 그런 적들에
대하여 아무런 대책이 없이 그대로 앉아서 보고만 있을소냐 산천의

험준함도 믿기가 어렵구나. 왜구의 기병들은 벌써 서울까지 기어들었다. 나라에 인재가 적다는 비웃음도 진실로 마음이 아픈 바이다. 원수들이 제멋대로 덤벼든 때는 옛날만이 아니었구나!

아! 우리 임금은 잠깐 서울을 버리고 북쪽으로 옮겼으나 이 역시 종묘사직의 장래를 위한 일시적 전술인지라, 지방 관료들의 한동안 수고로움이야 일러 무엇하리요. 불길한 전방의 소식으로 인하여 임금의 옥안(玉顔)에는 깊은 근심이 어리었고 높은 산, 험한 고개에 임금의 행차는 고생도 많았으리라.

나라에 영웅이 없을소냐! 임금은 우리들을 믿고 있나니 그러기에 임금의 간곡한 교서는 오늘도 계속해 내려오고 있다. 무릇 혈기 있는 사람으로서 어찌 통분한 나머지 목숨을 바치려는 생각이 없겠느냐?

어찌하여 일을 잘못해서 나라꼴을 위급한 지경에 빠지게 하였느냐?

피난간 임금의 수레는 상기도 돌아오지 못했는데 용인으로 올라오던 우리 부대들은 패전해서 흩어지고 말았다.

저 땅벌과 같이 추한 것들을 천참만육(天斬萬戮)하여 죽이지 못한 탓으로 원수들이 서울 안에서 숨을 쉬고 있으나 차일 안에 집을 지은 제비와 무엇이 다르며 경기 일대에 둥지를 틀고 있으나 우리 속에서 뛰노는 원숭이와 무엇이 다르랴!

명나라 군대가 소탕할 것은 기약되어 있지만 흉악한 무리들을 한 놈도 빠져나가지 못하게 하기는 어려운 일이다.

경명은 비록 늙은 선비이지만 나라에 바치는 일편단심과 절의는 그대로 남아 있다. 밤중에 닭 우는 소리를 듣고는 번민을 이기지 못하여 칼을 뽑아 마음속으로 맹세를 다지면서 스스로 고결한 충성을 지키려 한다.

한갓 임금을 위하려는 성의만을 품었을 뿐, 힘이 너무나 보잘것없음을 모르는 바 아니지만 이에 의병을 규합하여 곧장 서울로 진군하려

한다.

옷소매를 떨치고 단 위에 뛰어올라 눈물을 뿌리며 대중을 격려하니 곰이나 범도 사로잡을 만한 용사들이 번개와 바람처럼 달려오고, 바다를 가르고 태산을 뛰어넘을 만한 역사들이 구름처럼 모여들었다.

모두가 강요해서 왔거나 억지로 모여든 사람들이 아니다. 신하된 자로서 충성과 의리를 지키는 것은 사람의 당연한 도리이니 나라의 존망이 위급한 때에 어찌 감히 하찮은 제 몸만을 아끼려고 하겠느냐!

의리를 위하여 떨쳐나선 군대이니 신분과 지위의 고하에 상관될 바 없으며 사기는 충천하고 장엄하니 무장의 우열은 논한 바가 아니다. 모든 사람들이 협의한 바는 아니나 뜻이 같아 원근 지방에서 풍문을 듣고 함께 분발하여 나섰다.

아! 각 고을 수령과 각 지방의 선비 백성들이여! 어찌 임금을 잊으랴? 마땅히 나라를 위하여 목숨을 바칠 것이다.

혹은 무기를 제공하고 혹은 군량으로 도와주며 혹은 말을 달려 선봉대로 나서고 혹은 쟁기를 놓아두고 논밭에서 떨쳐 일어나서라! 역량이 미치는 한 모두 다 정의를 위하여 나선다면 환난 속에서 임금을 구해낼 것인바 나는 그대들과 함께 있는 힘을 다하기를 간절히 원한다.

임금의 행궁은 저 먼 북쪽 땅이나 나라의 서쪽 지역은 곧 회복될 것이니 왕업이 어찌 북쪽 땅에서 오래 머무를 것이냐.

초기에는 비록 불리했으나 나라의 형편은 바야흐로 돌아서고 나라를 수호하려는 백성들의 마음은 더욱 간절해지고 있다. 용감한 사람들은 제때에 시국을 바로잡아야 하나니 부질없이 앉아서 한탄한들 무슨 소용이 있으랴! 우리 백성들은 서울의 회복을 손꼽아 기다리고 있다. 마땅히 의기와 정력을 쏟아 앞장서야 한다.

나의 속마음을 드러내어 충심으로 고한다.

| 고경명 |

# 전라도 사람들은 의병대열에 나서라

임진년 6월 1일 절충장군 행 부호군 고경명은 도내의 각 읍 선비들과 백성들에게 급히 고한다.

본 도에서 왕을 근위하러 가던 군대가 금강에서 한 번 패하고 대열을 새로 수습하려던 차에 여러 군에서 또다시 패전하였다. 처음 지시할 때에 아마도 방어 전술이 병법에 어긋나고 군사 규율이 문란하여 유언비어가 거듭 전파되고 민심이 소요해졌던 까닭인 듯하다. 이제 비록 패하여 흩어진 나머지 병력을 수습한다 하더라도 사기가 꺾이고 정예 병력이 약화되었으니 이로써 어떻게 위급한 사태에 대처할 수 있으며 실패를 만회하게 할 수 있겠는가?

매양 생각하노니 임금이 멀리 피난을 갔건만 관리들은 문안도 변변히 못하고 종묘사직이 잿더미가 되었는데 관군은 아직도 적군을 깨끗이 쓸어내지 못하고 있다. 말이 이에 미치니 통분함이 뼛속 깊이 사무친다.

우리 전라도는 본디 병사와 말이 정예롭고 강하다고 일컬어져 왔다. 성스러운 태조대왕은 황산 싸움에서 크게 승리하여 다시 삼한을 안정시켰고, 성종대의 양주 싸움에서는 적의 쪽배 한 척도 돌려보내지 않았다. 이런 옛 승리는 혁혁하여 지금도 사람의 이목을 끈다. 그 당시 용감한 선봉대가 되어 적장을 무찌르고 적의 깃발을 뽑은 것이 우리 전라도 사람이 아니었던가? 하물며 근래에는 유학의 도가 크게 흥성하여 사람들이 모두 학문에 뜻을 두었으니 임금을 섬기는 대의를 누가 세우려 하지 않겠는가?

오직 오늘에 이르러서 정의의 목소리가 적어지고 자기희생을 두려워하여 누구 한 사람도 용기를 내어 적과의 싸움에 나서려 하지 않고 제 몸만을 돌보고 처자를 보전할 계책에만 앞을 다투어서 머리를 움켜쥐고 가만히 도망치며 서로 뒤질까 두려워하니 이렇다면 전라도 사람은 나라의 은혜를 깊게 저버리는 것만이 아니라 또한 그 조상을 욕되게 하는 것이다.

지금 왜적의 세력은 크게 꺾이고 우리나라의 기세는 날로 확장되고 있으니 이는 바로 대장부가 공명을 세울 기회이며 나라에 보답할 때이다. 경명은 글귀나 아는 졸렬한 선비로서 병법도 제대로 배우지 못한 터에 대장으로 추대되어 연단에 나섰으나 사졸들의 흐트러진 마음을 수습하지 못하여 여러 동지의 수치가 될까 두려워한다.

오직 왜구를 토벌하는 전투에서 피를 뿌림으로써 임금의 은혜를 조금이라도 보답하고자 하여 이 달 열 하룻날을 거사의 날로 기약하는 바 무엇보다도 우리 전라도 사람들은 부모는 아들을 타이르고 형은 아우를 격려하여 의병대열을 조직하여 모두 함께 투쟁에 나서라!

바라건대 신속히 결심하여 옳은 길을 좇을 것이요, 주저하다가 자신을 그르치지 말 것이다. 이에 충고하노니 격문이 도착하는 대로 분발하여 떨쳐나설지어다!

# 각 도에 통고한다

전라도 의병 대장 휘하에 있는 성균관 학유(學諭; 성균관의 종9품 벼슬―엮은이) 유팽로(柳彭老) 등은 삼가 두 번 절하고 충청, 경기, 황해, 평안 등 4도 내 각 고을 수령 및 향교의 당장(堂長), 유사(有司)들에게 고한다.

생각건대 섬 오랑캐가 불의에 침입하여 임금의 수레가 멀리 피난하고 오묘(五廟)가 잿더미로 되었으며 만백성은 도탄에 빠져 있다. 진실로 이는 고금에 있어 본 적이 없는 흉변이다. 충신 의사들은 나라를 위하여 몸 바쳐 싸워야 할 때이다.

그러나 각 도의 관찰사들은 기회만 엿보면서 머뭇거리고 앉아서 군대를 징발하라는 교서가 한두 번 내린 것이 아니건만 아직껏 어느 한 사람도 나라를 위하여 목숨을 바쳤다는 소문을 듣지 못하였다. 오늘의 사대부들은 완전히 조정을 저버렸다고 해야 할 것이다.

호남은 본디 정예부대가 많다고 일러 왔는데 이 정병들이 왕을 근위하는 군대로 동원되어 겨우 금강에 이르자마자 서울은 벌써 함락되고 유언비어만 널리 퍼지고 있었다. 지휘관은 대중들의 여론을 묻지도 않고 갑자기 철거 명령을 1내려 수만 명의 군사들이 까닭 없이 되돌아오니 전 도내 인심이 흉흉하여 거센 파도가 일렁이는 것 같았다.

그 후 또다시 부대를 조직하려고 하나 이제는 백성들이 어리석어 그 명령에 따르려 하지 않으니 이렇듯 안타까운 근심 걱정을 차마 말로 다할 수 있으랴!

다행히도 사직과 조정의 은덕에 힘입어 흩어졌던 병사들이 다시 모여들어 군세를 크게 확장하였다. 궁궐을 도로 찾고 임금의 수레를 맞아들이려 하였더니 사람의 계책이 잘못되고 하늘의 재앙이 아직도 남아 있어 남은 적들이 나타나자 대군은 그만 붕괴되어 군량을 버리고 도망쳐 버리니 도리어 왜적에게 도움을 주고 말았다.

오호라! 수백 년간 열 성조께서 백성들을 교양했음에도 어찌 한 사람도 적개심 강한 신하가 없단 말이냐? 조정의 공론이 하찮은 선비에 있음은 옛 사람들이 불행한 일이라고 일러왔지만 초야에 묻힌 우리들이 의병을 일으키려는 것은 부득이한 일임을 알 뿐, 나라가 전란 속에 있는데 다른 것을 생각할 겨를이 있겠느냐?

거듭 생각건대 영남, 호남, 호서가 실로 우리 해동(海東)의 뿌리를 이루었는데 영남은 의병이 비록 일어나기는 하였으나 많은 왜적에게 차단되어 곧바로 서울로 쳐 올라가서 왕실을 근위하기는 어려운 일이다. 또 호서 천 리 땅에도 어찌 의로운 용사가 없으랴마는 적의 살육과 약탈에 대항하여 제 향토 지키기에도 겨를이 없을 것이다.

오늘 서울과 지방에서 믿을 곳이라곤 오직 호남 한 지방뿐 아니냐? 우리 참모부가 필사적인 계책을 짜내어 도내 군중들을 고무한다면 민심은 나라를 생각하여 열사들이 구름처럼 모여들 것이다.

장차 북쪽으로 쳐 올라가면서 요괴한 무리들을 쓸어버릴 수 있을 것이나 천 리 길에 군량을 운반한다는 것은 우리들만의 힘으로는 어려운 것이다. 만약 의로운 여러분들이 힘을 합하고 서로 돕지 않는다면 위급한 나라의 대사를 어찌 한 사람의 손으로 다할 수 있겠는가? 오늘 우리 강토 중에 임금의 땅이 아닌 데가 있느냐? 호서, 호남의 병사들이 서로 합한다면 능히 나라를 부흥시킬 수 있을 것이다.

간절히 생각건대 여러분들은 나라를 위하여 몸을 바칠 결의를 서로 굳게 다지고 각각 자기의 가산을 아끼지 말지어다. 제각기 곡식을 내어 군량을 보충한다면 이는 군복을 입고 적군과 싸우는 사람의 공로나 다름없고 또한 성인이라 할 것이다. 그리고 지형지세를 살피는데에는 그 지방 군사들의 지도에 의지하여야 한다. 이렇게 하지 않는다면 창졸간의 기습을 모면하기 어려울 것이다. 만약 그 지방민들까지 모집하여 우리 부대를 한층 더 보충해 준다면 이로써 나라의 치욕을 씻을 수 있을 뿐만 아니라 천추의 원한을 품고 적에게 죽은 부모 형제들도 저승에서 눈을 감을 수 있을 것이다.

오늘의 나라 형편에 대하여는 비록 무식한 백성들까지도 모두들 통탄하여 마지않는데, 하물며 나라의 은덕을 입고 있는 각 고을 수령들이야 어찌 차마 앉아서 바라보고만 있겠느냐? 반드시 군복을 떨쳐입고 궐기할 것이다.

옛말에도 "임금의 밥을 먹는 사람은 임금의 일에 죽어야 한다"고 하였으니, 만약 이 격문을 받은 즉시 결의를 다지고 군사를 거느려 달려오는 사람이 있다면 모두 함께 피로써 맹세하여 나라의 큰일에 종사할 것이요, 혹시 군량과 무기를 부대로 수송해 준다면 이 또한 큰 조력이 될 것이니 어찌 갸륵한 일이 아니겠느냐! 해서(海西), 관서(關西)는 비록 교통이 두절되었으나 각각 신임할 만한 사람들을 골라 샛길을 이용하여 서로 전달하게 한다면 일각도 지체 없이 원근이 다 듣고 신뢰하여 두려워하지 않을 것이다.

통문이 도착되는 날에 각 고을 향교의 당장, 유사들은 이 격문을 읽어보고 제 고을 백성들에게 말하여 그들로 하여금 이 일을 모두 다 알게 하라.

# 제주 절제사 양대수는 말을 실어 보내라

전라도 의병장 절충장군 행 부호군 고경명은 삼가 제주 절제사(節制使: 정3품 무관으로 지방관이 겸임함─엮은이) 양공 휘하에 급히 통고한다.

섬 오랑캐가 불의에 침범해 임금을 몽진(蒙塵)하게 하여 지존으로 하여금 홀로 근심케 하고 신하들은 제 처자식들만 돌보기에 급급하고 있다. 단지 한 발이라도 앞에 나서서 일어서는 자가 없으니 누가 사직을 지키려는 마음이 있는가?

피난간 임금의 수레는 돌아오지 못했는데 용인까지 올라갔던 우리 부대들이 흩어지고 말았다. 원수를 소탕하고 서울을 회복할 기일은 아직도 기약하기 어려운데 무기와 식량을 함부로 버려서 도리어 도적들에게 도움을 주었다.

다행히도 하늘의 뜻은 끊어지지 아니하여 이 나라를 구원할 만한 역량이 있기에 경명이 이에 의병의 깃발을 들고 원수를 쓸어내고자 한다. 이 통보를 듣고 지방의 수많은 숨은 용사들이 모여들고 날카로운 무기를 잡고 앞장서 내닫는 자도 있으며, 또한 검술에 재간이 뛰어난 검객도 많다. 다만 한스러운 것은 말을 타고 달리는 기마병이 없다는 점이다.

생각건대 해동의 탐라는 말이 나는 곳으로 중국의 기북(冀北) 지방과 같은 곳이다. 제주도의 말은 산골짜기를 넘나들면서 사냥하는 데 능란할 뿐 아니라 전장에 내세운다 해도 사생을 결판하는 승리의 담보가 될 것이다. 만약 배에 가득 실어 보낸다면 우리 군사들의 사기는 바야흐로 크게 충천할 것이다.

그대는 임금의 은혜를 깊이 입었으며 이제 제주를 맡아 다스리고 있으니 이 글을 보거든 충심으로 동의하여 나설지어다. 도내의 백성들이 호응하여 일어설 것이니 팔을 걷어붙이고 호소한다면 어찌 열 집안의 충신이 없으리오. 만일 의병에 참가하겠다는 용사가 나온다면 세세한 절차에 구애되지 말기를 바란다.

| 고경명 |

# 해남, 당진 두 지방관은 가까운 데 있는 적을 놓치지 말라


임진 6월 ?일(날짜 불명—엮은이)에 전라도 의병대장 행 부호군 고경명은 의병을 인솔한 해남, 당진의 두 지방관에게 급히 통고한다.

내가 전일 의병을 일으키던 초기에 한 장의 격문으로 불타는 가슴을 피력하여 고을 수령들에게 통고하여 함께 환난을 구제할 것을 바랐지만 나의 정성이 부족하여 호응해 일어선 사람은 없었다.

초야에 묻혀 있던 나 같은 사람이 헛되이 빈주먹을 휘둘렀을 뿐 무기와 군량을 보장할 좋은 계책을 얻지 못하였다. 듣건대 의병을 권하는 격문이 돌자 정병들이 이에 호응하여 일어선다고 하나 호남 50고을 지방관 중 오직 두 분만 있을 뿐이었다.

이 소식을 듣고 사기가 절로 배나 올라 두 분의 부대가 왜구를 소탕할 것을 고대하던 중 뜻밖에 도원수가 위급한 격문을 보내어 부른다니 거기 갔다가 두 분의 행동이 자유롭게 행해지지 못할까 깊이 염려한다.

이제 금산의 적과 청주와 진안의 적이 위세를 떨쳐 서로 호응하여 용담을 함락시켰고, 또 한 패는 다시 무주를 함락시켜 세 개의 소굴을 만들어 완산(完山)을 침범하려고 꾀하고 있다. 내가 생각해보니 완산은 비단 호남의 중심지일 뿐만 아니라 거기에 경기전(慶基殿)이 있으니 성스러운 왕조의 발상지이기도 하다. 때문에 나는 우리 의병의 진공 방향을 바꾸어 적의 선봉을 꺾으려 하다가 다시 생각하니 적들의 교활하고 간사한 꾀를 예견키 어려운 터요, 진산(珍山)의 우리 부대는 고립되고 약해서 만약 적들이 진산과 연산(連山)의 요새지를 넘어 은진(恩津)과

여산(礪山)의 평탄한 대로로 나온다면 곧 호남만이 앞뒤로 적들의 공격을 받지 않겠는가?

금강에 주둔한 우리 부대들도(이때 우도 의병장이 부대를 거느리고 충청도에서 나섰다) 장차 위험을 느끼게 되고 호서지방이 가로막히고 적들의 기세는 더욱 왕성해질 것이니, 그리 된다면 호남의 군량은 어떻게 수원까지 운반되며 조정의 소식은 어떻게 사방으로 통해지겠는가? 그러니 곧 부대를 이동하여 진산으로 들어가 금산에 침입한 적을 쳐서 강을 끼고 방어하는 적의 기세를 펴지 못하게 하였다가 서서히 우리 두 부대를 합세하여 곧바로 적의 소굴을 들이친다면 원수들로 하여금 진퇴양난의 궁지에 빠지게 할 것이다. 이것은 임금을 섬기는 상책일 뿐 아니라 또한 완산주를 구원하는 묘책이 될 것이다.

그러나 당신들이 이제 만약 종전의 견해를 고집하고 임기응변할 계책을 생각하지 않는다면 내가 거느린 의병들은 고립되고 힘이 미약해서 가볍게 움직이기 어렵게 될 것이니 호남의 적들을 소탕하지 못할 것은 물론이요, 수원에 있는 우리 부대도 공연히 시일만을 보낼 것이다(이때 전라도 도원수가 부대를 거느리고 수원에 도착하였다).

생각건대 도원수의 부대란 모두 호남 사람들이니 만약 왜구들이 오늘 어느 지방을 통과하고 내일 어느 고을에 들어간다는 소문을 듣는다면 실제로 군량이 공급되지 못할 형편일 뿐만 아니라 병사들의 기운도 흉흉해질 것이다. 바로 이것이 눈앞의 위급한 정세라는 것임은 특별히 슬기로운 자가 아니더라도 판단할 수 있을 것이다. 그렇다면 두 분이 금산의 적을 함께 공격하는 것은 비단 호남을 방위하는 계책이 될 뿐 아니라 또한 도원수의 부대를 성원하는 계책으로도 될 것이다.

옛말에 '장수가 지방에 있을 때는 임금의 명령을 받지 않을 수도 있다'고 하였으니, 요는 임기응변을 잘할 것이요 정세에 대한 정확한 판단이 없이 작전 계획을 세우지 말아야 할 것이다. 더구나 우리 도원수는 멀리 천 리 밖에 있어서 호남의 위급함이 경각을 다투고 있음을 모를 것이니 어찌 가까운 데 있는 적을 놓쳐서 후회되게 하겠는가?

나는 염려하노니 두 분이 위로는 수원에 도달할 기한도 대지 못하고, 아래로는 금산을 공격하자는 약속을 저버린다면 오늘의 공론들이 당신들에 대하여 금산의 전투를 피하려고 꾀했다고 하지 않겠는가?

바라건대 스스로 좋은 계책을 생각하고 남의 말을 덮어놓고 듣지 않도록 하라.

---

**고경명**[高敬命, 1533(중종 28년)~1592(선조 25년)]

일찍이 벼슬길에 나섰다가 1591년 동래 부사를 사직하고 낙향하여 전원생활을 하고 있었다. 이듬해 전란이 일어나자 60세의 나이에 의병을 일으켰다. 광주에서 모집한 의병 6천여 명을 이끌고 금산(錦山)에서 싸우다가 약속한 구원부대는 오지 않고 의병의 세력은 약하여 드디어 둘째 아들 인후(因厚)와 함께 전사하였다. 시, 글씨, 그림에도 뛰어나 이름을 떨쳤으며 시호는 충렬, 저작으로는 『제봉집(霽峰集)』이 있다.

| 고종후 |

# 도내에 호소한다

처참한 때를 만나서 집안에 미치는 앙화(殃禍)가 끝이 없으니 거상(居喪) 옷을 입은 나는 시골구석에 병으로 누워 있으면서 이 도적들과 한 하늘을 이고 있다.

이제 첨지 홍계남이 먼저 대의를 품고 각 고을에 격문을 보내어 원한을 품고 통분해 하는 사람들과 함께 도적을 소탕하려고 하니 복수심에 떨쳐 일어서는 것은 사람마다의 같은 생각이라 그 누가 일어서지 않겠는가? 조완도는 의병대장 조헌의 아들로서 필연적으로 아버지가 거느리던 부대를 수습하여 호서에서 깃발을 들 것이다.

내 비록 사람은 변변치 못하나 아버지의 장례도 이미 끝내어서 이 몸 또한 유감스러움이 없으니 슬픔을 참고 심병을 이겨가며 본도의 동지 여러분과 같이 병사를 모으고 병기를 마련하여 나라를 위해 왜적과 결전을 하고자 하니 여러분들 또한 반드시 기꺼이 호응하리라 생각한다.

오호라, 구차하게 살아서 오늘에 이르러 인륜이 없어진 셈이다. 단지 한스럽게도 사람됨이 미욱하고 힘이 약해서 선두에 서서 일을 하지 못하고 있었는데, 지금 여러분이 이미 의병을 일으켰으니 내 어찌 수수방관할 수 있으며 벽장 밑에서 늙어 죽는다면 땅 밑에 들어가서도 무슨 면목으로 아버지를 뵙겠는가? 홍공(洪公)의 명성과 위세가 이미 널리 알려졌으니 그를 중심으로 하여 가히 대사를 도모할 수 있다. 태인, 장성, 진원의 지방관들도 철천지 원한을 품고 이 도적들과 함께 한 하늘을 이고 살지 않을 것을 맹세했으며, 도체찰사(都體察使 : 전쟁 때 군사 임무를 띠고 파견되는 임시 벼슬 중 정1품의 의정을 칭하는 말—엮은이)께서도 부대를 합세해 원수를 갚을 것이요, 조금도 세세한 절차에 구애되지 말라고 하셨다. 군량과 병기는 아무 걱정이 없지만 오직 여러분이 호응하느냐 않느냐에 달려 있을 뿐이다.

오호라, 호서 사람들만 일을 같이 할 것이 아니다. 내 생각에는 서울 근방의 선비들로서 적도(賊徒)를 피하여 남쪽으로 내려온 사람들 중에도 부모 형제의 원수를 갚으려는 사람이 어찌 없겠는가? 비록 적에게 희생되지는 않았다 하더라도 피난 생활을 하다가 객지 풍상에 몸이 상하여 돌아갔다면 이 또한 원수들 때문임을 잊을 수 없을 것이다.

거듭 생각건대 '부모의 원수와는 한 하늘을 이고 살지 않고, 형제의 원수와는 한 나라에 살지 않으며, 벗의 원수와는 싸움에서 군사를 돌이키지 않는다'는 옛말도 있다. 돌아가신 아버님께서 추성(秋城; 담양 —엮은이)에서 의병을 일으켰을 때 남쪽 땅의 여러분이 나라를 위하여 함께 목숨을 바치기를 약속하고 향을 사르고 하늘에 맹세하면서 아버님을 대장으로 추대하였으니 우리들은 애초부터 형제간과 같은 정리가 있다. 불행하게도 아버님은 대사를 마치지 못하고 돌아가셨지만 우리의 의리가 어찌 범연할 수 있겠는가? 그 당시 휘하에 모였던 무사들은 이미 모두 의병대열에 속하여 있겠지만 혹시 집에 있거나 다른 일을 하고 있는 동지들이 있거든 진정 바라건대 나를 어리석다 여기지 말고 추성에서 피로써 맹세한 옛 일을 돌이켜 생각하여 대사를 함께 도모함이 어떠한가?

여러분이 만약 가하다고 한다면 광주에서 모두 모여 굳게 맹약하기를 간절히 빌고 또 빈다.

1. 복수하고자 하는 뜻은 있으나 병약해서 싸움에 나설 수 없는

사람은 병기로써 도울 것이며, 혹 건장한 종을 대신 보내거나 혹은 쌀과 베를 내고 혹은 안장과 말을 내어도 좋다. 크면 크게 돕고 작으면 작게 도와서 지위가 낮거나 빈궁한 사람에 이르기까지 한 되의 쌀, 한 치의 쇠붙이라도 모두 도와야 할 것이다. 오호라, 정위라는 작은 새도 돌을 물어다 바다를 메우려고 했거니와 삼태기로 흙을 날라도 계속 쌓으면 산을 이룬다 했으니 오직 성의에 달려 있는 것이요 반드시 많음에 있지 않다.

1. 피난하여 온 사람들은 맨몸 맨손이니 물자와 병기를 돕지 못할 것이므로 몸소 의병 대열에 참가하든지 아니면 군량을 마련해볼 것이요, 수수방관하지 말라. 모두 다 한몫의 힘을 바치는 것이 어떠한가?

# 승병을 뽑는 일에 농간을 부리지 말라

나는 제 힘을 헤아리지 않고 방금 첨지 홍계남과 종사의 아들 완도와 함께 복수할 계책을 세웠더니 도체찰 상공(相公)은 나를 사노(寺奴; 승병. 조선시대에 중은 천민 중 하나였다—엮은이)의 장수로 등용하였다. 내 비록 지혜가 없고 계책이 부족하여 돌아가신 아버님의 뜻과 바람을 계승할 수 없을지언정 하늘에 사무친 이 원한을 설분하지 않을 수 없다. 비록 상복 입은 몸이라도 국난을 당해서는 칼을 잡고 나서야 할 것이매 기어코 왜구들과 한 하늘 아래서 살지 않을 것을 맹세한다. 여러분도 이것을 듣고 또한 마음에 느끼는 바가 없을 수 있으랴?

생각건대 중의 수는 책이 한 권 될 만큼 많으나 늙고 허약한 자를 골라내는 일을 오로지 서리들의 수중에만 맡겨 둔다면 간교한 여러 가지 폐단이 필연코 일어날 것이다. 내가 의병을 일으키는 중요한 목표가 바로 사노들을 동원하는 데 있는데, 만약 사노들을 단합시키지 못한다면 강한 군대를 이룰 수 없다. 바라건대 여러분은 몸소 관심을 두어 관리들이 농간하지 못하게 하여 건장한 자들이 뇌물로서 빠져나가는 일이 없도록 하라. 그래야만 일이 이루어질 수 있을 것이다.

내가 비록 자신의 원수를 갚는다 하더라도 실상은 나라의 원수를 갚는 일이다. 바라건대 여러분들은 수고로움을 꺼리지 말고 그 뜻을 어김없이 이룰지니 어찌 내 한 집안의 죽은 사람 산 사람들의 감격으로만 되겠는가?

다시 한 번 바라노니 조금이라도 내 뜻을 이해해준다면 천만다행인가 한다.

# 여러 절의 중은 병기를 잡고 산문을 나서라

원수를 갚으려는 의병장 전 임피 현령 고종후는 휘하의 유격승장 해정(解政)을 파견하여 도내 고을의 여러 절의 중들에게 고한다.

내 한 집안의 망극한 원한은 오직 도내 선비들만 원통하게 여길 뿐 아니라 중들도 들으면 또한 반드시 모두들 비통해 할 것이다.

나는 역량을 헤아리지 못하고 바야흐로 원수 갚을 대사를 도모하던 바, 위로는 도체찰 상공(相公)의 격문을 받들고 옆으로는 홍계남의 군사와 연계를 지어 원근에 격문을 보내서 의병을 일으키려고 하였는데, 태인, 진원, 장성 세 고을의 지방관들도 또한 그 부친의 원한을 씻고자 같이 거사할 것을 약조하였다. 내 비록 사람 구실을 못하나 맹세코 이 원수들과 한 하늘을 이고 살 수는 없다.

그런데 우리나라 사람들이 육박전에 경험이 없으므로 근일에 여러 부대가 용감한 중들을 뽑아서 사기를 돋우려고 하였다. 나 또한 산간의 기개 있고 호걸스러운 용사들을 얻어서 기어코 철천의 원한을 씻고자 한다.

요즈음 우리 고을의 의로운 중 해정이 또한 왜적에게 학살된 형제의 원수를 갚고자 사원하여 군대에 달려와 앞장서서 무기를 들고 싸우기를 청하였다. 내 서로의 원통한 처지를 동정하여 마주 서서 눈물을 흘렸고, 곧 그날로 체찰사에게 급히 보고하여 유격 승병장으로 삼았으며, 그 동류들을 널리 모집케 하여 별군(別軍)을 조직한 다음 나의 지휘를 받도록 하였다. 그리하여 행군할 때는 군영과 서로 호위하도록 하였고 전투에 이르면 전선 한쪽을 맡게 하였다.

용감하고 건장한 자들은 서로 이끌어 오라! 군량은 본부대로부터 공급하여 주는바 저 관군들이 사찰을 뒤져 식량을 제공하는 것과는 다르다.

거듭 생각건대 불교의 가르침은 자비로써 근본을 삼았으니 나의 오늘의 처지를 어찌 슬퍼하지 않겠는가? 더구나 네 비록 가문의 원수를 갚는다고 하지만 실상은 나라를 위해 왜적을 치는 것이다.

생각건대 사찰의 승려들도 이 땅에서 만든 옷을 입고 이 땅에서 나는 음식을 먹지 않는가? 개인적 정리로 보나 공적 의리로 보나 어찌 수수방관할 수 있겠는가!

원컨대 격문이 이르는 날로 병기를 잡고 산문을 나서라! 원근 동지들이 함께 모여 큰 공훈을 이룬다면 지극히 다행한 일이리라!

# 좋은 말은 모름지기 싸움터로 달려야 하나니

원수를 갚으려는 의병장 전 임피 현령 고종후는 피눈물을 흘리며 머리 숙여 두 번 절하면서 군관 고경신을 보내어 삼가 제주 절제사 이공과 제주 판관, 대정과 정의의 두 지방관과 세 고을의 선비 백성들 여러분에게 고한다.

지난번 돌아가신 부친은 일개 초야에 묻힌 몸으로 7도가 무너지는 날을 당하여 먼저 의병을 일으켜 간악한 원수를 소탕하려 하였다. 오직 임금만이 있을 뿐 집안일은 생각하지 아니하였다.

비록 의병의 기세는 하늘을 찌를 듯 충천하나 보병은 기병만 못한데, 육지에는 좋은 말이 없으니 이를 어찌하랴! 이런 처지에서 한 장의 편지를 띄워 멀리 대완국(大宛國)에서 나는 것 같은 좋은 말을 구하였더니 모두들 기꺼이 그 중에서도 좋은 말만 골라주었다.

이 말이 겨우 제주에서 나왔으나 일은 이미 크게 그르쳤다. 장수들이 금계에 떨어지자 부자가 함께 죽었으니 온 나라 사람들이 모두들 원통히 여겼다. 그러나 저 왜적들이 겁을 먹고 피하여 달아나게 된 데는 이 말의 공로가 깃들여 있다 할 것이다.

불초한 이 놈은 목숨이 살아 있으면서도 처음부터 전투에서 죽음을 무릅쓰고 싸우지 못하였다. 이제 내가 내 아버지를 잊어버린다면 어찌 낯을 들고 세상 사람들을 대하겠는가. 그래서 적은 힘을 헤아리지 않고 대의를 펼치고자 한다. 저 해와 달을 바라보면 한없는 원한을 잊을 수 없다. 죽어 차라리 귀신이 될지언정 어떻게 7척의 몸을 아끼겠는가? 원수의 격문을 받들어 사노(私奴)의 부대를 거느리고 나서게 되었다.

이 땅에 사는 사람은 누구나 임금의 신하가 아니겠는가? 온 나라 사람들이 모두 같은 형제이다. 탐라 땅도 바로 이 나라 강토에 속한다. 이백 년 동안 바다 물결은 잔잔하고 생활은 안정되었으니 이 또한 임금의 은덕인 줄 알 것이다. 삼천 필의 좋은 말을 가려내었으나 그 중에는 반드시 준마가 있을 것이다. 본디 물산이 풍부하고 가축이 많았으니 어찌 한 나라 임금의 부에 그치겠는가.

왕실이 난리를 만났구나. 관리들이여, 햇빛이 밝아야 백성들이 행복하지 않겠는가?

지금 왜적들이 평양에서 숨을 붙이고 있으나 가까운 시일에 나라가 다시 편안해질 것이다. 대소(大小) 모두 함께 떨쳐 일어날 것을 바란다. 의리로 서로 돕고 적과는 같이 살지 않을 것을 맹세하자.

장사들이 출정을 원하리니 어찌 노복들만 모으리오. 좋은 말은 모름지기 싸움터로 달려야 하나니 어찌 마구간에만 매어 두겠는가?

글로써 고하는 것이 직접 상면하여 의논하는 것만 못하나 충과 효는 천성에 타고난 것이니 팔소매를 걷어붙이고 일어설 자가 있으리라고 믿노라. 어찌 섬 지방인들 영웅이 없을쏘냐? 채찍을 잡고 나서라. 천하에 준마가 없다고 말하지 말라!

| 고종후 |

# 제주도 세 가문은 역량과 재물에 따라 의병을 도와라

원수를 갚으려는 의병장 전 임피 현령 고종후는 피눈물을 흘리며 머리를 조아려 두 번 절하고 제주, 정의, 대정 세 고을의 고씨, 양씨, 부씨 세 가문의 여러 어른들에게 고한다.

옛날 옛적 세상에 아직 인간과 만물이 형성되지 못하였을 때 하늘에서 세 신인(神人)이 한라산에 내려왔는데, 한 사람은 고씨였고 또 한 사람은 양씨, 또 다른 한 사람은 부씨라고 하였다.

다음에 미녀와 송아지와 망아지를 내려보내 주어 그 땅에 터를 열고 조상이 되게 하였는바 지금 모여 사는 많은 사람과 번성한 가축은 모두 그 세 신인의 은덕이다. 후세의 자손들이 혹 바다를 건너 사방에 떠돌아다니다가 여러 곳에 흩어져 살게 되었은즉 세상에서 이르는바 제주 고씨와 제주 양씨는 모두 그들의 후예이다.

나의 선조는 일찍이 고려 때에 장흥이라는 본을 하사 받아 장흥 고씨가 되었고, 부씨의 후손은 지금도 부씨라고 하지만 시초의 부씨는 그 누구도 알 수 없다. 지금은 비록 서로 갈라지고 멀어져 기쁜 일 슬픈 일에 소식조차 나누지 않지만 초기에 세 신인이 하늘에서 내려온 상서로운 일과 형제간의 정의로 서로 화목하던 친분은 지금까지도 모든 사람이 다 잘 알고 있다. 세상 사람들이 모두 즐겨 이 말을 하는데, 하물며 그 자손들이야 어찌 옛일을 생각지 않고 서로 길에서 만난 남 보듯 하겠는가!

지난번 돌아가신 부친은 적이 서울로 쳐들어오고 7도가 붕괴하기 시작하였을 때 먼저 의병을 일으켜 몸소 원수의 칼날과 맞섰다가 부자가 함께 나라를 위해 죽으니 조정이 슬퍼하고 애석히 여겨 특별히 표창하였고, 길 가던 사람도 이 말을 듣고 눈물을 흘렸나니, 하물며 한 조상의 피를 이어받은 우리들이 어찌 원통히 여기지 않으리오!

불초한 나는 지혜와 재주가 보잘것없어서 돌아가신 부친의 대사를 계승하기에 부족하지만 한없는 통분을 씻지 않을 수 없다. 그래서 사노의 부대를 거느리고 원수를 갚을 거사를 꾀하였으나 본도의 관청이나 개인의 재산들은 거의 다 소모되어 군대의 기물과 전투마를 변통할 길이 없다. 생각건대 그 곳 제주의 세 고을에는 재물과 인력이 그대로 온전할 것이므로 이에 관에서 내려온 격문을 보내 그 곳 사노 및 대소 선비와 백성들을 격려하는 바이다.

되풀이 생각해도 동성 사이에는 진실로 만세가 지나더라도 영원토록 잊지 못할 친분이 있는 것이다. 양씨와 부씨 두 가문도 그 시조가 다 한 형제간이었으니 한마디 인사말을 서로 나누지 않을 수 없을 정분이라 내 마음속을 털어놓으니 이 통보를 받고 반드시 정의를 위하여 일어서기 바란다.

원컨대 세 가문의 여러 어른들은 나의 청원을 들어주기 바란다. 각자는 자기의 역량과 재물에 따라 혹은 군마를 내고 혹은 힘을 합쳐 서로 도와서 큰 것으로는 큰일을 이루고 작은 것으로는 작은 일을 이루어, 위로는 하늘에서 함께 내려왔던 신인(神人)의 뜻을 잇고 아래로는 내 일가의 죽은 사람과 산 사람들의 희망하는 바를 위로해 줌이 어떤가?

사무치는 정이 할 말을 제대로 다 못하게 하여 이제 할 바를 모르겠다.

**고종후**[高從厚, 1554(명종 9년)~1593(선조 26년)]

　　의병장 고경명(高敬命)의 큰아들로 임진왜란에 아버지가 의병을 일으켜 금산 싸움에서 아버지와 동생 인후가 전사하자 이듬해 다시 의병을 일으켜 스스로 '복수 의병장'이라 칭하였다. 여러 곳에서 싸우다가 영남에 들어가 김천일, 최경회(崔慶會, 1532~1593)와 함께 진주성을 지키고 있었다. 진주성이 왜적에게 함락될 때 이들과 함께 남강에 몸을 던져 최후를 마쳤다. 세상에서는 이들을 3장사라고 불렀다.

| 김덕령 |

# 도내에 호소한다


　광주 상인(喪人) 김덕령은 도내의 각 고을 여러 군자들에게 삼가 호소한다.

　요즘 오랑캐 무리들이 이미 중요한 지점에 출몰하더니 벌떼처럼 산기슭에 모여들어 우리의 요새를 침범하려고 노리면서 날마다 흉악스럽게 덤빈다.

　관병(官兵)이 북으로 물러나니 의병도 사기가 떨어져 병사들은 주저앉아서 바라보기만 할 뿐 적을 소멸하려는 의지가 없어지고 아군의 사기가 떨어져 있는 반면, 적의 세력을 키워줌이 이보다 더 심할 수 있겠는가?

　안으로 충성을 다하여 근위할 사람이 없거니와 또한 밖으로도 제 몸을 바쳐 왜적을 쳐부술 용감한 충신이 몇 사람이나 되겠는가? 오늘의 일을 곰곰이 생각해보면 참으로 마음 아픈 일이 아닐 수 없다.

　덕령은 일찍부터 남에게 얽매이기를 싫어하였으며 늘 전투에 나가 적장의 목을 베어올 포부를 품고 있었다. 난리가 처음 일어났을 때 즉시 군대에 뛰어들어 조그마한 공이라도 세워보려는 생각이 간절하지 않은 것은 아니었으나 다만 늙은 어머니의 병환이 심하고 연세도 높아 어머니를 봉양할 책임이 나에게 있는지라 차마 그 앞을 떠나지 못하였다. 집에 들어앉아 있던 두 해 동안 부질없이 칼을 어루만지면서 동쪽 하늘만 쳐다볼 뿐이었다. 지금은 어머니가 이미 세상을 떠났고 이 몸은 의지할 곳 없이 되었다. 나라에는 일이 많으니 신하로서 충절을 다해야 할 것이다.

다행히 담양부사 이경린(李景麟)이 종실(宗室)의 후예로서 일찍이 왜적을 격파하려는 뜻을 품고 있다가 나의 허튼 명성을 듣고 무기를 갖추어 주면서 국난을 구하러 일어서기를 권하였다. 나는 두 번 사양하다가 상복 대신 군복을 바꾸어 입고 왜적의 무리들을 쳐부수는 싸움에 나서게 되었다.

전략은 비록 옛 장수만은 못하나 의기는 하늘을 찌를 듯 누구 못지않다. 손에는 긴 칼을 휘두르며 몸에는 무거운 갑옷을 입고 힘을 기르며 무기를 모아 곧바로 오랑캐의 소굴을 소탕해버리고 다소나마 백성들의 원한을 풀어주며 종묘의 수치를 통쾌하게 씻어보려 한다. 오직 바라건대 원근을 막론하고 모두 협력하여 나라의 위급함을 구원할 방책을 함께 강구하고자 이에 널리 통고하여 내 고충을 표명하는 바이니 각 고을 선비들은 나를 따라나서지 않겠는가?

아! 이백 년 동안 교양을 받은 이 나라 선비들 중에서 그 누구 한 사람도 강개한 마음으로 나라를 위하여 목숨을 바치려는 사람이 없단 말인가? 목숨을 바쳐 국난을 구제할 시기가 바로 이때이다! 소매를 걷어붙이고 군대를 통솔하는 것을 어찌 늦출 수 있겠느냐?

덕령이 힘은 적고 용기는 없으나 돌이켜 생각하건대 임금이 욕을 당할 형편이면 신하는 생명을 바쳐야 마땅한 것이니 재주와 지혜가 졸렬함을 헤아릴 것 없이 같은 뜻을 품은 선비들을 함께 모아 서로 심금을 털어놓고 국가존망의 대정세를 헤아려 실정에 맞게 대응 전략을 세움으로써 비록 결정적 승리로 적을 제압하지는 못한다 할지라도 원수들의 칼날을 꺾고 창끝을 막으면서 맹세코 병사들의 앞에 나서서 싸울 것이다. 바야흐로 지금 7도가 병란을 입지 않은 곳이 없고, 오직 우리 호남만이 도륙(屠戮)을 면하여 나라를 회복할 한 줄기의 희망이 여기에 있다. 다만 근래에 중첩되는 군대 조련과 식량 운반으로 인하여 물자는 축나고 민생은 쇠약해져 큰 난리를 겪은 것이나 다름없는데, 이런 형편에 만일 오랑캐들이 쳐들어온다면 누가 그들을 막겠는가?

부모처자는 사람마다 다 있으며 조상의 뼈가 묻힌 고향도 누구나 다 가지고 있다. 하루아침에 오랑캐들이 기어들어 함부로 죽이고 불살라 버린다면 무엇인들 남아 있겠는가? 만약 사람마다 왜적을 증오하는 마음이 부모 죽인 원수를 대하듯 한다면 이 도적 무리들을 쓸어버리지 못할 리 없다.

목전의 안전만 믿고 오랑캐 무리들을 쳐부술 거사에 나서지 않는다면 이는 부모의 유골이 묻힌 고향 산천을 적들에게 넘겨주는 것이나 다름없다. 어찌 이럴 수야 있겠는가! 원컨대 각 고을의 선비들이여, 뒤로 물러서려는 나약한 마음을 가지지 말고 더욱 분발하여 서릿발 같은 창날과 용감한 기병들을 번개처럼 휘몰아 바람처럼 나간다면 저 숨만 붙어 있는 오랑캐들이 반드시 겁을 먹고 와르르 무너져 칼에 피를 묻히지 않아도 살려달라고 빌 것이다. 이리하면 큰 전공이 손쉽게 이룩되고 승전의 보고를 불시에 올리게 되면 어찌 다행한 일이 아니겠는가?

아! 명나라 구원부대도 적지 않게 오랑캐들에게 곤란을 겪었고 우리의 강토는 비리고 더러운 원수들의 피로 젖어 있다.

칼을 잡고 수레를 몰려는데 책략을 도울 사람이 없다. 위급한 지경에 임해 스스로 목을 자른다면 누가 다시 거사를 일으킬 것인가? 거사하려는 조례가 다음과 같으니 이 글이 이르거든 침착하게 생각하여 분발하라!

| 김덕령 |

# 영남에 호소한다

충용익호장군 김덕령은 영남 각 고을 군자들에게 삼가 고한다.

아! 자연의 재해도 끝날 때가 있거늘 나라의 운명인들 항상 비운에만 처해 있으랴! 정의를 지킨다면 비록 위험에 빠졌더라도 필경은 구원되고, 순리를 거역한다면 비록 한때는 강하더라도 마침내 멸망하고 마는 것이니 이는 이치의 당연한 귀결이며 정세 변천의 필연성이다. 그러므로 적은 군대로도 능히 큰 반란을 꺾을 수 있었다. 지난날의 역사가 바로 이러하거늘 오늘인들 옛날과 무엇이 다르랴! 간악한 섬 오랑캐들이 우리나라에 기어든 지 벌써 두 해째라 흉악한 기세는 더욱 극심하고 재앙은 들불과 같아 화를 걷잡기 어렵게 되었다. 국가의 운명은 계란을 포개놓은 것처럼 위태롭고 불쌍한 백성들은 오랑캐의 발굽에 짓밟히게 되었다. 사람들의 분노가 극에 달했으니 귀신인들 천벌을 가하지 않겠는가!

덕령은 한낱 비천한 사람으로 벽촌에서 출생하여 뜻을 학문에 두었고 본래 익힌 것은 활쏘기 말 타기가 아니었으나 근간에 빈 명성을 얻어 사령관 막하에서 일을 보게 되었다. 그때 어머니는 이미 늙으셨는데 형 또한 왜적과 싸워 전사하였다. 그러므로 어머니를 봉양할 사람이 없어 군대에 있어도 마음이 놓이지 않았다. 한동안 군대를 따라다녔지만 부득이 돌아오지 않을 수 없었다.

그러나 위로는 나라의 치욕을 생각하여 한밤중에 칼을 어루만졌으며, 아래로는 형의 원수를 원통하게 여겨 밥을 먹을 때마다 눈물을 떨구었다. 그런데 가화가 미진하여 어머니마저 세상을 떠나게 되니 장례의 초종범절(初終凡節)을 대강 마친 다음에 나라에 몸을 바칠 수 있게 되었다. 군대에 자원할 생각은 있었으나 이렇다 할 마음에 품은 뜻을 드러내지는 못하였다.

마침 담양부사가 나를 본도 순찰사(巡察使; 전란 중 지방에 파견되는 임시 관리로 종2품―엮은이)에게 천거하여 대의로 타이르고 상복을 벗기면서 전투에 참가했던 병사들을 수습하여 저 왜적들을 한칼에 소탕하도록 분부하였다. 돌이켜 생각하건대 내 몸은 병아리 하나 묶을 힘이 없고 용력은 담 하나 뛰어 넘을 만큼 날래지도 못하였다. 사람은 미천한데 책임은 무거우니 온갖 근심 걱정만 늘어갔다. 또 감당하기 어려운 일이 초야의 미천한 이 몸에 갑자기 맡겨졌으니 실로 조그마한 공도 없이 분에 넘친 은총만 받게 되었다.

아! 임금께서 나에게 국난을 구제할 것을 맡겼는데 신하된 자로 감히 몸을 바쳐 싸울 것을 사양하겠는가? 내가 듣건대 의리를 배반하고 목숨을 아끼려 하면 용맹스러운 장사도 겁쟁이가 되고 충성을 다하여 몸을 바치려는 자는 비록 약한 사내라도 장사가 된다고 한다. 임금을 섬기고 나라를 위하여 죽는 의리는 족히 용기로 되는 것이요, 원수를 치고 반역자를 물리치는 것은 족히 기개로 되는 것이니 어찌 구구한 혈기와 용기로만 이 도적 무리들을 제압해 내겠는가! 그러므로 노둔(老鈍)한 자신을 채찍질하여 선봉에 나설 것을 결심하였다.

격문을 원근에 전달하여 날래고 용감한 병사들을 불러 모았더니 용처럼 날쌔고 범처럼 억센 장사들과 적장의 목을 단칼에 베고 적군의 깃발을 걷어 쥘 만한 날랜 용사들이 모두 양식을 싸 가지고 종군하기를 청하였으며, 끓는 물과 불 속이라도 뛰어들기를 서슴지 않았다. 팔뚝을 휘두르며 통분함을 금치 못 하노니 전일에 세 번이나 패전한 것을 수치로 생각하라! 두 주먹을 불끈 쥐고 기운을 북돋우노니 앞으로 아홉 번 쳐들어가서 승리할 것을 결의한다.

저 숨만 붙어 있는 왜적 잔병들을 기한을 정해놓고 거꾸러뜨릴 것이다. 이 달 23일로 길일을 택하여 군대를 동쪽으로 진군하려는바 중앙에 황색 기치를 좌우로 벌려 세우고, 검고 붉은 깃발을 앞 뒤쪽에 죽 늘어지게 하여 기병들을 바람처럼 달리게 하고 긴 창을 번개같이 휘두르게 하리라! 병사는 정예롭고 무기는 날카로우며 사기는 충천하니 이로써 왜적을 제압한다면 누가 감히 우리를 당하겠는가!

병법에 이르기를 "나를 알고 적을 알면 백 번 싸워 백 번 이긴다"고 하였다. 저 오랑캐 무리들은 천 리를 넘어와서 몇 해 지나는 동안에 기후와 물, 토양이 맞지 않아 병들고 예기는 이미 평양성 싸움에서 꺾였고 간과 쓸개는 행주성 싸움에서 떨어졌으니 옛날에 정병이라고 일컫던 놈들도 지금은 보잘것없는 무리가 되었다. 그 중에는 오랑캐 괴수들의 협박에 못 이겨 강제로 끌려온 놈들도 많은 바 이들도 이제 부모처자를 생각하는 마음이 없겠는가? 원한은 이미 극에 달하였고 탄식 소리는 바야흐로 깊어져 내부에서 반란이 일어날 날도 머지않을 것이다. 가마솥에 든 물고기가 그 얼마나 견디겠느냐? 왜적들의 종자까지 없애버릴 날이 바로 이때이다. 어찌 왜적을 섬멸할 일전을 늦출 수 있겠는가?

아 왜적들이 기어든 이후 오직 호남 일대만이 참혹한 재앙을 면하였으나 7도는 거의 참화를 당했는바 그 중에서도 영남이 받은 화는 다른 도보다 혹심하다. 문무 사대부, 늙은이, 젊은이, 남자, 여자 할 것 없이 횡액(橫厄)으로 무고한 변란을 당한 사람이 한이 있겠는가? 부모가 죽고 자식은 고아가 되었으며 남편이 죽어 아내는 과부가 되었다. 거리와 마을들은 화염에 싸였고, 백성들은 모두 고향을 버리고 떠났다.

초가집들은 불에 타서 잿더미만 보이는데 특히 낙동강 동쪽과 진주 남쪽은 사람 사는 집이라고는 찾아보기 힘들다. 추위와 굶주림이 극도에 달하여 쓰러진 자들이 길을 덮었고 원통한 통곡소리는 하늘에 사무쳐 천백의 저주와 원한은 차마 다 말할 수 없다.

이로써 보건대 파리한 아이들과 수척한 부인네까지도 몽둥이와 부지깽이를 들고 싸움에 나설 판인데 어찌 건장한 사내들이 칼을 뽑아들지 않고 편안히 앉아만 있겠는가? 이때야말로 바로 충의를 위하여 목숨을 바쳐 싸울 날이요, 영웅호걸들이 나라의 치욕을 씻을 때이다. 각자 나라와 백성의 원수를 생각하며 놈들을 천참만륙해 없애버려야 한다. 더구나 놈들은 장차 물러나 돌아갈 것을 전제로 늙은 도적의 무리들이 밤낮을 가리지 않고 재물을 닥치는 대로 노략질하고 있다. 이 기회에 빨리 쓸어버리지 않는다면 전날과 같은 화가 언제 다시 미칠지 모른다. 이 기회를 놓치면 아무리 후회한들 무슨 소용이 있겠는가?

시기는 놓칠 수 없고 일은 다시 일으키기 어렵다. 결심하라! 선비와 백성들이여! 영남은 본래 절개와 의리를 숭상했으니 이제 원수를 토벌하려는 거사에 호응하는 사대부가 없을 수 있겠는가? 각 고을에서 충직하고 근면한 자들을 선발하고 그 인원수에 따라 각각 책임자를 정하여 용감한 청년들을 모아서 군량과 마초를 준비하게 하고, 노인과 전쟁에 참가할 수 없는 나머지 사람들에게는 군량을 운반하게 할 것이다.

바라건대 여러 군자들은 각자 스스로 노력하여 계획을 잘 세워 행하도록 하라!

**김덕령**[金德齡, 1567(명종 22년)~1596(선조 29년)]

　　광주 출신으로 성혼(成渾)의 문인이었고 용맹과 지략이 뛰어났다. 왜란이 일어나자 담양부사 이경린(李景麟), 장성현감 이귀(李貴)의 천거로 종군하여 충용익호장군(忠勇翼虎將軍)이라는 특별한 칭호를 받았다. 25세의 청년으로 담양에서 의병을 일으켜 왜군의 호남지방 침입을 막는 여러 번의 전투에서 승리를 거두었다. 이몽학의 역모 사건이 일어나자 의병을 일으켜 토벌하려다가 이미 진압되었다는 소식에 군대를 돌렸음에도 불구하고 이몽학과 내통했다는 무고로 체포되어 옥사하였다. 후일 신원(伸寃)되었고 충장(忠壯)이라는 시호가 내려졌다.

# 순천은 이 나라를 중흥하는 근거지이다

의병을 일으켜 원수를 쳐부수자는 것은 모든 사람들의 한결같은 바람이다.

동궁의 편지에서도 의병을 무한히 격려하셨다. 말씀은 지극히 간곡하고 뜻은 심히 애절하였다. 신하된 사람으로서 누군들 강개하여 눈물을 흘리면서 그 분부에 만 분의 일이라도 힘을 바치고자 하지 않으리오.

왜적들이 우리 편 군대에게 쫓겨 남도로 흩어져 내려왔은즉 막다른 골목에 다다른 짐승들의 발악은 더욱 심할 것이다. 불사르고 약탈하는 화가 가는 곳마다 미칠 것이니 백성들의 집과 재물을 누가 장차 보존할 것인가? 하루아침에 오랑캐 무리들에게 빼앗기는 것보다는 차라리 재산을 나누어 의병들을 돕는 것이 어떠한가?

순천(順天)은 원래 큰 고을이어서 물산이 풍성하고 백성들도 부유하다. 가을걷이를 하게 되면 곡식가리는 구름처럼 쌓일 것이니 어찌 가만히 앉아서 풍년을 누리고 나라를 돌보지 않겠는가? 명문거족들이 다 같이 나라의 은혜를 생각하고 사세를 살핀다면 통고와 설득을 기다리지 않을 것이니 거리와 마을의 백성에 이르기까지 이 뜻을 받들어 물자를 모으고 책임자를 정하여 기일 안에 원호하여 준다면 순천 고을이 우리나라를 중흥시키는 근거지가 될 것이다.

간절히 바라건대 용감한 여러분이여! 있는 힘을 다하여 게을리 말라!

## 임계영(任啓英; 1528~1597)

　　조선 중기의 문신·의병장. 본관은 장흥(長興). 1576년(선조 9)에 별시문과에 병과로 급제하여 진보현감을 지냈다. 임진왜란 때 전 현감 박광전(朴光前), 능성현령 김익복(金益福), 진사 문위세(文緯世) 등과 보성에서 의병을 일으켰다.

　　당시 와병 중이던 박광전 대신 의병장으로 추대되고, 순천에 이르러 장윤(張潤)을 부장으로 삼았다. 다시 남원에 이르기까지 1,000여 명을 모집하여 전라좌도 의병장이 되었다. 전라우도 의병장 최경회(崔慶會)와 함께 장수·거창·합천·성주·개령 등지에서 왜군을 무찔렀다. 1593년 제2차 진주성싸움에 그는 부장 장윤에게 정예군 300명을 이끌고 먼저 성에 들어가게 하고, 자신은 밖에서 곡식과 무기를 조달하였다.

# 전라도 의병은 우리와 협동하여 왜적을 물리치자

　정의를 위하여 군사를 일으키는 것은 오로지 국가를 보위하고 왜적을 토벌함에 있다.

　흉한 무리가 침략해 들어온 지 이미 여러 달이 지났으나 관군은 거듭 패하여 놈들을 소탕할 가망이 없고 7도 백성의 생명은 위급하게 되었다. 오직 호남 한 지역만 겨우 그대로 남아 있는데, 이제 만일 기회를 놓쳐버린다면 어떻게 이 정세를 회복하며 백성들의 생명을 구할 수 있겠는가? 지금은 바로 용감하고 의로운 선비들이 목숨을 바쳐 나라에 보답할 때이다.

　우리가 남원으로부터 거창에 와서 머물러 있는 것은 이제 곧 영남의 여러 동지들과 협동하여 개령, 성주 등지의 왜적을 토벌하려는 의도였으나 우리 부대는 먼 길을 달려와서 형세가 고단하고 힘이 약하다. 흉한 왜적들의 선봉대를 즉시 들이치기는 어려운 일이다. 백 가지로 생각하여도 좋은 계책이 없다. 공적, 사적으로 형세는 위급하여 구원병이 오기를 기다리고 있는데 아직껏 어느 부대도 이곳으로 온다는 소식을 듣지 못하였다. 비록 그 까닭이 있다 하더라도 이렇게 여러 날을 끌고 있음에 대하여는 부끄러워해야 할 것이다.

　개령을 빼앗기면 운봉을 지킬 수 없고 운봉을 한번 잃어버리는 날에는 다시는 작전을 도모할 수 없게 된다. 흉한 오랑캐 놈들로 하여금 멋대로 치밀어 올라와서 날뛰게 한다면 동지들이 정성을 다하고 힘을 기울여 사방에 가득 찬 적을 막아내려 한대도 수척한 병사들로서 강한 적을 막아내기가 어렵지 않겠는가?

간절히 바라노니 동지들이 각자 정예 부대를 이끌고 이 시각으로 달려와 상호 긴밀히 협동하며 계속 진공한다면 우리들의 위력이 뻗치는 곳에 적들의 사기는 반드시 꺾일 것이며, 우리의 연합 공격 앞에서는 제 아무리 강고한 적이라 하더라도 패망하지 않을 수 없다. 비리고 더러운 왜적들을 깨끗이 쓸어내 버리고 멀리 국경 지대를 튼튼히 지킨다면 호남 일대는 저절로 견고해질 것이요, 나라의 대업은 회복될 것이다. 정세가 바로 이러하니 어찌 소홀히 할 수 있겠는가?

다시 한 번 원하노니 동지들은 좋은 계책을 힘써 생각해서 후회가 없게 하라! 임기응변은 병가에서 귀중한 것이며 위급한 시기에 때를 늦추지 않는 것은 지사들이 높이 여기는 바이다.

만약 주저하고 미루다가 이 기회를 놓쳐버린다면 비단 여러 벗들의 기대를 저버리는 것일 뿐만 아니라 반드시 조정과 가문에서도 책임 추궁이 있을 것이니 어찌 두렵지 않으랴!

# 부대를 거느리고 남원으로 향하면서 여러 고을에 군량을 호소한다

　의병을 일으킨 데 대하여 이미 지난번 격문에서 간곡하게 언급했는 바 널리 돌려보아 잘 짐작하였는가?

　임계영 등은 수천 명의 정예 부대를 거느리고 바야흐로 왜적의 소굴을 향하여 출동한다. 최씨 부대와 더불어 협력하여 왜적을 치려는데 갈 길은 바쁘고 군량은 없다. 여러 고을의 유생들로부터 공급을 받기는 하였으나 앞으로 계속할 방도가 없다.

　이는 단지 우리들만 책임져야 할 근심은 아닌데 당신네 여러 고을 허다한 명사들은 일찍이 이 부담을 나누어 맡으려 하지 않으니 무슨 까닭인가? 여러분들도 다 같이 불구대천의 원수를 증오할 터인데 이러한 거사를 보고도 어찌 차마 모른 체하고만 있는가? 하물며 금산[錦州]과 무주가 바로 적의 소굴이 되어서 도 전체가 위기일발로 위험에 빠질 지경이다. 모르기는 하지만 여러분들은 아직도 가만히 앉아서 편안히 살 것이라 생각하는가?

　이때를 당하여 신하된 사람으로서 감히 제 몸도 아끼지 못하련만 하물며 재산을 아껴 약간씩 내놓는 것도 아까워할 수 있는가? 지금 비록 여러 가지 부담이 지워져서 민간에 폐를 많이 끼쳤으나 목숨이 붙어 있는 한 의병 부대의 원호를 게을리 할 수는 없을 것이다. 여러분들은 비록 병으로 앓거나 사무(私務)에 얽매여 부대를 따라 나서지는 못한다 하더라도 군량을 원조해 주는 것쯤은 서슴지 않아야 할 것이다.

당신들이 만약 우리의 행군하는 온갖 고초를 헤아리고 흉악한 적들이 끼쳐 놓은 재앙을 생각해서라도 스스로 심혈을 기울여 물질적 원조를 다하여 부족한 군량을 보충해야 할 것이다. 그러면 우리는 먼저 남쪽 지방의 적을 소탕하고 마침내 왕을 모시던 조정이 있는 곳까지 이르러 서울을 다시 찾고 어가를 맞이해 오게 된다면 당신들이 군량을 댄 공로가 역사에 빛날 것이다.

갖은 정성을 다 쏟아 성과를 올리기 바란다.

| 임계영 |

# 군량을 내는 것도 나라를 위하는 공로이다

군량 조달이 급하여 여러 번 편지를 보냈으나 한 번도 회답을 받지 못하여 적이 의아한 생각을 금할 수 없다. 혹 중도에서 지체되어 여러분의 손에 들어가지 못 했을까 염려된다. 그러므로 번거로움을 생각지 않고 다시 통고하는 바이다.

대체로 의병을 일으켜 원수를 친다는 것은 오로지 국가를 위한 것이니 군량을 제공하는 이 한 가지 일만은 피차를 구별할 것이 없으며 오직 어느 쪽이 더 급한가 하는 것뿐이다.

오늘 우리 군사가 지키는 곳은 호남과 영남의 길목인데 성산(城山)에 웅거한 적들이 장차 세력을 뻗치려 하고 있다. 만약 이 곳을 지키지 못한다면 운봉 아래로는 험하고 막힌 지형이 없으니 방어할 수 없다. 우리 도의 위급함을 장차 구원할 수 없다면 힘써 회복한 강토도 또한 보전할 수 없을 것이다. 형세의 중요함이 진실로 이 점에 있지 않겠는가? 때문에 우리들은 이를 염려하여 이 지점을 지키게 된 것이다. 나가서 공격하고 또 지키면서 적을 많이 죽였으니 추악한 원수를 섬멸하게 될 날이 바로 우리 눈앞에 있다.

그런데 영남은 원수들 때문에 피폐해졌기 때문에 식량을 보장할 방도가 없고, 또한 우리들이 마련한 것도 이미 다 떨어졌으니 지금까지 싸워서 이룩한 성과가 하루아침에 무너져버릴 지경이다. 어찌 우리들에게만 맡겨진 근심이겠는가? 우리 도의 식견 있는 이들은 다 같이 안타깝게 생각해야 할 일이다.

무릇 식량은 군대의 우선적 문제이니 군량이 없으면 군대가 유지될 수 없다. 싸워서 우리 강토를 되찾은 공로는 식량을 공급한 사람들에게도 돌아가게 되는 것이다. 하물며 이제 유림들이 의병을 일으켰으니 전투에 직접 참가한 사람은 싸움에 힘쓸 것이나, 전투에 참가하지 않은 사람도 군사를 위하여 식량을 제공해야 한다. 이것은 한 가지로 나라를 위하는 중요한 일이다. 정세를 유리하게 돌려 적을 쳐 이기는 것은 내가 책임지겠으나 군량이 끊이지 않게 할 중책은 누가 맡겠는가? 여러분들은 깊이 새겨듣고 널리 거두어 모으도록 도모함에 힘을 아끼지 않으리라고 믿는다. 또 듣건대 해당 관청들에서도 대책을 세운 바 있다 하니 앞으로 기대하는 바이다.

　우리 군대의 급함이 이와 같고 여러분들의 꾀하는 바가 그와 같을진대 한 마음으로 단합되어 시기를 놓치지 않게 될 것이다. 이러한 때를 당하여 자기 목숨도 아낄 바가 아니거늘 하물며 재물을 아끼려 하겠는가! 개인의 재물도 아낄 수 없거늘 하물며 향교와 서원의 재산을 아끼겠는가? 이는 곧 유가의 공유물인바 이런 때에 쓰지 않고 어느 때 무엇에 쓸 것인가?

　엎드려 바라건대 여러분들은 공적인 것이나 개인의 것이나 있는 대로 모아서 속히 보내어 목마르게 기다리는 바를 풀어 준다면 이번 일을 능히 잘 끝마칠 수 있을 것이다. 이것이 어찌 여러분들의 힘이 아니겠는가!

　원컨대 여러분은 자세히 살피고 힘써 도모하기 바란다.

# 정의를 위하여 일어서라

'작은 것을 버리고 큰 것을 취하라!' 이는 맹자가 남긴 교훈이며, '벌떼처럼 일어나 싸워라!' 이는 초(楚)나라 의사들의 한결같은 호소였다.

한당(漢唐) 시대 이전부터 신라, 고구려 이후에도 우리나라를 침략한 적들이 때로 있었지만 천추에 이름을 남긴 열사들이 몇몇이었더냐?

서리와 눈이 내리는 가을 겨울이 되어야 비로소 소나무, 잣나무의 절개를 알리라.

푸른 동해 바다 위로 해와 달이 솟아오르면 온 누리가 광명의 혜택을 받으리라.

강개한 심정으로 곳곳마다 조국을 그리는 노래 부르고 도의를 숭상하려 집집마다 예절을 닦는 글을 읽었건만 불행하게도 나라의 운명이 위태로워져서 섬 오랑캐들이 이 땅을 침범하였다.

조정 신하들은 북으로 물러서고 임금의 행차도 서울을 떠났다.

사직이 위태로워지고 백성들은 도탄에 빠져 있다.

…(몇 구절 결락)…

바라노니 씩씩하고 용감한 여러 선비들이여! 나의 이 글을 읽고 나의 이 말을 귀담아 들어라!

찬란한 지금의 문물은 모두 선왕들이 쌓아놓은 업적이다.

흉악한 저 원수를 치려는데 그 누가 충성을 다하고 용맹을 떨치려는가?

절개 높은 용사들이 대열에 모여드니 나라 위한 싸움에 내닫는 병사들의 의기도 드높으리라.

지사들이 군중을 불러일으키니 죽음을 아끼지 않는 의병들은 모여들라.

남쪽 지방이 비록 좁지만 몸과 마음을 바치려는 군중들이 그 얼마인가.

나라의 혜택이 널리 퍼졌으매 반드시 한 마음으로 협력하려는 장사들이 많으리라.

우리 함께 힘을 모아 일편단심 싸워 나간다면 여러 의병들의 충성된 공훈과 장렬한 절의는 천추에 길이 빛나고 역사에 영원히 남으리라.

**김천일**[金千鎰, 1537(중종 32년)~1593(선조 26년)]

　　임실 현감을 지냈고 1592년 나주에 있다가 고경명, 최경회, 박광옥 등과 함께 의병을 일으켜 선조가 피난한 평안도로 향하다가 수원성을 거쳐 강화성에 들어갔다. 왜적 점령 하의 서울에 결사대를 잠입시켜 백성들에게 많은 군자금을 얻었으며 한강변의 여러 적진을 기습하였다. 명의 제독 이여송 군대의 작전을 돕고 왜적이 물러가기 시작하자 추격하라는 조정의 명령을 받고 진주성에서 왜적의 대군을 맞아 싸우다가 진주성이 함락되자 남강에 몸을 던졌다. 3장사의 한 사람으로 진주의 창렬사(彰烈祠), 나주의 정렬사(旌烈祠), 순창의 화산서원(花山書院), 태인의 남고서원(南皐書院), 임실의 학정서원(鶴亭書院) 등에 제향되어 있다. 시호는 문열(文烈).

| 정경세 |

# 경상 좌도에 호소한다

경상도 함창 의병 소모관(召募官 : 의병을 불러일으키기 위해 파견되는 임시 관리—엮은이) 전 봉교(奉敎) 정경세(鄭經世)는 좌도 고을의 지방관 및 사림의 군자들께 호소한다.

하늘도 애처로워함직 하건만 전란은 졸연히 끝나지 않고 있다. 가을을 지나 겨울로 접어드는 이때까지 원수의 왜적들이 극성스럽게 날뛰니 놈들을 소탕하고 나라를 회복할 기약이 아직껏 막연하다. 이 나라의 신하되고 백성 된 사람으로서 원수들과 한 하늘을 이고 사는 통분함이야 너나 할 것 없이 같은 마음이니 차마 말할 수도 없고 굳이 말하고 싶지도 않은 것이다.

우리네 같은 소인들은 스스로 큰일을 할 재목이 못 됨을 익히 알지만 북받치는 심정으로 능력을 헤아리지 않고 초가을부터 의병을 모아 일어섰다. 그러나 의병의 기세는 미약하여 아직 적의 진지 하나도 깨뜨리지 못 하고 적의 부대 하나도 섬멸하지 못 하여 목을 자른 숫자가 겨우 백의 절반에 이를 뿐이다. 마치 돌을 물어다가 바다를 메우려는 새와 다름없어 실상 메워지는 자취는 보지 못 하는 것이다. 아프고 답답한 심회를 어찌 말로 다하랴!

더구나 해를 넘겨 전란이 계속되는 바람에 큰길의 양 옆은 공사간에 남은 것이라고는 아무 것도 없다. 갖은 애를 다 써서 겨우겨우 지내온 것이 벌써 여섯 달째 되는데, 이제는 사방을 둘러보아도 누구에게 사정해야 할지 망망하고 장수와 병사가 모두 굶주려 힘을 내지 못한다. 아직까지 쥐구멍을 파헤쳐 쥐를 잡아먹거나 갑옷을 삶아 국물을 마시지는 않았지만 죽으로나 밥으로나 배를 채우지 못 하는 형편이니 병사들이 오늘 저녁 내일 아침으로 우르르 흩어져 버리게 될까 걱정하고 있다. 이러한 형편에서도 여러분에게 알리지 않는다면 그것은 도리어 우리의 죄가 될 것이다.

가만히 생각해보건대 경상 좌도의 각 고을이 비록 병화(兵禍)를 겪었다고 하더라도 적병이 오래 머물러 있지 않은 까닭에 여느 해나 다름없이 넉넉하게 가을을 거두어 들였다. 더구나 그 중에는 적병이 침입하지 않은 곳도 있지 않은가? 여유 있는 양곡을 내놓아 국난을 구원하고 집안일을 파하고 의병을 도와야 할 것인바 이는 바로 여러 군자들이 힘을 다해야 할 때이다.

오호라! 종묘사직은 폐허로 변하고 임금의 수레는 진창에 굴러다니고 있다. 우리 백성은 왜적에게 태반이 희생되었으니 온전히 남은 지방이 대체 몇 고을이나 되는가? 삼천리 조국 강토의 이백 년 이래의 의관문물을 풀잎새로 옷을 만들어 입는 오랑캐의 손에 내맡겨 버렸구나! 이 땅에서 먹고 자라서 이씨 왕조의 신하 백성 된 사람 치고 어느 누가 창을 베고 자며 담을 씹어 가면서 하늘에 사무치는 이 통분함을 조금이라도 풀어보려 하지 않으랴? 이는 긴 설명을 기다리지 않는다. 여러 군자의 피어린 성심도 이미 오래 어리었으리라 믿는다.

오늘의 치욕은 실로 신하로서 차마 말할 수 없는 것이지만 더구나 앞으로 닥쳐올 우환은 장차 오늘보다 더 심할 수도 있다. 오늘의 대책은 실로 조금도 늦추지 못 하려니와 우리의 정성이 능히 옛 사람과 같다면 또한 적을 멸망시키고 공을 세우지 못 할 리 있겠는가?

오직 바라는 바는 이 격문을 받는 날로 각자 많든 적든 힘껏 곡식과 물자를 내어 군량을 도와준다면 이미 규합된 부대가 흩어지지 않고,

모여든 병사들도 시종여일하게 나갈 것이다. 그렇다면 천만 다행한 일이 아닌가.

오호라. 임금의 비통한 교서는 모든 신하들로 하여금 피눈물을 흘리게 하는 말씀이었다. 깨끗한 동해 바다에 몸을 던져 치욕을 씻으려고 하기 전에 정중하게 들으리라고 생각하면서 이에 충심으로 고한다.

---

**정경세[鄭經世, 1563(명종18년)~1633(인조 11년)]**

상주(尙州) 출신으로 유성룡(柳成龍)의 문인이었고 24세에 문과 급제, 승문원(承文院) 부정자 검열 봉교를 거쳐 사가독서. 왜란이 일어나자 의병을 모집하고 공을 세워 수찬(修撰)에 오르고 이후 경상도, 전라도 관찰사, 대사헌을 거쳐 1629년 이조판서 겸 대제학에 이르렀다. 성리학 특히 예론에 밝았고 시서(詩書)에도 뛰어났다. 상주의 도남서원(道南書院), 대구의 연경서원(研經書院), 경산의 고산서원(孤山書院), 강릉의 퇴곡서원(退谷書院), 개령의 덕림서원(德林書院) 등에 제향되어 있다. 시호는 문숙(文肅), 문장(文莊). 저서로 『우복집(愚伏集)』이 있다.

---

| 홍인상 |

# 통고한다

국운이 불행하여 외적이 침범하니 백성들은 병란을 겪어보지 않아 소문만 듣고도 와해되었고 마침내 임금의 수레는 서울을 떠나고 종묘 사직은 폐허가 되었다.

옛 도읍의 산과 물도 모습이 변했으며 문물도 오랑캐에게 짓밟혔다. 말이 이에 이르자 뼈저리고 통분함을 참을 수 없다.

다행히 천심(天心)은 난리를 싫어하고 민심(民心)은 나라를 생각하여 의병에 호응하는 사람이 사방에서 구름처럼 모여드니 강토를 회복할 날이 머지않았다. 부모와 군주가 없는 중들도 정의에 감동되어 의병을 일으키고 용감히 원수를 치는데, 하물며 우리 선비들은 오랫동안 예의 와 도덕의 가르침을 받아 임금에 대한 대의를 아는 사람들이 아닌가?

북쪽 변방은 추위가 일찍 닥치니 왕의 옥체가 필시 고달플 것이며 조종의 능원(陵園)들은 풀이 우거지고 제사가 끊긴 지 오래이다. 이는 바로 신하된 자로서 눈물을 닦고 팔을 걷어붙이고 일어나 원수를 칠 때이다.

무릇 엄동설한을 지낸 후라야 소나무 잣나무 잎이 늦게 시드는지 알게 되며, 군은 나무 둥걸을 찍어본 후라야 도끼닐이 예리한지를 알게 되는 법이다.

참으로 우리가 충성스럽고 의로운 선비라면 이때를 당하여 어찌 분발하지 않으리오?

내 일찍 제독의 직분을 맡아서 외람되게도 남을 가르치는 자리에 앉았으나 일상 강론할 때에 대의로써 깨우치지 못 하였던 터인데, 지금 이 전란에 의병의 기치를 걸고 병사를 모아 맹세코 이 땅에 기어든 간악한 원수들을 깨끗이 쓸어버리고 나라를 회복하는 대업을 이룰 것을 기약한다. 그러나 이 또한 예측하기 어려운 일이다.

아! 한강 이남과 새재 이북은 왜적의 진지가 바둑판같아서 전란을 당한 백성들의 형편이 처참하니 의병을 모으기란 실로 어렵다.

지금 여주 고을이 적의 포위에 막혀 있으니 동으로는 원주, 서로는 죽산, 남으로 충주, 북으로는 광주 등 사면에 적의 세력이 꽉 차 있다. 만약 한쪽 경계만 무너지면 여주를 지탱할 수 없을 것이며 죽산의 적도 격파할 수 없고, 죽산을 되찾지 못 하면 서울을 회복할 수 없다. 여주 한 고을을 지키느냐 못 지키느냐에 실로 나라의 존망이 좌우된다. 이는 직책을 맡은 나로서 자나 깨나 노심초사하며 항상 통분해하는 점이다.

호서와 호남 두 도만이 겨우 온전하고 이곳은 본디 재주 있는 선비가 많기로 이름난 곳이다. 무릇 우리와 뜻을 같이 하는 선비들이 필시 우리보다 먼저 의병을 일으켰을 것이나 여러 고을에 흩어져 있어 역량이 단합되지 못하고 있다. 원컨대 통문을 돌려 같이 모여서 날짜를 기약하고 의병을 일으켜 명나라 원군과 협동하여 공격한다면 원수를 쓸어내고 서울을 되찾을 수 있을 것이다. 그렇게 되면 어찌 조정에서만 공로를 찬양하겠는가? 하늘에 있는 조상의 신령들도 또한 훌륭한 자손을 두었다고 기뻐할 것이다.

오늘 내가 강원도 순찰사의 명령을 받고 의병을 모집하는 대장의 소임을 맡아 천리 길을 멀다 하지 않고 와서 각 관에게 병사 모집과 군량 조달의 간절한 일을 부탁하는 바이다. 무릇 여러 고을의 생원, 진사, 향교 학생들은 대의로써 의병을 일으킬 것이다. 그리고 여러분은

용맹하고 지략 있는 사람들을 뽑아 한 달마다 번(番)을 나누어 안성에
방어 부대를 주둔시키고, 유사(有司)를 여러 명 선정하여 양식과 무기를
준비해서 충청도 평택현에 배로 운반해야 할 것이다. 이것이 바로
충의를 다하는 일이니 여러분은 모두 협력하여 원수 격멸에 나서라!

---

**홍인상[洪麟祥, 1549(명종 4년)~1615(광해군 7년)]**

경기도 고양에서 나서 서경덕의 제자인 민순(閔純)에게서 공부하
였고 나중에 이름을 이상(履祥)이라 고쳤다. 문과에 급제한 후 예조·
호조 좌랑, 병조 정랑, 동부승지, 이조 참의를 지냈다. 왜란이 일어나
자 예조 참의로서 평양에 왕을 호종(扈從)하였다. 1594년 명에 성절사
(聖節使)로 다녀오고 경상도 관찰사로 나가 있으면서 왜적을 물리치
기 위한 계책을 강구하였다. 왜란 후 청주 목사, 대사헌, 개성부 유수
등을 지냈다. 별호는 모당(慕堂)으로 『모당집』이 있고 시호는 문경
(文敬).

---

# 통고한다

　오호라! 우리나라가 처한 오늘의 형세를 논하건대 이 나라의 신하와 백성 된 자로서 마땅히 무기를 들고 원수 왜적과 한판 결전을 해야 한다. 이는 하늘과 땅이 정한 대의로서 마땅히 하지 않을 수 없는 일이다.

　적과 우리의 형세는 강약이 같지 않으니 싸움에는 반드시 죽기를 기약해야 하며, 또한 적들이 우리의 빈틈을 타서 침략해 왔으니 싸우지 않더라도 죽게 될 것이다. 싸우다 죽으나 싸우지 않고 죽으나 죽기는 마찬가지이나 싸워서 이기면 살 수도 있는 것이요, 싸우지 않는다면 반드시 죽게 될 것이다.

　지금 고을에 있는 군대가 6천여 명이고, 유정(劉綎)이 거느리는 대군이 머지않아 이르게 될 것이다.

　본 도가 병화를 겪은 이후로 재력이 이미 다했으니 장차 새 곡식이 날 때까지 두 달 동안을 어떻게 유지해 나가겠는가? 우리 고을의 황폐함이 도내에서 가장 심하다. 적들이 민간에 나타나 약탈해 간 적이 한두 번이 아니었으므로 마을마다 식량이 탕진되어 됫박 식량을 모으려 해도 그 또한 어렵다. 그러나 그만둘 수는 없는 일이다. 나라의 분부가 지중하니 터럭 한 개인들 아낄 수 있으며, 의기로 나서는 것이니 목숨인들 돌볼 것인가? 이는 인정으로 마땅히 그리 해야 할 일이다.

　바라건대 경내의 여러 선비와 장정들은 귀하고 천함을 가리지 말고 서로 힘쓰고 늙은이 어린이도 서로 격려하여 양을 제한하지 말고 보리와 기장을 있는 대로 함께 모으기 바란다. 방(坊)과 면(面)에는 유사가 있고, 부(府)에는 도청(都廳)이 설치되어 있으니, 각각 마음과 힘을 다해서 속히 완수하도록 기약하라.

기호와 영남은 원래 선비들이 많은 곳으로서 의병을 일으킴에 호응하여 나서지 않는 사람이 없었다. 이번에도 한 장의 통문을 여러 고을에 보냈더니 우리 고을 선비들은 자기 이름을 등록하지 않은 사람이 없었다.

아! 국가가 기대하는 것은 기호와 영남이 다를 것 없으며 영남도 재력을 탕진한 형편이야 우리 도와 무엇이 다르리오? 그러나 영남은 많은 선비들이 호소하자 백성들이 다 같이 호응하여 열흘 사이에 쌀 만 석이나 모았다. 그리하여 명성은 조정에 알려지고 소문은 명나라 장수들까지 듣게 되었다. 작년 겨울과 금년 봄에 이 같은 큰 성과를 두 번이나 거두었다. 그런데 한 임금의 백성으로 왜적을 걱정함이 다를 바 없건만 사기와 민심이 이처럼 이쪽저쪽의 차이가 있단 말인가? 이렇게 되면 어찌 나라의 은혜를 갚을 수 있겠는가?

삼가 몇 가지 소견을 표명하는 바이니 잘 짐작하기 바란다.

**정 염**(丁焰, 1524~1592)

1592년 왜적이 쳐들어오자 69세의 노령으로 앞장서서 군량을 조달하는 등 있는 힘을 다 기울였다. 젊어서 벼슬길에 나서 목사까지 지냈으나 뜻과 같지 못하여 시골로 내려가 여생을 보내고 있다가 왜란을 만났다.

# 전라, 충청 여러 고을에 통고한다

왜적이 한 번 침노하매 왕경이 함락되어 임금은 서쪽으로 옮겨가고 종묘사직은 폐허가 되었다. 북쪽을 바라보니 가슴이 미어지는 듯 통분함을 이길 수 없다.

온 나라의 백성이 죽음으로써 나라에 보답하는 것이 당연한 일이다. 그런데 나 자신부터 총기가 흐려 일찍부터 떨쳐나서지 못 했으며 생각이 아둔한지라 일신의 피난에만 급급하였다. 그리하여 이제까지 저 원수들과 한 하늘 밑에서 살고 있어서 통분한 원한은 누구나 같을 것이니 다시 무슨 말을 하리요? 그런데도 우리 고을 선비들이 나의 비루하고 옹졸함을 헤아리지 아니하고 의병장으로 추대하므로 왜구를 치려는 그 성의에 감동되었고 더구나 의로운 제의를 사양할 수 없어 이제 떨쳐나서 긴급히 여러분에게 통고하는 바이다.

대체로 적을 치려면 식량을 풍족히 하는 것보다 더 급한 것은 없으며, 싸움에 이기려면 무기를 날카롭게 하는 것보다 중한 것은 없다. 식량이 족하지 않고는 적을 칠 수 없으며 무기가 예리하지 못 하면 싸움에 이길 수 없다. 이 두 가지 중에서 한 가지가 부족하여도 승리할 수 없다.

우리 고을의 처지를 보면 조그마한 고을이지만 나라의 서부와 남부 중간에 위치하여 교통의 요충지이다. 서울로 오르내리는 적들이 반드시 우리 고을을 경유하며 금계로 왕래하는 왜구들도 또한 이곳을 지나게 된다. 때문에 왜적에게 분탕질 당한 참상이 다른 고을에 비해 배나 더하고 농사일의 피해도 심하다. 거리에는 사람 사는 집이 없고 들에는 한 포기 곡식도 찾아볼 수 없다. 무기고가 불탔으니 병기도 남은 것이 없고 상평창(常平倉)이 소각되었으니 군량을 조달할 길이 없다. 관에서도 민에서도 식량을 구할 희망이 이미 끊어졌고 용사들은 주린 기색이 있으며 사람마다 활 쏠 재간이 없으니 누가 우리의 무술을 떨치겠는가?

더구나 왜적의 흉변이 여름부터 가을까지 계속되어 때로는 적에 맞서 싸우기도 하고 때로는 야간에 적을 기습하여 그들과 우리의 역량을 헤아릴 겨를도 없이 적을 물리친 후에야 그만두었다.

적을 한 번 치고 나면 활은 부러지고 화살은 떨어졌으나 다시 마련할 방도가 없었으며 재물은 남은 것이 없고 힘은 기진하였다. 또 지난번 야간 전투에서 나머지 활과 화살을 다 써버렸으니 만일 이런 형편에 적과 부딪치게 된다면 빈주먹만 가진 병졸들이 어찌 용감히 나서겠으며, 굶주려 허기진 군사들이 어찌 적에게 돌진하기를 바라겠는가? 만일 이들이 사방으로 흩어져 버린다면 나라의 원수를 갚을 길이 없다. 또 부대를 개편하여 요해처(要害處)에 배치하려 해도 무기와 양식이 다 떨어졌으니 곤란하다. 아무리 생각해도 방법이 없이 부득이 이 사정을 여러분에게 알리는 바이다.

엎드려 바라건대 여러분은 고을 백성들을 안도시키며 우리 병사들이 당한 여러 가지 애로를 염려하고 적을 유도하여 격파하려는 우리의 의도를 짐작하여 공과 사의 재물과 곡식을 막론하고 널리 모아주기 바란다. 굶주린 군사들을 먹이고 화살과 아교를 내어 병기를 만들도록 한다면 왜적을 토벌하려는 여러분의 성의는 직접 적과 싸우는 것이나 다름없을 것이다.

옛 사람이 '남이 급할 때 내가 돕지 않으면 내가 급할 때 누가 나를 도와주겠는가'라고 말한 바 있다. 그러므로 옛날에도 군대가 산에 있으면서 물과 식량을 구했을 때 그것을 가져다 준 사실이 있었고, 진중에 병기가 떨어졌을 때 병기를 내놓아 군대를 도와준 사실이 있었다. 하물며 오늘과 같이 아직 적의 기세가 약화되지 않았고 재물과 병력도 서로 예측하지 못할 형편으로 오랑캐들을 완전히 소탕하기 어려운 중대한 시기임에랴 여러분이 힘을 합쳐 군량 공급의 혜택을 베풀어 같이 위급함을 구한다면 더 큰 다행이 없을까 한다.

　서쪽 임금 계신 곳을 바라보니 눈이 말라 뿌릴 눈물도 없다. 언제나 함께 모여 간곡한 이 뜻을 이야기하랴? 종이를 대하니 목이 메어 대강 이렇게 쓴다.

**한명윤**[韓明胤, 1542(중종 37년)~1593(선조 26년)]

　충청도 영동 현감으로 있던 중 임진왜란이 일어나자 의병의 맹주로 추대되어 많은 전과를 올렸다. 그 공으로 이듬해 상주 목사가 되고 방어사를 겸임하였으며 왜적과 싸우다가 장렬하게 전사하였다.

| 이인준 |

# 통고한다

최근 나라의 운명이 매우 어렵다. 오랑캐들이 난리를 일으켜 압록강을 몰래 건너오기 시작하더니 마침내 용만을 엄습하였다. 열사들이 계속 희생되고 고립무원의 성들은 함락되고 말았다.

조정이 2백 년 동안 굳게 믿고 있는 바는 평양 서쪽 지역인데 적의 기병 수만 명이 벌써 청천강 북쪽에 기어들어 흉악한 적의 습격을 받은 여러 진(鎭)은 모두 텅 비었고, 적들은 우리 백성을 살육하고 그 처자까지 납치해 갔다. 적은 벌떼처럼 진을 치고 개미떼처럼 모여드는데 누가 그 선봉을 막아낼 것인가? 승냥이 같은 성질, 야수 같은 심보를 가진 놈들이 갑자기 깊숙이 들어와 조정의 정사에 틈이 있음을 살피고 나라를 지켜낼 사람이 없다고 큰소리치면서 침략하였다. 우리가 오랑캐를 소탕할 달은 기약할 수 없으나 오랑캐가 서울로 침입할 날은 바야흐로 박두하였다.

만일 서울을 지켜내지 못한다면 인심은 걷잡을 수 없이 흔들릴 것이다.

지금 성상께서는 거상 중에 있는데(작년에 임금은 어머니 상을 입었다) 반역 사건을 겪은 뒤라 죽을 먹으며 슬퍼하고 있으므로 옥체를 지탱하기 어려운 형편이며, 나랏일을 살필 때마다 근심하고 걱정하여 용안에 시름이 가시지 않고 있다. 무모하고 어리석은 적들이 천벌을 받을 흉악한 짓을 감행할 줄 어찌 알았으랴?

생각건대 조정의 정치가 제때에 마땅한 대책을 취하지 않았기 때문에 오늘의 지경에 이르게 되었으나 대대로 지켜오던 조상의 땅을 버리고 어디로 간단 말인가? 사태는 종전과 달라져서 잠시 서울을 버리고 후퇴하는 것이 전술상 불가피한 것이기는 하나 어찌 차마 그렇게까지 하리요? 마땅히 전국이 한마음 한뜻으로 뭉치고 신하와 백성들이 결사적으로 싸우는 힘을 믿어야 할 것이다.

아들은 아버지를 따르는 법이니 아버지가 있는데 아들이 어디로 가리요? 군신 간의 정리도 부자간과 다를 것이 없으며, 임금이 앞으로 나가면 신하는 반드시 뒤따르는 법이니 이는 군신 간의 대의이다.

수백 년 높은 문화를 가진 이 나라가 무슨 일로 하루아침에 오랑캐의 나라로 바뀐단 말이냐? 목숨을 털끝처럼 가벼이 여겨 나라에 바치면 죽어도 편히 눈을 감을 것이다. 나라의 처지가 범 입 안에 든 것처럼 위급한 이때에 적들과 한 하늘 아래서는 얼굴을 들 수 없다.

생각건대 우리 호남지방은 본디 나라의 밑뿌리라고 일러 왔다. 사람수가 많기로는 삼한에서 제일이고 병사와 말이 강하기는 8도에서 으뜸이다. 지난 임진년에도 충성스럽고 의로운 인물이 많았으니, 고경명은 의병을 일으켜 나라에 목숨을 바쳤고, 김천일은 절개를 지켜 적에게 희생되었다. 그 이름은 비석에 새겨져 길이 전해지고 그 업적은 정문이 세워져 널리 알려졌다.

신하의 충성스런 단심이란 바로 나라를 위하여 싸우다가 쓰러지는 날에 알게 되나니 원컨대 여러분은 품은 뜻을 버리지 말고 심신을 가다듬어 의병을 일으키며 군량을 조달하고 또 군마와 무기를 마련해야 할 것이다. 범처럼 용맹스러운 우리들이 어찌 적을 무찌를 힘이 모자람을 근심하리요? 여기도 쌓여 있고 저기도 쌓여 있으니 어찌 군량이 떨어질 것을 걱정하랴. 좋은 활, 센 화살은 필히 적을 막아내는데 긴요하고 혈한(血汗) 상제(霜蹄) 같은 용맹한 군마는 언제나 전쟁에서 나아가고 그치는 책략의 근본이라. 나라에 몸을 바쳐 끝까지 싸울 것을 맹세하고 오랑캐를 쳐부숴 승리할 것을 기약해야 한다. 어찌 그 일에 힘쓰지 않으리오? 그러나 벼슬과 표창은 논할 바가 아니다.

헌징(獻徵)은 다만 일편단심으로 나라를 근심하고 굳은 절개로 임금을 사랑할 뿐이며 대대로 입어온 나라의 은혜를 생각하여 몸을 바쳐 한 번 죽기를 바랄 뿐이다. 나라가 오랑캐들에게 포위된 수치를 생각하여 적들과 함께 살기를 원치 않으면서 능력이 없음을 한하고 통곡한다.

일편단심이 아직도 사그라지지 않았는데 백발이 성성한들 늙었다고 한하리오. 그러므로 이 편지를 보내노니 촌각도 늦추지 말고 용감히 나서라!

---

**이인준**(李仁俊, 생몰연대 미상)

1627년 만주족이 첫 번째 침입했을 당시 의금부 도사의 직책을 맡고 있었으나 그 외의 사실은 전해지고 있지 않다. 이 격문을 쓴 경로에 대하여도 알 수 없으나 병자호란 때의 격문으로는 이것이 유일하여 당시 사정을 말해주고 있다.

| 양극선 |

# 통고한다

나라 형편을 차마 말할 수 없구나! 종묘사직은 위태롭고 임금의 수레는 서울을 떠났으니 옛날의 여러 전란도 이보다 참혹한 일은 없었다.

거리는 피비린내가 가득하고 산성은 적에게 포위된 지 이미 여러 날이 되었다. 무릇 이 나라 신하와 백성 된 자로 누군들 통곡하지 않을 수 있으랴? 이리와 범 같은 적병들이 길을 막았으니 행재소(行在所)에 문안드릴 길조차 없다.

썩은 유생들은 힘이 약해서 무기 들고 원수를 치려 하지 않고 구차하게 목숨을 이으려고 한 번 죽기를 주저하니 장차 무슨 면목으로 이 세상에서 살겠는가?

지금 의병이 출동하려 함에 식량이 긴급하여 우리의 간절한 마음으로 군량을 모으고자 한다. 일부 고을사람들과 의논하여 군량을 모으는 한편 이러한 뜻을 감히 여러분에게 고하는 바이다.

엎드려 바라건대 여러 군자들은 또한 이것을 서로 그 부에 소속된 여러 고을에 통고해 준다면 이보다 더 다행한 일이 없을까 한다.

---

**양극선(梁克選) (생몰연대 미상)**

목사 벼슬을 지내고 고향인 전주로 돌아가 있었는데 1636년 여진족이 쳐들어 왔을 때 의병을 일으키려고 쓴 격문이다. 이때의 의병이 직접 전투에 참가하지는 못 하였고 양극선도 어떻게 되었는지 알 수 없다.

| 이흥발 외 |

# 호소한다

나라의 운세가 불행하여 천한 적도들이 서울에 쳐들어오니 임금의
수레가 고립된 성으로 옮겨갔다. 적병이 그 성을 포위한지라 길이
끊어지고 명령이 통하지 못 하여 나라의 흥망이 경각에 달리게 되었다.
이것을 생각하면 오장이 불타는 것 같다. 임금이 욕을 보면 그 신하는
죽어야 하는 것이 고금에 통하는 사람의 도리이다.

다소라도 혈기가 있는 사람이라면 진실로 제 몸을 잊어버리고 국난
을 물리치러 달려 나가거늘, 하물며 우리 호남은 예로부터 충성과
절의의 고장으로 일러 왔고, 지난 임진년에도 의사와 열사가 두드러졌
으니, 지금같이 임금이 적들에게 포위되어 있는 때임에랴? 최근 내려온
분부는 애통하지 않은 것이 없고, 우리 도내의 선비와 백성에게 기대하
는 바가 지극히 깊고도 간절하다. 읽고 나서는 나도 모르게 목놓아
울게 되었고 죽을 곳을 못 얻었음을 한탄하였다.

원컨대 여러 군자들은 각자 스스로 분발하여 떨치고 일어설 것이며
동지를 규합하여 군량을 도와야 할 것이다. 그리고 기약한 날짜에
다 같이 여산(礪山)군에 모여 반드시 단번에 적병을 소탕하여 나라의
위급함을 구해야 할 것이다. 만약 머뭇거리고 관망이나 하면서 남의
일 쳐다보듯 한다면 비단 이때까지의 충성과 의열의 기풍이 땅에 떨어
져 버릴 뿐 아니라 또 장차 윤리와 기강에 죄를 얻어 우리나라에서
용납되지 못할 것이다.

이 글이 도착되는 대로 시각을 지체하지 말고 서로 미루지 말며

마음을 합치고 힘을 한데 모아 국난을 함께 구제한다면 그만한 다행이
없을 것이다.

옥과 현감 이흥발 외 72명

이흥발(李興渤, 1600~1673)

본관 한산(韓山). 자 유연(油然). 호 운암(雲巖). 1636년 여진족이 서
울을 함락시키고 남한산성을 포위하고 화친을 청하자, 척화(斥和)를
주장하는 소(疏)를 올렸다. 당시 옥과(玉果) 현감이었던 이흥발과 그
동지 72인이 구원부대를 조직해서 남한산성으로 가려고 했다. 그러
나 남한산성까지 이르지는 못 했으며 그들의 계획이 어느 정도나 이
루어졌는지도 알 수 없다. 그 후 낙향하여 명나라를 위해 절개를 지
키며 일생 동안 학문을 닦았다. 문집으로 『운암일고』가 있다.

# 서도에 호소한다

평서대원수(平西大元帥)는 급급히 격문을 띄운다.

우리 관서의 부모 형제들과 공사 천민들에 이르기까지 모두 다 나의 호소를 들어라!

원래 관서는 성인의 옛 땅이요, 단군의 옛 터이라, 의관이 정제되고 문물이 찬란하다.

일찍이 임진란 때에는 중흥의 공을 이룩하였고 또 정묘란 때에는 양무(襄武, 鄭鳳壽의 시호인데 그는 1627년 여진족이 침입했을 때 전공을 세워 양무라는 시호를 받았다—엮은이)와 같이 나라에 충성을 다한 사람이 있었으며, 돈암(遯菴은 17세기 유학자 鮮于浹의 호—엮은이)의 학문, 월포(月浦는 유학자 洪儆禹의 호—엮은이)의 재주도 역시 서도에서 나왔다. 그럼에도 불구하고 조정의 고관들은 서도를 저버리고 두엄더미나 다름없이 본다. 심지어 권세가의 노비조차도 서도 사람을 보면 반드시 '평한(平漢)'이라 하니 서도 사람으로 태어난 것이 그 아니 원통하고 억울하랴!

국가가 위급할 경우를 당해서는 반드시 서도의 힘에 의지하면서 과거를 보일 때만은 기어코 서도의 학문을 쌀아뭉개 버리니 4백 년 이래로 양 서(兩西) 사람으로서 조정과 무슨 인연이 있었던가?

지금 어린 임금이 위에 앉았고 권세가와 간신 무리의 기세가 날로 왕성해져 김조순(金祖淳 : 당시 임금인 순조의 장인—엮은이), 박종경(朴宗慶 : 임금의 외삼촌으로 정권을 좌우한 인물—엮은이) 같은 자들이 국권을 농간하고 있다.

하늘도 재앙을 내려 때 아닌 겨울에 우레와 지진이 일어나지 않는 해가 거의 없다. 이로 말미암아 큰 기근이 거듭되고 굶주려 쓰러진 시체가 길을 덮었으며 노약자는 도탄에서 헤매고 산 사람의 목숨이 바로 경각에 달려 있다.

이제 다행히도 이 세상을 구제할 성인이 청천강 북쪽 선천의 검산(劍山) 일월봉(日月峯) 아래 있는 군왕포(君王浦) 위의 가야동(伽耶洞) 홍의도(紅衣島)에서 태어났다. 그는 나면서부터 신기하고 영묘하여 다섯 살에 도승을 따라 입산하였다.

자라서는 강계군 내 4군의 땅이었던 여정(閭廷)에 은거한 지 5년 만에 기병 10만을 통솔하고 동국을 평정할 뜻을 세웠다. 그러나 우리 관서는 새로 나타난 성인의 고향이라 차마 짓밟지 못 하고 먼저 관서 호걸들에게 의병을 일으켜 백성을 구원케 하였나니 의병의 깃발이 이르는 곳마다 백성들이 다시 살아나게 되었다.

이 격문을 우선 여러 부에 띄우는 바이니 군의 수령들은 동요하지 말고 성문을 열어 젖혀 우리 군대를 맞이하라! 만약 꿈틀거리면서 완강하게 항거하는 자가 있다면 마땅히 기병 5천으로 짓밟아 없애버릴 터이니 속히 명령대로 거행하라.

위의 격문을 안주 병사와 우후(虞侯), 안주 목사(安州 牧使), 숙천 부사, 순안 현령, 평양 감사와 중군(中軍), 서윤(庶尹), 강서 현령, 용강 현령, 삼화 부사, 함종 부사, 증산 현령, 영유 현령 등에게 보낸다.

대원수가 서명하고 인장을 찍었다.

선천 부사 김익순은 항복서를 받고 인장을 빼앗은 후 부자들의 돈을 얻어 쓴 죄로 옥에 가두었고, 곽산 군수 이영식과 정주 목사 이근주는 관의 인부를 버리고 도주해 버렸다. 가산 군수 정시(鄭蓍)는 탐학한

죄로 인부를 빼앗고 처단하였으며, 박천 군수 임선고는 국고의 돈을
사용한 죄로 인부를 빼앗고 가두었다.

이 격문이 늦게 전달되는 고을이 있으면 의병이 이르는 날 해당
고을의 수교와 향임에게 단연코 군율을 시행할 것이다.

---

**홍경래[洪景來, 1780(정조 4년)~1812(순조 12년)]**

용강(龍岡)에서 태어나 1798 과거에 낙방한 후 조선 조정의 평안도
출신 배척과 안동 김씨 세도정치의 폐단을 개탄하면서 과거를 단념
하고 입산 독서하며 정권 쟁탈을 꾀하였다. 김사용(金士用), 우군칙
(禹君則), 김창시(金昌始), 이제초(李濟初), 홍총각(洪總角), 이희저(李禧
著) 등과 함께 널리 동지를 규합하여 가산(嘉山) 다복동(多福洞)에서
군사 훈련을 실시하고 1811년 심한 흉년으로 민심이 흉흉해지자 12
월 스스로 평서대원수라고 칭하고 2천여 병력으로 전쟁을 일으켰다.
그의 격문에 호응하여 청천강 이북의 각 고을들이 앞을 다투어 홍경
래 군을 맞아들여 평안도 일대를 장악하였다. 그러나 이들을 진압하
기 위한 중앙과 지방의 관군에 패하여 정주성으로 들어가 농성하다
가 관군에 포위되어 정주성이 함락되고 전사하였다.

이 격문들은 홍경래 자신이 직접 지었을 가능성이 있으며, 그가
아니면 참모인 우군칙이나 김창시가 썼을 것으로 보인다.

* 근래 부세가 무겁고 관리가 탐학하여 백성들이 편히 살 수 없으
니 모두가 난을 생각하고 있기에 요사스런 말이 동쪽에서 부르짖고
서쪽에서 화답하니 이들을 법에 따라 모두 죽인다면 백성으로서 살
아남는 자가 하나도 없을 것이다. [『목민심서』, 「병전」, "응변(應變)"]
삼남지역은 대부분 다른 뜻을 품고 있고, 서북지역은 전부가 난을
생각한다.(『우포도청등록』 12. 1858. 7. 26.)

---

| 이호춘 |

# 더없이 흉악하여 입에 담을 수 없는 이야기1)

　글재주, 무예, 기력이 있으면서 제대로 하는 일을 갖지 못하고 실농한 사람들은 나의 북소리에 따르고 나의 의를 외침에 따르라. 재상을 할 만한 자는 재상을 시키고, 장수가 될 만한 자는 장수를 시키며, 지혜로운 자는 부림을 입을 것이며, 꾀 있는 자는 맞아들이며, 가난한 자는 잘 살게 할 것이며, 두려운 자는 숨겨줄 것이다.

(『승정원일기』 순조 1. 12. 26.)

### 〈참고〉 이호춘의 주장

　세상이 혼란해야 나 같은 무리들이 몸을 일으킬 수 있는 기회가 있다. 오늘의 세상에는 나를 알아주는 사람이 없다. 이 결함 많은 세상에 태어나 한 번의 변란을 겪은 이후에야 마땅히 몸을 일으켜 출세할 희망을 가질 수 있다. 그대는 듣지 못하였는가. 천한 사람이 귀하게 된다는 이야기를. 나에게 열 한 살 된 자식이 있는데 재주가 대단히 뛰어나다. 그러므로 곧 어느 한 곳으로 데려가 잘 가르친다면 능히 일품판서가 될 것이다. 그래서 나는 이것으로 자부하고 있다.

---

　1) 1801년 경상도 하동 두치장에 걸린 괘서의 내용이다. 이른바 흉서 (凶書) 사건이라고 할 수 있는데 참언(讖言)에 의거하여 창의문(倡義文)을 붙여 민심을 동요시킨 사건이었다. 괘서의 용의자 이호춘(李好春)은 의령 훈장 출신이다.

# 제2부 한말시기의 격문

| 제주 삼읍 민인 |

# 제주 삼읍민인등장(濟州三邑民人等狀)[1]

엎드려 생각건대 일본 어민은 도민(島民)의 원수입니다. 본도 토착민들은 가난하여 겨우 미역, 전복을 채집하여 생활을 꾸려가고 있으니 이는 모두 여자의 일입니다. 그런데 갑신년(1884) 이래 일본인 古屋利涉 등이 전복을 캐러 잠수복과 기계 등 많은 선척을 끌고 포구에 들어와 부녀자들이 잡는 고기와 전복을 주머니 속 물건같이 잡아가니 매월 바쳐야 할 할당액을 어찌 상납할 것이며 장차 어찌 생명을 보전하겠습니까? 이러한 사정을 제주 목사에게 호소하고 다시 목사가 정부에 자세히 보고하였다고 하니 얼마나 다행인지 몰랐습니다. 그 결과 앞으로 6개월까지만 어채(魚採)를 허용하고 그 뒤로는 영영 허락하지 않도록 일본 영사관과 약정을 했다고 합니다.

그런데 저 흉악한 일본인들은 해마다 몰래 어채를 계속해와 전복 종자가 남아나지 않습니다. 게다가 닭과 돼지도 강탈해 가는 폐가 많아 이를 금지하려 하면 갑자기 칼을 빼들고 살인까지 저지르는데, 지난 정해년(1887)에는 고옥 등이 대정현 모슬포에 사는 이만송을 찔러 죽였습니다.

금년에는 일본인 어채선주 古村與三郎 등이 본도 연변 백 리 안에는 마음대로 들어오지 못 한다는 정부의 명령을 무시하고 어선 백여 척을

---

1) 1890년 6월 17일 제주지역 3읍의 민인들이 올린 등장이다. 개항 뒤 일본인들이 조선 어민들의 생계를 침탈하고 심지어 인명을 제멋대로 살상하는 침략상을 보여주는 생생한 자료다.

끌고 들어와 제멋대로 어채를 했습니다. 그러다가 그 가운데 長崎縣[나가사키현] 南松浦에 사는 황목판사랑과 같은 현 포송차랑 등의 어부들이 5월 17일 맹금리(孟今里)에 상륙, 민가에 들어가 멋대로 행패를 부려 포구의 관리를 맡은 양종신(梁宗信)이 부드러운 말로 못 하게 하다가 일본인이 칼을 빼 양쪽 등을 찌르고 오장을 절단하여 죽였으니 어찌 이리도 악착스러운 자들이 있단 말입니까? 만일 이를 용서하면 도민 모두 보전하기 어려울 것이기에 천리 길을 건너고 수만 번 죽더라도 성상께서 백성을 보살펴 주시기를 간절히 바랍니다.

범인들을 압송하여 민인(民人)들이 모인 곳에서 본도 목사가 처형하여 본도 백성들의 무궁한 아픔을 깨끗이 씻어주십시오. 그리고 제주도민들은 이미 일본인과 원수가 되었은즉 그들이 설치한 어막 또한 철거하게 하여 다시는 넘보지 못하도록 해주십시오. 만일 지금 이 폐단을 엄히 금지하지 못 하면 수십만 생령(生靈)들이 장차 집을 잃고 바다를 건너 흩어질 지경을 면하지 못 할 것이니 굽어 살펴주옵소서.

| 동학도(東學徒) (작자 미상) |

# 삼례통문(三禮通文)1)

　우리 스승 용담 최 선생은 상제의 면명(面命)을 받으사 천인합일의
도로써 장차 덕을 천하에 베풀고 창생(蒼生)을 사경(死境)에서 구제코자
하시더니 불행히 사학의 무고를 입으사 지난 갑자년 3월 10일에 대구에
서 원사(寃死)하였으니, 아! 가슴 아픈 일이로다. 우리들은 모두가 최
선생 문하에서 훈도받은 사람들이라 신원하겠다는 일념이 잠을 자면
꿈속에서, 식사를 하면 삼킬 때마다 잠시를 쉬어도 없어지지 아니하니
이 뜻이 어찌 쉽게 없어지겠는가. 이제(夷齊. 중국 은나라 때 청렴하다고
이름난 伯夷 叔齊를 가리킴—엮은이)를 가리켜 탐하라면 오히려 가하다
할지 모르나 서교(西敎. 기독교—엮은이)라고 우리 스승을 의심하면 우리
들이 비록 만 번의 주륙을 당할지라도 맹세코 그 청백함을 편 연후에야
그칠지라. 우리들이 원한을 마시며 아픔을 참고 지낸 지 30여 년의
원통함을 아직 펴지 못 하여 대도를 아직 창명하지 못 하였음은 실로
우리들의 어리석고 성실하지 못한 까닭이다. 세속이 이러한 이치가
어떠한 것인가를 알지 못 하고 풍문에 따라 입에 오르내려 이단으로
지목하나 금세(今世)의 공자의 학이 아니라도 도가 된 것이 하나 둘에
그치지 아니하거늘 전혀 거론치 아니하고 오직 우리 동학에 대하여만
공격 배척하기를 마지아니하여, 심하게 서학이라고까지 지칭하나 우
리 스승은 동에서 나서 동에서 배웠으니 동을 어찌 서라 하며 또 천(天)
에서 배웠고, 인(人)에서 배움이 아니었거늘 어찌 천을 허물하여 우리

---

1) 1892년 11월에 작성된 격문이다.

스승을 죄함이 가하리오. 열읍(列邑)의 수령들이 우리의 도를 서학
여파로 지목하여 세심히 조사하여 붙잡아 가두매, 돈과 재물을 토색질
하여 죽는 자나 상하는 자가 연달아 그치지 아니하고 향곡의 호민이
소문에 따라 침학하여 집을 부수고 재산을 빼앗음이 없는 곳이 없으니
우리 도유(道儒)로서 이름이 붙은 자는 거의가 유리(遊離)하여 어디
붙어 있을 곳이 없다. 비록 이단으로 금한다고 말할지라도 말로써
양묵(楊墨; 중국 사상가 楊朱와 墨子—엮은이)을 거절하기 위하여, 살인하
여 재물을 탐내는 자를 성인의 도라 함은 일찍이 듣지 못한 바라.
우리들이 함께 성조화육(聖朝化育)의 백성으로서 옛 성인의 글을 읽고
임금의 땅으로 살아가되 오직 사학에 스승을 둠은 능히 사람으로 하여
금 허물을 고치고 새롭게 하여 임금께 충성하고 어버이에게 효도하며
스승을 융성하게 하고 벗을 친하게 할 뿐이오. 이것을 제외한다면
다른 뜻이 없는지라. 우리들이 성심 수도하여 바람 부는 밤에 하늘에
기도하는 것은 오직 보국안민과 포덕천하(布德天下)의 대원뿐이라.

순상 합하께서는 특히 자애를 가하사 이 뜻을 천계에 계문하사 우리
선사의 원통함을 끊어주시며 각 읍에 명을 내리사 잔민(殘民)의 빈사를
건져주소서.

(오지영, 『동학사』)

# 보은관아통고(報恩官衙通告)1)

무릇 사람의 일에는 어려운 것이 세 가지가 있습니다. 절의를 세우고 충성을 다하여 나라를 위하다 죽는 것은 신하로서 어려운 일입니다. 힘을 다하여 정성으로 효도하여 부모를 섬기다 죽는 것은 자식으로서 어려운 일입니다. 정절을 지키고 충렬을 사모하며 지아비를 따르다 죽는 것은 아내로서 어려운 일입니다.

삶이 있고 죽음이 있는 것은 인간의 보통 일입니다. 일이 있고 일이 없음은 때에 따라 정해집니다. 일이 없고 안락한 때에 나서는 충효의 도를 즐기고, 일이 있고 환난을 당할 즈음에 나서 충효의 길에서 죽는 것은 신하와 아들에게 어려우면서도 쉽고 쉬우면서도 어려운 일입니다.

살아가는 즐거움이 있으면 왕과 아비의 어려움 때문에 죽지 않고, 죽으려는 마음이 있는 자는 왕과 아비의 어려움 때문에 즐겨 죽습니다. 죽음에 인색한 자는 신하와 자식의 의리를 이루지 못 하고 죽음을 기꺼이 하는 자는 능히 충효의 절의를 세울 수 있습니다.

지금 왜(倭)와 양(洋)이 우리의 중심에 들어와 있어서 극도로 세상이 어지럽습니다. 진실로 오늘날 우리나라의 서울을 지켜본다면 마침내 오랑캐의 소굴이 되어버렸습니다. 가만히 생각하건대, 임진년의 원수와 병자년의 치욕을 어찌 차마 말할 수 있고 어찌 차마 잊을 수 있겠습니

---

1) 1893년 3월 11일 보은에 모인 동학도들이 보은 관아의 삼문(三門) 밖에 이 글을 걸었다.

까? 지금 우리나라 삼천리강토가 모두 짐승 자국으로 짓밟혀 5백 년 종사(宗社)가 망하고 그 터전이 기장 밭이 되어버리는 지경이 되고 말 것입니다. 인의예지(仁義禮智)와 효제충신(孝悌忠信)은 지금 어디에 있습니까? 더욱이 왜적은 뉘우치는 마음은 없이 재앙을 일으킬 마음을 품고 바야흐로 그 독을 뿌려 위험이 닥쳐왔는데도 이를 대수롭지 않게 여기고 별일 없다고 합니다. 그러나 지금의 형세는 장작불 위에 있는 것과 다른 것이 무엇이겠습니까?

우리들이 비록 초야의 하찮은 백성이지만 오히려 선왕의 법을 따라서 나라님의 땅을 경작하여 부모를 부양합니다. 신민의 분수에는 귀천이 비록 다르지만 충효는 어찌 다르겠습니까? 원하건대 나라에 작은 충성이라도 하려고 하나, 구구한 정을 위로 전달할 길이 없습니다. 엎드려 생각하건대 합하께서는 세가(世家)의 충량한 인물로서 국록을 영원히 보전하고 진퇴를 걱정하니 임금을 사랑하고 나라에 충성하는 마음은 우리들과 비교할 수 없을 것입니다. 옛말에 이르기를, 큰 집이 장차 무너지려 하면 나무 하나가 지탱하기 어렵고, 큰 물결이 장차 몰아치는데 한 줄기 갈대가 거스를 수 없다고 하였습니다.

우리들 수백만은 힘을 합쳐 죽기를 기약하고 왜양(倭洋)을 쓸어내어 대의를 실현하려고 합니다. 엎드려 원하옵건대, 각하께서는 우리와 뜻을 같이하고 협력하여 충의심이 있는 사(士)와 리(吏)를 뽑아 모집하여 같이 보국하기를 천만 번 기원합니다.

계사(1893) 3월 10일 묘시 동학 창의 유생 등이 백 번 절하며 글을 올립니다.

(「취어(聚語)」, 『동학란기록』 상, 108쪽)

# 사발통문1)

오른쪽 글과 같이 통문을 돌리는 일은 다름이 아니라 큰 집이 장차 무너지는데 장차 어찌할 것이오. 앉아서 기다리는 것이 가한가. 부지하여 구하는 것이 가한가. 아 어찌할 것이오. 이때를 당하여 해내(海內) 동포가 총력으로 지탱하고 떠받들고자 하여 피눈물을 뿌리며 만천하 동포에게 충심으로 호소하노라.

우리들은 한을 들이마시고 아픔을 참은 것이 이미 세월이 쌓여 슬퍼함은 다시 일컬을 것이 없거니와 이제 참을 수 없어서 이에 횃불을 들고 애통 절박한 심정을 천하에 크게 고하는 동시에 의로운 깃발을 휘둘러 창생을 탁한 물결 속에서 구제하고 북을 울려서 조정에 가득 찬 간신적자를 내쫓으며 탐관오리를 격징(擊懲)하고 나아가 왜놈을 쫓고 양이를 물리쳐 국가를 만년 반석 위에 확립하고자 하오니 오직 우리 도인은 물론이요 일반 동포 형제도 올해 11월 20일을 기하여 고부 마항시(馬項市)로 빠짐없이 내응하라. 만일 내응하지 않으면 효수하리라.

---

1) 사발통문에 전봉준과 함께 들어 있는 송두호의 손자인 송재섭이 펜으로 쓴 필사본으로 1893년 11월에 작성되었다. 격문의 내용처럼 곧바로 행동에 옮기지 못했으나 당시 전봉준 등이 농민항쟁을 일으키기 위해 사전 준비를 하였음을 엿볼 수 있다(김용섭, 「전봉준 공초의 분석」, 『한국근대농업사연구』 참조 3, 2001, 지식산업사).

## 계사년 중동(仲冬) 월 일

오른쪽과 같이 격문을 사방에 비전(飛傳)하니 물론(勿論)이 들끓고 인심이 흉흉하였다. 매일 난망(難忘)을 구가하던 민중들은 처처에 모여서 말하되, '났네 났어 난리가 났어. 에이 참 잘되었지, 그냥 이대로 지내서야 백성이 한 사람이나 남아 있겠나' 하며 하회(下回)만 기다리더라.

이때에 도인들은 선후책을 토의하기 위하여, 송두호가에 도소를 정하고 매일 운집하여 차서(次序)를 따라 조항을 정하니 왼쪽과 같다.

1. 고부성을 격파하고 군수 조병갑을 효수할 일

1. 군기창과 화약고를 점령할 일

1. 군수에게 아유(阿諛)하여 인민을 침어(侵魚)한 이속을 격징(擊懲)할 일

1. 전주영을 함락하고 경사(京司)로 직향할 일

오른쪽과 같이 결의가 되고 따라서 군략에 능하고 서사(庶事)에 민활(敏活)한 영도자될 장재(將材)를 선택하여 부서를 정하니 아래와 같다.

1. 첫 번째 장두(將頭)에 전봉준

1. 두 번째 장두에 정종혁

1. 세 번째 장두에 김도삼

1. 참모에 송대화

1. 중군에 황홍모

1. 화포장에 김응칠

# 격문(檄文)1)

　우리가 의(義)를 들어 이에 이름은 그 본의가 단단(斷斷) 다른 것에
있지 않고 창생을 도탄 중에서 건지고 국가를 반석 위에다 두고자
함이라. 안으로는 탐학한 관리의 머리를 베고 밖으로는 횡포한 강적의
무리를 구축코자 함이라. 양반과 부호 앞에 고통을 받는 민중들과
방백과 수령 밑에 굴욕을 받는 소리(小吏)들은 우리와 같이 원한이
깊은 자라. 조금도 주저치 말고 이 시각으로 일어서라. 만일 기회를
잃으면 후회하여도 미치지 못하리라.

　　　　　　　　갑오 3월 27일 호남창의대장소 백산에서  전봉준

---

**전봉준(全琫準, 1854~1895)**

　1894년 농민전쟁 당시에 있어서 농민군의 걸출한 지도자였던 그는
전라도 태인현 산위면 동곡에서 전창혁의 아들로 출생하였다. 1894년
전라도 고부민란을 도화선으로 일제와 봉건 지주와 관료들을 반대하
는 농민들의 투쟁이 폭발했을 때에 전봉준은 그의 직접적인 조직자,
지도자로 나섰다. 1894년 5월에 농민군의 총대장으로 추대된 그는 각
종 포고문과 특히 여기에 소개하는 창의문을 발표하여 농민군의 투
쟁을 더욱 확대 발전시켰다. 2차 농민전쟁 때 공주 전투에서 실패한
그는 순창에 은신하여 재기를 계획하다가 12월 9일 관군에게 체포되
어 1895년 3월 17일 사형을 당하였다. 당시 그는 41세였다.

---

1) 이 격문은 1894년에 작성된 것이다.

# 통문(通文)[1]

성명(性命)이 위에 있고 생민이 도탄이니 무엇이 민폐의 근본인가? 이는 이서의 포흠(逋欠)질로 말미암은 것이니 이서(吏胥)의 포흠의 근원은 탐학한 관리로 말미암은 것이고, 탐학한 관리의 소기(所紀)는 권력을 잡은 자의 탐람에 있다. 오호라, 난이 극한즉 다스리고 흐린즉 바꾸어지는 것은 당연한 이치이다. 지금 우리들이 백성을 위하고 나라를 위하는 이 마당에 어찌 관리와 인민의 구별이 있겠는가? 그 근본을 캐면 관리역시 인민이니 각 공문부(公文簿)의 이포(吏逋; 이서들의 포흠)는 민간 폐막의 조건이므로 모든 경우를 와서 보고하라. 마땅히 구별의 방법이 있으니 가지고 오는 것을 염려하지 않도록 하되 또한 시각을 어기지 말기를 특별히 명심하라.

(『나라사랑』 15집, 1974년)

---

1) 이 격문은 1894년 4월 4일에 작성된 것이다.

# 격문(檄文)

우리들의 오늘 의거는 위로는 나라를 보위하고 아래로는 인민들을
편안하게 하고자 죽음을 맹세하였으니 놀래어 동요하지 말고 도래하는
개혁을 맞이할 것이다.

전운사(轉運使)가 아전과 인민들에 대하여 끼치는 폐해와 균전관(均
田官)이 인민들의 생활에 끼치는 폐단, 각 저자와 점방들에서 인민들에
게 배정하고 수탈하는 것, 각 포구(浦口)에서 선주(船主)들이 약탈하는
것, 다른 나라로부터의 밀수입자들이 높은 값으로 쌀을 실어내는 것,
그리고 소금의 매매세 등 각 조항의 도매상의 폭리와 백지징세(白地徵
稅)와 송전(松田)의 묵은 땅을 기간(起墾)하는 것, 환곡의 와환(臥還)의
뿌리를 뽑는 것 등 여러 폐단을 이루 다 말할 수 없다.

우리 선비들이나 농민이나 장인바치나 상인들이 모두 마음을 같이
하고 힘을 합쳐 위로는 국가를 보위하고 아래로는 죽음에 직면한 인민
들을 편안하게 한다면 그 어찌 다행한 일이 아니겠는가!

[제중의소(濟衆義所), 『한국통사(韓國痛史)』]

# 무장(茂長)에서의 포고문[1]

　사람이 세상에서 가장 귀한 것은 윤리가 있기 때문이다. 임금과 신하, 아버지와 아들의 관계는 인륜 가운데 가장 큰 것이다. 왕은 어질고 신하는 올곧으며, 아비는 자애롭고 자식은 효성스러운 다음에야 가정과 나라가 이루어지고 무한한 복에 다다르게 된다. 지금 우리 왕께서는 인효자애(仁孝慈愛)하고 정신이 밝아 총명하고 지혜가 있으니 현량(賢良)하고 정직한 신하가 제대로 보좌하면 요순(堯舜)의 교화와 문경(文景)의 다스림을 얼마 있지 않아서 바랄 수 있다.

　지금의 신하된 자들은 보국할 생각은 하지 않고 무릇 봉록(俸祿)과 자리를 훔쳐서 임금의 총명을 가리고 아첨만 한다. 충성스럽게 간하는 선비에 대하여 요망스러운 말이라 하고 정직한 사람은 나쁜 무리라고 이른다.

　안으로는 나라를 돕는 인재가 없고 밖으로는 백성을 탐학하는 관리가 많아 인심은 날이 갈수록 더욱 변해도 생을 즐길 만한 일이 없고 나가도 신체를 제대로 간직할 방법이 없다. 학정은 날로 더 심하여 원성이 끊이지 않으며 군신의 의리, 부자의 윤리, 상하의 구분은 드디어 무너져 남은 것이 없다.

　관자(管子)는 사유(四維)가 제대로 펴지 않으면 나라가 멸망한다 하였는데, 바로 지금의 사세(事勢)는 옛날보다 심하다. 공경(公卿) 이하 감사와 수령에 이르기까지 국가가 위태로운 것을 생각하지 않고 무릇 자기

---

1) 이 격문은 1894년 4월에 작성된 것이다.

와 자기 집을 살찌우고 윤택하게 하는 데만 절실하며, 관리를 뽑는 문은 재화를 만드는 길이 되고 응시장은 교역하는 장터가 되었다. 많은 재화는 국고에 납부하지 않고 도리어 사사로이 재물을 채우고, 국가에는 쌓인 빚이 있으나 갚을 생각은 않고 교만과 사치와 음란과 더러운 일만을 거리낌 없이 자행한다. 전국이 고기밥이 되고, 뭇 백성이 도탄 가운데 있으며, 수령의 탐학이 이러하니 어찌 백성이 곤궁하지 않겠는가? 백성은 나라의 근본이 되는 것인데 근본을 깎으면 나라가 쇠잔한다. 나라를 돕고 백성을 편안하게 하는 방책을 생각하지 않고 밖으로 고향에 큰 집을 짓고 오직 혼자 온전할 수 있는 방법만을 꾀하며, 다만 봉록과 자리만을 훔치면 어찌 그것이 도리라고 하겠는가? 우리들은 비록 시골에 묻힌 백성들이나 왕의 땅으로 먹고 왕의 옷을 입으니 국가가 위급한 것을 앉아 볼 수만은 없다. 전국이 같은 마음을 가지고 모든 백성이 함께 의논하여 지금 의로운 깃발을 들어 나라를 돕고 백성을 편안하게 하는 것으로서 생사의 맹세를 삼는다. 오늘날 광경이 비록 놀랍다 할지라도 절대로 두려워하지 말며, 각기 편안하게 일을 하여 승평(昇平)한 날을 함께 기뻐하노라. 모든 것은 성화(聖化)를 기뻐함이니 매우 다행하도다.

(「취어(聚語)」 4. 11. 142~143쪽)

| 동학도(작자 미상) |

# 방문(榜文)[1]


작금의 사세(事勢)는 앉아서 죽음을 기다릴 수 없는 형편이다. 웅병(雄兵)·맹장(猛將)은 각각 그 믿는 땅에 있고, 각 군의 뛰어난 선비는 편지를 먼 곳에 보내어 근왕(勤王)의 일을 한다. 대저 나라의 형편을 말하자면, 집권 대신들은 모두가 외척인데 주야로 하는 일이란 오로지 자기의 배만 부르게 하는 일이고, 자기의 당, 자기의 파만을 각 읍에 포열(布列)하여 백성 해치기를 일삼고 있으니 백성들이 어찌 이를 감내할 수 있단 말인가? 초토사 홍계훈(洪啓薰, ?~1895)은 본래가 무식한 사람일 뿐 아니라, 동학의 위세를 두려워하면서도 부득이 출병하였다. 망령되게도 현량(賢良)하면서도 공이 있는 김시풍(金始豊)을 죽이고, 이것으로 공을 삼으려 하니 홍계훈은 반드시 사형을 받아 죽을 것이다. 가장 가석(可惜)한 일은 3년 이내에 우리나라가 러시아에 귀속될 것이므로 우리 동학이 의병을 일으켜 백성들을 편안하게 함이니라.

---

1) 이 격문은 1894년 4월 27일에 작성된 것이다.

| 동학도(작자 미상) |

# 초토사(招討使)에게 고시(告示)한다[1]

우리들도 선왕의 유민(遺民)이라 어찌 올바르지 않게 왕에게 반역하려는 마음을 가지고 천지간에서 살아 숨쉴 수 있겠는가? 우리들의 이번 거사가 비록 놀라게 하였다 할지라도 병(兵)을 이끌고 생민(生民)을 도살하기를 누가 먼저 하였던가? 이전 관찰사가 양민을 수없이 살육한 것은 생각하지 않고 도리어 우리들의 죄라고 하니 인민을 선화(宣化)해야 할 목민의 관으로 양민을 많이 죽인 것이 죄가 아니고 무엇이 겠는가? 국태공인 대원군을 받들어 나라를 맡기자는 것은 너무나 당연한 일이거늘 어찌하여 불궤죄(不軌罪)로 몰아 죽이는 것인가?

선유(宣諭)에 종사하는 관원이 우리들에게 보낸 왕의 말씀은 한마디도 보여주지 않고 잡아 가두고 군대를 모집한다는 등의 글귀만을 보여주니, 만일에 이것이 참이라면 어찌 이럴 수가 있겠는가?

전주 감영에 포를 쏜 것을 도리어 우리의 죄로 뒤집어씌우고 대포를 놓아 경기전(慶基殿)을 파괴한 것은 있을 수 있는 일이며 또 옳은 일인가? 군대를 동원해서 문죄(問罪)한다고 하고 무죄한 중민을 살해하였으니 이것이 옳은 일인가? 성을 점령하고 무기를 거두어들인 것은 몸을 지키고 목숨을 구하고자 하는 데 불과한 것이다. 눈 한번 흘긴 원수도 반드시 갚는다고 하였거늘 굴총(掘塚)하고 재물을 토색질하는 일은 우리들이 가장 미워하고 엄중히 금하는 바다.

탐관오리가 비록 학정을 해도 정부에서 그대로 내버려 두어 인민들

---

1) 이 격문은 1894년 5월 4일에 작성되었다.

이 살기 어려워 탐관을 잡는 대로 주제(誅除)하는 것이 무슨 죄이냐?

전주성은 국가에서 소중히 여기는 곳으로 봉산(封山)을 파고 유진(留陣)하면서 성내에 포격하는 것을 법으로 금단하고 있는데 각하가 고의로 범한 것은 무슨 까닭이냐? 감오(感悟)하고 속죄케 하는 방법은 오직 각하가 선처해서 왕에게 보고하는 데 있을 뿐이다. 그렇게 되면 생민이 기뻐할 일이 아니겠는가? 할 말은 이것뿐이다.

[제중생등의소(濟衆生等義所)]

| 동학도(작자 미상) |

# 경우(慶右)의 각 읍, 읍촌에 사는 대소민들에게


우리 조선은 비록 동방에서 작은 나라라고 하나 옛날부터 소중화(小中華)라고 칭하였습니다. 그리고 우리의 삼천리는 예의의 나라이며, 우리의 삼천리는 풍부한 강토였습니다. 그러나 지금은 국운이 비색(否塞)하고 인도가 퇴례(退禮)하므로 간신들이 화를 불러들여 왜적들이 우리 국경을 침범하기에 이르렀습니다. 그리하여 북쪽 3도는 모두 오랑캐의 땅이 되었고, 남쪽 5도는 왜적들이 가득하여 그들 마음대로 궁중에서 병기를 휘두르며, 창검을 시골과 경성에 있는 것보다 더 많이 가지고 있습니다. 아, 우리 동토의 인사들이여. 어찌 피를 뿌리며 분개하는 마음이 일어나지 않겠습니까? 그리고 예살 기유년(己酉年)에 일어났던 삼포의 난과 임진년(壬辰年)에 일어났던 팔로(八路)의 변란 때 누구인들 그들의 총검 아래 돌아가신 조상이 없으며 그들의 포탄에 사망하신 부친이 없겠습니까? 그러므로 지금은 복수로서 국가에 보답해야 할 때입니다.

… (중략) …

그러므로 후생으로 태어난 우리 도류(道類)들 가운데는 함께 죽기로 맹세하고 분개한 마음을 일으켜 왜적을 섬멸하고 그들의 잔낭을 소멸할 뜻으로 신주에서 대회를 가졌습니다.

… (중략) …

지금 우리 병사인 민공을 보면, 공은 사심이 없는 분으로 온화하고 순량하며 청백하고 정직하며 전 병사와 비교할 수가 없습니다. 그러므로 이 분은 대영(大營)의 임무를 맡을 만한 사람으로 영남우도(嶺南右道) 사민의 중망을 받고 있습니다. 그러나 부임한 지 1년도 채 안 되었는데 지금 들은 바에 의하면, 왜인과의 조약에 따라 선출된 신병사가 부임한다고 하니, 그 일이 비록 그렇게 된다 하더라도 지금 우리 도류들이 왜인을 섬멸하고 그 잔당을 소토(巢討)할 때를 당하여 그가 어찌 방면의 귀임을 질 수 있겠습니까?

　… (중략) …

그러므로 옛 병사는 그 임기 동안 유임해주기를 바라고 신병사는 우리 지역으로 들어오지 못하도록 하는 뜻에서 이와 같이 통문을 발송하여 진주에서 대회를 갖고자 하오니…(이하 **판독불능**).

(『주한일본공사관기록』 1. 남참발갑 제152호 갑오 9월 10일
충경대도소에서 발한 「동학도괘방」 140쪽)

# 호서순상(湖西巡相)에게 고시(告示)한다

양호창의영수(兩湖倡義領袖) 전봉준은 삼가 호서순상1) 각하에게 글을 올린다.

복재(覆載)간에 사람은 강기(綱紀)가 있어 만물의 영이라고 일컫는 것이니 식언(食言)하고 마음을 속이는 자는 인류로서 논할 수 없느니라. 장차 나라의 어려움과 근심이 있는데 어찌 감히 외칙(外飭), 내유(內誘)로써 하여 천하 백일하에 목숨을 가지고 숨쉴 수 있단 말인가? 일본 침략자들이 험담을 만들고 군대를 움직여 우리 군부를 핍박하고 우리 민중을 근심케 하니 어찌 말을 참을 수 있겠는가?

옛날 임진란의 재난에 오랑캐가 능침(陵寢)하여 궐묘(闕廟)를 불태우고 군친(君親)을 욕보게 하고 백성을 죽였으니, 백성들 모두가 분하게 여겨 천고에 잊을 수 없는 한이라. 초야에 있는 필부와 몽매한 어린아이까지 아직도 답답한 울분을 감추지 못하고 있으니 하물며 각하는 세록(世祿) 충훈(忠勳)으로 평민, 소부(小夫)보다 몇 배나 더하지 않겠는가? 오늘날의 조정 대신은 망령되이 생명의 안전만을 도모하여, 위로는 군부를 협박하고 아래로는 백성을 속여 동이(東夷 : 일본을 가리킴—엮은이)에게 연장(連腸)하여 남민(南民)에게 원(怨)을 이루고, 친병을 망령되이 움직여 선왕의 적자(赤子)를 해치고자 하니 참뜻이 무엇이며 어떻게 하려고 하는 것인가?

내가 하고자 하는 것은 극히 어렵다는 것을 알고 있으나 일편단심

---

1) 당시 충청도 관찰사인 박제순(朴齊純)을 말한다.

죽음을 각오하고 천하의 인신(人臣)으로 두 마음을 품는 자를 소제(掃除)하여 선왕조(先王朝) 5백 년의 유육(遺育)의 은혜에 보답하고자 하니, 원컨대 각하는 크게 반성하여 의로써 같이 죽는다면 천만다행일까 하노라.

갑오 10월 16일 논산에서 삼가 드림

# 경군과 영병에 고시하며 백성들에게
# 교시하노라(告示京軍與營兵而 敎市民)

　다름이 아니라 일본과 조선이 개국 이래로 비록 이웃나라이나 누대 (累代) 적국(敵國)이더니, 성상의 인후하심을 힘입어 세 항구의 개항을 허락하여 통상한 뒤 갑신 시월의 사흉(四凶)이 적을 끼고 활동하여[1] 군부의 위태함이 조석(朝夕)에 있더니 종사(宗社)가 다시 일어나 간당(奸 黨)을 소멸하였다. 금년 시월에 개화간당이 왜국과 체결하여 밤을 타서 서울로 들어와서 군부를 핍박하고 국권을 마음대로 하여 방백과 수령 이 다 개화파 소속으로 인민을 어루만지고 구휼하지 않고 살육을 좋아 하며, 생령을 도탄에 빠지게 하기에 이제 우리 동도(동학도)가 의병을 들어 왜적을 소멸하고 개화를 제어하며 조정을 깨끗이 하고 사직을 안보하려고 하는데, 매번 의병이 이르는 곳의 병정과 군교가 의리를 생각하지 않고 나와서 접전하매, 비록 승패는 없으나 인명이 피차 상하니 어찌 불쌍하지 않으리오.

　기실은 조선 사람끼리 서로 싸우자는 것이 아닌데 늘 이와 같이 골육상전(骨肉相戰)하니 어찌 애달프지 않으리요? 또 공주, 대전 일로 논하더라도 비록 봄 동안의 원수를 갚는 것이라 하지만, 일이 참혹하며 후회막급이며 방금 대군이 압경(壓京)의 서울을 점령하여 팔방이 흉흉 한데, 편벽(偏僻)되게 서로 싸움만 하면 가위 골육상전이라.

　일변 생각건대 조선 사람끼리라도 도는 다르나 척왜(斥倭)와 척화(斥

---

1) 갑신정변을 가리킴

革)는 그 의가 일반이라, 두어 자 글로 의혹을 풀어 알게 하노니, 각기 돌려보고 충군 우국지심이 있거든 곧 의리로 돌아오면 상의하여 같이 척왜척화하여 조선이 왜국이 되지 않게 하고 동심 합력하여 대사를 이루게 할지라.

갑오 10월 12일 동도창의소 전봉준

(『동학란기록』 하, 379~380쪽)

# 경군영병(京軍營兵)에게 고시한다

두 차례에 걸쳐 싸움한 것에 대하여 매우 후회스럽다. 처음에 거의(擧義)한 것은 척사원왜(斥邪遠倭)할 뿐이라. 경군이 사(邪)를 돕는 것은 실로 본심이 아니고, 영병이 왜를 돕는 것은 어찌 스스로의 마음에서이리오. 필경은 같이 천리(天理)로 돌아갈 것이니 이제부터는 절대로 서로 싸우거나 함부로 목숨을 해치거나 집을 불태우지 말고, 같이 대의를 북돋아 위로는 국가를 돕고 아래로는 백성을 편하게 할 뿐이다. 우리가 만일 속이면 반드시 하늘이 죄를 내릴 것이고, 임금이 마음을 속일 것 같으면 반드시 자멸할 것이다. 하늘을 가리켜 맹세하여 다시는 다치는 일이 없기를 바라고, 어제의 쟁진(爭進)은 길을 비는 것뿐이다.

갑오 11월 12일

(『동학란기록』 하, 「선봉진정보첩」, 185~186쪽)

| 전봉준 외 |

# 창의문(倡義文)

금일 안으로는 보국(保國)의 재(才)가 없고 밖으로는 학민(虐民)의 관이 많다. 인민의 마음은 날로 변해가고 있으며, 낙생(樂生)의 업이 없고 나아가서는 보신의 책(策)이 없다. 학정이 날로 심하고 원성이 끊이지 않아서 군신, 부자, 상하의 분(分)이 무너지고 말았다. 소위 공경(公卿) 이하 방백, 수령들은 국가의 위난(危難)을 생각하지 않고 다만 비기윤산(肥己潤産)에만 간절하여 전선(銓選)의 문을 돈벌이로 볼 뿐이며, 응시의 장은 매매하는 저자와 같다.

허다한 화뢰(貨賂)는 국고에 들어가지 못하고 다만 개인의 사장(私藏)을 채우기만 하며, 국가에는 도적들의 채(債)가 있어도 청채(淸債)하기를 생각하지 않고 교만, 사치, 음란으로 더러운 일만을 지탄 없이 자행하여 팔로(八路)가 어육(魚肉)이 되고 만민이 도탄에 들었다.

수재(守宰)의 탐학에 백성이 어찌 곤궁하지 않으랴! 백성은 국가의 근본이다. 근본이 쇠삭하면 국가는 반드시 없어지는 것이다. 보국안민의 책을 생각 않고 다만 제 몸만을 생각하여 국록만 없애는 일이 어찌 옳은 일이랴!

우리들은 비록 재야의 유민이지만 군토를 먹고 군의를 입고 사는 자라. 어찌 차마 국가의 멸망을 앉아서 보겠느냐? 팔역(八域)이 동심(同心)하고 억조순의(億兆順義)하여 이에 의기를 들어 보국안민으로서 사생의 맹세를 하노니, 금일의 광경에 놀라지 말고 승평성대(昇平聖代)에 들어가 살아보기를 바라노라.

호남창의소 전봉준·손화중·김개남

# 집강소 통문

이제 우리의 이 거사는 전적으로 민중을 위하여 해악을 제거하는 것이다. 그런데 저 교활한 불량배가 함부로 날뛰어 평민을 침학(侵虐)하고 마을을 해치고 작은 잘못까지 처벌하여 움직일 때마다 반드시 보복을 하니 이는 덕과 선을 해하는 무리다. 각 읍 집강(執綱)은 밝게 살펴서 다음을 금단하라.

1. 이미 거두어들인 총포, 창, 칼, 말은 공납에 속하는 것임을 이미 통문으로 돌렸다. 각 접주(接主)는 총포, 창, 칼, 말의 수효와 소유자의 이름, 거주지를 상세히 적어서 두 건을 성책(成冊)하여 순영(巡營)에 보내고, 성첩(成帖) 후 1건은 영문(營門)에 두며, 1건은 각 집강소에 환치(還置)하고 다음의 명령을 기다릴 것.

1. 역마와 장사꾼의 말은 각각 본주(本主)에게 돌려줄 것.

1. 이제 이후부터는 총포를 거두고 말을 수색하는 일은 일체 금단하며, 돈과 쌀을 토색하는 자는 이름을 적어 영에 보고하여 군율에 의하여 처벌할 것.

1. 무덤을 파는 일과 사채를 받아내는 일은 옳고 그름을 물론하고 일체 시행하지 말며, 이 항목을 이기는 자는 마땅히 영(營)에 보고하고 처벌할 것.

(『오하기문(梧下記聞)』 第2筆, 66쪽)

# 활빈당(活貧黨)의 격문1)

저 왜놈들이 들어와 개화를 논하고 조정의 간신과 부동(符同)하여 대궐을 범하고 난을 일으켰다. 그러나 사직을 지키는 사람이 없으니 어찌 통탄하지 않을 수 있으랴. 대저 사방의 오랑캐와 통한 이래로 시중(市中)의 많은 이익은 모두 저들이 약탈하는바 되고, 모든 폐단이 드러나 삼천리강산의 인민이 이산(離散)하고 원성이 사방에서 일어났다. 원(冤)이 이보다 큼이 없도다.

1. 통상무역을 금하라.
1. 철도 포설(鋪設)을 외국인에게 허가하지 말라.
1. 세금을 경감하라.
1. 악형을 폐지하고 무고한 인민을 벌하지 말라.

---

1) 이 격문은 1895년에 작성된 것이다.

# 13조목 대한사민논설(大韓士民論說)

1. 요순의 법을 행할 것. 맹자왈 "임금이 임금다우려면 임금의 도를 다하고, 신하가 신하다우려면 신하의 도를 다하는 것이 군신의 대법(大法)이다. 요순공맹(堯舜孔孟)의 효제안민(孝悌安民)의 법을 행하는 것이 천하만국에 송덕을 받는 소이(所以)이므로 대법을 행해야 한다는 것을 간할 것.

2. 복식(服飾)은 선왕의 복제를 본받을 것. 의제(衣製)와 예절이 번잡하면 어지러워지는 까닭에 어지럽지 않고 사치스럽지 않은 선왕의 의제를 사용할 것.

3. 개화법을 행할 때 흥국안민(興國安民)의 법이 될 것이라고 큰소리쳤음에도 흥국안민이 되지 못하고 뜻밖에 황궁(皇宮)의 변을 당하고 천황폐하와 황태자가 독차사건을 당한 뒤 충신의사(忠臣義士)가 죽고 백성이 죽는 흉변이 계속 일어나 국가의 위기가 날로 더해가니 무엇이 유익하다 할 것인가. 국민이 굶주림으로 죽어도 돌아보지 않고 선왕의 예법을 밝히지 않고 기강이 퇴패하였다. 이 때문에 민간이 화목하고 상하가 원망 없는 정법을 행할 것을 간언하는 것이다.

4. 어진 황제가 위에 계시고 효제안민(孝悌安民)의 조직이 시엄해도 혜택이 아래에 미치지 못한다. 백성이 굶주림을 이기지 못하여 죄에 빠지지 않도록 대신들이 임금의 은혜를 깊이 살펴 백성이 호소하는 글월을 폐하게 받들어 올려 일국의 흥인(興仁)을 꾀할 것.

5. 근래 다른 나라로 곡류 수출이 매우 많다. 때문에 곡가가 올라가서

가난한 백성들이 굶어 죽어가고 있다. 시급히 방곡(防穀)을 실시하여 구민법(救民法)을 채용토록 할 것.

6. 시장에 외국 상인이 나오는 것을 엄금할 것. 근래 개항장 이외의 곳에 외국 상인의 출입이 심하여 도성의 시민들과 향읍(鄕邑)의 시민들이 모두 곤궁하게 되어 굶어죽을 지경에 이르렀다. 그러므로 외국 상인을 엄금하고 구민법을 제정하여 스스로가 미곡 매입을 그만두게 할 방도가 없어서, 나라의 대리(大理)와 인민의 영리를 외국 상인에게 넘기게 될 형편이다. 따라서 신법을 제정하여 외국인이 시장에서 곡물 매매하는 것을 금지시켜 흥국(興國)을 도모할 것.

7. 행상에게 징세하는 폐단이 심하여 시골의 영세 상인이 각처의 시장 또는 연안 포구에서 이익을 영위할 수 없다. 따라서 이러한 폐단을 고치고, 민간에서 징세한 것을 모두 반환하고, 즉시 팔도에 현재 있는 방임(房任)을 파하여 폐해를 제거할 것.

8. 금광의 채굴을 엄금할 것. 수십 년 가전(家傳)되어온 전답 수만 석락지(石落只)가 금광용지로 쓰여 영원히 황폐화되어 백성의 피해가 천만금이 되었다. 또한 국가의 손해가 산과 들이 황폐화되는 것보다 큰 것이 없다. 따라서 채굴을 금지시켜 백성을 편안하게 하는 방책을 도모할 것.

9. 사전(私田)을 혁파할 것. 이제(二帝) 삼황(三皇)은 세금을 적게 거두고 항상 백성의 춥고 굶주림을 밤낮 걱정하였는데, 지금의 소작료는 세금보다 10배나 무겁다. 백성이 춥고 굶주리는데도 정부의 민정(民情) 살핌이 이와 같으니 무엇으로 백성의 기한(飢寒)을 면하게 할 것인가. 왕토(王土)가 사전(私田)이 되어 백성이 굶어 죽게 되는 것은 목민의 공법이 아니므로 사전을 혁파하고 균전(均田)으로 하여 목민법(牧民法)을 채용할 것.

10. 풍년에는 백미 1두(斗)를 상평통보전(常平通寶錢) 30문으로, 평년에는 백미 1두를 40문으로, 흉년에는 1두를 50문으로 법을 일정하게 하라. 세상인심과 물정을 살펴건대 곡가(穀價)가 오를 때는 즉시 모든 물가가 올라 인심이 흉흉해지고 인륜기강이 무너지며 곡물이 서울과 지방에 산같이 쌓여 있으나, 가난한 사람은 오히려 그림의 도적과 같아 굶어죽는 것을 면하기 어렵다. 곡가가 저렴하면 인심이 풍요롭고, 만물이 저렴해져 친척, 친구의 우애로운 정리(情理)가 풍비(豊備)하여 가난한 자가 굶어죽기를 면하게 된다. 따라서 만민의 희망을 받아들여 일정하게 곡가를 낮추게 하는 법을 만들어 구민책을 쓸 것.

11. 나쁜 형을 가하는 법을 혁파할 것. 맹자가 말하기를 "좌우가 모두 죽여야 한다고 해도 듣지 말고, 여러 대부가 죽여야 한다고 해도 듣지 말라. 나라 사람이 모두 죽여야 한다고 한 뒤에 죽여야 할 것인지를 살펴 죽이는 까닭에 나라 사람이 그를 죽인다고 말하는 것이다. 이렇게 한 뒤에야 백성의 부모가 될 수 있다"고 하였다. 지금 경향의 감옥에서 무고한 수만 명이 죽어가고 있고 윤리와 기강이 밝지 못하여 도적이 차츰 치성(熾盛)한다. 이 때문에 옛날 계강자(季康子)가 도적을 염려하여 공자에게 물었다. 답하기를 "만일 그대가 하고 싶지 않을 때는 상을 준다 해도 훔치지 않을 것이다. 백 천 가지 선정을 행해도 세렴(稅斂)과 형벌을 엄하게 하면 백성을 함정에 빠뜨리는 것이다." 따라서 선왕의 대법에 따라 형벌을 감하고 세렴을 가볍게 하여 어진 정치를 행할 것.

12. 도우(屠牛)를 엄금할 것. 근래 우역(牛疫)으로 죽는 것이 많다. 팔도의 영읍(營邑)과 시장 여염동리에서 도살하는 것이 날로 많아진다. 때문에 종래 농우(農牛)의 숫자가 수십 두를 사양(飼養)해온 동리에서 최근에는 겨우 5, 6두를 키우는 데 불과하다. 이 때문에 농업을 그만두는

자가 많다. 즉시 궁궐에 바치는 것을 제외한 이외에는 일체 도우를 엄금하여 농업을 그만두는 폐를 없앨 것.

13. 우리나라의 철도 부설권을 다른 나라에 주었다고 하는데, 4천여 년 내려온 국가가 다른 나라에 허락된다면 만약 각국이 국토를 강하게 요구할 때에는 이를 양도해야 할 것인가. 도로는 인체의 혈맥과 같고, 혈맥 없이는 삶을 바랄 수 없게 된다. 국내 철도 시설용지로서 만백성의 살길과 수확하는 논밭 수만 두락에 손상을 가져온다면 국가의 피해가 이보다 큰 것이 없다. 그러므로 철도 부설권을 허락하지 말 것.

(信夫淳平, 『한반도』, 1901, 67쪽)

# 영학당(英學黨)의 격문1)

대저 우리들의 큰일은 모두 보국안민의 뜻에 있다. 지금 왜와 양이 함께 우리나라를 침략하여 예의와 염치가 훼손됨이 날로 심하여 달마다 달라지고 해마다 달라진다고 할 수 있다. 고로 분하고 답답함을 참지 못하고 창의(倡義)하려는 것이다. 관에서는 마음속으로 우리를 옳지 않은 것으로 여기고, 백성들은 수군거리면서 우리들에게 보국안민의 뜻이 없는 것으로 여기고 있으니 이 어찌 한심하지 않으리오.

전 국토의 중민(衆民)들이 일체로 힘을 합하여 왜양을 몰아낸 뒤에, 한편으로는 국가를 보하고 한편으로는 민인(民人)을 편안케 하기를 간절히 바란다. 민간에 돌아다니는 말에 백성에는 두 하늘이 없고 나라에는 두 왕이 없다고 한다. 아, 우리 중민(衆民)은 화기(和氣)를 같이 하여 원컨대 한 하늘의 자손, 한 왕의 자손이 되면 천만다행이겠다.

**영학당(英學黨)**

　동학농민혁명이 진압된 뒤 잔여 농민군들은 정부군의 탄압을 피하기 위해, 1898년에 고부·흥덕·고창·장성·영광·무장·함평 등지에서 자신들의 종교인 동학을 영국 종교[英學]로 위장하여, 정읍의 최일서(崔一西)를 우두머리로 하는 영학당을 조직하였다. 이들은 서학당·남학당과 더불어 동학혁명의 맥을 유지해 나가려 했다.

---

1) 영학당이 고부를 습격했을 때 고부 각처에 게시한 방문(『황성신문』 광무 3년 6월 22일 별보 "남요의 전말").

그들은 1898년 가을, 미곡 수출 반대운동을 전개하였으며, 그해 12월에는 흥덕에서 이화삼(李化三)이 주동이 되어 반봉건항쟁을 일으켰지만, 3일 뒤 관군(官軍)에 의하여 진압되었다.

그러나 이들은 체포된 우두머리 이화삼의 석방을 요구하며 1899년 5월 흥덕에서 호남공동대회(湖南共同大會)를 개최하였고, 5월 27일에는 고부의 김문행(金文行)과 정읍의 최익서(崔益瑞)의 지휘하에 고부에서 보국안민(輔國安民)과 척왜양(斥倭洋)을 주장하며 봉기한 뒤 흥덕과 무장의 군아(郡衙)를 공격하여 접수하였다.

이들은 농민군을 결집한 뒤 고창과 전주를 거쳐 서울로 진공할 계획이었지만, 5월 31일에 고창 관아 공격시 관군에 의하여 진압된 뒤 해산되었다.

# 일본을 배격하는 격문(排日檄文)1)

방금 한국과 일본이 교섭하는 일은 동방이 편안할 것인가 위태할 것인가 하는 고비이다. 진실로 좋은 뜻으로 친목을 돈독케 하고 성실한 마음으로 믿게 해서 서로 돕고 서로 의지함이 옛적 중국에 노나라와 위나라가 서로 친하던 것과 같이한 다음이라야, 동방 형세가 더욱 굳세어져서 아라사에 병탄됨을 면하게 될 것이다.

이것은 오직 일본만이 바라는 바가 아니고 우리 한국도 원하는 바였다. 그런데 다행하게 일본 천황이 큰 생각과 원대한 계획으로 만 리 먼 길에 군사를 출동시켜 노고를 마다하지 않았다. 바로 만주 여순 지역에 들어가서 탐폭(貪暴)한 아라사의 예기를 꺾은 다음, 우리 한국과 수호하여 우리의 강토를 보전하고 우리의 독립 주권을 공고히 하고자 하였다. 이 점에 대해 우리 한인이 가장 감사하게 여기는 바이며, 동아의 안보가 실상 전역에 힘입은 바라 하였다.

그런데 일본 천황이 임무를 맡긴 신하가 옳은 사람이 아니어서, 수호약정서를 작성한 지 겨우 두세 달 만에 문득 탐욕하고 비겁한 매국간당과 서로 결탁하여 우리 황상(皇上)을 위협하고 우리나라 주권을 깅틸하였다. 온 나라에 이익이 나올 만한 것은 손아귀 속에 움켜넣지 않은 것이 없고, 정부에 대신(大臣)을 출척(黜陟)하는 권한도 간여하지 않는 것이 없으니, 뇌물 꾸러미가 공공연히 나다녀서 공관 뜰이

---

1) 1904년 한일의정서가 체결된 직후 의병봉기를 준비하였는데 그때 작성한 격문으로, 그 뒤 1907년에 기의하였다.

장터와 같다. 그들이 좋아하는 자는 비록 음험하고 간사한 무리라도 권해서 높은 벼슬로 올리고, 미워하는 자는 비록 공정하고 선량한 사람이라도 벼슬을 갈아치워서, 우리 황상의 유신(維新)하려는 정사를 저지하였다. 그들의 군사와 백성으로서 우리나라에 들어온 자의 방자하고 흉포한 행동은 아라사 사람들의 탐욕과 비교해서 오히려 다함이 있건만 예사롭게 여기고 금지할 줄 모르니, 소위 우리 강토를 보전하고 우리 주권을 공고하게 한다는 것이 과연 이와 같은가? 이와 같은 짓을 그만두지 않는다면 우리 삼천리강토를 장차 낭탁(囊橐)에 넣고 우리 2천만 생민을 결딴나게 할 것이니, 비록 아라사 사람이 동양 천지를 제 마음대로 한다 하더라도 그 피해가 이와 같이 혹심하지는 않을 것이다. 방금 이웃집에 들어온 도적을 대신 쫓아내고, 그 공을 핑계해서 그 집 살림을 다 빼앗는다면 집임자는 도적에게 잃는 것이 도리어 나을 것이다. 지금 정세가 어찌 이와 다르랴?

한국이 비록 쇠약해도 2천만 인구가 한마음으로 분하게 여기고, 의기를 내어 죽게 된 곳에서 삶을 구하고 망해 가는 때에 보존을 도모한다면 우리의 약함이 어찌 걱정되며, 저놈들의 강포함이 어찌 두려우랴. 비록 기운이 다하고 힘이 빠져서 약함이 강적을 당해내지 못하더라도 손이 묶여서 죽고 머리를 움츠려서 망하는 것보다는 오히려 낫지 않겠는가?

저 일본 사람들의 탐욕스럽고 난폭한 행동을 백에 한둘도 거론하지 못하지마는, 그 중에서 대개 다음에 빌려 적어서 13도 동포에게 통고하오니, 원하건대 여러분은 목전에 하루 동안 편함만을 생각하지 말고 힘을 합쳐 의분을 내어서 우리 종사를 공고히 하고 우리 생민을 안보토록 해서 천하만국에 할 말이 있도록 한다면 천만 다행이겠다.

# 1. 철로가 폐단을 일으킨 일.

남대문 밖 정거장 가에 있는 땅 8천 평과 정거장 부근 땅 2천여 평은 모두 도성 백성들의 집을 건축하는 데에 필요한 곳으로서, 달리 사용하는 것은 허가하지 않기로 우리 궁내부가 분명히 결정하였다. 작년 가을 정거장 구역을 협정할 적에 땅 6만 9천여 평을 획정한 바, 당시 일본 주식회사도 아주 만족하게 여겨서 당초부터 한마디도 더 청하는 말이 없었다. 그런데 금년 양력 4월에 일본 공사가 외부(外部)에 공문을 보내, 위에 말한 두 곳 땅 1만여 평을 정거장에 부속시키기를 요구하고는 승인도 기다리지 않고, 드디어 목책과 표석을 옮겨 세워서 강제로 점령하였다. 철도원(鐵道院)에서 엄정하게 거절했더니 일본 공사가 최후에 외부에 조회했는데, 이곳 땅값을 2만 4천 원으로 정해 회사 주식을 제일은행에 획부(劃付)했다고 이르면서, 또 개성 인삼으로 해를 본 일인(日人)의 보상비를 그 중에서 공제했다고 하였다. 이것이 불법한 억지 매매가 어찌 아닌가? 작년 가을 철도원 총재서리(總裁署理) 최영하(崔榮夏)가 일본 공사와 약정한 협정서 제5항에는 '물을 긷기 위한 우물을 팔 땅으로서 1백 평 이내는 회사에서 수용하되 철도원과 협의해서 작정한다'고 하였다. 그 뒤 주식회사에서 우수현(牛首峴)에 우물 팔 땅을 요구하면서, 또 2백 평을 더 청구하였다. 철도원에서 회보(回報)하면서 '우수현은 남묘(南廟)와 아주 가까워서 허가할 수 없으니 딴 곳으로 다시 의논하자'고 하였다. 그러나 일인은 듣지 않고 저들이 허가한다면서 우수현 산 밑을 옆으로 파서 굴을 뚫어버렸다. 대저 우물을 파는 것은 평지를 깊게 파서 물을 찾고 물을 가두는 것을 이르는 것이다. 어찌 산 밑을 옆으로 파는 이치가 있겠는가? 철도원에서 엄중히 따져서 꾸짖었으나 들은 척도 않고 끝내 역사(役事)를 그치지 않았고, 경무청에서 관원을 파견하여 금지시켰으나 또한 듣지 않았다. 지금은 벌써 파서 통했는데 세 가닥을 합쳐 340칸이나 된다. 폭약을 날마다 터뜨려서 남산이 쿵쾅 울렸다. 영등포 정거장을 개설한 이래로 일인이 널리 차지하고자 했으나 철도원에서 굳게 거절하고 허가하지 않았더니, 일인이 드디어 제 마음대로 차지해버렸다. 대저 일본 국내에도 철도가 매우 많은데, 비록 큰 도시 네거리에 있는 정거장이라도 용지(用地)가 몇 천 평에 불과하다. 지금 우리나라에 있어서는 땅을 이와 같이 넓게 차지하니, 어찌 해괴하지 않은가? 철도 옆에 있는 밭이나 논에 손해를 당한 값은 공사를 하는 사람으로부터 시가대로 배상을 받는 것이 공통된 규례이다. 그런데 이리저리 핑계하면서 배상해주지 않았다. 영남 땅값은 우리 철도원에서 별도로 기사를 파견해서 관찰토록 했더니 비로소 약간 배상해 주었으나 반값도 되지 않았고, 기사가 가지 않은 곳은 그나마 필경 지급하지 않았다. 직산 한 고을만 하더라도 논 19섬 14마지기, 밭 1섬 8마지기, 묘지에 섰던 소나무 7백 그루, 떠낸 돌 4천 5백 덩이, 땔나무 2천 4백 무더기도 아울러 값을 주지 않았다. 묘지 이장비 250냥도 주지 않았으며, 일인들이 먹은 음식 값도 갚지 않고 간 것이 4천 4백여 냥이라고 한다. 그곳 군수의 보고가 있으니 증빙할 만하며, 딴 고을도 미루어서 알 수가 있다. 이미 익은 보리와 한창 자라는 곡식 모종을 주인도 찾지 않고 베어버리니 천하에 이런 도리가 있겠는가? 철도에 소용되는 자갈은 일찍이 그 회사가 궁내성과 매입방평(每坪方坪)에 값 얼마씩을 치르기로 약속해 놓고는 마침내 이 약속을 어겨버렸다. 천 리에 널려 있던 자갈이 하나같이 텅텅 비었으나 궁내성에 한 푼도 납부하지 않았다. 금년에 빨리 완성한다는 연고로 도처에 역부가 매우 많고 일인 역부도 많은데 모두 떠돌이 건달들이다. 우리나라 역부는 그들의 무리를 믿고서, 여우가 호랑이 위엄을 빌리는 격이고, 일인은 오직 통역놈의 꼬임만을 들어서 불법한 행위를 하지 않은 짓이 없다. 마을을 침략하고 부녀를 겁탈하며 사람을 쳐서 목숨을 해치며 관부에 야료를 부리기도 한다. 지방관이 잡아다가 죄를 다스리고자 하면 일인이 우단(右袒 ; 오른쪽 소매를 벗어서 어깨를 드러내는 것으로서 한 쪽의 편을 든다는 뜻─엮은이)해서 보호하고 많은 무리가 몰려들어서 그놈들에게 도리어 욕을 당하기도 한다. 지금 이런 피해는 거의 화적보다 심한데, 관리와 인민이 모두 그들의 기세를 두려워해서 감히 서울 법원에 고소하지 못한다. 각 고을 백성이 고소한 것 중에 증거가 될 만한 것으로 다음과 같은 것이 있다. 청주 김치안의 아내가 시집에 다니러 왔는데, 철도 십장 김득순이 억지로 잡아다가 협박해서 함께 살게 하였다. 관에서 김을 잡으러 갔더니 일인이 항거하며 허락하지 않았다. 이것은 충주 관찰사가 보고한 것이다. 옥천 백성 유성렬의 고소장에 의거하면, 철도 역부의 통역인이 일인 세력을 믿고 여염집에 마구 들어와서 빈부를 물론하고 인가에 있는 미곡을 죄다 약탈해 가도 지방관이 어찌하지도 못한다는 것이다.

진위 역부들은 취기로 인해 고을 이속(吏屬)과 주점에서 서로 말싸움을 하였는데, 일인들이 관부에 갑자기 몰려와서 문짝을 두드려 부수며 군수를 끌어내어 의관을 찢어버렸고, 일인 근등정일(近藤精一)과 직전(直田)이라고 부르는 자 등 수십 명이 각각 쇠몽둥이를 들고 불쑥 들어와서 군수를 마구 쳐서 온몸에 중상을 입히고 관리들도 모두 짓이겨 버렸는데, 이 건은 고을 보고에 나타난 것이다. 영동 역부 김영복(金永卜)과 허성오(許聖五)가 술을 취하도록 마신 다음 술값을 주지 않고, 도리어 주점 주인을 구타하였으므로 군수 천세현이 잡아다가 죄를 다스렸더니 역부들이 관청에 들어와서 난폭한 언사로 기세가 위태하고 해괴하였다. 일인 십여 명이 모두 쇠몽둥이를 가지고 관청에 들어와 관속을 두들겨서 아전(衙前) 둘이 죽었다. 또 군수에게 달려들어서 주먹으로 치고 발로 차서 온몸에 상처를 입혔다. 뒷골이 깨지고 눈이 상했으며 피를 샘솟듯 흘리다가 엎어져서 정신을 잃었다. 그밖에도 연기 등 고을에 옥문을 부수고 관리를 치며 관청 기물을 마구 부숴버렸다. 이와 같은 여러 가지 변괴는 종이를 연달아도 능히 다 적어내지 못한다.

## 1. 우리나라의 주권을 침탈하고 이익을 탈취하면서 한국 반도는 새 일본이라는 말을 거리낌없이 퍼뜨린다.

우리나라 재상을 꼬여서 제 나라 은행권을 사용하도록 하며, 내륙지방으로서 통상하지 않은 곳에도 임의대로 거주해서 우리 땅에 제 백성을 번식시키고자 한다. 울릉도의 산림을 불법으로 사매(私買)해서 임의대로 벌채하며, 함부로 들어가 거주하면서 도리어 한국 사람의 벌채는 금지한다. 또 한인에게 제멋대로 세금을 부과하며, 제주도의 목장과 어장을 강제로 차지하기도 하였다. 그리하여 바다로 둘러싸인 삼면의 어업권이 다 저들의 손에 들어가고 우리 어민은 실업하였다. 직산 금광 및 창원 금광도 강제로 차지해버렸다.

## 1. 북진군 폐단을 일으킨 일.

서북 각 지방 일인이 가는 곳마다 군량과 마초를 교궁 및 객사에다 제멋대로 쌓아두어서 위패를 불안하게 하고, 관아를 차지해서 임의대로 거주하기도 하였다. 폭력을 함부로 부려서 닭, 돼지, 소, 말과 곡식, 돈 따위를 약탈하니 인민이 도망쳐 흩어져서 마을이 텅텅 비었다.

## 허 위(許蔿, 1855~1908)

선산군 구미면 임은리에서 태어났다. 1896년 3월 10일 진사 조동호, 이기하, 이은찬 등과 같이 김천 장날을 이용하여 의병을 일으키고 진천까지 진군하였으나 왕의 칙서에 따라 의병을 해산하였다.

그 뒤 왕의 명령으로 원구단 참봉, 평리원 재판장, 의정부 참찬, 비서원승(秘書院丞) 등을 역임하였다. 그러나 1907년 경기도를 활동무대로 다시 의병을 일으켜 김규식, 연기우, 권중설, 이인영 등과 같이 수천 명 의병을 양주에 집결하고 서울을 공격하려고 동대문 밖 30리 지점에까지 이르렀으나 미리 약속한 다른 의병부대가 제 시간에 도착하지 못하고, 또 이인영이 친상을 당하여 돌아갔으므로 서울 공격 계획이 물거품이 되었다. 1908년 4월 13일 다시 일어났는데 헌병에게 체포되어 서울로 끌려가서 9월 27일 교수대에서 처형당하였다. 그는 혁신유림으로서 정통유림의 척사적 성격과는 다른 점이 있었음이 이 격문에서도 잘 드러난다.

| 장지연 |

# 시일야방성대곡(是日也放聲大哭)1)

  지난번에 이토 후작이 한국에 오자 어리석은 우리 인민들이 서로
말하기를, "후작은 평소 동양 삼국의 정족(鼎足)하는 안녕을 주선한다
고 자처하던 사람이었으니, 오늘날 한국에 온 것은 반드시 우리나라
독립을 공고히 부식(扶植)할 방략을 권고하리라" 하여 경향 간에 관민
상하가 환영하여 마지않았더니 세상일이 측량하기 어렵도다. 천만
뜻밖에도 5조약은 어디에서 나왔는가? 이 조약은 비단 우리나라만이
아니라 동양 삼국이 분열하는 조짐을 빚어낼 것인즉 이토의 본래 뜻이
어디에 있느냐?

  비록 그렇다 해도 우리 대황제 폐하는 강경하신 거룩한 뜻으로 이를
거절하여 마지않았으니, 이 조약이 성립되지 못한다는 것은 상상컨대
이토 후작이 스스로 알고 스스로 간파하였을 것이어늘, 아, 저 개돼지만
도 못한 소위 우리 정부대신이란 자들이 영달과 이득을 바라고 거짓된
위협에 겁을 먹고서 머뭇거리고 벌벌 떨면서 달갑게 나라를 파는 도적
이 되어 4천 년 강토와 5백 년 종사를 남에게 바치고, 2천만 생령을
몰아 다른 사람의 노예로 만들었으니, 저들 개돼지만도 못한 외부대신
박제순과 각 대신은 족히 깊게 나무랄 것도 없거니와 명색이 참정대신
이란 자는 정부의 우두머리라. 다만 좀자로 책임을 면하여 이름을
남기는 미련에야 꾀하였는가? 김상헌(金尚憲)이 국서를 찢고 통곡하던
일도 하지 못하고, 정온(鄭蘊)이 칼로 할복하던 일도 못하고 그저 편안히

---

  1) 이 격문은 1905년 11월 20일에 작성된 것이다.

살아남아서 세상에 나서고 있으니, 무슨 면목으로 강경하신 황상 폐하를 대하며, 무슨 면목으로 2천만 동포를 대하겠느냐?

아, 원통하고도 분하도다. 우리 2천만 남의 노예가 된 동포여! 살았는가, 죽었는가? 단군 기자 이래 4천만 국민정신이 하룻밤 사이에 별안간 멸망하고 멈추겠는가? 아! 원통하고 원통하도다. 동포여! 동포여!

(『황성신문(皇城新聞)』)

## 장지연(張志淵) [1894(고종 원년)~1921]

고종이 즉위한 해인 1864년에 경북 상주에서 출생했다. 호는 위암(韋庵) 또는 숭양산인(崇陽山人). 고종 31년(1894년)에 식년진사시(式年進士試)를 통해 관직에 진출했다. 명성황후가 시해되자 의병의 궐기를 호소하는 격문을 지어 발표했고, 1898년 관직을 버리고 남궁억 등과 함께 황성신문을 창간했으며, 독립협회에서도 활동했고, 이상재 등과 함께 만민공동회를 개최하기도 했다.

이 글은 1905년 을사보호조약이 체결되자 황성신문에 게재한 사설로, 일본의 계략을 폭로하여 전 국민의 각성을 호소한 것이다. 이 글로 인해 투옥되었다가 풀려나자 블라디보스톡으로 망명하여 활동하기도 했으며, 귀국하여 진주에서 경남일보를 창간하여 주필로 활동하였다. 1910년 한일합방이 이루어지자 실의에 빠져 지내다가 1921년 10월 2일 세상을 떠났다.

# 전국 인민들에게 호소한다(檄告全國士民)

　이날의 국가사태를 어찌 차마 입을 떼어 말할거나! 옛날 나라가 망한 것은 그 통치자들만이 멸망하였을 따름이나 오늘날 나라가 망하는 것은 그 민족까지 망하고 만다. 옛날에는 전쟁으로 나라가 망하였지만 지금은 조약으로 나라를 멸망시킨다. 전쟁은 이기기도 하고 지기도 하지만 조약은 제 스스로 멸망을 재촉하는 길인 것이다.

　아, 지난 10월 21일에 있었던 사변을 고금 천하 어느 역사에서 본 일이 있었느냐? 우리가 다른 나라들과 이웃하고 있으면서도 그들과 직접 외교를 설정하지 못하고 다른 나라 사람으로 그를 대신하게 한다는 것은 곧 나라가 없는 것이며, 우리가 자기 국토와 인민을 가지고도 자주적으로 정치를 못하고 다른 나라 사람들로 그를 대신하게 한다면 이는 곧 나라의 주권이 없음을 의미한다. 나라와 주권이 없다면 삼천리 강산의 전체 인민들 모두가 노예가 되는 것이다. 노예가 되어서는 사는 것이 죽는 것만 못한 것이다. 저 원수놈들이 여우와 같은 속임수, 원숭이와 같이 간사한 술책을 우리나라에서 실시하고 있는 것을 본다면 우리 강토에 우리 민족을 한 사람도 남겨놓지 않으려는 것이 아주 명백하다. 그런즉 비록 노예로 살고자 하더라도 또한 불가능한 일이다. 왜냐하면 나라에 있어서 자원은 사람의 혈맥과 같은 것이니, 피가 마르면 사람이 죽기 때문이다. 우리나라의 자원 생산은 크건 작건 간에 그 모두가 놈들에게 장악되지 않은 것이 있는가?

　철도, 광산, 어업, 삼포(蔘圃) 등 모든 것이 우리나라의 자원이며 생활의 근본이거늘 놈들에게 빼앗긴 지 이미 해포가 넘는다. 나라의 비용은 오로지 부세(賦稅)에 의존하고 있는데, 지금 모든 것을 놈들이 틀어쥐고 황실의 비용까지도 놈들에게 구걸하여 얻어 쓰는 형편이며, 해관세(海關稅)도 그 수입이 적지 않으나 우리나라는 내용을 물어볼 수도 없는 형편이다. 전신과 우편은 곧 통신기관으로서 그것이 나라의 중요한 시설이거늘 그도 역시 놈들에게 빼앗겼다.

강도에 대해서 이야기한다면 남북 수천 리, 동서 수천 리 어간의 각 항만과 정거장들이 모두 놈들의 소유로 되었으며, 평야지대의 기름진 땅과 삼림자원도 놈들에게 약탈된 것이 그 얼마인지를 알지 못하겠다.

다음으로 화폐에 대해서 이야기한다면 백동전(白銅錢)을 공용케 하여 막대한 폐단이 되었는데, 사주한 나쁜 돈도 그 놈들이 만들어낸 것이며 그것을 정리할 때에도 신구화폐가 품질이나 빛깔이나 무게가 조금도 차이 없는 것을 두 배로 가치를 증가시켰은즉, 이는 놈들이 폭리를 얻기 위한 것이었다. 또한 아무 가치도 없는 종이쪽지임에도 불구하고 '원 단위 화폐'라는 이름을 붙여 우리의 혈맥을 고갈케 하였다. 그리하여 모든 물품이 유통되지 못하게 했으니 책략은 끝없이 음흉하고 그 마수는 한없이 악착같다.

인민들의 처지를 말한다면 각지의 철도 역부들과 러일전쟁 때 군수품을 나르던 짐꾼들은 모두가 소처럼 얻어맞고 돼지처럼 끌려 다니며, 조금이라노 놈들의 비위에 거슬리면 그때마다 총살되어 아버지, 아들, 형, 아우들은 원한을 품고 분통해 하였으나 어찌할 도리가 없었다.

귀족이나 선비들 가운데 임금에게 글을 올려 조약을 반대한 사람들은 다 나라를 위하여 충성스러운 의견을 내놓았던 것인데, 놈들은 그들을 모두 체포하여 죄명을 들씌웠다.

대신, 중신들까지도 함부로 다루고 있는 것을 비롯하여 우리를 멸시하고 능욕을 하니 더 말할 여지가 없다. 우리나라 정부의 각 기관들에는 저희 놈들을 배치하고 고문관이라면서 고액의 봉급을 긁어가나, 그들이 하는 짓은 모두가 우리를 못 살게 굴고 제 놈들의 이익을 위한 일뿐이다. 이렇듯 법도 도덕도 없이 압박, 겁탈하는 사실들 중에는 큰 실례만을 들어도 이상과 같다.

조약을 맺고도 위반하고 맹약을 하고도 지키지 않는 데 대하여는 본래부터 허물로 여기지 않는다. 마관조약으로부터 러일전쟁 포고문에 이르기까지 우리나라가 자주 독립국가라고 성명하였을 뿐만 아니라, 우리나라의 영토의 안전을 보전한다고 한 것이 한두 번만이 아니었건만, 그러나 이 모든 맹약을 거침없이 포기하는 것을 조금도 어려워하지 않고 있다. 처음에는 매국노 이지용(李址鎔)을 유인하여 강압적으로 의정서를 만들었고, 나중에는 매국노 박제순(朴齊純)을 위협하여 새 조약을 조작함으로써 우리나라에 통감(統監)을 두고 우리의 외교권을 일본에 넘겨갔다. 마침내는 우리나라 삼천리강토와 이천만 인민을 일본의 예속민으로 만들었으니, 이는 그 소위 보호국이라는 정도에 그치는 것이 아니다. 그러나 예속민이라 하면 그래도 종주국 인민과 평등한 대우를 하며 그들로 하여금 제 땅에서 살게 하며 살아갈 수 있게 보장을 받으니, 나라는 비록 망했다 하더라도 민족은 멸망하지 않는다.

위에서 말한 바와 같은 불법무도한 사실들로 말한다면 과연 우리나라에 우리 민족을 남겨두려고 하는 짓이냐? 이는 곧 우리 민족을 모조리 매장해 버리지 않는다면 반드시 황막한 불모지대로 쫓아내고 일본 사람을 조선으로 옮겨오려는 것이다. 그러나 그것만이 아니다. 이러한 정책은 구라파에서 실시되던 이른바 민족말살정책이나 오늘 일본이 우리나라에서 시행하려 하는 것이 바로 이것이다. 그런즉 내가 먼저 이야기한바 노예와 심부름꾼이 된다 하더라도 살아나갈 수 없다고 한 그 말이 그저 민심을 놀래주려는 말이 아님을 알 수 있을 것이다. 하물며 우리는 당당한 동방예의지국이며 자주적 인민이거늘 구구하게 원수놈들 앞에 무릎을 꿇고 하루 이틀 살아나갈 것을 애걸함이 어찌 죽음보다 낫겠는가?

그늘 밑에서 자라는 나무는 가지와 잎이 무성할 수 없으며, 길가에서 짓밟히는 풀은 새싹이 자라날 수 없다. 노예가 된 인민 속에서는 현명한 인물이 나올 수 없는 것이니, 이는 그 본바탕이 말라서 그런 것이 아니라 압박받고 통제를 받는 그 환경 자체가 그렇게 만들어 놓은 것이다.

우리나라는 자고로 국토, 인민, 정치 모두가 자주적이었는바 정병 백여 만을 두었고, 재화는 국고에 가득 찼으며, 백성들의 생활은 윤택하였고 민족은 번영하였다. 수양제와 당 태종의 군사적 위력도 우리에게 패배하고 말았으며, 태조 때에는 왜놈들이 여러 번 침입하여 왔지만 그때마다 놈들은 패배를 당하였다. 임진년 싸움 때에도 비록 명나라의 원조가 있기는 하였지만 국운을 회복하여 완전 승리를 보장한 공은 오직 노량 해전에서 우리의 수군이 왜적의 배 수백 척을 섬멸시킨 데 있었다. 그리고 병자년 난리 때에도 임경업 장군이 제기한 대로 직접 적의 소굴을 치자는 전술을 썼더라면 청나라는 앉은자리에서 없어졌을 것이다. 그런데 유감스러운 것은 그 전술을 쓰지 못한 것이지 우리의 실력이 부족하였던 것은 아니다. 이것으로 미루어본다면 우리 나라 인민들은 강경한 기질이 다른 나라만 못지않았다. 다만 문화만 숭상하던 나머지에 지금 인민들의 기개가 쇠약해져서 일어서지 못하며, 또 세계 대세를 정확히 파악하여 우리나라 현실에 잘 부합되도록 정책을 쓰지 못하는 것이 결함이다. 실로 세계정세에 어둡기 때문에 죽음이 눈앞에 닥쳐와도 깨닫지 못하는 것이다.

진실로 사람마다 죽음의 막다른 길에 놓였다는 것을 알 것 같으면 곧 그 가운데 살아나갈 방도도 있는 것이다. 다만 이러한 처지를 알지 못하고 어떻게든 살기만 바라다가는 마침내 죽임을 당하고 살 것도 살지 못하게 된다.

---

**최익현** [崔益鉉, 1894(고종 원년)~1921]

화서(華西) 이항로(李恒老)의 제자요, 완고한 유교 학자였으나 그의 선생과 함께 외적의 침략에 대해서는 극도로 증오하였다. 일본 정부의 강요에 의해서 일본과 통상조약을 맺을 때에 그것을 반대하고 나섰다가 흑산도로 귀양을 갔는데, 1905년에 다시 매국조약을 맺게 됨에 또 반대하고 나섰다. 이듬해 의병을 일으켜 왜적을 몰아내려다가 일본 군대에게 체포되어 대마도로 끌려갔는데 거기서 생을 마쳤다.

---

# 열여섯 가지 죄를 성토한다[1]

아! 나라에 충성하고 사람을 사랑하는 것을 성(性)이라 하고, 신의를 지키고 의리에 밝은 것을 도(道)라고 하니, 사람이 이 성이 없으면 그 사람은 반드시 죽고, 나라가 이 도가 없으면 그 나라는 반드시 망한다. 이 말은 완고한 늙은 자가 항상 하는 말이 아니라, 비록 개화하고 경쟁하는 각국에서도 이를 버리고서는 역시 세계의 사이에 끼일 수 없을 것이라 믿는다.

지나간 병자년에 귀국 사신 흑전청륭(黑田淸隆)이 와서 통상을 간청할 적에 익현이 배척하는 소장을 올려 항거하였었다. 익현이 그 당시에 이웃 나라와 교제하여 서로 인사를 닦는 것이 아름다운 일임을 모르는 바 아니었으나 반복하기를 좋아하는 믿을 수 없는 귀국의 정상(情狀)을 익현이 유독 알고 있기 때문에 미리 걱정하여 말한 것이다.

그러나 천하의 대세는 이미 예전과 달라져서 동으로 뻗치는 서방의 세력을 혼자 힘으로는 막아낼 수 없으므로, 반드시 한국, 청국, 일본 세 나라가 서로 보거(輔車)와 순치(脣齒)가 되어야 동양의 대국을 보전하게 된다는 것은 지혜 있는 자가 아니라도 족히 알 것이며, 익현도 역시 이렇게 되기를 매우 바라는 바였다.

그러므로 귀국을 반드시 미덥게 여기지는 않으나 또한 너무 심하게 나가서 양국의 화기를 상하고 싶지는 않았다. 그래서 20여 년 동안 침묵을 지키고 세상일을 말하지 않았던 것이다.

---

1) 이 격문은 1907년 4월 13일에 작성된 것이다.

근년에 와서야 귀국에서 하는 짓이 신의도 없고 의리도 없음을 목도하고 비로소 나의 예측이 크게 어긋나지 않았다는 점을 알았고, 또 귀국이 지금은 비록 강대하나 나중에는 반드시 망하며 동양의 화는 그칠 때가 없다는 것을 알았다.

지금 먼저 귀국의 신의를 저버린 죄를 말하고, 다음으로 귀국이 반드시 망할 것과 동양의 화는 그칠 때가 없는 그 까닭을 말하기로 하겠다.

익현은 삼가 뒤적여 보건대 우리나라 개국 485년인 병자년에 우리 정부 대관 신헌(申櫶), 윤자승(尹滋承)이 귀국 사신 흑전청륭, 정상형(井上馨)과 더불어 우리 강화부에 모여 맹약을 체결하였는데, 그 제1조에 '조선은 자주국가로서 일본과 더불어 평등의 권리를 보유하였으니 이 뒤로 화친을 실현하고자 할 적에는 피차 동등의 예로서 서로 대우하며, 털끝만큼도 한계를 넘어서는 안 되니 마땅히 먼저 종전처럼 우호에 장애가 되는 여러 규례를 일체 개혁 제거하여 영원히 신봉하도록 하자'고 하였다.

또 을미년에 청국 사신 이홍장(李鴻章)이 귀국 사신 이등박문(伊藤博文)과 더불어 마관(馬關; 시모노세까—엮은이)에 모여 맹약을 체결하였는데, 그 제1조에 '조선의 자주독립을 두 나라가 인정한 이상 털끝만큼이라도 침해가 있어서는 안 된다'고 하였고, 귀국 명치 37년 일아(日俄: 일본과 러시아—엮은이) 선전포고에도 역시 '한국, 청국 두 나라를 평화적으로 유지하게 한다'는 구절이 들어 있다.

또 귀국이 러시아에 대하여 국제공법을 위반하였다고 하여 각국에 통첩한 변명서에도 역시 '원래 한국은 독립국가이니 그 주권을 유지하게 하자는 것이 전쟁의 목적이었다'고 하였고, 또 사신을 서구에 파견하여 전쟁의 기인을 설명할 적에도 역시 '한국 독립을 공고하게 하자는 것이다'고 하였다.

이로써 본다면 전후 30여 년 사이에 무릇 귀국의 왕과 신하가 우리나라와 굳게 맹세하고 만천하에 성명한 것이 결국 우리 토지와 민족을 침략하지 않고, 우리 독립과 자주를 박해하지 않는다는 것을 자부하고 나서지 않았는가? 이에 따라 천하 각국에서도 역시 한국, 일본 두 나라는 이와 입술의 입장이 되어 서로 보호하고 서로 유지하며 피차 침략과 박해 같은 것은 전혀 없을 것으로 알고 있지 않았는가?

그러나 귀국이 우리나라에 있어 흉계를 꾸미고 포학을 부리는 것이 날로 더하고 달로 더하여 급기야 맹약을 위반하고 도의를 저버려 못할 짓이 없었다.

그래서 지난날 외치던 '조선국은 자주독립국가로 일본과 더불어 평등권을 보유한다'는 것이 오늘날 어찌하여 우리는 노예가 되었으며, 지난날 러시아와 서로 싸울 적에는 '한국의 토지와 독립과 주권을 공고하게 하자는 것이다'고 하였는데, 오늘날 어째서 우리는 한국의 토지와 독립과 주권을 빼앗겼으며, 지난날에는 '서로 침략과 월권과 시기를 하지 않는다'고 거듭거듭 굳게 다짐했는데, 지금에는 전혀 침해와 약탈만을 일삼아 우리 2천만 민족의 복수심을 불러일으켜 모두 동쪽을 향해 앉지도 않게 만들었고, 지난날에는 체결된 조약은 절대 변경하지 않고 영원히 신봉하며 영원히 서로 편안할 것을 바탕으로 한다고 하였는데, 지금에는 조약을 변경하여 신봉하지 않고 서로 편안하지도 않으니 이는 하늘을 속이고 신명을 속이고 또 천하만국을 속인 것이 아니냐?

죄상을 낱낱이 들어 말하고자 한다. 지난 갑신년에는 죽첨진일랑(竹添進一郞)이 변란을 일으켜 우리 황제를 협박하고 우리 재상들을 죽였으니 맹약을 위배하고 도의를 저버린 죄가 한 가지요, 지난 갑오년에 대조규개(大鳥圭介)가 난을 꾸며 우리 궁궐을 불태우고 우리 재물을 약탈하고 우리 제도와 문물을 폐기시키고 우리나라를 독립국가라 명칭하여 다른 날 나라를 빼앗을 기틀을 여기에서 만든 것이니 맹약을 어기고 도의를 저버린 죄가 있으니 이것이 두 번째다.

을미년에 삼포오루(三浦梧樓)가 변을 꾸며 우리 국모를 시해케 하여 천만고에 없는 대역죄를 짓고서 모든 것을 숨기기만 하고 도망간 그 적을 한 놈도 잡아 보내주지 않았으니 그 대역무도한 행동은 한갓 맹약을 위배하고 도의를 저버리는 것뿐만 아니라, 그 죄가 있으니 이것이 세 번째 죄요, 임권조(林權助), 장곡천도호(長谷川好道)가 우리나라에 와서 협박하고 약탈한 일은 이루 셀 수 없거니와 그 가운데 가장 큰 것을 말하자면 각처 철도의 부설에 있어 경의선 철도는 당초에 조회도 없이 제 마음대로 만들었으며, 어장, 산림, 삼포, 광산, 항해 등으로 무릇 한 나라의 재원이 되는 큰 이권은 모두 남김없이 빼앗았으니 이 역시 맹약을 위배하고 도의를 저버린 죄가 아니면 무엇이냐? 그 죄가 네 번째다.

군사상 필요하다는 명칭 아래 남의 토지를 강제로 점령하고 백성을 침해하며 무덤을 파내고 가옥을 헐어버린 것이 이루 헤아릴 수 없고, 정부에 권고한다고 칭탁하고 우리나라 사람 가운데 비루하고 패악한 무리를 추천하여 벼슬을 주라고 강청하며, 뇌물이 성행하여 추한 소문이 떠들썩하니 그 맹약을 위배하고 도의를 저버린 것이니, 그 죄가 다섯 번째이다.

철도, 토지, 군율은 전쟁 시기에 있어서는 혹시 군용을 빙자하고 사용할 수도 있지만, 지금은 전쟁이 이미 끝났는데 철도를 환송하려 들지 않고 토지를 여전히 점령하고 군율을 여전히 시행하니 이 또한 맹약을 위배하고 도의를 저버린 죄가 그 여섯 번째이다.

우리나라 역적 이지용(李址鎔)을 꾀어 의정서를 만들어 우리 국권을 줄어들게 하면서 그 가운데 대한 독립과 영토 보전 같은 것은 버려두고 논하지 않았으니 이 역시 맹약을 위배하고 도의를 저버린 죄목이니 그 일곱 번째이다.

벼슬아치나 선비들이 앞뒤로 상소한 것은 모두 제가 제 임금에게 고하고 제 나라에 충성한 것인데, 문득 포박을 가하여 오래도록 가두어 두고 놓아주지 않으니 이것은 충신의 입을 막고 공론을 억압하여 오직 우리 국력이 떨치게 될까 두려워서이니 맹약을 위배하고 도의를 저버린 죄가 그 여덟 번째다.

우리나라 사람으로 패악하고 난잡하여 도적이나 동학당 같은 무리들을 유인하여 일진회(一進會)를 만들어 그들로 앞잡이를 삼고 또 그들을 교사하여 선언서를 만들게 하여, 그것을 공론이라 칭하여 국민된 의무를 다하는 보안회(保安會)나 유약소(儒約所) 같은 것은 치안을 방해한다고 칭하고 백방으로 저해하여 포박하고 구속하니 맹약을 위배하고 도의를 저버린 죄 그 아홉 번째이다.

강제로 역부를 모집하여 소 부리듯 돼지 몰 듯하며, 조금만 뜻에 맞지 않으면 선뜻 죽여 버리되 마치 풀을 베듯 하며, 또 우매한 백성을 꾀여다가 몰래 멕시코에다 팔아서 우리 백성의 부자 형제로 하여금 원한을 품고 원수를 알고도 서로 알리지 못하게 하며, 학대를 받아 거의 죽게 되어도 돌려보내지 않으니 맹약을 위배하고 도의를 저버린 죄목이 그 열 번째다.

전신국, 우편국을 강탈하여 자유로 통신기관을 장악하였으니 맹약을 위배하고 도의를 저버린 죄 그 열한 번째다.

강제로 고문관을 각 부에 두어 스스로 후한 봉급을 받아먹으면서 우리를 망치고 우리를 무너뜨릴 일만 하는데, 그 가운데도 군경에 대한 감액과 재정에 대한 탈취 같은 것은 가장 큰 것이니, 이 역시 맹약을 위배하고 도의를 저버린 죄 그 열두 번째이다.

강제로 차관을 시켜 한 번하고 두 번하게 하며 재정을 정리한다면서 새로운 화폐의 색과 질의 경중이 이전 화폐와 별로 다를 것이 없고, 다만 그 돈 수효만 배로 늘렸을 따름인즉 스스로 막대한 이익을 취하기 위하여 한 나라의 재정을 고갈시키는 짓이요, 또 유통하지 못할 종이조각을 가지고 억지로 '원(圓)'이라 '화(貨)'라 이름하고, 또 헛이름만 고빙(雇聘)이라 하여 후한 봉급을 먹으니 이것은 우리 정혈을 또한 빨아먹고 빈 껍질만 남기자는 것이라. 또한 맹약을 위배하고 도의를 저버린 죄 그 열세 번째다.

작년 10월 21일 밤에 이등박문(伊藤博文), 임권조(林權助), 장곡천호도(長谷川好道) 등이 군사를 거느리고 대궐 안에 들어와 안팎으로 에워싸고 정부를 위협하여 조약을 체결하면서 스스로 가(可) 자와 부(否) 자를 써놓고 도장을 빼앗아 마음대로 찍어서 우리 외교권을 빼앗아다 자기들의 통감부에 두어 우리 자주 독립의 권리를 하루아침에 잃어버리게 하였다. 그러고도 오히려 위협한 사실을 숨겨 세계 이목을 가리려고 드니 맹약을 위배하고 도의를 저버린 죄 그 열네 번째다.

처음에는 다만 외교를 감독한다고 하더니 나중에는 한 나라의 정법을 전관(專管)하고 소속 관리를 많이 두어 우리로 하여금 손 한 번 흔들지 못하게 하며 걸핏하면 바로 공갈하니 맹약을 위배하고 도의를 저버린 죄목의 그 열다섯 번째다.

근자에 또 이민하는 규례를 만들어 인정하라고 강청하니, 이것은 바로 인종을 바꾸어 버리려는 음모를 펴서 우리 백성으로 하여금 하나도 이 땅에 남아 있게 하지 않으려는 것이다. 이야말로 맹약을 위배하고 도의를 저버린 것으로서 천지간에 용납하지 못할 극한 악과 큰 죄인이니 그 열여섯 번째다.

아! 맹약을 위배하고 도의를 저버린 귀국의 죄가 어찌 이것뿐이랴. 특별히 그 큰 것만 들어 말한 것이다. 그러나 이 열 몇 가지 죄로써 강화(江華), 마관(馬關) 등 조약과 각국에 통첩하여 전쟁의 이유를 설명한 모든 문서와 대조해보면, 그 반복 무상하여 여우처럼 속이고 다람쥐처럼 간사한 것이 과연 어떻다고 할 것인가. 우리 한국 수천만의 인심이 과연 귀국에 대한 감정이 없이 우리를 지지해주고 우리를 튼튼하게 해준다고 여기겠는가. 장차 분통을 못 견디어 서로 '세 집밖에 남지 않은 초나라가 마침내 진나라를 멸망시킨다'는 동요를 읊으며 맹세코 한 번 귀국의 온 섬을 짓밟고자 하겠는가.

귀국은 매양 우리 황상 폐하께서 아관파천(俄館播遷) 하신 것을 들어 유감의 뜻을 표명하지만, 우리 황상 폐하께서 친히 곤전(坤殿)의 흉한 화를 당하셨으니 밤낮으로 놀라시고 두려워하시는 마음이 과연 어떠하시겠는가?

더더구나 역적의 무리가 귀국의 세력을 빙자하여 우리 황제로 하여금 수족을 마음대로 못 놀리게 하니 어느 때에 다시 어떤 화가 있을지 모르는데, 어찌 앉아서 그 변을 기다리며 변동할 것을 생각하지 않겠는가. 을미년 12월 28일의 거동은 만부득이한 데서 나왔던 것이다. 그렇다면 당시 변동하지 않을 수 없게 된 사태도 역시 귀국의 죄가 아닌 바가 아니거늘 오히려 우리에게 유감을 둔단 말인가?

그러나 동양의 대세로 봐서 지난날 귀국이 러시아와 싸울 적에 우리나라 사람들이 모두 귀국의 군사를 환영하며 두려워하는 마음이 없었던 것인데, 급기야 귀국이 전쟁에 이기고 돌아와서는 더욱 흉포하여 우리나라 백성으로 하여금 어육의 참화를 면하지 못하게 하니, 가령 러시아가 이겨서 동양이 망했을지라도 우리나라의 화가 오늘보다 더하겠느냐?

지금 우리나라 백성들은 모두 반드시 죽고 반드시 망할 것을 알고 있으니, 죽은 거나 망한 거나 마찬가지다. 비록 머리를 숙이고 마음을 낮춰 압박을 달게 받고도 마침내 죽고 망함을 면치 못할진대 어찌 주먹을 한번 휘두르고 소리를 한번 외칠 용기가 없겠는가?

저 옛날 노중련은 한낱 선비로되 오히려 진나라를 섬기자는 의논을 부끄럽게 여겼고, 소진은 하나의 유세객(遊說客)이로되 "차라리 닭의 머리가 될지언정 소의 뒤가 되지 않겠다"고 하였거늘, 하물며 우리나라 3천리 민중은 바로 선왕 선현의 4천 년 예의를 복습한 후손인데 어찌 원수 나라에게 달갑게 노예가 되어 하루의 생명을 연장하려 하겠는가?

더구나 러시아가 귀국에 대한 원한을 잊을 리 없으니 조만간 동쪽으로 몰아치는 행위가 있을 것이라는 것은 천하 사람이 다 말하는 바니, 이때를 당해서 비록 우리 동양 삼국이 정족(鼎足)의 형세를 이루어 각기 완전한 힘을 기른다 해도 오히려 보존하지 못할까 걱정되는데, 하물며 서로 시기하고 서로 원망하는 한 집안끼리 적대시하는 행동을 면치 못하면서 서구 각국을 억제하려는 귀국의 경솔하고 천박한 짓이 어디 있겠는가?

또 전혀 자기편을 사랑하는 마음이 없는 귀국의 함부로 날뛰는 태도를 기탄없이 보고 있겠는가? 그렇다면 귀국의 멸망은 머지않으며 동양 전체가 아울러 망하는 화도 얼마 안 가서 닥쳐올 것이니, 이로 말미암아 따진다면 귀국이 또 어찌 으뜸으로 동양에 화를 끼친 죄를 면하겠는가? 나는 이 때문에 귀국이 비록 강하지만 결국에는 반드시 망하며 동양의 화도 그칠 때가 없다는 것을 강조하는 바이다.

진실로 귀국을 위해 말한다면 빨리 그 근본으로 돌아가는 길밖에 없으며, 근본으로 돌아가는 길은 반드시 맹약을 지키고 도의를 밝히는 것이다.

그렇다면 맹약을 지키고 도의를 밝히는 데는 어떻게 해야 하는가. 빨리 이 글월을 귀국 황제께 올려, 위에 열거한 열여섯 가지 큰 죄를 모두 뉘우치고 개혁하여 통감부를 철회하고, 고문 및 사령관을 소환하고, 다시 정직하고 신실한 사람을 파견하여 공사로 삼으며, 또한 각국에 사죄하여 우리 독립 자주의 권익을 침해하지 않게 하여 두 나라로 하여금 과연 영원히 서로 편안하게 한다면 귀국도 태평의 복을 누릴 것이며, 동양의 대국도 역시 유지될 수 있을 것이다.

만약 그렇지 않는 날이면 착한 자에게 복을 주고 음란한 자에게 화를 주는 것은 바로 밝고 밝은 하늘의 이치다. 지금 귀국의 행위는 저 옛날 제(齊) 민왕(泯王), 송(宋) 언공(偃公)과 별로 다를 것이 없은즉 설사 뒷날의 화패(禍敗)는 위에 말한 바와 다소 차이가 날지라도 귀국은 어찌 멸망의 길을 벗어날 수 있으랴?

익현은 비록 시국 형편은 잘 모르지만 나라에 충성하고 사람을 사랑하고 맹약을 지키고 도의를 밝히는 도에 있어서는 강습이 익숙한지라, 국가와 민족의 화가 궁극에 닥친 것을 내 눈으로 보게 되니, 오직 죽을 곳만 얻지 못하여 한이 된 적이 오래였다. 불행히 지난 봄 치욕을 당하던 날에 죽지 못하고 또 지난 10월 21일의 변고를 보게 되니 의리상 남의 나라의 노예가 되어 구차히 천지간에 살 수는 없었다.

그래서 곧 수십 명의 동지와 더불어 함께 죽기로 결단한바 장차 병든 몸을 이끌고 서울에 올라가 이등박문, 장곡천호도 등과 한번 만나서 하고 싶은 말이나 다하고 죽을 작정이며, 또 선비로서 나와 함께 죽기를 원하는 약간 명이 있다.

이에 먼저 가슴속에 쌓인 것을 털어 내어 이 글을 만들어서 귀국 공사관에 부송(付送)하여 조만간 귀국 정부에 전달하게 하는 것이니,

대개 우리나라를 위해서만 이러는 것이 아니라 역시 귀국을 위해서도 이러는 것이며, 귀국을 위해서만 이러는 것이 아니라 역시 동양 전체를 위해 이러는 것이다. 행여 양찰(諒察)이 있기를 바라는 바이다.

(최제학, 『습재실기』 중 「면암선생창의전말(勉庵先生倡義顚末)」,

『독립운동사자료집』 권2, 76~84쪽)

# | 전해산 |

# 삼가면장(三加面長)과 본동(本洞) 동장에게 명령함

오양중(吳良仲)을 죽이고 또 집강(執綱)의 집에 불을 놓게 된 것에 대해서는 그 죄상이 이미 드러났으니 족히 알고도 남음이 있을 것이므로 여러 번 되풀이 말할 필요가 없을 줄 안다.

그놈들이 필경 악독을 부려 면장과 동장을 잡아가서 왜놈들에게 붙어서 가난한 부락에다 수천 금의 돈을 배정해 거둬갔으니, 아! 하느님도 무심하여 아직도 그 무리들에게 벌을 내리지 않고 고이 살려두어 의병에게나 민간에게 이처럼 앙화를 끼치게 하니, 애잔한 백성들이 갖은 모욕을 받는 것이 이보다 심할 수가 있겠느냐.

비록 그러하나 천도란 원래 올바른 것이니 어찌 끝내 그 무리들만 영구히 잘 지내게 하고 의병과 민간에게는 종시 원수를 갚을 날이 없게 하겠느냐. 가을바람이 한번 불자 의병의 북소리가 사방에서 일어났으니 머지않아서 파죽의 형세를 얻게 될 것이다.

본면(本面)은 지대도 요지요, 곡식도 풍부하니 의당 머물러 있는 의진(義陣)에게 임시 군량을 수송해야 할 것이며, 그렇게 되면 민간의 곡식이 많이 나오기 마련일 것이다. 유독 집강(執綱) 놈의 전답은 반역자의 물건으로 인정될 수밖에 없는데 그 전답에서 산출되는 농작물은 금년이 풍년이라 의당 많을 것이요, 계절도 이미 8월이 다 되었으니 수확할 시기가 차츰 다가오므로 본 동민에게 역사를 잡혀서 실어내게 해야 할 터인데, 만약 임박해서 수확하기로 한다면 자연 시기를 잃게 되고 또 백성을 괴롭힐 염려도 없지 않을 것 같다.

그래서 이와 같이 당부하는 것이니 그 전답에서 산출되는 여러 가지 곡물을 미리 수확하여 정확히 계산해 두고서 지형을 기다리도록 하라. 만약 면장이나 동장이 양다리를 걸치고 범범(汎汎)히 보아 넘겨 시기를 잃어버리는 것이 있게 된다면, 이는 바로 왜놈에게 충성하는 짓이니 살려두어도 우리나라에 유익하지 못할 것이다.

사람이란 어차피 한 번 죽고 마는 것이니 왜놈에게 붙어서 죽게 될진대 어찌 의병에 충실하다 죽어서 끝내 좋은 이름을 차지하는 것만 하겠느냐? 아무쪼록 명령에 복종하고 죄를 당하는 지경에 이르지 않게 하라.

창의장(倡義將) 전수용(全垂鏞)은 본월 13일에 영광군의 변영서(邊永瑞)를 총살하였기로 그 이유를 들어 관찰사 각하께 아룁니다. 돌이켜 생각건대 무식한 명색 없는 몸으로 임금님께서 조서도 내리지 않았음에도 불구하고 오직 백성들의 소원에 의하여 감히 큰일을 시작하였던 바, 해가 넘도록 아직도 왜적을 무찔러 없애지 못하고 우리 국민만 희생을 당하게 되니, 저 옛날 맨손으로 두 마리 호랑이를 한꺼번에 잡아 없앤 변장자(卞莊子)만 못하다는 부끄럼이 있을 뿐입니다.

그러나 변영서란 자는 천성이 요망하여 사람을 해친 일이 이루 헤아릴 수 없으니 낱낱이 들어 말할 것은 없고, 대략만을 따지더라도 그가 머리를 깎고 일진회에 들어갔다가 일진회를 배반하고 야소교(耶蘇敎)에 들어갔고, 또 야소교를 배반하고 천주교에 들어갔고, 또 천주교를 배반하고 또 의병에 들어왔고, 또 의병을 배반하고 순사대에 들어갔습니다…. **(이하 불명)**

(「전해산 진중일기」, 『독립운동사자료집』 권2, 374~375쪽)

## 전해산(1879~1910)

전라북도 임실 출생으로, 본관은 천안(天安). 자는 기홍(基洪). 호는 해산(海山)이다. 화서(華西) 이항로(李恒老)의 제자요, 완고한 유교 학자였으나 그의 선생과 함께 외적의 침략에 대해서는 극도로 증오하였다. 일본 정부의 강요에 의해서 일본과 통상조약을 맺을 때에 그것을 반대하고 나섰다가 흑산도로 귀양을 갔는데, 1905년에 다시 매국조약을 맺게 됨에 또 반대하고 나섰다. 1907년(융희 1) 조경환(曺京煥)의 의병군에 가담하여 싸우다가 조경환이 전사하자 의병장으로 추대되어 전투를 지휘하였다.

경성결사대의 간부였던 정원집(鄭元集)이 유배지에서 탈출, 투항해 오자 그를 선봉장으로 삼아 광주(光州)·장성(長城) 등지에서 일본군을 격파하였으나 정원집이 전사한 후 전열이 무너져 패전하였다. 1910년 일본군이 부모를 볼모로 잡아가자 자수한 후 대마도로 끌려가 죽임을 당하였다. 1962년 건국훈장 대통령장이 추서되었다. 전북 장수군 번암면에 추모비가 있다.

# 세무를 거두는 무리에게 게시함

　무릇 지세(地稅)는 세상이 생긴 이래로 국가에서도 이보다 중요한 것이 없고 백성들도 이보다 책임 있는 일이 없다. 그러므로 받아들이는 것도 그 액수가 있고, 바치는 것도 그 시기가 있어서, 나라는 온갖 용도에 궁색한 바 없고, 백성은 이바지히는 것을 거역함이 없으며, 위에서는 백성을 학대하는 정사가 없고 아랫사람은 윗사람을 호위하는 도리를 잃지 않았다.

　이는 고금을 통하여 천하만국이 모두 공통하는 바로서, 자기 백성이 아니면 받아들이는 법도 없고 자기 왕이 아니면 바치는 일도 없으니 바로 천지의 상도요, 고금의 통례인 것이다.

　그러므로 우리 태조(太祖) 고황제(高皇帝)께서 국가를 창건하신 이래로 토지가 비옥하고 척박한 데 따라 도조(賭租)도 많고 적은 구분을 두어, 나라에는 도안(圖案)이 있고, 고을에는 양안(量案)이 있고, 들에는 금기(禁忌)가 있음으로써 관리들은 숫자를 불리는 농간이 없고 백성들은 부당한 납세를 물지 않았다. 그래서 삼천리강토와 5백 년 국가 종사에서 간격 없이 시행해 왔던 것이다.

　혹시 풍년과 흉년에 따라 다소 변동은 있었으나 차라리 감액이 있을 지언정 더 받는 일은 없었으며, 국가가 함부로 징수하지 않음으로써 창고에는 남은 양곡이 있고, 백성은 남은 자력이 있어, 오랫동안 요순의 덕화를 누려 왔었다.

　천도가 무상하여 나라 운수가 비색하여 황제의 위엄을 떨치지 못하자, 왜적은 악독을 부리고 적신들은 외국과 결탁하여 국가에 화를 끼치는 것이 하도 많아 낱낱이 들어 설명할 수 없다. 더욱이 왜놈들이 우리 농토를 억지로 빼앗으려 하는 것은 그 속셈이 필경에는 인종을 없애고 나라를 빈터로 만들자는 것이 아니고 무엇이랴.

아! 우리 정부에는 대신의 직책을 가진 자들이 왜놈에게 붙어서 나라를 좀먹고 있으니 더러운 자들이라 기대할 것조차 없거니와 소위 세무를 담당하는 면장의 무리들은 모두 우리와 같은 민간인으로서 어찌 저 옛날 변장자(卞莊子)가 한꺼번에 두 마리 호랑이를 잡듯이 못하며, 어찌 저 월남의 지난 역사를 생각하지 못한단 말인가?

무엇 때문에 왜놈의 역군이 되어 밤이나 낮이나 비바람이나 추위, 더위를 가리지 않고 동으로 서로 쉴 새 없이 쫓아다니며 그래도 오히려 미치지 못할까 염려하며 우리 대한 국민의 한도 있는 재물을 가져다가 원수인 왜적의 주머니 속에 넣어주고, 요순(堯舜) 같으신 우리 왕으로 하여금 친히 구중궁궐에 계셔 신민의 봉양을 누리시지 못하게 하고, 요순의 세상에 사는 우리 신민으로 하여금 벼슬도 못하게 하고 농사도 못 짓게 하여 신민된 직책을 못 지키게 한단 말이냐?

아! 네놈들은 어찌 금수가 되려 하느냐? 무릇 왜놈을 받드는 일이라면 조금도 기탄없이 달갑게 노예가 되고, 왜놈의 명령이라면 엄하게 지키기를 우리 왕의 명령보다 더하며, 민생의 재물을 빼앗기를 성화보다 빨리 하여 제 왕을 배반하고 왜놈에게 충성하며 제 아비를 버리고 왜놈에게 공경하여 충성과 효도의 명예를 왜놈에게서 얻으려는 것이 네놈들이 아니고 누구란 말이냐?

아! 제가 제 살을 베어서 굶주린 호랑이 배를 채워주면 호랑이의 요구는 한도가 없고 제 살은 다 없어지게 되는 것이니, 살이 없어지고서 목숨이 붙어 있다는 것은 있을 수 없는 일이 아니겠느냐? 무릇 만물이

제 목숨을 아끼는 것이거늘 어째서 제 목숨을 끊으려 드는가. 원컨대
이 말을 두세 번 되풀이해 보고서 빨리 그 직무를 떠나서 우리 군사의
칼날에 피를 바르게 하지 말라.

　입술이 없어지면 이가 시린 법이니, 이민하여 종자를 바꾸는 날에
너희들이 어디로 돌아갈 것이냐? 아! 애석한 일이다.

(『독립운동사자료집』 권2, 377~379쪽)

# 대동의병장(大東義兵將)은 격문 대신 노래 한 장을 국한문(國漢文)으로 지어 모든 회도(會徒)와 각도(各道) 보조병(補助兵)에게 통유(通諭)하노라

이 내 몸이 표탕(飄蕩)하여

지구열군(地球列郡) 유람하고

본국으로 올라오니

장할세라 좋을시구

금수강산 삼천리에

천부지국(天府之國)이 아닌가

단군(檀君), 기자(箕子)가 나온 뒤에

신라, 고려 점점 문명하여

성조(聖祖) 용흥(龍興) 장할시고

예의문물 오백 년에 삼강오륜 밝았구나.

집마다 효자요

사람마다 충신이라.

소중화(小中華) 좋은 이름

천지간에 자랑하다

인천우로(仁天雨露) 휴양 중에

조종 덕택(祖宗德澤) 부모 정혈(精血)

이 한 놈이 생겼구나.

이 한 놈이 생겼으니

어찌하여 이적(夷狄)되랴.

이적 중에 태서인(泰西人)은

진순지기(眞淳之氣) 미산(未散)하여

점피덕화(漸被德化)하게 되면

사람 도기 숩거니와

흉추최피 왜노국은

예의염치 전혀 없어

기슬 적은 것이

사갈 성정이라.

군신부자 제 알쏘냐.

난신적자 접종하여

시부여군 저 군신이

제 나라나 망할계제

대방을 탄병하려고

우리 난적 초인하여

저의 흉두 본받아서

오흉 칠적 천만적이

조정 사방 포열하여

재상 방백 수령들과

일진 순사 보조병이

구적병기 돌러 메고

형제 붕우조차 잡아

우리 인종 다 멸한다.

우리 인종 다 멸하면

저희는 살계숙나

파란, 애급 요원하여
이목불급되거니와
당당 월남 4천 년의
우리 종교 숭상하여
중국 속방 되었더니
불란서의 흉계로서
제반 학교 늑성하고
재권정병 다 뺏어서
저의 계책 거의 되매
5십만 명 보조병을
후료로 모집하여
장렬의병 다 잡은 뒤에
함선제를 잡아가고
10세 소아 찬립하여
심궁견고하여 놓고
보조료를 전멸하고
편박낭저 역사 중에
저의 성명이 가련하다.
눈도 없고 귀도 없는
제반 회원 보조병아
우리나라가 어찌 되며
우리 임금 어디 갔나.
너의 성명 고사하고
너의 마음 쾌하겠다.
너의 조선 황천 중에

열성조를 모셨구나.
사직 종묘 구허되면
무슨 안면 앙대할까.
신노 사책 답지하여
그 자손 생각하겠는가.
그 후료를 받아다가
처자 먹여 무엇하랴.
번연회오 어렵잖다.
제 총 들고 제 칼 가져
눈도 없고 발 없는 놈
도과진멸 반장사라.
살아서는 효자 충신
죽어서는 의귀로다.
늬 화복 너 알아서
오래 집미 말아라.
무지취사 민망하여
고자문유 일번후에
병력소가 효대 없어
급처로할지니
격도여장 무회하라.
… (이하 불명) … .

(『독립운동사자료집』 권2, 424~427쪽)

| 심남일 |

# 군중(軍中)에 고시(告示)함[1]

아! 우리 좌우 선봉장 및 중군, 후군, 호군(護軍), 기군(起軍)과 또 포병, 기병, 보병, 기타 여러 군사들은 나의 다짐하는 말을 들으라.

아! 어디로 가야 한단 말이냐. 우리 삼천리강토가 하루아침에 원수인 왜놈의 소유가 되었으니 말이다. 우리는 이웃나라를 두고도 교제할 수 없고, 백성을 두고도 부릴 수 없고, 재산을 두고도 마음대로 쓸 수 없이 되었다. 뿐만 아니라 저 왜놈들의 간사한 술책으로 미루어보면 종당에는 반드시 우리 인종을 이 땅에 남겨 두지 않을 것이 뻔한 일이다.

예컨대 망한 나라는 다만 종묘사직만 없어졌을 뿐인데, 지금 우리나라는 아울러 인종마저 멸망하게 되었다. 아! 어디로 간단 말이냐.

안으로는 대여섯 되는 적이 앞잡이 노릇을 하고, 밖으로는 수령이 다 따라붙었은즉, 아득한 천지에 가는 곳마다 적뿐이라, 맹세하고 장단 (將檀)에 오르니 오직 믿는 것은 군사밖에 없다.

저 옛날 진(秦)나라가 6국을 멸망시켰으나 유방(劉邦), 항우(項羽)가 군사를 일으킬 길이 없었고, 적신(賊臣) 왕망(王莽)이 천하를 빼앗았으나 광무(光武)는 중흥의 계책이 있었다. 우리 임금이 비록 원수 놈의 협박이 있을지라도 본시 요순의 인덕을 지니셨으니 고세(皐夔), 직설(稷偰)같은 신하만 만나면 크게 유망한 임금이라 뉘 아니 이르겠느냐.

아! 우리 여러 군사는 충성을 돈독히 하여 전쟁에 종사하되, 부디 한결같은 마음으로 군법을 준수하여 능히 공을 이루어, 한편으로는

---

1) 이 격문은 1908년에 작성된 것으로 추정됨.

국모의 원수를 갚고 한편으로는 선왕의 땅을 회복하여 우리 요순 같으신 임금으로 하여금 마침내 편안히 앉아서 다스리게 하면 우리도 마땅히 태평가를 노래하고 좋은 세월을 보낼 것이다. 그 일이 이번 거사에 달려 있지 않았느냐?

애! 여러 군사들은 명령을 준수하지 않으면 마땅히 형벌이 있을 것이다. 너희들이 내 말을 믿지 않는다면 다음에 기록된 시행의 조목을 보라.

1. 좌우 선봉은 대장군이 통솔하고, 중군, 후군은 선봉이 통솔하고, 호군, 기군은 중군이 통솔하고, 포병, 기병, 보병, 서사는 기군이 통솔하고, 포병, 기병, 보병, 서사는 열 사람으로 각각 부대를 만들되 역시 통장을 둔다. 그 부대 내에 만약 범과자가 있으면 통솔하는 자가 다스린다.

2. 의병이란 명칭을 한 이상 군사가 지나가는 곳에서 만약 무뢰한의 행위가 있거나 혹은 몽둥이로 촌백성을 두들기거나 남의 내정에 함부로 들어가거나 하는 것은 난군(亂軍)이니 죄의 경중에 따라 처단한다.

3. 지나가는 부락에서 만약 재물이나 곡식을 빼앗는 일이 있으면 이것은 적군(賊軍)이니 참형에 처한다.

4. 혹시 부녀자를 겁탈하거나 또는 사람을 살해하는 일이 있으면 이것은 역군(逆軍)이니 용서 없이 처단한다.

5. 혹시 소나 말을 약탈하거나 닭, 개를 함부로 죽이는 일이 있으면 이는 도군이니 경중에 따라서 처벌한다.

6. 혹시 의병소의 장령이라 칭하고 가인을 찍어서 민간에 토색질하는 일이 있으면 이는 포군(逋軍)이니, 동중(洞中)에서 자세히 조사하여 잡아 올리면 의병소로부터 처참한다.

7. 읍이나 부중을 지나갈 적에 혹시 창고 쇳대를 임의로 부수거나

관가의 물건을 빼앗는 일이 있으면 나라에서 떳떳한 형벌이 있으니 관에 보고하여 처벌한다.

8. 지나가는 각처의 전답의 곡물을 보호하여 한길로 조심해 다닐 것이며 만약 함부로 밟아 넘기는 자가 있으면 죄를 준다.

9. 복병했을 적에 포 소리가 들리면 일제히 방포하여야 하며, 만약 머뭇거리기만 하고 발포하지 않으면 죄를 받는다.

10. 호군장이 징을 치면 일제히 모여 함께 밥을 먹어야 하며, 앞당겨 오는 자도 죄에 해당되고, 뒤에 떨어져 오는 자도 죄에 해당된다.

이상을 일일이 시행해야 한다. 만약 등한시하고 명령에 따르지 않으면 각각 통솔자에 책임을 묻는다.

---

**심남일**(沈南一, 1871~1910)

본관은 청송(青松)이고, 본명은 수택(守澤)이다. 전남 함평에서 동학 농민운동을 주도했던 농민의 아들로 출생하였으며, 을사보호조약이 체결된 뒤 강무경(姜武景) 등과 함께 700여 명의 의병을 모집, 나주(羅州)·장성(長城) 등 호남지방을 중심으로 대일 항쟁을 계속했으나, 1909년 장성군 동치(東峙) 싸움에서 패한 뒤, 강무경과 함께 일본군에 체포되었으며 대구감옥으로 이감된 뒤 다음해 7월에 처형되었다. 1909년에 사로잡힌 뒤 9월 2일 광주 감옥에 갇혔는데 여기서 두 차례 담판이 있었고 대구로 이감되어 한 차례 담판이 있었다. 감옥에서도 당당한 기개를 보여주고 있다. 다수의 우국시를 남겼고, 『접전일기(接戰日記)』, 『진지록(盡知錄)』 등의 항일투쟁기를 남겼다.

# 감옥에서도 부르짖다

이 땅은 일본 땅이 아니요, 네놈들도 한국 사람이 아니다. 나는 우리나라를 위해 일하고 네놈들은 네 일본을 위해 일하니 각기 제 왕을 위하는 것이다. 시경(詩經)에 이르기를 '다른 사람의 마음을 내 마음으로 미루어 측량할 수 있다' 하였으니 네 마음으로 내 마음을 짐작할 수 있고 내 마음으로 네 마음을 짐작할 수 있다.

그렇다면 네가 나를 대해 반드시 물어야 할 이유가 어디 있으며, 나도 역시 너를 대해 꼭 대답해야 할 까닭이 어디 있겠느냐. 그러나 네가 이미 물었으니 나는 부득불 소회를 낱낱이 말해야겠다.

대저 네 나라가 거짓 우리나라를 보호한다 칭하며 겉으로는 공화를 부르짖으나, 안으로 강도나 절도의 마음을 품고 우리 국재(國財)를 장악하여 우리 탐관오리를 유도하며, 마침내 나라를 빼앗기를 마치 어린아이들 손에 든 물건을 빼앗듯이 하니 이것이 과연 만국의 공법이냐, 마관의 조약이냐. 그 심리가 너무도 험악하고 그 정상(情狀)이 너무도 음흉하구나.

옛날 소동파의 말에 "오랑캐란 왕도의 정치로 다스려서는 안 된다" 하였는데 오랑캐의 정치란 본시 이러한 것이냐. 네놈들의 한 짓을 따지면 죄가 천지간에 용납하지 못할 것이다.

아! 남일은 사천 년 예의의 나라에 생장하고 오백 년 교육의 덕택에 젖었은즉, 다만 왕을 위해 목숨을 바치는 의를 알 따름이다. 지금 국가의 멸망이 조석(朝夕)에 임박했으므로 약한 자가 강한 자를 대적하지 못할 것은 미처 생각하지 못하고, 옷소매를 떨치고 일어나서 한 번 외치자 사방에서 호응하였다. 그래서 군사를 몰고 다닌 적이 지금 수삼 년이었다.

마음인즉 적을 제거하되 풀 베듯이 하고, 부끄럼을 씻되 몸의 때 벗기듯이 하여 해내(海內)를 깨끗이 하고, 우리 국가로 하여금 길이 안락을 누리게 하려 하였으나 마침내 이루지 못했으며, 동해물에 칼을 갈고 대판에 창을 꽂고, 만 리 밖에서 한 번 결전하여 시체로 말가죽에 싸여오는 것이 역시 나의 소원이었으나 이도 이루지 못하였다.

이제는 만국 공판정에 나가서, '남의 나라를 빼앗는 것이 죄가 되느냐, 제 나라 원수를 갚으려는 것이 죄가 되느냐?'는 것을 한번 물어보고 싶은 생각뿐이다. 그래서 공론이 만약 죄가 나에게 있다고 한다면 비록 만 번 죽어도 달갑게 여기겠다.

아! 모든 일이 뜻과 같지 않아 하룻밤에 포로의 신세가 되어 광주 감옥, 대구 감옥에서 해를 보내고 있으니 이것이 과연 무슨 죄란 말이냐? 제 나라를 위한 것도 죄가 될진대 남의 나라를 빼앗는 것은 무슨 죄에 해당하느냐? 대장부가 비록 너에게 사로잡혔지만 쥐 같은 네놈들과는 옳다 그르다 따지고 싶지 않으니 빨리 나를 네 임금에게 보내달라. 네 임금과 한번 담판하고 죽겠다.

(『독립운동사자료집』 권2, 584~585쪽)

# 대한매일신보사 여러분에게

호남 창의 회맹소(湖南 倡義 會盟所) 기삼연(奇參衍)은 삼가 두 번 절하며 대한매일신보사(大韓每日新報社) 여러 군자에게 글을 보내나이다.

나라가 부서지고 집이 망하였습니다. 조종의 국토에 함께 태어나서 부모의 몸을 각기 가진 자로서 누군들 자나 깨나 원통하고 울부짖으며 저 왜적에게 원수를 갚으려 하지 않겠습니까?

다만 진(晉)나라의 옹(雍)과 영(穎)이 조정을 어지럽히고 송나라 진회(秦檜), 왕륜(王倫)이 도적을 끌어들여 진나라 임금이 잡혀간 평양(平陽), 송나라 임금의 잡혀간 오국성(五國城)이 곧 서울 안에 있어 조정에 가득한 것이 저 왜적의 노예 아닌 것이 없으며, 온 나라에 저 왜적의 정탐이 없는 데가 없고, 심지어는 근왕(勤王)한 것을 궁궐에 범하였다 하고 의병 일으킨 것을 반란이라 하여 드디어 충신 의사로 하여금 손발을 놀릴 수 없게 만들고 있으니, 나라 망한 원통함과 집을 망친 분함은 아마 피차가 생각이 같으리다.

삼연은 못난 재주를 헤아리지 않고, 을미년 변고 이후부터 왜적과는 한 하늘을 이고 함께 살지 않기로 맹세하여 이미 여러 번 일어났다가 여러 번 실패하였어도 스스로 그칠 줄 모르는 바는 진실로 부모와 조종(祖宗)을 잊을 수 없고, 왜적과 우리는 같이 거처할 수 없는 까닭입니다.

이미 동지들을 창솔(倡率)하여 의병을 합해 모아서 본월 9일로써 본군 수록산 가운데 깃발을 세웠습니다. 비록 승패의 수는 미리 헤아릴 수 없으나, 살고 죽는 의의는 본래 두 가지가 아니므로 삼가 거사한 전말을 가지고 격문으로써 팔도에 고하나이다.

전라도 시골에 한평생 살아서 능히 당세의 대인군자에게 두루 사귀어 면면히 가르침을 청하지 못하였고, 또한 깊은 산골에 기특한 포부를 가지고 충의를 실천하는 선비들이 혹은 서로 알지 못하고, 서로 듣지 못한 이도 있을 것이나 왜적들이 횡행하매 길이 막히며 끊어졌고, 여기저기에서 새로 모여든 군사들이 되어 모든 일이 초창기에 있어 사방에 선전하여 포고할 방법이 없습니다.

엎드려 원하건대 여러 군자께서는 춘추의 대의로 곧은 붓을 잡아 몸은 신문사에 있으며, 손으로 역사의 일기를 기록하여 천지의 바른 윤리를 돌려 인민의 귀와 눈을 넓히면, 인의로 성벽을 삼고, 필묵이 무기가 되어 시골 군사 10만 명보다 나을 것이오니, 더욱 높고 깊게 힘쓰시오.

통고하는 한 격서문(檄書文)을 삼가 보내드리오니 혹시 물리치지 않고 신문에 게재하여 널리 유포되게 하여 주심은, 이는 여러 군자의 재량 여하에 달렸습니다. 여러분 밝게 살피시오.

(『독립운동사자료집』 권2, 610쪽)

# 격서문(檄書文)

　　호남 창의 회맹소 대장 기삼연, 통령 김용구, 참모 김엽중, 김봉수, 종사 김익중, 서석구, 전수용, 이석용, 선봉 김준, 중군 이철형, 후군 이남규, 운량 김태수, 총독 백효인, 감기 이영화, 좌익 김창복, 우익 허경화, 포대 김기순 등은 삼가 격문으로 국내 대소민인에게 고하나이다.

　　대저 왜노란 것은 섬 가운데 조그만 오랑캐로서 천지간에 사특한 기운을 타고난 것들입니다. 옛날 수길(秀吉)이 제 임금을 죽이고는 감히 명나라에 범할 마음을 가지더니, 지금 박문(博文)이 제 임금을 죽이고는 다시 방자히 이웃 나라를 삼킬 꾀를 내었으니, 팔도강산에 초목도 모두 놀랐고, 이릉(二陵, 임진왜란에 성종의 능과 중종의 능을 왜놈들이 발굴한 것─엮은이)의 바람, 비에 귀신도 또한 울었는데, 3호만 남아도 초나라가 반드시 진을 망칠 것이라던 옛날의 예언도 있었는데, 9대의 원수인 기국(紀國)을 토벌하는 제나라에 세월은 더디었네.

　　그놈의 궁정을 밭을 만들며, 그놈들의 피를 마시지는 못할망정 감히 그 자들을 접대하랴?

　　요사이 재상이 원수를 잊고 원수들과 일을 같이 하여 태자를 세운다고 통고한 사신이 서울로 돌아오기도 전에 화방의질(花房義質)의 배가 이미 인천항에 닿았네. 이에 틈을 타고 사이를 엿보았네. 그 뒤로부터 30~40년에 독립국이니 보호국이니 아이들의 장난처럼 수만의 사고를 빚어내고, 선전서(宣戰書)니 협약서니 한 것이 모두 우롱함이라. 우리나라의 난신적자와 부동(浮動)하여 기어이 우리의 종묘사직을 전복시키고, 우리의 산과 바다를 적의 자원으로 만들고, 우리의 민생을 종으로 만들려 하도다. 그것은 오히려 작은 일에 속한 것이요, 남의 정신을 파괴시키고 남의 정치와 법을 변경하기를 감히 기도하도다.

이집트가 인종을 멸망한 것은 서방에 밝은 전감(前鑑)이 있고, 유구(琉球 : 오키나와)가 일본의 고을이 되고 만 것은 동양에 엎어진 전철이 있도다. 오라로 묶이고 형틀에 매어서 서묵(西墨)의 귀신을 면하기 어려웠으며, 수레로 실어가고 배로 운반하여 장차 동해 같은 깊은 욕심을 채우리로다.

죽을 때에 임하여 부르짖기보다는 시기를 타서 일제히 일어남만 같지 못하다. 아! 저들은 변경 개혁을 마음대로 하고 임금을 폐하고 세움이 손에 달렸도다. 적신이 칼날을 뽑아 들고서 협박하여 옛날 당명황(唐明皇)을 흥경궁(興慶宮)으로 옮겼고, 숙위병(宿衛兵)을 마음대로 하여 송나라 건염(建炎)처럼 선위를 시켰도다. 평강태수가 격서를 전했다는 것을 듣지 못하였고, 서촉의 외로운 신하는 속절없이 두견의 시만 읊으리로다.

그대들 향교, 목사, 수령과 무릇 사농공상으로서 진실로 일분 반분의 사람 마음이 있다면 오백 년의 종국(宗國)을 잊을 수 있으랴.

우리 임금은 어디 있는가. 28대의 현성이 서로 계승하였으며, 본국이 비록 쇠하였다고 하나 삼천여 리의 산천이 고쳐지지 않았네.

대신의 직을 맡은 자는 적의 앞잡이 노릇 하는 자 아님이 없고, 머리 깎고 얄궂은 말을 하는 놈은 모두 왜놈의 창자를 가진 자들이다. 비록 천벌에는 오랫동안 빠졌으나 어찌 잠깐인들 사람의 베일에서 벗어나랴?

우리들은 조상의 피를 받아 이 문명한 나라에 태어났으니, 차라리

바다에 빠져 죽을지언정 (남의 속국안—엮은이) 작은 조정에는 살지 못하겠고, 하늘처럼 이고 살기는 오직 태황제가 계신 줄만 아나이다.

이러므로 의사를 창솔하고 영웅을 불러 일으켜서 피를 뿌리며 단에 올라 천지에게 고하여 맹세하고 울면서 대궐을 바라보매 기운은 바람 구름처럼 설렙니다.

비록 무기가 정예하지 못하다 하나, 맹자의 말과 같이 덕이 있으면 몽둥이를 가지고도 진초(秦楚)의 갑옷 입은 군사를 매칠 수 있고, 금성탕지(金城湯池)를 잃었다 하지 말라. 뭇 사람의 애국심이 성을 이룰 수 있으리다. 관동과 영남의 의병들이 이미 연락의 형세를 이루었고, 구미의 강국들이 이미 연맹하여 줄 기미가 있도다. 주저하여 남에게 뒤지지 말고 다행히 시기에 미쳐 힘을 다하자. 궁벽하고 먼 고을에는 기회를 보아 토벌할 수 있고, 큰 성과 도시에는 힘을 합하여 함께 멸할지라.

각기 반드시 죽겠다는 뜻을 분발하여 일에 뒤떨어진 죽음을 뉘우치지 말라. 조선에 살고 조선에 죽어 아버지와 스승의 교훈을 저버리지 말 것이요, 적을 죽이거나 적에게 붙거나 결정코 조종의 정한 상과 벌에 따를지라. 격문이 도착되거든 풀이 바람을 따르듯 하라. 복심을 헤쳐 널리 고하노라.

### < 다 음 >

군사와 백성이 왜놈의 머리 한 개를 베면 돈 1백 냥을 상으로 준다.

순검이나 일진회원이 왜놈 한 개를 베면 죄를 면하고 두 개를 베면 상으로 1백 냥을 줌.

(『독립운동사자료집』 권2, 611~613쪽)

| 기삼연 |

# 광고문(廣告文)

호남 창의대장이 널리 고하는 일.

이웃나라와 외교한다고 핑계하고 통상을 금하지 않은 것이 실로 화를 일으키는 단서가 되었다. 처음에는 음란하고 부정한 물건을 만들어서 우리 백성의 풍속을 문란하게 하고 마침내는 나라를 팔아먹는 무리에게 뇌물로 매수하여 국가를 가만히 옮기어 화의 근본이 끊어져서 난이 그칠 때가 없다.

본 의소(義所)는 큰일을 일으켜서 강토를 회복하기를 맹세하는데, 병을 얻은 근원을 살펴서 지은 약을 쓰지 않고 한갓 군사만으로는 승리를 이룰 수 없는 것이다.

이에 화의 근본과 병의 근원 두세 가지를 대략 들어서 본 의소의 일도양단의 규모를 통절히 보이노니, 각기 마음을 씻어 영을 따르라. 그렇지 않은 자에게는 본 의소는 장차 형벌이 없게 하기 위하여 살육하여 빠뜨림이 없는 법을 시행하겠노라.

1. 곡식의 매매에 제한과 방지가 없음은 실로 우리 백성의 목숨을 여위게 하고 가만히 우리 국가의 명맥을 해치는 것이다. 소민(小民)들은 무지하여 작은 이익을 엿보고 큰 해독을 잊어버리니 그들에게야 논할 것이 있으랴 간악하고 교활한 상인들이 실로 창귀 노릇을 하는 것이니 이 종류를 베이지 않으면 나라가 장차 빈터가 될 것이다. 마땅히 처자까지 형벌을 주리라.

2. 부정하고 교묘한 물건은 실로 순박한 풍속을 깨뜨리는 것이다.

감히 매매하는 자가 있으면 그 물건을 불태우고 그 몸을 죽이리라.

3. 왜노와 가만히 통하여 우리의 기밀을 누설시키는 자는 죽여서 용서함이 없으리라.

위의 세 건은 그 가운데 심한 것만 들었고, 뒤에 게시하여 널리 고하노니 조심하고 두려워하여 어김이 없으라.

정미 10월 24일


호남 창의대장이 명백히 지휘하는 일은 본 의소가 대의를 주창하여 일으킴. 왜적을 한 번 싸움으로 징계할 뿐이 아니라 실로 구렁에 빠진 백성의 목숨을 붙들어 건지려 하는 것이다. 오늘날에 관찰사니 군수니 칭하고 마른 생선에 소금 발라먹는 자로서 반분이라도 사람의 도리를 안다면 반드시 옳고 그른 향배가 어디 있는지를 알 것이므로 다음에 열거한 수건을 지휘하니 조심하여 준행함이 가하다.

1. 궁토(宮土), 역토(驛土), 둔토(屯土) 세 가지의 도조(賭租)를 모두 추한 왜적에게 실어다 바치는 것은 이것은 우리의 내탕(內帑)과 공수(公需)를 훔쳐다가 도적 원수에게 주는 것인데, 명칭을 관찰사라 하면서 그것을 바로잡아 줄 것을 모르니 그 마음의 있는 바를 알기가 어렵지 않다. 곧 속히 각 고을에 관문을 보내어 특별히 챙겨서 일일이 본 의소에 와서 납입하여 위로 궁가(宮家)에 납입하고 아래로 정용(正用)에 보태게 함이 마땅하다.

2. 각 고을의 정세(正稅)를 관정(官正)을 경유하지 않고 국고에 납입하지 않으니, 이 백성은 선왕의 백성이라 차마 1년 동안 노고한 소득을 도적 왜놈에게 바친다는 말이냐. 만일 1분이라도 사람의 마음이 있다면 반드시 이익을 보고 의리를 잊어서 적의 창귀가 되지는 않을 것이다. 이제부터 감히 함부로 세전(稅錢)을 거두는 자가 있다면 해당한 세주사

와 영수원은 단연히 일일이 포살하여 빠뜨림이 없으리라.

3. 소위 자위단이란 것은 그 본심을 잃어서 이렇게 나쁜 짓을 하는 것이니 감히 거기에 응하는 자가 있으면 다만 몸과 머리를 두 동강으로 낼 뿐 아니라 처자에까지 형벌이 미치리라.

4. 일진회가 번져서 당을 만든 것은 천지간의 괴이한 귀신이니 마땅히 다 죽여 종자를 없애고야 말 것이다. 우리 한인의 종자로서 남의 속임을 당하였더라도 진실로 능히 마음을 돌리고 생각을 바꾸어 스스로 속죄하여 양민으로 돌아온다면 본 의소에서도 또한 '가르치지도 않고서 형벌만 주어서 백성을 그물질하여서는 안 된다'는 옛 글대로 시행할 것이요, 만일 한결같이 괴이한 짓을 하면 형벌이 처자에게까지 미칠 것이다.

(『독립운동사자료집』 권2, 621~622쪽)

# 전령각리대소민인급이장소임처
## (傳令各里大小民人及里長所任處)1)

대저 나라는 민이 받들어야 하는 것이요, 민이라는 것은 나라의 기초이거늘, 지금 국가의 대운이 임오년부터 비롯하여 지금에 이르기까지 20여 년에 나라가 망할 지경에까지 이르렀으니 이는 신민이 이빨을 갈아야 할 일이다. 팔황지역이 어찌 이와 같은 마음이 없으리오마는 소위 조정대신이라 하는 자들이 왜적에게 붙어서 위로는 천총(天寵)을 가리고 아래로는 민택(民澤)을 파니[浚] 이를 그치지 않으면 며칠 되지 않아 망할 것이므로 경기, 충청도로부터 별반 창의하여… (이하 판독불능) … .

(暴徒檄文)

---

1) 이 격문은 1909년에 작성된 것임.

| 유인석 |

# 팔도 여러 고을에 호소한다


아! 우리 팔도 동포들아! 이 나라를 어찌 저 원수들에게 내맡기어 암흑의 생지옥으로 화하게 하겠는가? 할아버지, 아버지 대대로 이어받은 오백 년 슬기로운 인민인데 내 나라, 내 집을 위하여 어찌 한두 사람의 외로운 선비도 없는고!

참혹하고 슬프도다! 운수인가? 천명인가?

우리나라는 건국 초기부터 옛날의 어진 법을 본받아 나라가 위급할 때는 반드시 달려가 구제하는 충의심을 가지고 있다. 그리하여 지난 임진전쟁에는 의로운 군사가 헤아릴 수 없이 일어났고, 병자년에도 절의(節義)를 지켜 죽은 신하 또한 적지 않았다.

최근 서양 오랑캐에 의하여 중국 대륙이 전란 속에 빠진 후에도 우리나라는 당당한 자주 국가로서 다행히 평화를 유지하여 왔다. 나라의 면적은 동방의 작은 지역에 불과하지만 어두운 곳에 햇빛처럼 한 줄기 광명을 보전하여 왔다.

아! 통분하도다! 외국과 통상한다는 그들의 모략이 사실은 망국의 장본으로 될 줄 누가 알았으랴! 원수의 피 묻은 발을 이 나라에 들여놓게 한 것은 소위 세도가 놈들이며, 몸을 희생하면서도 의리를 지키려 하는 것은 다만 벼슬하지 않은 인민들뿐이다. 왜적들의 음흉한 모략은 추측할 수가 없고 조상으로부터 전해온 예의는 보전하기 어렵게 되었다. 그러므로 비록 초야에 묻힌 이 하찮은 사람도 나라를 근심하는 마음은 간절한 바 있었다. 그러나 마침내 갑오(1894)년 6월 20일 밤을 당하여 삼천리 우리 조선이 옛 모습을 잃게 되었구나! 나라가 털끝처럼 위태로운데 누가 그를 용감히 구제할 것이며, 고을마다 적의 발굽에 짓밟히는데 의로운 군사가 아직 일어서지 않았다.

아! 저 왜적의 배신 행동은 처음부터 더 말할 나위도 없었지만 국내 반역 도당들로 말하면 그들의 육체와 모발이 과연 누구의 덕택으로 자랐는가? 원통하고 통분함을 어찌 다 말하리오! 기막힌 변고를 당하니 하늘이 뒤집히고 땅이 꺼지는 듯하여 우리의 고유한 도덕과 윤리와 문화를 영영 보전할 수 없게 되었다. 부모로부터 받은 신체를 금수처럼 만들었으니 이것이 무슨 일이며, 부모로부터 얻은 모발을 풀 베듯 깎아 버렸으니 이것이 무슨 괴변인가? 서울의 늙은이들은 옛날의 문물을 그리워하여 목마르게 생각하며, 각지의 호걸들은 분격에 못 이겨 눈물을 뿌리는구나! 군신, 부자도 다 같이 싸울 생각을 가지고 있는데 천지 귀신인들 어찌 도와줄 때가 없겠느냐? 충신이 안 되면 오랑캐가 되기를 어찌 모면하며, 나라 망치는 놈들을 죽이지 않으면 어떻게 국토를 보전하겠는가?

우리 팔도의 충의스러운 인민들은 모두 국가로부터 배양을 받은 처지에 있다. 환난을 피하는 것은 죽기보다 더 어려우며, 멸망을 기다리는 것보다는 싸우는 것이 더 현명하다. 사세(事勢)가 위급한 막바지에 닥쳤으니 용기가 백 배로 더 솟아나야 한다. 불공대천의 왜적이니 복수할 마음은 더욱 사무치며 역사에 드문 위급한 때이니 살상의 재화는 면하기 어렵다. 오랑캐로 변해서 어찌 세상에 설 수 있겠는가? 이렇게 되면 공사를 막론하고 온전히 보전하여 나갈 가망이 없으며, 화복을 가릴 것 없이 나라 위해 죽을 사(死)자 한 글자를 지켜야 한다. 피를 마시며 맹세했으니 성패와 이해는 따질 바가 아니며, 좋은 일을 위해 이처럼 떨쳐나섰으니 경중과 대소를 어찌 논하랴! 군중들의 심리가 다 같이 쏠리니 신령도 도와줄 것이며 나라의 운수가 다시 돌아오니 세상의 평화를 보게 될 것이다. '정의 앞에는 대항할 적이 없다'는 말을 의심하지 말아야 하며, 오랑캐 군사들에게 인민이 살해되는 것을 어찌 앉아서 보겠느냐! 감히 이처럼 먼저 의병을 일으키고 팔도에 그 뜻을 포고한다.

위로는 정부 관리들부터 아래로는 인민 대중에 이르기까지 이 포고를 듣는다면 그 누구인들 비분강개한 마음이 없겠는가? 국가 존망을 결정하는 실로 위급한 때이다. 여러분들은 각자 무기를 잡고 끓는 물과 단 불에 뛰어드는 용감성을 발휘해서 나라의 중흥을 기약하고 태양이 다시 밝아 옴을 보게 하라! 이 공로는 다만 한 나라에 한정되는 것이 아니고 실로 만고의 청사에 길이 남을 것이다.

이와 같이 호소문을 보낸 뒤에도 만약 호응하지 않고 배신하는 자가 있다면 곧 이는 역적의 도당으로 규정될 것이며 단연코 의병을 보내서 그런 자부터 먼저 처단할 것이다.

여러분들은 마땅히 각각 명심하고 뒷날에 후회됨이 없게 하라! 깊은 정성을 다해서 정의의 깃발을 높이 들도록 호소한다.

(을미 12월 아무 날 충청도 제천 의병장 유인석은 삼가 격서를 보냄)


*『독립운동사자료집』 권1에 실린 글과는 번역의 차이가 있다.

(『독립운동사자료집』 권1, 86~88쪽)

| 유인석 |

# 각도 창의소에 통고한다

정미 8월 19일에 유인석은 각도 여러 고을 의병장 휘하의 여러분들에게 삼가 편지를 드린다.

지금 여러분이 일만 번 죽음을 사양하지 않고 한결같이 거사를 준비하였으니 천지에 생기가 들고 온 나라에는 밝은 빛이 떠오른다.

앞서는 우리에게 자주 독립하라고 권하다가 나중에는 보호한다고 떠벌였으나, 보호하여 준다는 자가 다시 우리나라 사람들을 노예처럼 학대하면서 장차 전 강토를 빼앗으려 하고 있다.

국가의 운명이 바람 앞의 촛불로 되고 오백 년간 내려오던 조상 전래의 전통이 다 없어져 버렸다.

전날에 강제로 머리를 깎으려다가 다 이루지 못하더니 이젠 억지로 위에서부터 아래까지 모조리 깎아버렸다. 또 관직을 다 빼앗겨 벼슬하던 자들은 자기 지위에서 늦호박처럼 떨어지고 온갖 그물을 늘어놓는 바람에 백성들은 얽매여 활개도 치지 못한다.

재산을 빼앗기고 다른 땅으로 쫓겨 가게 되니 금시로 생명이 말라붙어 인종이 멸망하게 되었다.

아! 역적 놈들이 왜놈의 주구와 종이 되어 우리 조국을 그 놈들에게 팔아 넘겨 이 지경에까지 이르게 하였다.

원수의 오랑캐들을 토벌하지 않고 난적을 함몰하지 않으면 국가는 영원히 망해버릴 것이고 강토는 영원히 잃어질 것이며 동포는 영원히 멸망하게 될 것이다. 이리하여 천하에는 의리도 무엇도 다 없어질 것이다.

이에 여러분들이 의병을 일으켜서 사생과 성패를 돌아보지 않으니 이것은 자기 자신을 생각하지 않고 오로지 국가를 생각하며 의리를 생각하는 일이다.

아, 장하다! 천하만고에 오늘 우리나라에서와 같은 변고가 없었으며 천하만고에 여러분의 정의로운 거사와 같은 일이 일찍이 없었다. 하늘이 무너지는 가운데 솟아날 구멍이 생긴 것으로 되지 않으며 대륙이 암흑에 휩싸인 가운데 한 줄기 비치는 광명으로 되지 않겠는가? 이 나라 동포가 즐거워하고 기뻐하면서 공경하고 감복함이 그 과연 어떠하겠는가?

다만 저 관찰사와 군수들은 원수 놈들의 손톱과 어금니가 되어서 난적과 더불어 무리를 지어 온갖 방법으로 우리를 모해하고 천하만고의 대사변을 달갑게 생각하며 천하만고의 큰 의리를 적대시하고 있다.

저놈들도 근본은 우리나라의 신하요, 백성이건만 어찌 차마 이런 짓을 하느냐?

저 소위 일진회란 것은 곳곳마다 있는데 간특한 짓을 많이 하면서 공적으로는 나라를 보위하고 인민을 편안히 한다고 하였다. 그리고 개인적으로 모두 다 좋은 벼슬자리를 얻고자 하더니 지금 한갓 나라를 망치고 백성을 해치며 극악한 역적과 악독한 적의 무리로 되었으니 마땅히 일제히 일어나 그의 괴수 놈을 죽여야 한다.

자기 죄악을 씻기 위하여 힘써야 할 것인데 어찌 도리어 그런 짓을 계속하느냐? 저놈들을 이루 다 죽일 수는 없을 것이나, 그렇다고 해서 죽이지 않으면 일을 방해하리니 어떻게 처리해야 좋겠는가?

군수물자를 마련하는 일이란 가장 힘 드는 일이다. 예로부터 의병을 일으킨 사람들이 어찌 제 손으로 농사를 짓고 돈을 만들겠는가! 비용은 응당 나라를 위한 일이라면 나라에서 마련해야 할 것이요, 인민을 위한 일이라면 인민에게서 변통을 내야 될 것이다.

더구나 다 같이 망국의 설움을 당하고 멸종의 화를 입게 되었는데, 어떤 사람은 피를 흘리면서 귀중한 자기 생명을 아까워하지 않고 어떤 사람은 편안히 살면서 남은 곡식, 남은 돈도 남 주기 아까워한단 말인가? 마땅히 이런 말을 듣기 무섭게 창고를 기울이고 주머니를 다 털어야 할 것이거늘 혹 인색한 마음에 싫어하는 기색을 보이며 심지어 일본 놈들을 불러서 해를 끼치니 이 어찌 사람의 마음이리요? 이는 다만 재물을 내놓음으로써 오늘의 손해만 알고 내일에 우리 종족이 멸망할 큰 화를 모르기 때문이다.

의리와 이해를 살피지 못함으로써 도무지 깨닫지 못하니 그런 사람들을 어떻게 처리해야 되겠느냐?

생각건대 우리들의 이번 의거는 참으로 공명정대한 정의로운 것이다. 모두들 마음먹은 것이 지극히 정당하고, 하는 일들이 지극히 정의로운 것이지만 일은 뜻밖의 경우가 있고 인심은 때를 따라 변하기도 하는 바 혹시 나쁜 놈들이 기회를 타서 우리를 핑계하고 무리를 지어 도적질하는 자들도 없지 않을 것이다. 이는 비록 없을 수 없는 일이라고 하더라도 심히 유해로운 것이니 이를 단속할 방도는 없는가?

그뿐 아니라, 병사들은 훈련이 부족하고 병기도 좋지 못하여 애초부터 염려가 크게 된다. 가을비와 겨울눈을 가릴 것이 없으니 더욱 참기 어렵구나! 이 또한 염려된다.

그러나 원수들의 죄악이 쌓이고 쌓였으니 반드시 멸망하고야 말 것이며, 난적의 죄도 극심하니 반드시 망하고야 말 것이다. 하늘은 정당한 일을 돕는 것이니 나라는 마땅히 중흥할 것이고, 병사는 정의를 위하여 사기가 왕성해지는 것이니 의병의 투쟁은 승리할 것이다. 여러분들이 만 번 죽음을 각오하고 정성을 다하여 수고한 나머지 천지간에 생기가 회복되고 세계에 밝은 빛이 비치게 되었다.

인석은 병으로 춘천의 산 소거에 누워 있다가 변고를 들은 날에 애통하고 격분함을 견딜 수가 없어서 병을 이겨가며 서울 근처로 들어왔다. 이는 관리들과 사민들을 고무 추동하고 나아가서는 일국 동포가 모두 모이게 하여 송토회를 열고 기어코 거사를 하여 보자는 것이다. 애초부터 내 분수에 넘치는 것임을 알았지만 역시 망령된 계획이었는지라, 와서 보니 형편은 생각한 바와 아주 달랐다. 이런 일은 마땅히 높은 벼슬아치나 세력 있는 자들이 사단을 열어야 할 것임에도 불구하고 임금을 강제로 폐위하는 데도 굽신굽신 따라갔고 혹 이등(伊藤)이라는 도적놈에게 연명 편지를 해 가면서 이준(李儁) 등이 헤이그에서 한 일을 망령되고 경솔한 짓이라고 하였다. 그들은 모두 비겁하여 적들의 사환꾼으로 복종하고 있으니 더욱 말할 것이 못 된다.

회집(會集)을 기약한 날에 적이 군대를 출동시켜 쫓아버리므로 모이지 못하고 통탄만 하는 데 그쳤다. 그러나 끝내 의병을 일으키려고 했는데도 적아 간의 정세 변동으로 인하여 어느 한 곳에 근거지를 창설한 다음 당당히 진을 치고 떳떳이 기를 세운 조건에서 싸울 수는 없게 되었다. 반드시 무시로 흩어졌다 모였다 하고, 또 때를 따라 숨었다 나타났다 하며 험준한 지형을 차지하고 기묘한 전술과 복병 전술을 번갈아 써야 적을 저항하게 될 수 있는 것이다. 그러나 이 병든 몸으로는 이런 전투를 조직할 수 없거니와 조직한다고 하더라도 목적을 달성할 것 같지 않다.

인석이 집을 떠난 뒤에 왜적과 역적 놈들이 체포령을 내려 소위 순검, 병정이 자주 내 집을 드나들고 있다. 그대로 집으로 돌아가서 조용히 죽어 버리고도 싶으나 원한과 분노로 인하여 조금만이라도 더 살아서 내 눈으로 저 원수 오랑캐와 역적의 무리들이 망하는 것을 보고 싶어하는 바이다.

내 다시 요동으로 나가서 때를 기다리려고 그 길을 찾아 떠나가다가 도중에서 이웃 여러 고을이 의거하였다는 소식을 듣고 감격과 통쾌를 금할 수 없었다. 비록 군대를 쫓아다니지는 못하더라도 뒤에서 자기 본분에 맞게 힘을 보태지 못하겠는가? 한 장 격문을 초해가지고 막 회정을 하려는데 갑자기 풍증을 만난 데다가 또 낙상을 하여 뼈가 어긋나고 전신이 아파 마음대로 몸을 움직이지 못하고 있다. 비록 약으로 치료하기는 하나 노쇠한 몸이라 차도가 있을 것 같지 않다. 설혹 차도가 있더라도 어느 시일에 기동할 수 있어서 나의 직분을 수행하게 되는지 알 수 없는 형편이다.

야! 이것이 운명이란 말인가? 그래도 그냥 있을 수가 없어서 가물가물 하는 정신을 가다듬으면서 젊은 동지에게 대필을 시켜 통분하고 상심 되는 중에도 감격과 정성어린 희망을 안고 다음과 같이 속 심정을 피력하여 편지를 적는다.

나라들 중에는 강한 나라도 있고 약한 나라도 있으나 강한 나라라고 하여 언제나 강한 것이 아니요, 약한 나라라고 하여 언제나 약한 것이 아니다. 또는 강한 나라가 언제나 존재하고 약한 나라가 언제나 망하는 것도 아니다. 만약 그 강한 것을 믿고 교만하거나 방자한즉 도리어 약해지고 망할 것이요, 약한 것을 두려워하여 분발하면 강하게 되어 존재할 수 있을 것이다.

저 왜적은 섬 오랑캐로서 악독한 종자들인데 일시 강력해져서 제 분수에 넘치게 되었다. 그놈들은 항상 동양 삼국이 함께 유지해야 한다고 떠벌리더니 우리나라에 대한 행동이 이미 극악해졌고, 또 청국 에 대하여 명목 없는 전쟁을 일으켜 원수로 되었다.

제 스스로 이웃나라를 못 살게 굴고 제 스스로 변방 족속들을 침해하더니 나아가서는 우리나라를 강압하며 이권을 빼앗았다. 놈들은 군대를 무제한으로 동원하는 바람에 재산이 탕진되고 인민 생활은 피폐하게 되었다. 그럼에도 놈들은 교만하고 방자하니 여러 강국을 속으로 업신여겨 먹어 삼키려고 기도하고 있다.

조만간에 여러 나라의 분노가 일어나면 반드시 병력으로 저놈들을 공격하게 될 것인바 놈들은 곧 멸망하고 말 것이다. 그때에는 놈들이 비록 약한 나라로 남아 있으려고 해도 모면할 수 없을 것이다. 내가 그 꼴을 본다면 그 아니 통쾌하겠는가! 그러나 남들이 저놈들을 멸망시키는 것이야 우리의 원수를 갚고 치욕을 씻는 데 무슨 상관이 있겠는가? 우리의 정의로운 입장에서 볼 때 놈들을 마땅히 우리 손으로 멸망시켜야 될 것이다.

위에서는 어진 마음으로 다스렸고 아래에서는 의리를 공고히 지켜 오백 년 이래 가장 훌륭한 정치를 하였기 때문에 천하만국에서 모두들 예의가 밝은 나라라고 칭송하였다. 그럼에도 불구하고 이제 국운이 불행하여 멸망하는 지경에 다다랐으니 아! 원통하구나! 그러나 이것은 결국 일본 도적이 몇 놈의 역적 무리와 일진회의 두목들을 매수하여 위협함으로써 나라를 팔아먹게 한 다음 우리나라 상하가 모두 저희 놈들을 지지하는 것처럼 꾸며 놓고 이로써 여러 나라를 속여 자기 마음대로 흉모를 감행한 데 불과한 것이다.

위로는 임금의 마음이 굳세어서 여러 번 곤박을 당했으나 강세로 맺자는 조약에 도장을 찍지 않았고, 충신, 의사들도 나라를 위하여 충절을 지킨 사람이 많아서 그 수는 역적이나 일진회 놈들보다 천 배 만 배나 된다. 이런 사람들은 모두 원수에 대한 증오심과 정의에 대한 희생심을 가져서 애초부터 자기 일신만 살려는 생각을 하지 않았으니 이것이 바로 언제나 우리나라를 회복시킬 수 있는 생맥(生脈)이다.

세계 각국도 반드시 우리의 주장이 옳다는 것을 인증하고 저놈들을 치고 우리를 도와주려고 하는 날이 있을 것이다. 그러나 언제까지 다른 나라가 인정하고 도와줄 것만 바랄 것이냐? 마땅히 우리들 손으로 싸워야 할 것이니 그러므로 의병을 일으켜야 한다. 그런데 우리가 의병을 일으킨 다음 다른 의병 부대들과 서로 협력할 것이다.

원통함을 참아 이기면서 정의에 입각하여 내 몸의 정력을 다하여 목적 달성을 맹세하라! 살 작정을 하지 말고 죽기를 한하여 기세를 돋우라! 힘을 다하여 나라의 주체를 세움으로써 더욱 예의를 숭앙하여 그 근본을 튼튼하게 하고 정치와 법률을 밝게 시행하여 시국을 정돈하여 무장을 튼튼히 갖추어 기세를 높일 것이다!

이렇게 분발하여 분투하면 약한 것도 능히 강해지고, 강해지면 능히 나라가 보존될 것이다. 저놈들을 도리어 노예로 만들 것이며 나아가서는 저놈들의 나라를 멸망시켜 천하를 떠들썩하게 만들 수도 있을 것이다.

그때에 가서는 천하만국도 송연해져서 "예의가 바른 나라는 참으로 다르다. 나라의 존망이란 실상 강약에만 달린 것이 아니다"라고 하면서 모두 칭찬하고 감탄하는 동시에 우리를 더욱 공경하게 될 것이다.

이것이 바로 의병들의 시종일관한 염원이다!

여러 분들은 노력하라!

이번 의병을 일으킴에 있어서 가장 상책은 전국이 다 일어나는 것이니 다 일어나면 일을 속히 성공할 것이요, 만약 그렇지 않으면 지구전을 해야 할 것이다.

지구전을 견지해 나가면 반드시 좋은 기회가 올 것이니 지구전에서 중요한 것은 정예하고 건장한 병졸을 잘 선발하는 문제이다. 이렇게 해야만 비용은 적게 들고 힘은 실해질 것이다.

여러분들은 어떻게 생각하는가?

인석은 삼가 드린다.

---

**유인석(柳麟錫, 1842~1915)**

호는 의암(毅菴)이며 저서로는 『의암집』, 『소의신편(昭義新篇)』 등이 있다. 그는 화서(華西) 이항로의 영향을 받아 외세에 대하여 저항하였다.

1866년 9월에 프랑스 침략자들이 강화도를 침범하였을 때 당시 봉건 정부에 앉아 있던 일부 비겁한 자들은 강화도를 포기하고 적과 강화하자고까지 주장하였으나 이들은 싸울 것을 강경히 주장하였다.

그는 1895년 일본에 반대하여 충청도 제천에서 의병부대를 조직한 후 전투를 통하여 일본 침략자들과 매국노들에 큰 타격을 주었으며, 1910년 이후에도 13도 의병도총재(義兵都摠裁)의 직책을 띠고 국내외 각지로 이동하면서 끝까지 적과 싸웠다. 그렇기 때문에 그의 문집에 실려 있는 많은 시편, 격문, 통문, 편지들이 그 어느 하나도 나라를 회복하고 원수를 격멸하려는 열렬한 애국주의적 사상으로 일관되지 않은 것이 없다.

---

| 권세연 |

# 안동 격문1)

안동 창의대장은 눈물을 씻고 격문을 띄웁니다. 천지가 위치를 정했으며 중화와 오랑캐의 한계는 벗어날 수 없고, 춘추가 엄연히 있으며 난적의 죄는 도망 못합니다. 그러므로 국가에 욕이 되는 망극한 변이 있으면, 백성은 분개하여 반드시 설욕할 마음을 갖는 것입니다. 저 호전(胡銓)이 죽음을 무릅쓰고 상소를 돌리며 천 리 밖에서도 낙담을 하였고, 안고경(顔杲卿)이 적을 꾸짖어 의리로 항거하며 여러 나라가 휩쓸려 호응하였으니, 이는 모두 의분심이 가슴속에서 격동되어 천하의 강상(綱常)을 붙잡아 놓은 것입니다. 지금 되놈을 물리치고 흉적을 토벌하는 일에 있어서도 모두가 목숨을 버리고 의를 택하는 인물이 아니겠습니까?

아! 저 왜놈들은 계급으로 말하면 이백 년 동안 우리에게 조공을 바치던 나라요, 원수로 말하면 사백 년 동안 우리가 이를 갈던 적이니 설사 성의와 호의로 우리에게 화친을 청한다 해도 오히려 그놈들을 죽여 없애고만 싶고 똑바로 보기도 싫은데, 감히 방자하게 간사한 꾀를 부려 까닭 없이 트집을 만드는 것입니다. 그래서 망명한 역적과 결탁하고, 무뢰배들을 종용하며, 한 가지 기술의 장점을 과장하여 우리 용기를 좌절시키고, 오영(五營)의 군사를 억압하여 우리 손발을 놀릴 수 없게 하여 우리 임금을 협박하고 우리 대신을 죽이고 연호를 황제의 예로 쓰게 한 것은 중국과 이간을 붙이자는 수작이요, 재정을 내어

---

1) 이 격문은 1895년 12월에 작성된 것이다.

구제한다는 것은 어리석은 백성을 우롱하는 데 불과하며 열성(列聖)의 헌장을 함부로 고쳐 선왕의 법복을 강제로 무너뜨리며, 악독한 손길이 대궐 안에 뻗치니 신하로서 차마 말할 수 있는 일입니까? 머리 깎는 칼이 도마에 올랐으니 고금에 이런 변이 없을 것입니다. 어찌 생각인들 했겠습니까? 작지 않은 나라가 한 번 싸워보지도 못하고 위태하게 될 줄을. 저 개돼지 같은 외국 놈의 침략은 실로 극흉 극악한 역적 놈들의 내응이 있기 때문입니다. 전날 사흉(四凶)의 죄는 만 번 죽여도 도리어 가볍고, 지금 십신(十臣)의 악은 온 나라가 함께 분하게 여기는데, 오히려 감히 임금의 명령을 빙자하여 장차 민생을 다 머리 깎으려드니 참으로 원통하구나. 그 괴수를 없애지 못하면 지하에 가서 선왕을 뵈올 낯이 없고, 이 머리를 보전하지 못하면 무슨 마음으로 세상에 산단 말인가?

세연 등은 문명의 고장에서 자라서 충효의 훈계를 복습하였던 바 있거니와 부모가 병이 들었을 때, 어찌 명예만 맡기고 다스리지 않으리오. 운수가 비록 비색하지만 혹시 하늘을 힘입어 극복할 수도 있는 것입니다.

더구나 일신상 장래를 생각해보면 반드시 목전에 말 못할 일이 있고야 말 것이니, 살아도 보람 없이 산다면 어찌 죽을 자리에서 죽는 것만 같겠습니까? 비록 임금의 조서는 받들지 못했으나 스스로 격동하는 기분을 참지 못하여 마침내 고을사람을 모아서 의병을 일으켰는데, 칼과 창은 무신년에 간직했던 것을 꺼내고, 병대의 규모는 임진년의 전례를 모방하였습니다.

군사는 지치고 양식은 떨어져 저놈들은 대낮에 나타난 도깨비와 같을 것이요, 지리와 인화를 얻어 우리는 험한 언덕을 의지한 범의 형세가 될 것이니 굳이 서로 몸과 힘을 합한다면 씨 없이 다 잡을 수 있을 것입니다.

아! 우리 동지 여러분께서는 함께 좋은 꾀를 토의하지 않으시렵니까?
혹은 밭 갈다 쟁기를 던지고 손을 부비며, 혹은 칼로 책상을 치고
마음으로 맹세하며, 혹은 두루마기 안에 갑옷을 입고 혹은 수레로
군량을 나르며, 청해에서 장사의 칼을 씻고 되놈의 저택이 있는 거리에
다 간신의 머리를 매달 것이니, 성공하면 큰 공훈이요, 죽어도 곧은
넋이 될 것입니다. 아! 인정은 대개 서로 마찬가지인데, 윤리는 어찌
영원히 땅에 떨어지겠습니까? 이 격문의 사연을 듣는다면 반드시 통곡
하는 사람이 있을 것입니다.

을미(1895) 12월 일

경상도 안동 창의대장 권세연은 격문을 보냄

(『독립운동사자료집』 권1, 97~99쪽)

---

**권세연** [1836(헌종 2)~1899]

　　의병장. 본관은 안동. 경상북도 봉화 출신. 1895년 민비시해 사건과
단발령에 격분하여 안동지역 의병들은 안동관찰부를 점령하고 그를
안동의 의병장으로 추대하였다. 그는 격문을 발표하여, 각지의 의병
부대와 긴밀한 연락을 취하고 민심을 크게 격려, 고무시켰다. 1896년
에는 예안의 이만도(李晩燾), 영양의 조승기(趙承基), 문경의 이강년
(李康䄵)·유시연(柳時淵)·김도화(金道和)·김도현(金道鉉) 등과 함께 영
주, 안동, 봉화, 청송 등지에서 활동하였다. 1983년에 건국포장이 추
서되었다.

---

# 천하포고문(天下布告文)

임금은 임금 노릇을 하고 신하는 신하 노릇 하는 것이 천지의 떳떳한 법이다. 천하 사람들이 모두 금수라면 모르거니와 진실로 사람이라면 군신의 의리가 없을 수 없고, 천하가 다 도적이라면 모르지만 진실로 나라가 있다면 군신의 명분이 없을 수 없는 것입니다.

이러므로 신하로서 임금을 임금으로 여기지 않는 자는 역적이라 이르는데, 이 역적은 천하 고금에 똑같이 미워하는 것이라. 한 나라에 있으면 그 나라가 반드시 토벌해야 할 것이요, 천하에 있으면 천하가 반드시 토벌해야 할 것입니다.

우리나라가 비록 지역은 좁고 백성은 질박하여 기술이나 힘으로 천하와 각축할 수는 없으나, 그래도 선대 성왕(聖王)의 덕화(德化)와 부사(父師)의 교훈을 힘입어 임금은 임금 노릇하고 신하는 신하 노릇하여 오백 년 동안 대의가 빛나고 빛났으니 거의 천하만국에 부끄럼이 없었던 것입니다.

불행히 중간에 이르러 나라 운수가 막혀서 임금의 기강이 떨치지 못하자, 처음에는 세도 재상이 벼슬자리를 함부로 하여 자기 당파를 심었고, 차츰 뭇 소인이 권세를 농락하여 우리 군신을 협박하고 유혹했던 것입니다. 그래서 가만히 간사한 이웃 나라를 불러들여 마침내 하늘을 쏘려는 흉한 계획을 꾸며 교활한 토끼처럼 굴을 마련하여 들락날락할 요사한 여우가 위엄을 빌린 듯이 횡행하여 큰 악이 이미 드러났으므로 죄를 성토하여 죽이기도 하였으나, 원흉과 거간이 아직 천지간에 숨을 쉬고 있으니, 아! 더 말할 게 있습니까?

저 왜놈들도 어찌 군신 상하가 없겠습니까마는 이웃나라의 역신과 결탁하여 그 임금을 노리며 겉으로는 호위한다고 떠들면서 서광범, 김홍집의 독한 폭탄이 대궐을 범하고 명색은 화친을 부르짖으면서 대조(大鳥; 오다케)의 흉한 칼날이 궁전에 나타나서, 마침내 우리 국모를 시해하고 우리 임금을 머리 깎으며 병력을 빙자하여 우리 백성을 호령하고 있으니 그놈들이 아직 흉한 꾀를 부리지 않는 까닭은 모든 인심이 함께 분개하고 또 대의가 두려워서 그러는 것일 겁니다.

대개 한 나라의 역신은 곧 천하만고의 역신이요, 한 니라 역신의 도당은 곧 천하만고의 역신의 도당이니, 지금은 천하에 공법을 두어 만국이 함께 쓰고 있으니 반드시 천하를 위하여 흉역을 토벌하여 임금은 임금 되고 신하는 신하 되게 해야 할 것이거늘, 저 일본은 도리어 시시덕거리며 군사를 움직이고 칼날을 번쩍여서 천하의 백성에게 포학을 가하고, 천하의 역신과 한 당이 되는 데도 천하만국이 나아가서 토벌하지 않을 뿐 아니라 용납하고 대우하는 현실이니, 아! 지금의 천하만국은 다 일본만 알고 말 것인가? 이른바 공법이라는 것도 역시 천하의 역신 다음으로 제 나라를 팔고 그 이익을 먹은 것을 떠받드는 것입니까? 의리는 같지만 천하의 풍속은 똑같지 않으니 성기(星紀)가 하늘에서 나누어지고 바다와 산이 땅에서 갈라져서, 바람도 천 리를 가면 달라지고 뇌성도 백 리를 가면 들리지 않으며, 남북의 강유(剛柔)는 다르고 동서의 문자는 형세가 달라서 글도 다르고 말도 다르고 의복도 다르고 음식도 다르고 정치도 다르므로, 옛날 성왕이 만국을 정복하고 사방의 항복하지 않는 자를 토벌하였지만, 그러나 각각 그 나라의 옛 풍속을 근본으로 하여 특수한 법을 제정하여 따로 역했던 것입니다.

하물며 지금 육주의 넓은 세계에 만국이 서로 대치하여 각각 고을의 특점을 가졌는데 어찌 모두 똑같을 수 있겠습니까? 그 될 수 없는 것을 억지로 만들고자 하여 마구 몰아세우며, 기어이 부모에게 받은 머리털을 깎고, 선왕의 법복을 변경하고, 스승의 교훈을 버리고, 나만 따르라고 한다면 양심이 있는 사람 치고 어떻게 하루아침에 제 임금과 제 아비를 망각하고, 제 스승의 교훈을 저버리고, 생래에 보지 못한 딴 나라의 습속을 즐겨 따르겠습니까? 그 일은 비록 날마다 잡아 죽이면서 강요해도 되지 않을 것이요, 한갓 민심만 혼란시킬 따름이니, 하느님의 명령이 지극히 엄한지라 난리의 괴수에 대해서는 반드시 벌을 내리는 것입니다.

지금 일본은 달가운 마음으로 역신과 한 당이 되어 팔을 걷고 난리를 꾸며 명분이 없는 군사를 일으켜 죄 없는 나라를 위협하고, 금수의 악독을 부려 끝이 없는 욕심을 채우려 드니, 이런 놈들을 토벌하지 않으면 장차 천하만국의 신민들로 하여금 의리도 무시하고 명령도 무시하고 오직 간계와 이익만을 탐내어, 오직 주먹 쓰는 것만 배워 서로 몰려 난역의 일만 하게 될 것이니, 이는 천하만국이 함께 죄를 물어야 할 것입니다. 어찌 우리나라만이겠습니까?

아! 나라가 부서지고 임금이 욕을 당하는데 무슨 마음으로 살며, 사람이 금수가 되는데 어떻게 이 땅에 서란 말입니까? 우리나라 신민은 의리상 역적과 더불어 함께 살 수 없기 때문에 백면서생이 경서(經書)를 던지고 눈을 부릅뜨며, 쑥대머리 농민들이 쟁기를 버리고 두 주먹을 두들기며 각처에서 떼를 지어 일어나되, 부르지 않아도 서로 응하여 비록 피와 살이 벌판에 깔리고, 처자가 칼날에 넘어지는 한이 있더라도 돌아다보지 않으려는 생각이니, 하느님이 지극히 어질어서 어찌 가엾게 여겨 도우려 하지 않겠습니까?

우리들은 산골의 미천한 선비로, 처지가 미약하고 지혜도 천박하여 이미 국가의 정사에 참여하지 못하였고, 또 의병을 일으키는 데 힘을 다하지 못하였으나, 삼강오륜이 모두 끊어져 인류가 장차 다 죽게 되었으니 차마 앉아서 볼 수 없으므로 이와 같이 포고하여 대의를 천하에 밝히는 것입니다.

지금 진실로 천하만국으로 하여금 함께 대의에 입각하여 난적을 토벌하게 한다면 천하만국이 다 임금은 임금 되고 신하는 신하되며, 우리나라도 또한 임금은 임금 되고 신하는 신하 되는 것을 알게 되려니와, 만약 우리나라를 그대로 두고 돌아보지 않는다면 이는 천하만국이 다 임금이 임금 되고 신하가 신하 되지 못하여 함께 난역의 도당이 될 것이며, 우리나라 신민은 죽음이 있을 뿐이요, 결코 역적이 되어 함께 난역의 천하에 서지는 않을 것입니다. 사정이 급박하고 형세가 고단하므로 피눈물로써 아뢰오니 가엾게 여겨 살펴주시기 바랍니다.

곽종석이 씀

(『독립운동사자료집』 권1, 101~103쪽)

---

**곽종석(郭鍾錫, 1864~1919)**

거창 출신으로, 본관은 현풍(玄風), 자는 명원(鳴遠), 호는 면우(俛宇)이다. 중추원의관(中樞院議官)과 시독관(侍讀官) 등의 벼슬을 하였다. 1905년 을사조약이 체결되자 조약의 폐기와 조약 체결에 참여한 매국노를 처형하라는 상소를 올렸다. 1910년 국권이 침탈되자 고향에서 은거하다가 1919년 3·1운동이 일어나자 전국 유림(儒林)들의 궐기를 호소하였고, 거창에서 김창숙(金昌淑)과 협의하여 파리 만국평화회의에 독립호소문을 보낸 뒤 옥고를 치렀다. 이황(李滉)의 학문을 계승한 이진상(李震相)에게서 배워 주리(主理)에 입각하여 이기설(理氣說)을 주장하였다. 저서로 『면우문집(俛宇文集)』이 있다.

# 이등박문에게 보내는 격문

　너희들이 아무리 오랑캐라지만 역시 추장과 졸개가 있고, 백성과 나라가 있고, 만국과 조약을 맺지 않느냐?

　한 하늘 아래서 진실로 나라가 없다면 말할 것이 없지만, 나라가 있다면 임금과 신하가 있으며, 임금과 신하가 있다면 의를 주장하게 되는 것이니, 의가 존재하는 곳에는 죽기를 한하고 힘을 쓰는 것을 너는 모르느냐?

　우리나라는 너희 나라와 국토가 가장 가까우니 서로 교제하는 일이 없을 수 없고, 통상과 교역으로서 충분한 것인데 어찌하여 무기를 들고 군사를 거느리고 군중을 모아서 남의 국모를 시해하고 남의 임금을 욕보이고, 남의 정부를 핍박하고, 남의 재물과 권리를 빼앗고, 남의 전해오는 풍속을 바꾸고, 남의 옛 법을 어지럽히고, 남의 강토를 차지하고, 남의 백성을 살해하느냐?

　또 이것만으로도 부족하여 읍촌에 불을 지르며 사람 죽이는 것으로 일을 삼으니, 이것이 마관조약 16개 항목 가운데 이런 일이 있었느냐? 너희 나라 임금이 시켜서 그러는 것이냐, 우리나라에서 속국이 되기를 원해서 하는 짓이냐?

　만일 만국 조약에 의해 하는 일이라면, 다른 각국 공사관에는 이런 악한 일이 없는데 너희만이 혼자서 날뛰는 것은 웬일이며, 우리 정부에서 인장 찍어 허락한 것이라면 어찌하여 두세 명의 대신이 칼에 엎드려 목숨을 바치며 이역에 나가 죽은 이가 있겠으며, 너희 군장이 시켜서

하는 짓이라면 어찌하여 십만의 병력을 동원하여 한 번 결사전을 하지 않는 것은 웬일이냐?

이따위 짓은 너희 나라에 있어서는 반드시 제 임금을 속인 형벌을 받아야 할 것이요, 세계 만국에 있어서는 반드시 조약을 어긴 성토를 받아야 할 것이요, 우리나라에 있어서는 반드시 불공대천의 원수가 될 것이다.

너는 반드시 저 5적, 7적, 이완용, 송병준 같은 놈이 한 짓을 구실로 삼을 것이나, 이것은 또 그렇지 않다. 남의 나라 역적을 두호(斗護)하는 자는 원래 죄책이 있는 것인데, 더구나 남의 신하를 유인하고 남의 조정을 어지럽히고 남의 나라를 망하게 하는 데 있어서랴!

하나라의 왕망, 조조나 송나라의 진회, 왕륜이 역적이 아닌 것이 아니지만, 금나라 오랑캐가 송나라를 우롱한 죄는 그보다 더욱 심한 것이다. 우리들은 군신간의 큰 의리로나 충성과 반역의 큰 한계로 보아 적개심을 참을 수가 없어 한마디로 불러일으키니 팔도가 모두 호응하니, 공으로나 사로나 백전백승의 계책이 서 있고, 화가 되건 복이 되건 한결같이 지키고 한결같이 죽음이 있을 뿐이다.

바다를 두르고 산을 연결하여 총과 칼이 유달리 날카로워서 너와 나의 싸우는 곳에는 비린 피가 내를 이룬다. 만일 시일이 더 지나간다면 한 놈도 돌아가지 못할 것이니 너희는 잘 생각하여 후회가 없게 하라.

(『독립운동사자료집』 권1, 293쪽)

# 팔도 동지에게 영결하는 글

국운이 불행하여 간사하고 흉악한 자들이 권세를 잡자 원수의 오랑캐와 결탁하였습니다. 처음에는 임금을 팔고 나라를 팔며, 임금을 욕보이고 국모를 죽이더니, 이제는 조정에 가득한 역적들이 모두 왜적에게 붙어, 지존을 협박하여 국권을 위임하게 하여 종사를 뒤엎고 인륜을 없애는 지경에까지 이르렀습니다.

아 아! 저 궁흉(窮凶) 극악한 원수놈들이 정부를 차지하고 앉아, 전곡(田穀)과 무기를 마음대로 사용하고 있으니, 이것은 본시 도적의 상투라서 오히려 분통할 것뿐이지만, 저놈들의 이른바 교형법(絞刑法)에 처한다는 것은 인명을 많이 죽이고 백성의 재물을 강탈했다는 이유인데, 이는 더구나 말이 되지 않는 것입니다.

왜놈들을 많이 베인 것을 저들은 "인명을 많이 죽였다"고 하며, 왜놈의 군기, 전곡 등을 빼앗은 것을 저놈들은 "백성의 재물을 강탈하였다"고 하니, 간악한 무리들이 사람을 모함하는 수법이 예부터 그러한데 굳이 변명해서 무얼 합니까?

그러나 지금 나라에는 무고한 백성들이 날마다 형장으로 끌려가니, 아! 어찌 차마 볼 수 있습니까?

강년은 양심이 격동하여 더 참을 수 없어서, 병신년 이래로 13년간에 두 번 의병의 깃발을 들고 일어나, 피를 뿌리며 토벌하여 30여 차 큰 싸움에서 적의 추장 백여 개를 목 베었는데, 불행하게도 금년 6월 4일에 힘은 다 되고 갈 길은 막혀 탄환에 맞아 사로잡혔으며, 오랫동안

옥중에서 욕보다가 이제는 죽게 되었습니다. 이 몸이 중화를 높이고 오랑캐를 물리치는 큰 의리에 죽는 것이니, 하루를 더 살더라도 그만두는 것보다 낫다고 생각했던 것도 이제는 다 그만입니다. 나는 장차 어찌하오리까? 여러분들에게 바라는 것은, 적의 세력이 크다고 하여 본뜻을 어기지 마시고, 더욱 큰 의리에 돈독하며, 피를 뿌리고 한 곳으로 매진하여, 운수가 와서 회복되기를 기다리옵소서. 강년은 잡혀서 죽게 되매 통분한 마음 금할 수 없어 충정을 글로 적어 보이는 것입니다. 사면을 바라보며 재배합니다.

(『독립운동사자료집』 권1 294~295쪽)

## 이강년(李康秊, 1858~1908)

　　본관은 전주(全州), 호는 운강(雲崗), 자는 낙인(樂仁/樂寅)이다. 1880년 무과에 급제하여 선전관(宣傳官)이 되었으나, 1884년 갑신정변 때 낙향하였다. 1894년 동학농민운동이 일어나자 문경에서 동학군을 지휘하였고, 1895년 을미사변 때는 문경에서 의병을 일으켰다. 이어 제천(堤川)으로 유인석(柳麟錫)을 찾아가 사제(師弟)의 의를 맺고, 유인석 의병부대의 유격장으로서 문경·조령(鳥嶺) 등지에서 활약하였다.

　　1907년에는 영춘(永春)에서 다시 의병을 일으켜 때마침 원주(原州) 진위대를 이끌고 봉기한 민긍호(閔肯鎬)부대와 합세하여 충주(忠州)를 공격하였다. 그 후 가평(加平)·인제(麟蹄)·강릉(江陵)·양양(襄陽) 등지에서도 큰 전과를 올렸다. 1908년 용소동(龍沼洞)·갈기동(葛其洞)·백담사(百潭寺)·안동서벽(安東西壁) 전투 등에서 승리를 거두었으나, 청풍(淸風)의 금수산(錦繡山)에서 체포되어 사형당하였다.

# 보국창의문(輔國倡義文)

대한보국창의장(大旱輔國倡義將)은 피눈물을 흘리며 삼가 우리 동포에게 고하노라.

오호라, 우리나라는 단군 이래로 예의범절이 중국에 비겼으며, 현 왕조에 들어와서는 성군이 계승하여 어진 문사(文士)를 배양하고 씩씩한 무사를 육성하였으므로 문무의 치적이 크게 떨치고 왕통의 장구함이 전고(前古)에 드물었다.

오호라, 순임금은 만고의 대성인이었으나 사흉(四凶)의 변란이 있었고, 주공(周公) 또한 산동을 정벌한 일이 있었으니, 이로 보건대 다스려짐과 변란에 기수(氣數)가 있는 것이요, 성덕이 있음으로써 변란이 없다고 논할 수는 없는 것이다.

오호라, 불행히 사갈(蛇蝎) 같은 왜적이 우리나라의 어려운 틈을 엿보다 병자년 이후부터 여러 항구에 드나들며 통상을 핑계하고 저희들 임의로 환란을 자아냈으며 죽첨진일랑(竹添進一郞)의 변란(?)이 있은 뒤부터 점점 극성을 부려 갑오년(1894) 가을에는 우리의 국경을 넘어와 청국을 공격하였으니, 이는 우리를 멸시함이 불을 보듯이 명확한 것이다.

이러므로 전(前) 참판 최익현이 죽음을 무릅쓰고 상소를 올렸으나 기울어 가는 나라 형세를 한 손으로 만회할 수 없었으니, 오호라, 천명인가 운수인가. 다음해 을미(1895)년에는 우리 국모를 시해하고 임금의 머리를 강제로 깎았으며, 대신을 멸시하고 정부를 개혁하여, 일만 가지

형태는 붓과 말로써 형용하기 어려웠으니, 이는 우리 동포 모두가 소상히 아는 바이다.

이러므로 유인석의 의거에 있어 나라를 근심하는 여러 장수들이 왕실에 충성을 다하였으므로 머리를 강제로 깎이는 모욕을 자못 모면하였다.

병신년(1896) 이후 왜적의 행패는 차마 볼 수 없었던 것이니, 노무자를 징발하여 서도(西道)와 삼남(三南)의 철도공사에 강제노동을 시켰고, 임금을 위협하여 민적(民籍)과 토지문부(土地文簿)를 앗아갔으며, 화폐제도를 자주 변경하여 세금을 갑절로 올렸고, 난적(亂賊)을 사주하여 흉당(凶黨)을 만들게 하였으니 이는 참을 수 없는 치욕인 것이다. 하물며 충신과 의사를 죽이고 국권을 마음대로 조종하여 마침내 천만고에 없었던 괴변을 자아냈는데, 정권을 잡은 역신(逆臣)들은 도리어 왜적과 부화뇌동하여 범 앞에 창귀(倀鬼)가 되었으니 통탄을 금할 수 없는 일이다. 이지용, 송병준, 이완용 등 칠적오귀의 간을 우리 이천만 동포 어느 누가 씹어 먹기를 원하지 않았던가?

그러므로 익현은 대마도에서 애통하게 순절하였고, 원용팔(元容八)은 경무사(警務使)에서 원귀가 된 것이다.

오호라, 용사는 그 머리가 없어질 것을 잊지 않는다 하였으니, 어찌 구구히 앉아 있어 이 나라를 좀먹는 간사한 도적과 강토를 잠식해 들어오는 왜적을 그대로 두고 있을 것인가? 이러므로 금년 가을에 이르러 충신 의사가 벌떼와 같이 일어나 팔뚝을 걷어붙이고 골수에 사무친 원수를 갚고자 하는 것이니, 나라를 위하여 순절한 선열의 자취를 따라 목숨을 바치고야 말 것이다.

이에 혈기 있는 동포에게 고하노니 저 무도한 왜적을 우리 강토에서 한 명도 남김없이 소탕해 버릴 것이요, 또 일진회의 도당은 왜적과 조금도 다를 것이 없어 그 죄를 단연코 용서할 수 없는 것이니, 우리 여러 동지들은 비록 동지 형제간일지라도 조금도 사심을 두어서는 안될 것이다. 이제 왜적은 구멍에 든 쥐요, 함정에 빠진 범과 같으니, 우리 이천만 동포가 한때의 고초를 꺼려하지 말고 마음과 힘을 뭉쳐 수십 년 골수에 맺힌 원수를 갚고 삼천리강토를 회복하면, 돌아가신 조상의 영혼도 지하에서 마땅히 기뻐할 것이니 어찌 힘쓰지 않겠는가?

오호라! 이 글을 씀에 임하여 피눈물이 앞을 가려 글이 두서가 없고 글씨도 또한 자획이 이루어지지 않는도다. 사람으로서 오륜을 알지 못하면 짐승과 다를 것이 없는데, 오륜 가운데서도 충효가 가장 소중한 것이니, 대나무 잎같이 많은 우리 의사가 어찌 나가 싸워 원수를 갚지 않고 적에게 모욕을 받을 것인가?

옛날 임진왜란 때에 왜장인 가등청정(加藤淸正), 소서행장(小西行長) 등은 천지를 다스리는 재주를 가졌으나 오히려 살아 돌아간 군사가 얼마 없었는데, 지금 지휘관 없는 군졸들을 우리 충의의 군사로써 공격한다면, 날랜 사냥개를 몰아 병든 토끼를 잡는 것과 같은 것이니 무슨 두려움이 있겠는가?

우리나라 팔도의 여러 동포에게 삼가 고하노니 이 창의에 함께 도와 호응하기를 천만 경망하는 바이다.

융희(隆熙) 2년 5월

1) 군용물자를 은닉하는 자는 참수한다.
2) 우리 군진(軍陣)을 엿보고 왜적에게 보고하는 자는 즉시 참수한다.
3) 의병을 빙자하고 백성의 재물을 약탈하는 자는 즉시 참수한다.
4) 장수의 명령을 좇지 않는 자는 즉시 참수한다.
5) 몰래 술을 먹고 떠들거나 예를 잃은 자는 즉시 참수한다.

6) 적과 접전할 때에 물러가는 자는 즉시 참수한다.

7) 몰래 도망하는 자는 즉시 참수한다.

8) 일진회원을 보고도 죽이지 않는 자는 즉시 참수한다.

9) 태만하여 파발(擺撥)에 응하지 않는 자는 즉시 참수한다.

10) 행군할 때에 떠드는 자는 즉시 참수한다.

11) 군기(軍器)를 정제(整齊)하지 않고 태만한 자는 즉시 참수한다.

12) 항상 파수를 볼 때에 시간을 지키지 않는 자는 즉시 참수한다.

13) 파수 볼 때에는 두 시간씩 교대하여 보초를 선다.

14) 사사로운 일로 싸우는 자는 형벌에 처한다.

15) 서로 기약하고 좇지 않는 자는 형벌에 처한다.

진동본진분파대장(鎭東本陣分派大將) 채응언

**채응언(蔡應彦, 1879~1915)**

농민 출신 의병장으로 한말 이후 1913년 체포될 때까지 주로 황해도 곡산군 백년산을 본거지로 하여 의병투쟁을 전개하였다. 이 글은 중세 유교적 충효사상을 기초로 한 반침략의식을 보여주고 있다. 마지막에 담은 규율을 통하여 채응언 부대의 활동이 철저하였음을 알 수 있다.

# 충청도 임천군 입포리(笠浦里)에 내걸린 방문(榜文)[1]

삼가 알린다.

… (중략) …

대체로 일본인이 잔인하여 우리 강토의 집, 살림, 금광, 어업, 농상의 이익을 남김없이 탈취하여 일국의 재정이 탈취되지 않음이 없다. 그런데 우리 정부 대신은 오직 이를 받들지 못할까 두려워한다.

대저 재원이라는 것은 국가의 기혈(氣血)이다. 기혈이 모두 고갈되면 그 국가는 반드시 망하고 백성은 반드시 죽는 법이다. 지금 소위 세무관, 세무주사가 각군에 파견된 것은 곧 백성이 죽을 때에 이르는 것을 말하는 것이다. 결세(結稅)가 수봉(收捧)된 뒤 모두 지금고(支金庫)에 납부되어 없어져 버리니 우리 한국인은 다시는 화폐를 볼 수조차 없게 될 것이고, 엽전과 백동화를 막론하고 모두 취하여 남김이 없을 것이다.

불쌍하다. 2천만 동포여, 장차 무엇을 믿겠는가? 하물며 국가에서 금년에 천만 환의 차관을 빌리고, 내년에는 또 수만의 차관을 빌리면 전국 토지는 모두 일본인의 채장(債帳)에 들어가 우리 대한의 신서가

---

1) 일제가 지세 수취기구에 대해 정리를 시작하면서 이에 대한 조세 저항운동이 의병전쟁과 결합되어 나타났다. 이 방문은 탁지부에서 만든 『보고서철』 5책의 1907년 1월 18일 충청남도 홍산세무관의 보고 가운데 수록된 것으로서, 일제의 한국 재정 탈취와 국채로 인한 국가의 위기에 대하여 경각심을 일깨우고 작부문서를 불태워 납세를 방해할 것을 제안하고 있다(이영호, 『한국근대지세제도와 농민운동』, 2001, 서울대학교 출판부 참조).

노예가 되어 진실로 살아나고자 하더라도 할 수 없을 것이다.

이에 나라의 신서(臣庶)들에게 급히 고하여 짚을 지고 불을 안고 있는 상황에 경각심을 갖도록 촉구하는 바이다.

각 군에서 우선 작부문서(作夫文書)를 모두 태워 남김없이 하여 그들로 하여금 고준(考準)할 수 없도록 민간에 널리 포고하고 오직 국권을 회복하고 고문을 해고하고 세관(稅官)을 폐지하기 전에는 1파(把) 1속(束)이라도 모두 납세치 말도록 하되, 일심으로 단결하여 우리의 기혈을 온전히 하고 우리 강토를 보호하여 500년 화육(化育)의 은혜를 보답한다면 천만 다행이겠다.

1907년 1월 18일 13도 유서대표(儒胥代表)

(이영호 박사 논문)

# 제3부 일제 침략기의 격문

# 2·8 독립선언서[1]

조선청년독립단은 우리 2천만 민족을 대표하여 정의와 자유의 승리를 득(得)한 세계의 만국 앞에 독립을 기성(期成)하기를 선언하노라. ……우리 민족은 일본의 군국주의적 야심의 사기와 폭력 아래 우리 민족의 의사에 반하는 운명을 당하였으니 정의로 세계를 개조하는 이때에 당연히 이의 광정을 세계에 요구할 권리가 있으며, 또 오늘날 세계 개조의 주역이 되고 있는 미국과 영국은 보호와 합병을 지난날 자신들이 솔선하여 승인한 잘못이 있는 까닭으로, 이때에 지난날의 잘못을 속죄할 의무가 있다고 단언하는 바이다. 또 합병 이래의 일본의 조선 통치 정책을 보건대, 합병시의 선언에 밝혔던 우리 민족의 행복과 이익을 무시하고 정복자가 피정복자에게 대하는 고대의 비인도적 정책을 습용하여 우리 민족에게는 참정권과 집회·결사의 자유, 언론·출판의 자유 등을 불허하며 심지어 신교(信敎)의 자유, 기업의 자유까지도 적지 않이 구속하며 행정·사법·경찰 등 여러 기관이 다투어 조선 민족의 사적인 권한까지도 침해하였다. ……어느 방면으로 보아도 우리 민족과 일본과의 이해는 서로 배치(背馳)되며 항상 그 해를 보는 자는 우리 민족이니, 우리 민족이 우리 민족의 생존할 권리를 위하여 독립을 주장하노라. ……우리 민족에게는 한 명의 병사도 없다. 우리 민족은 병력으로써 일본에 저항할 실력이 없다. 그러나 일본이 만일 우리 민족의 정당한 요구에 불응할진대 우리 민족은 일본에 대하여 영원히

---

1) 1919년 2월 8일 동경에서 만들어진 선언문이다.

혈전을 선언하노라. 우리 민족은 구원(久遠)히 고상한 문화를 지녔으며, 반만 년 동안 국가 생활의 경험을 가진 민족이다. 비록 다년간 전제 정치 아래에서 여러 해독과 경우의 불행이 우리 민족의 오늘을 이르게 하였다 할지라도 정의와 자유를 기초로 한 민주주의 위에 선진국의 모범을 따라 새 국가를 건설한 뒤에는 건국 이래 문화와 정의와 평화를 애호하는 우리 민족은 세계의 평화와 인류의 문화에 공헌할 수 있게 될 줄로 믿는 바이다. 이미 우리 민족은 일본이나 혹은 세계 각국이 우리 민족에게 민족 자결의 기회를 부여하기를 요구하며, 만일 불연(不然)이면 우리 민족은 생존을 위하여 자유의 행동을 취하여 이로써 독립을 기성(期成)할 것을 선언하노라.

| 최남선 |

# 독립선언문


　오등(吾等)은 자(玆)에 아(我)조선의 독립국임과 조선인의 자주민임을 선언하노라. 차(此)로써 세계만방에 고하야 인류 평등의 대의(大義)를 극명(克明)하며, 차로써 자손만대에 고(誥)하야 민족자존의 정권(正權)을 영유케 하노라.

　반만년 역사의 권위를 장(仗)하야 차를 선언함이며, 이천만 민중의 성충(誠忠)을 합하야 차를 포명(佈明)함이며, 민족의 항구 여일한 자유 발전을 위하야 차를 주장함이며, 인류적 양심의 발로에 기인(基因)한 세계 개조의 대기운에 순응 병진하기 위하야 차를 제기함인, 시(是)1천(千)의 명명(明命)이며, 시대의 대세이며, 전 인류 공존동생권의 정당한 발동이라, 천하 하물(荷物)이던지 차를 저지 억제치 못할 지니라.

　구시대의 유물인 침략주의, 강권주의의 희생을 작(作)하야 유사 이래 누천년에 처음으로 이민족(異民族) 겸제(箝制)의 통고(痛苦)를 상(嘗)한 지 금(今)에 십 년을 과(過)한지라. 아(我) 생존권의 박상(剝喪)됨이 무릇 기하이며, 심령상 발전의 장애됨이 무릇 기하이며, 민족적 존영(尊榮)의 훼손됨이 무릇 기하이며, 신예(新銳)와 독창(獨創)으로써 세계문화의 대조류에 기여 보비(補裨)할 기연(機緣)을 유실(遺失)함이 무릇 기하이뇨. 희(噫)라, 구래의 억울을 선창(宣暢)하려 하면, 시하(時下)의 고통을 파탈(擺脫)하려 하면, 장래의 협위(脅威)를 삼제(芟除)하려 하면, 민족적 양심과 국가적 염의(廉義)의 압축 소잔(銷殘)을 흥분 신장하려 하면, 각개 인격의 정당한 발달을 수(遂)하려 하면 가련한 자제에게 고치적(苦恥的) 재산을 유여(遺與)치 아니하려 하면, 자자손손의 영구 완전한 경복(慶福)을 도영(導迎)하려 하면, 최대급무가 민족적 독립을 확실케 함이니, 이천만 각개가 인(人)마다 방촌(方寸)의 인(刃)을 회(懷)하고 인류 통성(通性)과 시대 양심이 정의의 군(軍)과 인도(人道)의 간과(干戈)로써 호원(護援)하는 금일, 오인은 진하야 취(取)하매 하강(何强)을 좌치 못하랴, 퇴(退)하야 작(作)하매 하지(何志)를 전(展)치 못하랴.

병자수호조규 이래 시시종종(時時種種)의 금석맹약(金石盟約)을 식(食)하얏다 하야 일본의 무신(無信)을 죄하려 아니 하노라, 학자는 강단에서, 정치가는 실제에서, 아(我) 조종세업(祖宗世業)을 식민지시(植民地視)하고, 아 문화민족을 토매인우(土昧人遇)하야, 한갓 정복자의 쾌(快)를 탐할 뿐이요, 아의 구원한 사회 기초와 타락한 민족심리를 무시한다 하야 일본의 소의(少義)함을 책하려 아니 하노라. 자기를 책하려하기에 급한 오인(吾人)은 타의 원우를 가치 못하노라, 금일 오인의 소임은 다만 자기의 건설이 유(有)할 뿐이요, 결코 타의 파괴에 재(在)치 아니하도다. 엄숙한 양심의 명령으로써 자가(自家)의 신운명을 개척함이오, 결코 구원과 일시적 감정으로서 타를 질축 배척함이 아니로다. 구사상, 구세력에 기미된 일본 위정가의 공명적(功名的) 희생이 된 부자연, 우(又) 불합리한 착오 상태를 개선 광정(匡正)하야, 자연, 우(又) 합리한 정경대원(政經大原)으로 귀환케 함이로다. 당초에 민족적 요구로써 출(出)치 아니한 양국 병합의 결과가, 필경 고식적 위압과 차별적 불평(不平)과 통계 숫자상 허식의 하에서 이해상반한 양 민족 간에 영원히 화동(和同)할 수 없는 원구를 거약 심조하는 금래 실적을 관하라. 용명과

감으로써 구오를 확정하고, 진정한 이해와 동정에 기본한 우호적 신국면을 타개함이 피차간 원화소복하는 첩경임을 명지할 것 아닌가. 또 이천만 함분축원 외 민(民)을 위력으로써 구속함은 동양의 영구한 평화를 보장하는 소야가 아닐 뿐 아니라, 차로써 인하야 동양 안위의 주축인 사억만 지나인(支那人)의 일본에 대한 위구와 시의를 갈수록 농후케 하야, 그 결과로 동양 전국이 공도동망(共倒同亡)의 비운을 초치할 것이 명(明)하니, 금일 오인의 조선독립은 조선인으로 하야금 정당한 생영을 수케 하는 동시에 일본으로 하야금 사로로서 출(出)하야 등양 지지자인 중책을 전(全)케 하는 것이며, 지나(支那)로 하야금 몽매에도 면치 못하는 불안, 공포에서 탈출케 하는 것이며, 또 동양평화로 중요한 일부를 삼는 세계평화, 인류행복에 필요한 계단이 되게 하는 것이라. 이 어찌 구구한 감정상 문제이리오.

아아, 신천지가 안전(眼前)에 전개되도다. 위력의 시대는 거(去)하고 도의의 시대가 내(來)하도다. 과거 전세기(全世紀)에 연마장양(鍊磨長養)된 인도적 정신이 바야흐로 신문명의 서광을 인류의 역사에 투사하기 시(始)하도다. 신춘이 세계에 내하야 만물의 회소를 최촉하는도다. 동방 한설에 호흡을 폐칩한 것이 피일시(彼一時)의 세이라 하면 화풍난양에 기맥을 진서함은 차일시(此一時)의 세이니, 천지의 복운에 제하고 세계의 변조를 승(乘)한 오인은 아모 주저할 것 없으며, 아도 기탄할 것 없도다. 아의 공유한 자유권을 호전하야 생왕(生旺)의 낙(樂)을 포향(飽享)할 것이며, 아의 자족한 독창력을 발휘하야 춘만한 대계(大界)에 민족적 정화를 결뉴(結紐)할지로다.

오등(吾等)이 자에 분기하도다. 양심이 아와 동존(同存)하며 진리가 아와 병진(兵進)하는도다. 남녀노소 없이 음울한 고소(古巢)로서 활발히 기래하야 만휘군상으로 더부러 흔쾌한 부활을 성수하게 되도다. 천택세(千宅世) 조령이 오등을 음우하며 전 세계 기운이 오등을 외호하나니, 착수가 곧 성공이라. 다만 전두(前頭)의 광명으로 맥진할 따름인저.

### 공약삼장[1]

1. 금일 오인(吾人)의 이 거사는 정의, 인도, 생존, 존영을 위하는 민족적 요구이니, 오직 자유적 정신을 발휘할 것이요, 결코 배타적 감정으로 일주하지 말라.

1. 최후의 일인까지, 최후의 일각까지 민족의 정당한 의사를 쾌히 발표하라.

1. 일체의 행동은 가장 질서를 존중하여 오인(吾人)의 주장과 태도로 하여금 어디까지든지 광명정대(光明正大)하게 하라.

---

[1] 공약 3장은 본래 최남선의 글에는 없는 것을 한용운이 추가하였다.

| 한용운 |

# 조선 독립의 서1)


　자유는 만유(萬有)의 생명이요 평화는 인생의 행복이라. 고로 자유가 없는 사람은 사해와 같고 평화가 없는 자는 가장 고통스러운 자라. ……행인지 불행인지 18세기 이후의 국가주의는 실로 전 세계를 풍미하여 등분의 절정에 제국주의와 그 행실의 수단, 즉 군국주의를 산출함에 이르러 소위 우승열패 약육강식 학설은 가장 참된 불변의 금과옥조로 인식되어 살벌, 강탈, 혹 민족적 전쟁은 자못 그칠 날이 없으면 혹 몇 천 년의 역사국을 폐허로 만들며 몇 십만의 생명을 희생하는 일이 지구를 둘러 없는 곳이 없으니, 전 세계를 대표할 만한 군국주의는 서양에 독일이 있고, 동양에 일본이 있도다. 그러나 소위 강자, 즉 침략국은 군함과 철포만 많으면 자국의 야심수심을 채우기 위하여 불인도(不人道) 멸정의의 쟁탈을 행하면서도 그 이유를 설명함에는 세계 혹 국부(局部)의 평화를 위한다든지 하는 등 자기 기인의 망어를 농(弄)하여 엄연히 정의의 천사국으로 자거(自居)하나니, 예를 들면 일본이 폭력으로 조선을 합병하고 2천만 민족을 노예로 대하면서도 조선을 합병함은 동양 평화를 위함이요 조선 민족의 안녕 행복을 위함이라 운운함이 이것이라. ……오라 미증유의 구주(歐洲) 전쟁과 기괴불사의의 독일혁명은 19세기 이전의 군국주의 침략주의의 전별회가 되는 동시에 20세기 이후의 정의, 인도적 평화주의의 개막이 되어 카이젤

---

　1) 한용운이 3.1운동 당시 체포된 뒤 일본인 검사의 요구로 조선독립의 정당성을 명백히 밝히기 위해 작성하였다.

의 실패가 군국주의적 각국의 두상(頭上)에 통봉을 내리고 윌슨의 강화 기초 조건이 각 영토의 고사에 춘풍을 전하매 침략국의 압박 하에서 음미하는 민족은 하늘을 날을 기세와 바다를 가를 세력으로 독립 자결을 위하여 분투하게 되었으니, 폴란드의 독립 선언이 이것이며, 체코의 독립이 이것이며, 아일랜드의 독립 선언이 이것이며, 조선의 독립 선언이 이것이라. 각 민족의 독립 자결은 자존심의 본능이며, 세계의 대세이며, 신명의 찬동이며, 전 인류의 미래 행운의 원천이라. 누가 이를 제(制)하며 누가 이를 방(防)하리요? …….

| 작자 미상 |

# 경고 아(我) 2천만 동포[1]

아! 우리 동포들아 눈을 들어 세계의 대세를 보라.

평화의 신 자유의 신은 이제야 길고 큰 손을 들어 여러 국가의 비인도적 침략주의를 타파하고 무도한 강국 압력 하에 신음하는 각 민족의 기반(羈絆)을 풀어 세계 수평선상에 평화의 낙원을 축조하여 자유의 무대를 건설하는도다.

아! 우리 동포들아. 호매(豪邁)의 힘으로써 속박의 새끼줄을 끊어버리고 최대의 결심과 성의로써 독립기 아래로 나아갑시다.

아! 우리 동포들아. 기회는 두 번 오지 아니하니 이때를 당하여 맹연히 일어나 멸망의 항(巷)으로부터 자유의 낙원으로 약진하라.

아! 우리 동포들아. 자유의 죽음이 속박의 살음보다 승(勝)하니라.

아! 우리 동포들아. 맹기(猛起)하라 각성하라(난폭과 음모는 절대로 피함).

---

1) 1919년 3월 3일 서울에서 일반 민중에게 배포된 격문이다.

# 검열관의 허가를 득하여 전국 노동자 제군(諸君)에게 격(檄)을 송(送)하노라1)

이중 마각을 벗기에 열혈을 집중하라.

본론을 말하기에 전에 미리 변명할 것은, 왜 제목 위에 "검열관의 허가를 득하여"라는 무용의 어구를 썼는가 하는 것이다. 물론 본지의 전체가 검열소를 경유하여 발행될 줄을 안다. 따라서 본문도 특히 그러한 어구를 쓰지 않더라도 자연히 검열소의 허부(許否)에 의하여 발포되고 못되는 비참한 운명을 가진 줄도 알았다. 그러면서도 오히려 무용의 어구를 쓰는 나의 가슴…… 아, 내가 이것으로 제군에게 어떠한 인상을 주려고 하는가? 공동생활의 대의인 진리를 천착코자 하는 그 무구(無垢)의 양심을 발포하자는 것이 본론의 주지이지 내가 결코 살인이나 강도질을 하여 인류의 구적(仇敵)이 되라고 선전하는 것은 아니다. 그러면 왜 이 말이 제군의 눈에 직접으로 비치지 못하고 반드시 중로(中路)를 경유하게 되는가. 일보를 나아가 언론의 내용은 그 어떠함은

---

1) 1919년 3·1운동을 통하여 조선 민중은 일제의 '무단통치'를 '의사합법적'인 '문화정치'로 전환시켜 내었다. 이러한 정치적 조건을 활용하여 노동자와 농민 등은 1920년 4월 우리나라 최초의 전국적이고 대중적인 노농단체인 조선노동공제회를 결성했다. 노동공제회의 기관지 『공제』 창간호와 제 2호에 실려 있는 이 격문은 '노동력은 상품이 아니기 때문에 금전으로 매매될 수 없다'라는 것을 강조하고 자본주의 사회에서 노동자들의 참혹한 처지와 자본주의 제도의 내적 모순을 신랄히 폭로하여 노동자들이 자각하고 분발하도록 촉구했다.

물론하고 그의 자유의 존경을 유린할 아무 근저(根底)가 없는 것을 알았다. 인격의 완성으로써 고등생활을 확립하는 것이 인류 생존의 구극 목적임도 깨달았다. 또 인격은 인권의 실현이라 자유로써 마련되는 것도 알았다. 무엇이든지 침범치 못할 절대 자연의 인권, 그 지존 극엄한 인권에다가 사람의 의사로써 한 모든 제도와 습관이 항쇄(項鎖)에 족쇄(足鎖)에 수정(手錠)을 가한 이 더러운 현실생활의 마각을 벗어나지 못한 우리가 인권이니 자유니 언론이니 하고 무엇을 염념하라는 것이 망담(妄譚)이 아니면 몽예(夢囈), 참 어리석기도 하다. 더구나 이중이나 삼중의 속박 속에서 사(死)의 환희를 모르고 구차한 생활을 탐하는 것이 조선놈 된 이놈의 운명이라 할 것 같으면, 당초 포태(胞胎) 중에 있을 때 신체에서 이목설(耳目舌)의 삼관(三官)을 빼어버리지 못한 것이 막대한 한사(恨事)라고 탄식하였다. 맹자(盲者)나 아자(啞者)가 아니면 생존할 자격이 없는 이 세상에서 자체 세포의 동작이 자연히 마비될 동안까지 살아가라 하는 그놈의 설(舌)과 필(筆)을 가진 것이 실로 대불행이다. 만일 이놈으로 하여금 맹에 아를 겸한 자가 되었을 것 같으면 확실히 이러한 분한(憤恨)과 번민은 없었을 터이다. 그러므로 나는 사실대로 고백하기 위하여 유용적 무용의 어구를 특서(特書)한 것이다.

또 한 가지 말할 것은 본론 중에 노동자 제군이라 함은 근육 노동자 제군을 주지하여 말한 것이다. 우리의 형세를 따라서 일반 무산자의 계급, 더 널리 말하자면 그 어떠한 특수 계급을 제한 외의 전체를 일괄한 의미에서 말한 줄로 제군은 양해하여 주기를 바란다.

전국 노동자 제군

제군은 우선 노동의 신성(神聖)이라 하는 의미를 알아야 한다. 그리하여 노동은 상품이 아니라 하는 그 근저를 알아야 한다. 따라서 노력은 금전이나 기타 물건과 교환할 것이 아니라 하는 이유를 알아야 하리라.

제군은 지금 확실히 자기의 노력을 매(賣)하고 그 대신에 얼마의 금전이나 물건을 취득하여 일일의 생활을 하여 가는 줄을 안다. 그러니까 만일 그 노력을 매치 아니하면 날마다 생활하여 가는 소비품을 구매치 못할 줄로 제군은 물론 생각하리라. 또 일상생활 필수품을 구매하는 데 매개물인 금전을 구득하게 되지 못 하든지 또는 구득할 의사나 필요가 없다 하면 제군은 물론 노동하지 아니하겠다고 생각하리라. 왜 그러냐. 제군의 신변을 포위한 현재의 사회조직이 제군의 생활을 약탈하고 압박하기 때문에 본래 자유의 창조인 노동이 제군의 충동 곧 마음대로 되지 못하여 노동이라면 원수같이 지긋지긋하게 생각한 까닭으로, 될 수 있는 대로 노동을 회피하는 타태자(惰怠者)가 되라 하였다. 산목숨이니까 아무쪼록 살라는 것보담 죽지 못하니까 부득이하여 기허(幾許)의 생활비라도 얻으려고 하는 노동인 까닭에 그 노동은 유쾌한 미(味)라고는 조금도 없이 전체가 고통덩어리뿐이었다. 그리하여 제군의 지금 하는 노동은 지옥에서 아귀가 하는 일이다. 생명을 자유로 창작하는 것이 아니요 살육을 강제로 창조하는 것이다. 자유의 충동이 아니요 기계의 작용인 까닭이다. 만은 제군은 한 번 눈을 들어 이 우주를 살필지어다. 제군은 단정코 금전이나 물건을 구하려는 목적을 버리고 하루바삐 자유대로 공장에 나가서 취미 있는 노동을 하게 되어야 하리라. 또 금전이나 물건은 제군의 수(手)로 직접 구득치 아니하더라도 능히 의식주나 기타 모든 생존욕을 마음대로 충족케 하게 되어야 하리라. 그렇지 아니하면 노동의 신성인 광명을 보는 행복자가 될 수 없을 뿐 아니라 제군은 멸망하고 이 사회는 그만 파괴되고 말리라.

　노동자 제군

　임금교환 하에서, 다시 말하면 금전이나 물건을 받으려는 구속에서 노동을 해방하라는 것이 결코 노동을 신성하기 위하여 하는 것은 아니다. 본래 노동 그것이 신성한 까닭에―생명의 창조―창조의 환희―곧 생(生)의 락(樂)―락(樂)의 노동(勞動)―그 신성미를 알자니까 임금 받는 조건을 떼어놓고 보자는 말이다. 만일 제군이 노동할 때에 무슨 보수를 받겠다는 생각이 없었을 것 같으면 제군은 응당 마음대로 취미 있는 것을 택하여 자유롭게 유쾌하게 노동을 하리라. '충동에 의한 선택의 사위(事爲)' 또 노동이라면 제군은 당장에 육신에 감촉되는 고통을 생각하리라. 그러나 원래 노동은 사람, 자유의 창조 그것이므로 다시 말하면 제군의 그 무엇을 항상 희망하는 그것―내가 이것을 하고 싶으니까 그것을 이렇게 해보겠다 하는 상상적 사상―의 발포(發布)인 까닭에 비록 다대한 고통이 있을지라도 그 노동에는 반드시 예술적 기분이나 오락적 감미가 있을지언정 조금도 고통감은 없을 것이다. 제군을 금물공장(金物工匠)으로 가정할 것 같으면, 제군의 취미는 금물세공이나 기관제작에 있으리라. 재미있고 좋아하는 것은 제군의 설계로써 금물세공에 미술을 가하는 것과 기관이 각 세포의 완성을 따라 기동되는 대로 있으리라. 그러므로 그 노동에 대하여는 여하한 노력을 공(貢)하더라도 조금도 그것을 고통으로 생각지 아니하리라. 그리하여 제군은 이 세상사는 재미, 기쁨, 즐거움이 많으리라. '지금은 죽지 못하여 하는 동로(働勞)이니까 아무 즐거움이 없지마는' 생활의 압박을 못 견디어 만일 금공(金工)으로는 명일 먹을 밥을 장만할 수 없다 할 것 같으면 아마 제군은 그 좋아하는 금공을 어찌 할 수 없이 버리고 소허(小許)의 금전을 구하기 위하여 하고 싶지 아니한 인력거를 끌리라. 이때에 제군의 생활은 그만 파괴되고 말았다―환희를 버리고 비애에 들어가니까 쾌락을 버리고 고통을 받으니까―그러므로 인력거를 끄는 것은 노동의 역량은 아무리 일반이 된다 할지라도 아무 사람이나 즐거움이 없이 자못 고통뭉텅이가 될 뿐일 것이다. 농부가 전원생활의 모든 취미를 버리고 '자유의사로써 농작하는 경우에' 지게꾼이 되어 정거장에서나 부두에서나 또는 탄광에서 노동하게 되는 것이나 저술가나 신문기자가 똥통을 메게 되는 경우의 일반 고통도 물론 제군과 같으리라. 결국 제군은 자기의 하고 싶은 바를 하지 못하고 평생 알지도 못하던, 하고 싶지도 아니한 것을 한다 할 것 같으면 이는 제군의 절대로 자연히 향유치 않을 수 없는 인권을 포기하는 것이라고 생각한다. 곧 인격을 매(賣)하고 노예를 자작(自作)하는 것이라고 말할 것이다. 그러므로 노동은 본래가 자유 창의 표현인 까닭에 하고 싶은 바를 쫓아하는 것이 당연이요 또 자연일 것이다. 그러므로 지금 학자들은 제군의 자각하여 감을 따라서 노동이 예술화하여 간다고 한다. 그는 지금 세계 노동자가 차차 그들의 노력을 금전이나 물건으로 교환치 아니하려는 인도상 문제를 음미하여 감을 의미한 것이다. 그러나 나는 예술도 역시 노동의 범위에 속한 것으로 보는 것이 적당할 줄로 생각한다. 아무쪼록 그리 보고 싶다. 그는 노동이라 하는 것은 사람의 무한한 창조력의 발로—충동의 표현—가 자유의식으로써 외계에 구체현(具體現)케 하는 것이라고 생각하는 까닭이다. 제군을 조각사로 가정하고 지금 일개의 인상(人象)을 조각하려고 당초 집도하게 된 그 동기가 만일 제군의 자유의사에서 출발하였다 하면 그 창작은 완전한 제군의 예술에 대한 취미의 결정체라 하지만은 그렇지 아니하고 만일 타인의 의촉에 응하여 1개월을 한하고 매일 5원의 보수 하에서 집도한 것이라 할 것 같으면 그 조각의 자체는 비록 예술의 작품이 분명할지라도 기실 제군은 기분이라도 자유의사에서 출(出)치 아니한 노동이라 하는 데서 감(感)하는 일반적(一般的) 자금(資金) 노동자의 고통을 면치 못하였으리라. 그러나 그 노동력의 양, 곧 그 인상을 조각하는 공력은 전자나 후자나 일반이요, 자못 전자는 자유요 후자는 부자유라 하는 데 고통을 감(感)하고 아니하는 차이밖에는 없을 것이다. 그러므로 노동은 고통을 감하고 아니하는 것을 나눠서 명명할 것이 아니요, 오직 자기의 하고 싶은 것을 표현하기에 노력하는 것을 말한 것으로 생각한다. 아무쪼록 그리 해석하고 싶다. 그런즉 결국 노동은 산목숨이 죽지 못하니까 어찌할 수 없어 하는 것이 아니요, 필연이나 우연이나 이 우주를 창조하는 존귀한 원천이다. 다시 말하자면 사람 된 제군의 생명을 창조하는 곧 생의 환희 속에서 모든 본능의 충동을 만족케 하지 아니하려도 말 수 없는 자연의 발작이다. 사람이 신체의 세포의 동작을 따라 항상 낡은 것을 버리고 새로운 것을 취하는 대사기능을 완전히 함으로부터 모든 욕망이 향상되고 발달되어 가는 생물 진화의 이성이 엄연히 존재하여 있는 까닭이다. 그러므로 만일 노력의 매매를 허락할 수 없는 것이 그 생명의 권위인 까닭에 생명을 향유함으로부터 환희와 애정이 생기고 그 생에 낙이 있으므로 비로소 노동이 신성하다 하는 것이다.

노동자 제군

제군은 전장(前章)에서 노동은 금전으로써 매매치 못하는 근저가 어디 있는지를 알았으리라. 그 결과 또 한 가지 알아둘 것은 제군의 실지 생활의 경우에 대한 비교와 그 추향(趨向)을 명확히 할 필요이다. 제군이 날마다 잠시도 쉬지 아니하는 노동 그 노동으로 생산하는 모든 물건을 무엇 하기 위하여 생산하는가. 제군이 화공(靴工)이 되어 공장에서 신발 한 켤레를 제조하였다 가정하자. 그러면 그 신발은 무엇 하려고 제조하는가. 제군의 마음에는 사람이 신기 위하여 수요 제조하는 것이라고 생각(잠재의식)하면서도 대답은 팔기 위하여 '상품'을 제조하는 것이라고 말할 수밖에 없으리라. 왜냐하면 필경은 사람들이 수요하고야 말 것이지마는 직접 생산자인 제군은 그것과 아무 인연이 없기 때문에 하등의 교섭이 없이 자못 매매하려는 상품을 제조하는 것이

목적인 까닭이다. 좀 더 명확하게 말하면 무엇에 쓰는 것인 줄도 모르고 또 알 필요도 없이 자금 받는 대신에 노동력을 매할 뿐이다. 그리하여 그 상품이 어떠한 방법으로 전전하여 수요자에게 공(供)하게 되더라도 제군은 그것을 모른다. 또 알고자 하지도 아니한다. 그런즉 결국 신발을 신고자 하여 제조한 것이 아니요, 매하기 위하여 제조한 것이 되었다. 따라서 수요품이 되지 못하고 상품이 되고 말았다. 제군, 제군의 혈(血)이 흐르고 골(骨)이 부러지는 데서 생하는 산물이 상품으로 변하던 날, 아! 그날에 제군의 생명은 암흑 속에 잠기었다. 불쌍하게 되었다. 전도에 양동(兩瞳)을 실하였다. 그때에 제군은 생산과 정사(情死)하기를 약속하였으리라. 그러나 제군은 이때에 더욱 노동의 의의를 깨달아야만 하리라. 나는 단언한다, 만일 제군이 금전이나 물건을 교환하는 조건하에서 청맹(靑盲)이 되어 노동력을 매치 아니 하였을 것 같으면 제군의 수(手)에서 출래(出來)한 생산물이 결코 상품으로 매하여 오늘날 제군으로 하여금 노예가 되지 아니하였으리라고, 어찌하여 생산물이 상품으로 변화하였는가를 생각할 때에 결코 책임을 제군에게 돌려보내라고는 꿈에도 생각지 아니한다. 자못 물물교역에 매개의 임무를 가지고 탄생한 소위 금전이라는 것이 상품의 잔인성을 선동하고 다시 그 상품을 지배하게 되어 드디어 제군의 이성으로 하여금 침륜케 한 것을 말할 뿐이다. 결국 제군에게 고하고자 하는 것은 무엇이냐, 제군의 노동으로써 출래하는 생산물은 절대로 매매하기 위하여 제조하는 것이 아니요, 자못 쓰기 위하여 제조하는 것이라고 알아야 하리라. 또 그 생산물은 직접 생산자인 제군의 소유에 속할 것이지 결단코 토지나 기계나 자금을 제공하였다는 이유로써 그 생산물이 자본가의 소유에 귀치 못하리라는 것도 알아야 하리라. 일보를 진(進)하여 더 명확히 알아야 할 것은 제군의 수(手)에서 출래하는 생산물은 이 우주를 창조하는 실현이다. 생명을 창조하는 결정이다. 그러므로 그 생산물은 제군의 소유도 아니요, 자본가의 소유도 아니요, 오직 이 사회에 대한 공헌이라는 관념으로서 만인의 행복을 구하는 애타자(愛他者)가 되어 그 생산물을 전 인류의 수요에 공(供)하게 되어야 하리라. 이것이 곧 인격의 완성이요 인권을 향유하는 의(義)이다. 아! 제군이여, 제군의 창조한 신발을 나의 발에 신겨라. 그러면 나는 내가 제조한 음식을 제군에게 드리리라. 이러고서야 비로소 노동의 신성이 실현되고 이 우주는 애와 정으로서 건설되리라.

노동자 제군

생산이 인류 생존사회에 일시라도 가결(可缺)치 못할 것은 다시 말할 것도 없다. 노동은 생산의 원천이라 하는 것을 생각할 때마다 나는 제군에게 감사치 아니할 수 없다. 제군이 지금까지 날마다 이마에 땀을 흘리면서 아귀같이 피골이 상잔하리만큼 노력하기 때문에 이 사회는 진보되고 발달되어 야만시대에서 나온 사람의 생활이 금일같이 찬란하고 유쾌하고 편리하게 되었다. 그런데 이 사회는 제군의 위대한 창업을 감사하기 위하여 제군에게 호(狐)나 리(狸)를 포살(捕殺)하는 데 쓰는 기름 바른 폭발탄으로 대접한 것에 나는 다시 전율하였다. 만일 제군이 그 귀중한 생명을 스스로 파멸하리만큼 순종을 수(守)하면서 오히려 노력을 공(貢)하여 주지 아니하였을 것 같으면 이 사회는 과연 어찌 되었을까? 확실히 금수생활에서 몇 걸음 나오지 못하였으리라고 생각한다. 혹은 벌써 파멸하였을지도 모르겠다. 그러나 제군은 여기서 확신하여 둘 것은 이 사회는 더욱더욱 정묘(精妙)하게 내용이 충실하도록 발달되리라고 따라서 제군의 노력은 더욱더욱 존엄하게 고상하도록 향상되리라고, 그리하여 제군의 무구 양심과 투철한 이성은 그 동안 이 사회가 제군에게 사례로 대접한 그 물건을 도로 반환하는 결백자(潔白者)가 되리라고.

　노동자 제군

　현재 우리가 생활하여 가던 이 사회의 생산력이, 다시 말하면 제군이 농촌에서나 그 공장에서나 제조하는 모든 생산물의 수량이 과연 지금 생존한 인류 전체가 생활하여 가는 데 충분하겠는가? 또는 부족하겠는가? 이 말에 대하여 제군은 반드시 대답을 주저하리라. 왜 그러냐? 제군은 생산물의 수량이 사람 생활에 수요하기에 아마 부족한 줄로 감득(感得)하면서 그 부족한 이유를 설명할 용기가 박약한 까닭이다. 왜 그러냐? 지금 제군의 몸에는 가진 것이라고는 누추하고 폐파(廢破)한 잠뱅이밖에는 다시 의복이 없다. 또 가구라고는 사발숟가락 몇 개 외에는 아무 것도 없다. 그리하여 죽지 못하여 먹는 속반(粟飯)도 부족한 상태에 있으니까, 물론 생활용품의 부족함을 알 것이다. 그러나 제군은 쉽게 깨트리지 못할 미신을 가졌다. 곧 금전이라 하는 신비적 괴력을 숭상하였다. 아니 금전의 괴망(怪妄)에 포로가 되었으므로 여하히 생활 필수품의 결핍이 있더라도, 그것은 별로 문제될 것으로는 생각지 아니하고 자못 금전을 구하기에만 머리액‘기(氣)’를 속되게 이르는 말—엮은이 을 썼다. 그리하여 제군은 항상 말하기를 ‘유전(有錢)이면 사귀신(使鬼神)’이라고까지 하였다. 따라서 금전만 있으면 아무리 물품이 부족하거나 또는 귀한 물건이라도 쉽게 보충할 수 있다고 생각하는 까닭이다. 그러나 그 생활필수품을 금전으로써 구매하는 수단방법은 별문제로 하고 우선 여기서 제군은 다시 알아야만 할 중대 문제가 있다. 만일 현재의 생산력 곧 생산의 수량을 인류 전체가 자기들의 쓰고 먹고 싶은 대로 분배한다고 가정할 것 같으면 그 생산력과 소비량의 비교가 과연 현상의 편리한 생활을 보증할 수 있을까. 또는 더욱 향상되고 증식되어 갈 수 있을까. 제군은 이것을 자세히 모르리라. 모르니까 알 필요가 있으리라. 어떠한 경제학자의 말이 제군이 매일 4시간의 노동을 하더라도 제군의 생산력은 충분히 전 인류가 편리하고 문명스러운 생활을 하여감에 불편이 조금도 없으리라고 하였다. 이 통계가 과연 정확한지의 여부는 모른다는 제군의 안전에 가로 질린 여러 가지의 실제 증거를 종합하여 볼 것 같으면 도저히 그 말을 부정할 용기가 없다. 제군은 지금 몸에 가진 것이라고는 아무것도 없다. 또 제군은 제군의 육신이 지하에 매장되고 말 때까지 가장 충성스럽게 일시라도 간단없이 제군의 생활상 모든 필요한 물품을 생산한다. 제군은 필경 생산하다가 죽으리라. 제군의 조부모도 생산하다가 죽었다. 부모도 또 죽었다. 생산하다가 죽은 것이 제군의 가정의 유전성이다. 아마 제군의 처자도 그 유전성에 벗어나지 못하겠지. 그리하여 제군은 필경 생산과 정사(情死)하는 비운아가 됨을 벗어날 줄을 모르리라. 그와 같이 혈과 육을 짜서 만든 생산물을 그 충성스러운 생산자인 제군은 조금도 쓰지도 먹지도 못하고 자본가라는 사람네들이 전부 가져갔다. 그리하여 그네들은 남비(濫費)에 남용(濫用)을 가하고도 오히려 잉여가 있어서 공장에, 창고에, 회사에 또는 상점에 잔뜩 쌓아두었다. 제군은 먹지 못하여 아사(餓死)하는데 그네들은 폭식하여 변사(變死)하였다. 제군의 손으로 시계를 제조하였건만 제군은 한 개도 못 가졌는데, 그 대신 그네들은 내외 방 좌우실(左右室)에 모두 장치하고도 오히려 불비하여 흉(胸)에 완(腕)에 다 패(珮)하였다. 제군이 작농한 미두(米豆)는 그네들이 가져가고 그 대신 제군은 만주 속(粟)을 수입하게 되었다. 그리하여 그네들은 그 미두로 양주에 조병(造餠)에 하다 못하여 취인소(取引所)라 하는 집에 가서 그 미두를 걸어 놓고 도박까지 한다. 근래 경성이나 동경이나 또는 각 지방에서 기공품(機工品)이 '거의 반 의복차(衣服次) 또는 그 원료' 회사 또는 상점의 파탄으로 인하여 감옥 속에 있던 만세수인(萬歲囚人) 같이 졸지에 쏟아져 나왔다. 제군은 이것을 어떻게 생각하는가. 응당 물가의 폭락인 까닭이라 하는 우스운 말을 덮어놓고 신용하리라. 그러나 제군은 이것을 승인한다. 제군의 생산력이 풍부한 까닭으로 또는 제군이 쓰지도 먹지도 못한 까닭으로 실제 소비량보다 생산의 잉여가 그만큼 생한 증거이다. 아니 바로 말하자면 그네들이 제군의 생산품을 약탈하여 그 장물로써 서로 도박하다가 그 도박의 방법이 잘못되어 실패한 까닭이다. 그런즉 제군의 노력으로써 생산한 모든 물건을 그네들의 창고에서 해방하여 다시는 그네들로 하여금 남비(濫費)나 도박을 하지 못하게 할 것 같으면 또 '뽀로'의 말과 같이 또는 광의파(廣義派) '레닌' 정부헌법 제8조의 해석과 같이 '노동하지 아니한 자는 먹지 못한다'라고 한 원칙을 좇아서 제군의 생산물에 기생하는 그네들을 제군의 해골과 혈육으로써 건축한 휘황찬란한 방 속에서 끌어내다가 일체로 제군과 같이 노동의 락(樂)을 알게 하고 생의 광명을 보게 할 것 같으면, 그리하여 제군의 수명을 원부(原賦) 한 대로 유지하여 노동력의 과로와 평균을 조절할 것 같으면 참말 그 경제학자의 말과 같이 제군이 주(晝)에 야(夜)를 계(繼)하고 야에 다시 주를 속(續)하는 간단없는 노동을 버리고 24시간 중 겨우 4시간만 노동하는 생산력으로도 넉넉히 생존사회는 아무 부족이 없으리라. 더욱 정묘하게 내용이 충하고서야 비로소 노동은 생명의 창조라 하는 진리가 개척되리라. 제군이 여유 없는 생활에서 기분(幾分)의 동전을 할(割)하여 우편국으로 저금하러 가는 것을 볼 때에 그 아름다운 마음, 사람의 건설의 충동, 나는 여기에서 폐부가 쓰리도록 느끼었다. 아! 제군이여, 그러나 제군의 앞에 가로놓인 단순하고 복잡한 문제 그것을 잊어버려서는 아니 될 것이다.

(1920. 8. 『공제』 창간호)

노동자 제군

그 문제가 과연 무엇이뇨. 다시 말할 것 없이 도적의 세계, 허위의 생활을 벗어버리고 양심의 세계, 진순(眞純)한 생활을 건설하자는 말이다. 그러나 이와 같은 문제를 해결하는 전제로 노동은 생명의 창조라 하는 그 의의를 천명하여서 노동력은 상품과 같이 매매하는 것이 아니라 하는 이유를 설파하고, 따라서 제군의 노동으로 인하여 출래하는 생산물은 인류 전체가 각기 … (판독불능) … 다는 설명을 들은 제군은 이 말에 대하여 과연 어떠한 태도를 가지겠는가. 응당 말하는 사람을 어리석다고 냉소하리라. 그리하여 그 어리석은 것을 도리어 조롱할 터이라. 왜 그러냐. 이런 쓸데없는 교훈을 기다리지 아니하더라도 제군은 벌써 그러한 이치를 십분 깨달았다 한다. 그렇지만은 생산수단이라고는 노동력밖에는 아무 것도 없는 까닭에 만일 노동력을 매(賣)하지 아니하든지 또는 실업으로 인하여 노동력을 매치 못하게 되는 경우에는 그 당장에 살아갈 수 없게 되니까 아무쪼록 노동력을 매하는 것이 제군의 생활상 제일 필요한 것이라고 생각하는 까닭이다. 다시 말하면 생활의 수단이라고는 다른 도리가 없는 연고이다. 그런즉 노동력을 매치 아니하면—인격을 매하고 스스로 노예가 되지 아니하면—죽지 못하는 산목숨이 살아가기에 곤란한 제군 앞에서는 아무리 노동의 신성한 의의를 설교하더라도 결국 그것이 일문(一文)의 가치가 없는 공담(空談)에 불과한 것이다. 그리하여 제군은 이 말을 결단코 신용하지 아니하고 차라리 지신의 운명의 판단을 무녀나 맹자나 또는 낭사주(唐四柱)에 의거하여 지득(知得)하려 한다. 마는 제군은 불가불 한 번 더 생각하여 어찌하여 이와 같이 제군의 이성이 침륜되었나, 신경이 마비되었나, 정신이 퇴폐하였나, 생활이 타락하였나 하는 모든 현실 상태를 의식하여 볼 것 같으면 확실히 제군의 가슴 속에서 끓어 나오는 핏줄기와 솟아오르는 열(熱) 덩어리는 그 말을 냉소하고 싶어도 도저히 냉소치 못하게 될 뿐 아니라 당장에 어떠한 … (판독불능) … 을 구(求)하리라고 나는 단언한다. 그러므로 그 … (판독불능) … 말하기 전에 위선(爲先) 지금 제군의 생활이 과연 어떠한 실제 경우에서 신음하는가. 또 제군의 심리상태가 사람 된 사람으로부터 얼마나 변질되었나를 간단하게 그려 보려 한다.

노동자 제군

제군은 극도의 곤궁과 또 제군에게는 조금도 필요와 이유 없는 감내 치 못할 노동으로써 일생을 마칠 터이지. 그리하고 그 대신에 조금도 노동치 아니하는 다른 사람들은 제군의 생산물 덕택으로 일생을 안일 하게 보내면서 도리어 제군을 노예로 대접하지. 그러면 그 근저의 물상(物象)이 과연 무엇인가, 물론 자본주의적 경제조직이라고 말할 터이다. 그런즉 오늘날 제군으로 하여금 인격을 버리고 노예가 되게 한 현실 생활상태, 곧 지금 경제조직 그것에 대하여 은혜로 생각하든지 구적(仇敵)으로 인정하든지 그는 제군의 마음대로 하려니와 하여간 제군이 그 경제조직체를 잘 알아야만 할 것이다. 지금 경제조직의 수단, 곧 일체의 경제상에 표현되는 모든 행동은 자못 화폐의 액, 곧 자본을 증식하는 최고 목적 하에 집중하게 되었으므로 그것을 지도하 는 경제의 주체, 곧 자본주의적 기업가─곧 자본가는 그 목적되는─이득 적 추구─화폐의 액, 곧 자본을 증식하기 위하여 모든 것을 희생으로 한다. 그 결과 자본가는 자본가 자신을 위하여 될 수 있는 대로 다수의 노동자를, 될 수 있는 대로 장시간을 노동에 종사케 하는 일방으로, 될 수 있는 대로 다대한 이익을 그들 노동자가 생산하는 상품─농작물까 지─에 의하여 획득한다. 이와 같은 경제적 행위─아니 강도행위─가 갈수록 교묘하게 정련되고 차제(次第)로 성공되어 자본은 더욱 집적되고 집적되어 갈수록 노동자의 고혈을 여지없이 착취하고야 마는 것이 곧 지금 경제조직의 물질이다. 그리하여 원래 이 특질은 국가의 지위와 모든 제도를 유지함에 가장 필요하고 유리하기 때문에 강권자들은 그 특질을 옹호하고 더욱 강고케 하기 위하여 법률로 정치로 학문으로 종교로 갖은 방법으로 보존한다. 그런즉 이 경제조직 하에서 생활하여 가는 제군이 그 동안 득(得)한 것이 무엇이며 실(失)한 것이 무엇인가. 또 제군의 본량품성(本良稟性)이 이로 인하여 얼마나 변화하였는가. 제군이 어느 시대—아니면 선조시대(先祖時代)—에서 한 번은 훌륭한 가정에 부모와 부처 자손이 알뜰하게 단락생활을 하여 보았으리라고 확실히 믿는다. 그리하여 부모에게 효성도 지극하였다. 부처(夫妻) 간이나 자손에게 따뜻한 사랑도 주었다. 친척과 화목도 하였고 선조 분묘에 시제도 거행하였다. 국가도 사랑하였고 군주에게 충성도 하였다. 동지도 사모하고 동족환란에 대하여 동정심도 있었고 의분도 많았다. 그러나 갈수록 흉악하여 가는 자본가의 심술은 적으나 많으나 제군 전래의 재산은 몰수(沒數)히 약탈을 하고 제군의 생활은 가산에서부터 파괴를 시작하게 하였다. 그리하여 모든 아름다운 마음과 훌륭한 질서는 차제로 철폐될 뿐 아니라 … (판독불능) … 마침내 제군의 고귀한 인간성은 지극히 비열하게 악화되고 말았다.

노동자 제군

자본가가 가지고 있는 물적 생산수단—토지, 원료품, 공장, 기계, 도구—로써 될 수 있는 대로 다수 노동자를 사역하여 다대한 이익을 농단하는 결과는 제군이 제군 가정의 유전적 취미 있는 기업을 폐리(弊履)같이 버리고 쫓겨 가는 놈같이 달음질을 주어 공장으로 광갱(鑛坑)으로 부두로 정차장으로 가로상(街路上)으로 가서 노동하게 되는 참상이 안전(眼前)에 역력하다. 이와 같이 노동하는 결과가 과연 어떻게 되어

가는 것을 제군은 모르리라. 생활하여 가는 데 아무 수단을 가지지 못한 제군은 부득불 살아가기 위하여 노동력과 소허(小許)의 임금을 교환하려고 사방으로 방황하면서 노동력의 매수자(買受者)를 탐자─곧 구직─한 결과, 연초공장의 직공이 되어 일일 1원의 임금을 받는다고 가정하자. 그러면 제군의 직업은 그날부터 영원히 제연(製烟)직공을 면치 못할 것이오, 또 제군의 생활은 일일 1원 범위 내에서 기초가 고정되고 말 것이다. 그는 자본주의적 경제조직, 곧 현금생활의 근기(根基)가 강조하게 되는 일면 그 기초에서 발달된 분업상태는 아무리 제군이 제연직공에서 제화(製靴)직공을 전직하고 싶어도 도저히 그것이 불가능할 뿐 아니라, 따라서 그 생활경제가 일일 1원 범위를 초월치 못하게 된 까닭이다. 그런즉 이 상태에 대하여 직공된 제군 방면으로 볼 것 같으면 제군은 제군과 부모처자를 양육하기 위하여 전력을 소비하는 것이오, 또 직무방면으로 볼 것 같으면 제군은 가장 충성스러운 직공이 되어 자못 연초 제조하는 데 전 생명을 희생하고 만다. 이것을 다시 객관적으로 볼 때에는 제군 노동력은 영원히 노동을 계속하기 위하여 전 생명을 손실하리 만큼 소모하는 반면에 자본가는 제군의 당장에는 죽지 아니하리 만큼─필경은 죽고 말지마는─생활비를 여(與)하고 그 대신에 제군의 성력(誠力)을 탈(奪)하여 제군 같은 유순한 노동자를 될 수 있는 대로 다수히 제조하여 아무 때든지 자기 마음대로 기구(器具) 같이 사용한다. 왜 그러냐. 제군이 극도의 피로한 신체의 빈약한 온도를 유지하는 여력을 할(割)하여 자녀를 양육할 때에 그 사랑스러운 자녀가 기형적 저능아로 성육(成育)되어 학문이라고는 국문 일자(一字)도 모르고 질병꾸러기가 되었건마는 제군의 노동을 계속하라고 교훈하고 발원한다. 결국 제군은 무산자를 제조하기에 희생자가 되는 외에는 아무 사적(史蹟)이 없으리라. 그리하여 제군이 그 귀중한 수명을 단축하면서 제조한 노동자 수가 의외로 너무 많아서 실직자가 전 세계에 충만하였을 뿐 아니라 그 결과 제군의 생명인 임금까지도 감소되고 말았다. 그는 지금 가령 모 연초 제조회사에서 직공 백 명을 모집한다는 광고가 신문지상에 게재하였다 할 것 같으면 아마 제군 같은 노동자가 각처에서 모여들어 당장에 정원의 10배 곧 천 명이나 응모할 터이다. 이때에 노동력을 팔려고 노동자끼리 서로 경쟁하는 결과 누가 과연 이익을 득하리라고 생각하는가. 예정 임금 일일 1원이 80전이나 70전으로 저락될지언정 결코 1원대로 결정되지 못할 것은 명약관화일 것이다. 그런즉 결국 제군의 노동자를 제조하기에 전력을 소모하는 충성은 도리어 자기 생명을 파괴하는 결과를 생하였으니 이때에 제군은 생산하다가 죽으리라는 말을 무엇으로써 능히 부인할 수 있는가. 또 쇠약한 신체가 과로에 견디지 못하여 질병에 걸리든지 또는 공장을 폐쇄하거나 기타 자본가의 마음대로 직공된 제군을 해고한다 할 것 같으면 치료에 여유 없는 빈곤으로 타에 전직이 사실상 불가능 하리만큼 연초 직공생활에 고착된 제군 실직자는 과연 무엇이 되겠는가. 일일 생활의 식량을 구득할 방도가 막연하여 필경 아사하는 비경에서 방황하는 외에 아무 도리가 없으리라. 그는 제군이 현금(現今) 각처에서 속출하는 공장폐쇄, 노동자해고, 실직문제 등 신산(辛酸)한 사실을 의미 있게 볼 것 같으면 풍전등화 같은 제군의 운명이 얼마나 위험상태에 있는가를 용이히 추측할 수 있을 것이다.

　노동자 제군

　제군을 노동능력이 완전히 있건마는 상당한 직(職)에 취(就)치 못한 실직자로 가정하여 또 제군을 아무 노동능력이 없는 병인(病人) 불구자 노인 소아라고 가정하자. 그러면 제군은 무산무직의 상태에 빠진 균일한 빈민이라 할 것이다. 왜 제군이 이 사회에서 빈민이 되었는가?

그 원인의 대개는 이미 말하였거니와 요컨대 현 경제조직이 세계 전 인구의 9할 9분 9리나 되리만큼 다수한 무산자를 제조한 결과 그리하여 자본가는 될 수 있는 대로 무학식하고 아무 반항성 없는 가장 건강하고 가장 유순하고 인내성이 풍부한 자를 택하여 노역에 종사케 하는 결과, 또 자본가가 마음대로 해고 실직케 하는 결과라고 생각한다. 그런즉 제군 생활의 사회적 지위와 이 세상을 살아가는 데 대하여 어떠한 태도를 취하여야 할까. 아무 직업 없는 제군이 살기 위하여 취할 유일한 방법은 도적이 될까 걸식을 할까 매음을 할까 하는 외에 다른 도리는 없을 것이다. '도적질도 허가가 없으면 못 한다'. 다시 말하면 아사하지 아니 할 것 같으면 일신에 절박한 연명(延命)의 욕망을 충족하려 하기 때문에 도저히 치욕이나 명예를 고려할 여유를 가지지 못하였으리라. 그러므로 제군 같은 빈민은 이 사회에서 생존하는 것이 전혀 무용의 췌물(贅物)이기 때문에 이 사회는 제군을 아무쪼록 수용하여 주려고는 생각지 아니 할 뿐 아니라 차라리 제군이 하루바삐 멸망하여 이 생존계 의 부담을 경감케 하기만 바란다.─여(汝)를 살(殺)하여 아(我)가 잘산다 ─또 제군은 제군 혹 선조시대(先祖時代)에서 이 사회에 대하여 무슨 공헌이 있었더라도 그것을 추억할 아무 총명도 없다. 그리하여 자기의 이성과 역량의 자존자부(自尊自負)로써 이 사회에 기생을 강요할 용기 를 가지지 못한 제군은 거짓말이라도 이 사회에 생존할 만한 근거나 필요가 있다고 생각지 못한다. 그러니까 이 사회가 제군 항상(項上)에 부월(斧鉞)을 가(加)치 아니하고 아직도 그 생존을 용서하는 것만─사실 상 용서도 없다─다행하고 감사하게 생각하는 제군은 겸손과 복종이 노예의 제일 무기인 것같이 인내하고 순종하는 것이 역시 제군의 도덕 으로 생각하리라. 그런즉 이 사회가 제군 같은 무산 무직자를 부랑자라 하고 감옥에 투수(投囚)하는 것이던지, 오수(午睡)가 몽롱(朦朧)한 태타

자(怠惰者)라고 비방하는 것을 볼 때에 본연 그 실직자 말로의 비참한 사회적 지위를 느끼지 아니할 수 없을 터이라. 또 제군이 걸식에서 도적에서 매음에서 일약(一躍)하여 자본가의 사용인이 되었다고 가정하자. 그러면 제군은 주인되는 자본가에게 복종하고 아유(阿諛) 영합하는 것이 제일 의무이니 주인의 식탁에서 떨어지는 찬밥덩이에 매몰된 제군이 주인의 횡포에 능히 반항할 수 있는가? 더구나 현실 생활조직에 대하여 반대할 수 있을까? 이때에 제군은 일방 임금 노동자와 생존상 이해의 충돌이 생하는 걸 모르리라. 만일 제군이 임금 노동자와 동일한 무산자 상태에 있는 것이 사실이라 하면 제군이 주인의 식탁 모퉁이에서 떨어지는 냉반(冷飯)덩이를 욕구하는 결과가 제군 동지인 임금 노동자의 생명을 약탈하는 데 귀착하는 사실을 무엇으로 응수할 터인가. 왜 그러냐? 제군 생활의 전도는 아무 희망 없어—있더라도 실현이 불능하니까—자못 상위계급인 자본가로부터 투여하는 근소의 보시(普施)로써 겨우 생명을 보전하는 운명을 가진 까닭에 오직 희망하는 바는 될 수 있는 대로 이 세상이 조금도 변치 말고, 그리하여 자본가의 재산이 될 수 있는 대로 풍부하게 되어지라는 것이니. 그는 자본가가 노동자의 고혈을 될 수 있는 대로 착취하여서 자본을 증식하는 것이 곧 제군의 소득이 증가되는 유일 방법인 까닭이다. 그리하여 그 무슨 사변(事變)이 생할 때에는 위선 자본가를 옹호한다. 사변을 이용하여 약탈을 시작한다. 화재가 나면 도적질할 연구부터 한다. 아! 이것이 모두 무산자의 심리상태요 인생관이로구나? 이로부터 제군의 성질은 극히 퇴폐하였으리라. 생활은 타락되리만큼 타락하였다. 이때에 제군의 비열한 태도는 확실히 인류 영역을 벗어나기에 조금도 주저치 아니하였으리라.

　노동자 제군

아! 제군이여. 제군은 부모가 있느냐. 부처자손(夫妻子孫)이 있느냐. 주가(住家)가 있느냐. 고향이 있느냐. … **(판독불능)** …? 아! 제군의 신세는 과연 고독하고 참혹하게 되었다. 광명한 천지가 암흑한 토굴이 되었다. 제군의 고향의 자연의 미는 족히 사람의 정을 반기었고 정신을 활발케 하였다. 전야(前野)의 화향(花香)과 후원의 조성(鳥聲), 청계(淸溪)의 정취와 원산(遠山) 한운(閒雲). 아! 제군은 이와 같은 고장(故庄)의 아름다운 풍경을 알지 못하고 자못 찬밥덩이를 구하기에 매몰하였다. 초연(燋煙)에 잠겨서 기유(機油)에 빠져서 광갱에 묻혀서 진개통(塵芥桶) 같은 가로상에서 혁철(革鐵)의 편달(鞭撻)에 일신을 맡기어버린 불행아가 되었다. 금일 경상도 명일 충청도 정처 없이 유랑하는 제군의 신세는 … **(판독불능)** … 알지도 못하며 … **(판독불능)** …. 일신에 절박한 기근 앞에는 동정심도 의분도 없어져 버렸다. 전래하던 주가는 부지중 없어지고 월세의 일한모옥(一閒茅屋)이 아니면 자본가 낭하(廊下) 일우(一隅)에 우거(寓居)하였다. 풍우에 퇴락한 창벽(窓壁)은 다시 수리할 여유가 없고 침공(針孔) 같은 문창(門窓)의 좌향(坐向)은 태양의 사입(射入)을 회피하여 방 속의 음울한 공기와 갖은 악취는 암귀(暗鬼)의 소굴이 완연하다. 병욕(病褥)에 싸여서 기한에 호곡하는 부모처자는 원수같이 지긋지긋한 애물이라 아무쪼록 속히 사멸하는 것이 차라리 제군의 소원일 것이다. 사랑에 주려서 부모를 호규(號叫)하는 해아(孩兒)는 노목질타(怒目叱咤)에 기절혼도하였다. 조반(造飯)을 못하고 죽(粥)을 쑤었다. 시탄(柴炭)이 없어서 죽도 못 쑤고 호병(胡餠)을 매(買)하여 분식(分食)하였다. 저 악마 같은 자본가, 저 무정한 가주(家主)는 병 있다고 방축(放逐)하며 월세를 못 낸다고 축출할 때에 당시 로서아 농노 같이 애이란(愛爾蘭) 소작인 같이 돈견(豚犬) 같이 우인(偶人) 같이 유순한 제군은 병든 가속(家屬)을 포부(抱負)하고 도로에 호곡 방황(彷徨)하는 운명에 함(陷)하였다. 아! 제군아

살 곳이 어디며 먹을 것이 무엇이냐? 종로야반(鐘路夜半)이나 각처암흑(各處暗黑)한 곳에서 귀곡성 같이 애호(哀號)하는 저 걸아(乞兒)들 … 저 걸아가 과연 제군의 알뜰히 사랑하던 자손이 아니고 무엇인가를 생각할 때에 참말 나는 끓어 나오는 핏줄기로 온 세계를 염홍(染紅)하고야 말리만큼 느끼었다. 이 사회가 만일 자식 된 자로 하여금 친(親)에게 효(孝)를 극진히 하고 친 된 자로 하여금 자식을 애(愛)하는 것이 만고불역(萬古不易)의 오륜 중 일덕목이라 할 것 같으면 마땅히 제군으로 하여금 효애를 극진하게 할 기회를 여(與)하는 것이 그 윤리가 확립되는 절대의 전제요건일 것이다. 그러므로 만일 지금 경우와 같이 제군으로 하여금 생명이 계속될 동안 까지 가장 충성하게 노동하더라도 그의 소득이 자기일신을 보전함에 오히려 부족한 상태라든지 또는 아무리 고심 근면하더라도 사회가 직업을 여치 아니함을 인하여 결국 질병에 싸인 부모처자를 부양하기는 고사하고 차라리 하루바삐 그들이 멸망하여 일신의 부담을 경감케 하고 싶다하는 탄성(歎聲)을 발하게 할 것 같으면 모름지기 친에 효하고 자를 애한다는 그 윤리를 파괴하여라. 적어도 그 윤리를 고집할 이유가 있을 것 같으면 제군으로 하여금 효를 진(盡)하고 애를 여할 수 있으리만큼 이 사회를 개혁하여라. 만일 양자가 총(總)히 불능하거든 그 윤리는 자본가의 전용 윤리라고 명명(命名)하여라. 만은 유감이나 이 사회의 생활조직과 그 윤리와는 도저히 서로 융합치 못할 성질이 있음을 어찌하랴. 제군이 부모처자의 질병에 대하여 의사의 진단을 받을 때에 그 의사는 응당 복약(服藥)하라, 자양(滋養)이 풍부한 식물을 공(供)하라, 신선한 공기를 흡입하라, 과로의 노동을 하지 말라고 말하리라. 그러나 제군은 그 의사의 말을 냉소한다. 절망에 울었다. 그러나 의사의 말을 기다리지 아니하더라도 이미 제군이 잘 알고 있는 방향인 까닭이다. 알면서도 행치 못하는 것은 물론

무일분한 빈궁의 책임이니 물론 그 의사의 말이 치료 상에는 가장 적당하고 훌륭한 처방이지마는 결국 제군에게는 그것이 허위요 가면이다. 제군의 빈곤상태를 인식할 그 의사가 만일 정말 양심의 고백자가 될 것 같으면 확실히 그 병인(病人)의 죽기를 기다려서 매장이나 잘하라고 제군에게 권고할 것이다. 이것이 곧 효애를 하라는 것은 거짓말이오, 할 수 없는 것이 당연하다는 말은 물론 진실일 것이다. 부자간의 생산관계에 대한 관념과 기억—정신상 효애라 할지—곧 창조에 대한 희열의 발로와 정애(情愛)가 정애에서 생하여 결합되는 자연 찬란한 인(人)의 본연성은 어느 시대와 어떠한 경우에서도 확실히 제군의 뇌수에 항상 존재할 터이지? 그러나 적어도 효, 애라 하는 정의 표현이 물질의 역(力)을 요치 아니하고는 결단코 완미되지 못하는 것은 제군의 경험이 가장 웅변으로 증명하는 바이 아닌가. 그러므로 오직 발원(發願)한다. 친애 효하고 자를 애하는 것이 인류 생존상 만고불역의 전형이라 할 것 같으면 모름지기 그 신성한 효와 애로 하여금 물질의 괴뢰가 되지 말아라, 또 효애의 이행자가 기부기자(其父其子)에 제한하지 말고 사회 전체가 되어 라고. 요컨대 물질의 다과(多寡)에 의하여 그 존부(存否)가 결정되는 운명을 가진 효애는 진리의 세례를 받을 자격이 없을 것이오, 따라서 제군에게 효를 강요하는 친의 심리는 자본가가 제군 노동자에게 대하는 심리상태와 오십보백보일 것이다. 애! 제군아, 이 사회는 허위로 창조하였다. 가면으로 장식하였다. … (판독불능) … 비밀사회이다, 음모의 조합이다? 이 험악한 사회에서 서생(棲生)하는 제군의 생활이 만일 진실을 요구할 것 같으면 오직 사(死)하는 외에 타(他)에 진실이 없을 것이다. 고독에 느낀 제군이다, 참혹에 싸인 제군이다, 아무 것도 가지지 못한 불행아로다.

(1920. 10. 『공제』 2호)

# 소작인은 단결하라

## —조선노동공제회의 선언1)—

### 1.

사람은 본연의 자유가 있으며 본연의 평등이 있다. 그러므로 인류의
태초 생활상태를 살펴보면 아무 계급이라는 존재도 없었으며, 그의
자유 평등을 구속한 흔적도 없었다.

그러나 그때 인류가 홍수, 맹수, 기후, 풍토 등의 모든 자연계의
현상과 항쟁치 아니하면 도저히 생활해 갈 수 없었으므로 이 모든
것은 인류사회의 고등생활을 점점 조직으로 발달하게 하였다. 그리하
여 그 각자 생활상 사정은 혹은 목축민이 되며 혹은 어렵민이 되며
혹은 농경민이 되게 하였으니, 그 결과는 드디어 목축민으로, 지배의
습관을 어렵민으로, 살벌의 습관을 농경민으로, 보수의 습관을 각각
전통적으로 특수화하게 하였다. 그리하여 보수적인 농경민은 항상

---

1) 조선노동공제회는 노동자들의 단결뿐만 아니라 '노농동맹'의 관점
에서 농민 특히 소작인들을 단합시키기 위한 조직사업도 추진했다. 이
격문은 1922년 7월 31일부터 8월 3일까지 4회에 걸쳐 동아일보에 실렸다.
당시의 소작인들이 처한 참상을 고발하고 이를 해결하기 위해서는 우
선적으로 소작인 스스로가 공고한 단결을 이루어야 한다고 호소했다.
이후 9월 노동공제회 진주지회에서 조선에서 처음으로 '소작인대회'를
소집했으며, 이를 계기로 전국 각지에서 소작인들의 결속과 대중적 투
쟁이 급속히 확대되었다.

지배적인 목축민과 살벌적인 어렵민에게 압박을 받았을 뿐만 아니라 왕왕 자경한 농작물까지 약탈을 당하였으며, 또 목축민과 어렵민은 상호 각축하여 혹은 추장이라 자칭도 하고 혹은 그 막하(幕下)라 명명하였으니 대개 이것이 곧 인류생활상 계급이라는 형식이 발생한 원인이 되었으며, 따라서 계급이 발생한 원인이 다시 법률이라는 질서적 형식으로써 그의 자유 평등을 구속한 근거가 되었다.

이 계급 발달의 결과는 필경 봉건제도를 발생하게 하였으며, 인류사회는 이때부터 지배계급과 피지배계급의 양 존재가 가장 명확하게 되었다. 그런데 이 양 계급은 언제든지 서로 쟁투하여 갑이 망하면 을이 신흥하고, 을이 퇴패하면 다시 병이 승하여, 오직 지배자의 지위 쟁탈로써 유구한 역사를 반복하는 중에서 사회는 모든 악덕과 패행(悖行)에 의하여 부패되었다. 그 일면에는 학술과 문화가 어느 정도의 진보 발달이 없지 아니하여 저간 과학계의 허다한 연구와 발명이 우리로 하여금 막대한 충동을 일으킴은 사실이었으나, 그의 학술과 문화의 혜택도 종래 일부계급에 악용되어 모든 과학의 발명은 도리어 일반 민중으로 하여금 그 사역(使役)에 피로하게 할 뿐이요, 또 전세기(前世紀)의 구주(歐洲)를 헌감(撼撼)하던 자유주의의 혁명의 성과는 산업혁명을 유출케 하였다. 그리하여 산업혁명의 결과는 목축민 시대부터 배태하였던 자본주의를 완전 무양(無恙)하게 탄생하고 성숙하게 하였다.

(동아일보. 1922. 7. 31)


## 2.

자본주의인 괴물의 횡행은 독일에서 군국주의로, 영국에서 식민주의로, 불란서에서 사치(奢侈)주의로, 러시아에서 전제주의로, 아메리카에서 몬로주의로 오광칠색이 휘황찬란하게 전 지구를 진탕(震蕩)하였다. 그리하여 그의 중심의 세력을 반거한 상공 신사벌(紳士閥)은 철두철미 자본주의의 권화자가 되어, 왼손으로 왕정을 봉하고 오른손으로 민중을 압살하면서 기름진 음식과 보드라운 의복에 파묻혀서 빈약한 노동자의 피와 땀을 착취하여 자본을 집중하기에 횡폭, 각형(刻刑), 교활, 허위 모든 비인간적 행사를 감위(敢爲)하던 자살 정책은 마침내 저간 5년간 대전을 폭발하게 하였고, 그 참담한 전쟁으로 인하여 자본주의의 일단이 여지없이 파탄되었다. 그렇다 하나 구주에서는 일찍이 공업 발달로 인하여 자본주의의 흡혈구를 공장 노동자에게 주입하였지만 그 자본주의가 대서양을 건너서 동방 각국을 침입할 때에는 동방은 아직도 공업이 발흥되지 못함을 보고, 호랑이가 주리면 굶주린 자를 포식한다 함과 같이 공장 노동자가 적으니 농촌 소작인이라도 관계하지 않는다는 의미로 지금 그 자본주의의 화신인 지주들은 그 신랄한 독수(毒手)를 먼저 농촌에 펼쳤다.

## 3.

이상은 현대 자본주의의 발달의 상태를 역사적으로 대략 살펴본 것이다. 그런데 기중(其中)에 더욱 조선은 어디든지 비할 수 없는 소작농의 참상이라고 할 수밖에 없다. 십수 년 전까지는 소위 특수계급 곧 사대부니 양반이니 토호니 하는 자가 도시를 염피(厭避)하고 농촌에 반거(盤據)하여 저들의 조선(祖先)이나 혹은 척당(戚黨)의 유음(遺蔭)과 권세를 배경으로 하고, 농민의 생활을 협위하든 사실은 실로 참혹하였다. 그러나 저들은 계산적 두뇌가 적고 허위이지마는 자선적 관례가 있으므로 하등의 조직적 약취(掠取) 방법을 발견치 못하여, 비록 구실이라도 그때 소위 윤리 도덕에 위월(違越)이 없으면 그들 농민에게 직접으로는 간섭하지 못하고, 간섭한다 하더라도 중농 이상의 생활이 여유한

자에게만 약취하였다. 그러나 그 일면에는 왕왕 빈민을 구제하던 기현
상도 없지 아니하였다. 또 그때에 지주는 흔히 관료이므로 일차 관계(官
界)에 투신하면 공명심에 몰두하여 약간의 소작료 같은 것은 심대한
문제로 알지 아니하기도 하고, 만일 현직(現職)이 떨어지면 회뢰(賄賂)
로 어떻든 토지를 헐가로 척매하기 때문에 토지소유권의 순환이 빈삭
함을 따라서 토지의 분배상태가 그다지 심혹한 현격은 없었다. 그리고
물론 이면에 성의가 아닌 모순이지마는 표면에 나타난 사실로는 청빈
을 자랑하는 풍속이 있으므로 관료나 사대부라는 자들이 '돈'에 대하여
는 이야기도 잘 하지 못하였으며, 기차(其次)의 지주들도 소작인에
대하여 방임적 태도를 가지고 그렇게 세쇄(細瑣) 가혹한 제도가 없어
대개 소작료는 수확의 반분 이내를 정한 것이 많았고, 토지대가도
저헐(低歇)하여 하인이라도 토지 매득하기가 용이하므로 자소작농가
가 대부분이었다. 그리하여 소작인의 수효가 극소하고 그 생활도 그다
지 비참하지 아니하였다. 그런데 교통기관의 발달을 따라 각국의 상공
업자가 내왕하게 되매, 또 교통기관의 발달과 각국의 통상은 문명을
수입하는 원동력이라 한다. 그러나 진실한 사실을 말할진대 그 모든
것은 자본주의를 선전하는 유일의 기관에 불외하였다.

(동아일보. 1922. 8. 1)

그리하여 그 무참한 자본주의가 조선에 침입되자마자 일반경제
상태는 돌변하였다. 그리하여 모든 물가가 등귀함을 따라서 토지가도
일약(一躍)하여 1배 2배로 10배 20배 30배까지 가경할 돌비적(突飛的)
시세를 현출하는 동시에 혹은 회사에서 혹은 개인으로 토지를 겸병하
기에 열중하고 또 일방에서는 비록 다른 상공업과 기타 상공업이
그다지는 발달하지는 못하였다 하여도 전일에 수공업으로 모든 것을

만들던 데 비하면 지금은 조선 도시에서도 자본주의적 상공업이 제법 빈약한 농촌을 착취할 만한 정도까지는 발달하였다. 그리하여 좌우로 협공을 당하는 조선 농촌은 그 자작 소농가가 연복년(年複年)으로 몰락하여, 현금 전 조선 농호가 270만 9천 6백 36호에 대하여 소작농호가 210만 622호이라는 숫자 곧 8할의 다수를 시하였으니, 이 다수한 소작인은 과연 여하한 생활을 하는가를 일별할진대 60만 9천 14호 곧 2할에 불과한 지주배를 위하여 혈제(血祭)에 공(供)하는 희생적 동물의 운명과 같다. 왜 그러냐 하면 지주는 특권만 있고 소작인은 의무만 있어서 지주는 자본가인데 소작인은 무산자이며, 지주는 신사인데 소작인은 노동자이며, 지주는 상전인데 소작인은 노예이며, 지주는 모든 권위자인 동시에 소작인은 온갖 피압박자이다. 그러나 먹지 아니하면 살지 못하는 인류는 할 수 없이 그 부자연한 모든 모욕을 받으며 인격과 인권을 상실하고 소작인 생활을 하지 아니치 못하게 된다. 현금에 소작제도는 각 지방을 따라서 불일하지만, 대체로 보면 수확한 곡물의 반부 이상의 소작료는 상례가 되고 그밖에도 지세(地稅) 비료대가(肥料代價) 사음료(舍音料) 소작료(小作料) 두량과다(斗量夥多) 수리세(水利稅) 출포료(出浦料 : 지방 형편과 지주 여하에 따라 다소의 차이가 있다―엮은이) 등을 일일이 정산하면 소작인의 소득은 공이 될 것이다. 그리하여 과도한 노동의 비례(比例)로 항상 영업이 부족할 뿐만 아니라 생활의 필수조건의 모든 것이 불비하므로 일체 조속히 노쇠 사망률이 다수 사산유아 사망률의 나수 질병자 다수 모든 비참은 필경 농촌으로 하여금 퇴패케 하여 그 생활의 철망을 벗어나려는 그이들은 노(老)를 부(扶)하고 유(幼)를 휴(携)하면서 빙상(氷霜)의 늠열(凜烈)한 시베리아 만주 등지에로 유리 표박한다. 그때에 도로에 상연(相連)한 애곡성(哀哭聲)은 실로 이 지구

(地球)의 멸망(滅亡)을 최촉(催促)한다. 실(實)로 인류(人類)의 몰락(沒落)을 저주(咀呪)한다.

그런데 잉여가치를—잉여가치라 함보다도 노동의 모든 가치를 약탈하는 저들 지주배는 소작인의 솔직무위함을 이용하여 그 혈한(血汗)을 흡취하면서 도리어 공연히 소작인의 무식함을 타매(唾罵)하고 우매를 조롱하되 소작인의 빈핍은 소작인이 스스로 초래한 것이라 말한다. 생각하라 저들은 침상과 보욕에서 전전하며 고량에 포만한 흥복을 문(捫)하여 소화불량을 걱정하지 아니하면, 요리점 신정(新町) 피랑(避廊)이나 예기적(藝妓的) 부(婦)로 음일(淫佚)한 유흥(遊興)이던지 도박장 연극장에서 세월을 소요하는 일식 천금의 순소비자가 아닌가. 그러면서도 성(星)을 대(戴)하고 원야(原野)에 출(出)하여 진일(盡日)로 노작(勞作)하는 생산자인 그들을 대하여 도리어 나태한 이라 하며, 한 잔의 탁주 한 그릇의 속반도 넉넉지 못하여 초근목피까지 채식하기에 여가가 없는 소작인을 보고 저축심이 없는 과도한 소비자라 하고, 허위의 예절과 교활한 습성으로 교묘한 언사를 농하여 세(世)를 기(欺)하고 저들 자신을 기(欺)하면서 양심의 충동대로 문채와 가식이 없고 호상부조의 원성이 약동하는 소작인의 행위와 언동을 보고 천치이며 무식자이며 위생도 모르며 윤리도덕도 박약하다 하여 온갖 수단과 방법으로써 소작인이 하루를 노동하면 노동한 그대로 일 년을 노동하면 노동한 그대로 착취할 뿐만 아니라, 그들의 전 인격까지 모욕하기에 급급한 저들의 심리야말로 누구라도 신경의 작용이 있다 하면 차(此)에 전율(戰慄)하고 공포하고 다시 분노하지 아니할 수 없을 것이다.

(동아일보. 1922. 8. 2)

그런즉 금일 소작인의 생활상태는 전연 비참한 경지에 함익(陷溺)하였다.

사람의 본연의 생존상에 하등의 보장이 없는 풍전등화 같은 그들의 운명은 자못 조만간 고통과 타락에서 사멸해 갈 뿐이다. 그리하여 이것을 정치상으로 보더라도 현대 정치는 전연(全然)히 자본주의상에 수립된 것이며, 따라서 현행의 법률은 소작인을 제외하고 소작인을 착취하는 상부계급만을 위하여 제정되었다. 그리하여 이 부정한 결과는 물론 소작인의 생활, 곧 그의 생존권에 대하여 아무 보장함이 없이 다만 소수 지주가 그 생활을 임의로 처분하며, 따라서 그의 전 생명을 유린하되 현대 정치와 법률은 도리어 그것을 인정하며 조그마한 가치도 발견할 수 없는 것이 명백하다. 요컨대 그것은 특권계급이 자기 자신에게 편리하도록 제정한 것이니까 소작인에게는 유해무익한 것이 필경 당연한 귀취(歸趣)일 것이다. 그리하여 현대문화가 여하히 발전하였다 하여도 소작인은 호말(毫末)도 그의 혜택을 입을 수 없고, 온갖 문명의 이기와 문화의 학술은 도리어 소작인의 고통을 증가하는 도구에 불과하다. 희라 압력이 중할수록 반동이 대하고 고통이 심할수록 환희가 앙등하나니, 반동의 세력을 탄(彈)할 시(時)에는 압력은 분쇄되고 환희가 앙등하는 도정에서는 공포의 시대를 통과하지 아니치 못한다. 금(今)에 소작쟁의는 국경 내외를 물론하고 신문지상에 혈의 염색이 일일 농후하는 차시(此時)에 조선의 소작인도 점점 아귀와 동골(凍骨)의 고총(古塚)을 축파(蹴破)하고 일선(一線)이 광명(光明)을 파지(把持)코사 동(動)하라 하는 소식이 없지 아니하다. 그런데 본회에서 무산계급 곧 노동자를 대표하여 현상의 불만을 규할 시에 하필 편국(偏局)한 문제인 소작인만을 대하여 고뇌하는가 하고 의문할 이도 있으리라. 그러나 조선에서 공장노동자는 근근이 5, 6만에 불과하고 소작인은

1천 2, 3 백만의 다수일 뿐만 아니라, 형식상으로 근육노동은 동일하지만 실제에서 생활의 위협을 받는 것은 도시 공장노동자보다 농촌 소작문제가 절박함을 감하므로 인간적 요구의 정당함을 보아서도 전 사회를 급양(給養)하는 생산자의 파탄의 위기로 보아서도 시대 진화의 필연함을 보아서도 이지(理智)로나 감정으로나 어디로 보아서도 합리한 정당한 것이 금일의 소작문제 해결이라 한다. 이 문제 해결에 대하여는 시각을 다투어 절박한 줄 안다.

그런데 금일에 일체의 소작문제를 해결함에는 지주의 반성을 구하자는 이도 있는 듯하다. 그러나 그것은 도저히 기대키 불능한 것이다. 왜 그러냐 하면 그것은 이리로 하여금 양을 간수케 하자 함과 다름이 없음을 명백히 아는 까닭이다. 그런즉 소작문제는 소작인 자체의 자각이 아니면 안될 것이오. 소작인의 자각은 현금 상태와 같이 산산이 개개의 행동으로 아무 조직적 단체가 없으면 문제의 이해를 연구할 기회는 없을 것이다. 따라서 아무 힘도 생기지 아니 할지며 아무 일도 되지 않을 것이다.

그러므로 소작문제 해결은 반드시 소작인의 단결이 공고하여야 할 것을 가장 굳세게 신념하고 이에 선언하노니 조선의 소작인이여 단결하라, 조선의 소작인이여 단결하라, 단결하여야 생할 것이다.

(동아일보. 1922. 8. 3)

# 전 세계 무산자와 동방 피압박민족은 단결하라[1]

## — 조선공산당 선언 —

전 조선 노력자들께

전 조선 인민들께

사정없이 실행하는 약탈과 폭력의 정책으로 일본 제국주의자들이

---

[1] 1924년 4월 결성된 조선노농총동맹과 조선청년총동맹 등의 대중적 조직활동을 기반으로 하여 1925년 4월 창당된 조선공산당은 강령과 규약을 만들지 못했다. 다만 6월 제2회 중앙집행위원회에서 1920년대 초 코민테른의 식민지 반식민지 민족해방운동 방침을 따르는 '조선공산당 투쟁 슬로건'을 작성했을 뿐이다. 이 선언문은 조선공산당 창당 핵심 구성원이었던 조봉암, 김단야, 김찬 등이 이른바 '1차 공산당 사건'이라는 일제의 탄압을 피해 상해에서 만든 타블로이드판 신문 『불꽃』 제7호 (1926. 9. 1.)에 '선언과 강령'의 형식으로 실려 있다. 일제로부터 조선은 정치, 경제, 사회, 문화적으로 억압과 착취를 받고 있기 때문에 당면 투쟁 과제는 조선 민족의 해방이며, 이를 위해서는 일제에 대립하는 모든 역량을 민족해방투쟁 즉 반제국주의 유일 민족전선으로 조직해야 한다고 각 혁명단체들에게 선언했다. 한편 강령으로서는 '보통선거'에 의한 민주공화국 또는 인민공화국 건설 등의 12개의 대강령, 그 아래 소강령으로서 '무제한의 직업조합의 조직 및 동맹파업의 자유를 가질 일' 등의 노동자를 위한 12개 항목, '대토지소유자, 회사 및 은행이 점유한 토지를 몰수하여 국가의 토지와 함께 농민에게 교부할 일' 등의 농민을 위한 13개 항목을 내걸었다.

1910년 조선을 병탄한 이래 조선은 이제 이미 더 참을 수 없는 곤란한 경우에 빠졌고, 조선인은 민족적 최후 멸망의 위험에 다다랐다.

전 국민의 경제생활이 어느 하나가 일본 자본가들의 장악에 들어가지 아니한 것이 없나니 공장, 제조소, 상업, 금융, 교통 내지 자연의 부─광산, 삼림, 어, 염 등등이 모두 일본 제국주의자들의 무한양의 소유로 되었으며, 국민생활의 유일 기초인 농작의 토지까지 일본의 회사, 은행 및 개인 소유자들의 점유한바 되었고, 조선인은 오직 무제한의 노예로서 일본 자본가와 금융기관들의 착취의 대상으로 되어 있다.

농촌 인민의 77%는 경지 전문성 부족으로 일본 소유자들에게 빼앗긴 토지를 경작하여 노예노역의 수확한 결과의 거의 전부를 소작료로 내놓으며, 100만의 농민이 향토에서 구축되어 부득이 해외로 이주하나 또 거기서 극도의 물질적 궁핍으로 자본가와 지주들의 압박을 받고 오직 소비에트 국가에 이주한 15만의 인민들이 자유국민의 행복을 누리어 경제상, 정치상 그 지방인민들과 동일한 권리를 가지고 있다.

수공업자와 소공업자들은 가격이 저렴하고 품질이 악렬한 일본 공장, 제조소의 상품에 밀리어 실업한 무산자로 기아에서 신음하며 지식자들도 또한 이와 동일한 경우에 빠져 정부 기타 각 기관을 일본인에게 빼앗기고 조선 지식자들은 지식자의 직업에서 도태되었다.

이러함에도 오히려 부족히 생각하는 일본 제국주의자들은 다시 그 압박기관─감옥, 재판소, 경찰, 헌병, 군대 및 기타에 쓰기 위하여 각종 직접 간접의 과세와 비법적 약탈로 노농민들의 어깨에 중하를 지워 그들의 최후의 혈한을 짜낸다.

조선 인민들은 정치상으로도 압박받아 보통 인권의 초보적 자유까지 가지지 못하였다.

일본 부르주아 법률의 보호도 받지 못하고 오직 일본 관리들의 임의 압박의 대상으로 되어 일본인이 조선인을 학살할 때에는 불과 일종의 질서 문란으로 간주(看做)하여 극소액의 벌금에 처케 되며, 민중이 자유로 종교를 믿지 못하고 정치적 주의를 가지지 못하며, 형을 언론, 행동에 과할 뿐 아니라 악형자를 배척하는 의지, 사상에까지 가하며, 조선인은 자유로 단체도 조직하지 못하고 더욱이 사회사업에 대하여 참여, 간섭할 권리가 없다.

조선 인민들은 다시 민족적으로 압박 받는다. 일본 제국주의자들은 강제의 동화정책으로 조선 문화의 전멸에 노력하여 조선인의 국어를 금지하고 공사 각 기관 심지어 소학교에서 일본어를 사용케 하며, 조국의 역사, 문예 등의 연구까지도 죄로 인정하고 형을 가한다.

일본 제국주의자들은 온갖 악형의 방식으로써 조선 민족을 영원히 이 지구상에서 없애려 한다. 모든 불평 가진 자들을 국외로 방축(放逐)하며 감옥에서 죽이고 썩히며, 또 기여(其餘)는 일본인에 동화케 하여 노예계급을 만든 후 일본 자본가 양반들의 행복의 생활을 제조하는 재료로 한다. 이 정책을 실행하기 위하여 무수한 강력대─일본의 관료, 경찰 및 헌병들은 조선 민족의 명문을 꼭 막는다.

일본 제국주의자들은 강도의 강압정책을 실행함에 당하여 구라파의 진보된 기술과 아세아의 고대식 악형─낙철, 죽침, 혁편, 전기, 수, 염─으로써 한다. 금일 전 조선은 완연한 뇌옥(牢獄)으로 그 분위기에 수천만 노력자들의 사람으로서 참을 수 없는 고난에 신음하는 통성(痛聲)이 9제에 사무치며 전 민족의 목에 걸린 올가미가 시시각각으로 가일가(可一加) 긴절(緊切)하여진다.

조선은 일본 제국주의의 한 식민지라 일본 제국주의자들은 여기서 그들의 요구하는바 과잉적 잉여가치를 착취하는 것이다. 즉 하나는 압박계급이요 또 하나는 피압박계급으로 최다수의 인류가 선진 자본국가, 최소수 자본가들의 노예로 되어 있다. 이 자본가들의 무리한 요구와 비열한 행동은 제국주의자들의 세계 재분할—베르사이유조약에 의하여 정확히 발로, 증거되었다.

오직 세계 유일 무산자의 국가—소비에트 사회주의 연합공화국이 차등(此等) 강도(强盜), 약탈군의 권외에 있다. 자국 자본가들의 철쇄를 끊으며 외국 침략자들의 포탄을 막고, 노동자와 농민들로부터 사회주의적 건설의 길에 올렸다. 자유를 가진 각 민족의 연합으로 건설된 소비에트 사회주의 연합공화국은 제국주의의 압박을 받고 자국 민족의 해방을 위하여 투쟁하는 식민지 인민들의 진정한 친우로 된다.

식민지 민족들이 독수리의 발톱에 끼여 경제적 압박을 받을 뿐 아니라 정치적으로나 민족적으로 특별한 압박을 받는다. 무수한 식민지 인민들이 기아와 질병에서 생명을 잃는 일방에 제국주의자들은 이 노예들의 적혈과 백골의 위에 자기들의 행복을 건설한다.

일본 제국주의자들은 차등 착취압박자의 수류(獸類) 중에서 제일 위를 점한 자들이다. 일본의 자본주의가 기타 자본 각국의 그것에 비하여 제국주의적 발전과 식민지 점령에 낙후되었으므로, 일본 자본가들은 동 각국에 추급(追及)하기 위하여 악형과 강도식으로 식민지 인민들을 한몫에 착취하여 그 식욕의 강도를 알지 못한다.

일본이 처음 1896년, 대만을 점령함으로부터 그의 피 묻은 발톱을 조선에 밟아놓고 다시 그 한 발을 만주, 중국 및 몽고에 내밀었다. 그러나 그 강도정책의 발전은 필연으로 내외의 모순을 만나 그 최고계단에 이르렀고 또 그 제국주의는 빈약한 경제와 모험적 투기의 토대 위에 건설된 것으로 세계대전 종료 후, 상업과 산업의 위기에 의하여, 대진재에 의하여, 연해주와 북화태(北樺太)에서 축출됨에 의하여, 북미 합중국의 배일 확대 및 그 전기 접근에 의하여 점차 붕괴에 가까워간다.

다시 자국 노농 군중의 계급적 투쟁의 빈발로 인하여 다 썩어 가는 일본 제국주의는 복배(腹背)로 적(敵)을 받고 있다. 이리하여 결사의 발악으로 식민지의 반항 특히 조선의 그것을 종래보다 일층 더 압박하고 자국의 노농민들도 일층 더 착취한다. 이것은 자기의 묘혈을 파는 역군을 만드는 것이며, 자기의 잔명의 날짜까지 단축시키는 것이다.

일본 제국주의의 내외 정형은 이미 상술한 바와 같거니와 현재 조선 민족의 앞에는 오직 두 가지 길이 있다. 치욕을 무릅쓰고 강도의 총검 하에서 그대로 죽고 말 것인가, 그렇지 않으면 최후의 승리를 얻을 때까지 독수리의 압박에서 강토를 회복할 때까지 적과 절대적으로 투쟁할 것인가 이외에는 아무 다른 도리가 없다. 조선 민족은 이미 그 제 이선을 취하기로 결정하였나니, 강절도가 처음 조선을 점령하려 할 즈음부터 약간의 혁명단체와 용감한 개인들이 일본 약탈자들에게 대하여 결사의 투쟁을 개시하였다. 이 개인들은 단독적이 아니요 점차 장성하여 나가는 군중의 불평만을 용감하게 표현한 자들이다. 그러나 조선 피압박민족의 의용아들의 차등 불등적(不等的)의 개인적 결투가 물론 다수의 군대와 군함과 헌병과 경찰을 가진 전신을 무장한 일본 제국주의와 투쟁하여 승리의 종결을 보지 못할 것이다. 조선의 노력군 중은 군중자력으로써 일어나지 아니하고는 약탈자의 총검에서 해방되지 못할 것이요, 개인 의협가들의 일본 관료경찰에 대한 용감한 습격이 조선 군중에게 하등의 자유를 주지 못할 것이다. 그러나 전부 고금 미문의 강도와 약탈과 학살로 구성된 침략정책의 결과에서 나온 이 암살운동에 대하여 제국주의자들이 도리어 반대한다는 것은 전혀 그들의 일종의 조롱이요 가식이다.

1919년 3월 1일, 세계 제국주의 약탈전쟁 후 조선 민족은 미국 자본가들이 베르사이유 강화회의에서 조선 문제를 정당히 해결한다는 말에 속아 일본 제국주의의 배척을 평화적 시위로써 하여 제국주의자들은 조선에서 퇴거하라고 소리만을 쳤다. 이 운동은 약탈과 강도에 대한 자연배척으로 되었고, 하등의 조직적이 아니었으며, 또 외인의 원조를 믿는 턱없는 망상을 가져 미리부터 실패의 길로 나선 것이오, 조선 민중은 이 망상에 대하여 무상의 대가를 지불하였다.

당시 군중을 집합, 조직시키며, 또 군중의 진행할 방향을 지시할 해방투쟁상, 구체적 환경과 실질적 정형을 착오 없이 정해(正解)하는 혁명당이 없었고, 운동의 수령과 이론가들은 모두 부르주아와 지식자들로 외인 원조의 망상에 총명을 가리워 혁명의 전도를 투시하지 못하였다.

3·1운동은 도수혁명(徒手革命), '굴슬혁명(屈膝革命)'이요, 일본 제국주의 도수들은 이 무장 아니한 군중을 함부로 학살하였다. 당시 전 조선은 시산(屍山) 혈해(血海)를 이루어 7,500여 군중이 여자와 노인과 소아들까지 가상(街上)에서 감옥에서 살해되었다.

3·1운동은 실패되었으나 조선 민족의 해방투쟁은 일 보 앞으로 나섰다. 그것은 군중을 정치적 생활로 환기하였고, 또 일본 군벌들이 7,500여의 군중과 함께 외원(外援)의 망상(妄想)까지를 학살한 까닭이었다. 이로부터 조선 혁명운동은 신경로를 얻게 되어 군중자력으로써 투쟁하였으며, 또 그 투쟁상, 조선 민족의 기본적 군중인 노동자와 농민들이 민족운동을 자립적으로 진행하였다. 혁명운동의 발전에 따라 점차 위험을 느끼게 되는 침략자들은 종래 공개하였던 군사 정치의 압박으로 대체하고, 민족해방운동의 유일전선을 파괴하기 위하여 부르주아와 부랑(浮浪) 지식자들을 자방으로 유인하려고 어떤 형식만의 정치적 자유와 경제적 이익을 주었다. 이리하여 귀족, 부르주아 및 부랑 지식자들로 하여금 조아(爪牙)의 버린 뼈를 물고서 평소의 애국애족의 미명을

버리고 강도와 타협 및 동조하여 자기들의 일신의 이익을 국가 민족보다 더 중대히 여기게 하였다. 동시에 그렇지 않아도 더 참을 수 없는 압박과 착취를 받는 노동자, 농민, 도시빈민 및 지식자들을 그 대상으로 아울러 더 착취 더 압박하여 그들의 최후의 고혈을 빨아낸다. 이러한 정형이 필연적으로 노력군중을 절대적 투쟁의 길로 밀어 넣었으나 그들은 그 무서운 압박과 착취를 더 힘써 저항하는 외에 타도가 없는 까닭이다. 그리고 전진한 혁명적 지식자들은 노농계급들과 사생의 관계로 서로 밀접한 연락을 가져 망상에서 탈출된 후 그 소유의 역량을 피압박 노농군중의 투쟁에 공헌하였다.

전선에 나선 혁명적 지식자, 노동자 및 농민들의 일부분이 일상투쟁의 경험에 의하여 점차 미신에서 해방되고 공산주의적 관념을 가지게 되었다. 그들은 그들의 투쟁목적을 중도에 두지 않고 그들의 투쟁과업을 모든 경제적 압박을 파탈하고 사람으로서 사람을 착취하는 것까지 폐지함으로써 하였다.

세계 노력자 총혁명단체—국제공산당의 일원되는 조선 공산주의자들은 제국주의 반항투쟁에 대하여 절대적, 순서적 방침을 수립한 조선 민족해방운동의 선봉대이다.

공산주의자들이 민족해방운동을 위하여 적의한 투쟁방침을 세우고 조직적, 희생적으로 진행함은 금차 경성에서와 각 지방에서 일어난 6월 운동으로 확증되었다. 공산주의자들이 민족운동자들과 함께 동일한 행오에서 투쟁한 이 운동은 해방투쟁이 한 걸음 나선 것이요, 혁명운동이 새 계단으로 올라간 것을 표시한 것이다. 6월 운동은 3·1운동에 비하여 철저한 목적, 표어 및 투쟁방침을 가지어 일본 제국주의에 반항하는 민족혁명 유일전선의 작제상(作製上) 확고한 첫 기초로 되었다.

조선 공산주의자들은 일본 제국주의의 압박에서 조선을 절대로 해방하는 것으로써 당면의 근본과업을 삼고 이 과업을 실행하기 위하여 일본 제국주의에 대립한 조선의 모든 역량을 작성하고 적의 영루(營壘)를 향하여 정확한 공격을 준비 및 개시하여야 할 것이다. 이 투쟁은 3·1운동과 6월 운동의 경험에 의하여야 할지니 만일 이를 거부한다면 그는 과거의 실패를 되풀이할 것이다. 조선 공산주의자들은 그 소유 일체의 역량을 집합하여 1925년 4월, … (판독불능) … 창립대회를 개최하여 조선공산당을 조직하고 아울러 공산당의 목적과 투쟁의 구체적 방침을 세웠다. 조선공산당에서는 이 투쟁의 기본적 결정적 역량은 가장 많이 압박받고 가장 많이 착취받는 전 민족의 87% 되는 제국주의의 약탈과 자본주의 생산의 조립상 단결되고 집중되는 노동계급과 농민들로 본다. 이는 그들이 그들 자체 내에 혁명적 정력을 가장 많이 저축하였고, 또 일본 제국주의의 성첩(城堞)을 안으로부터 파괴시키는 폭탄의 힘을 가지고 있는 까닭이다. 차등 노력자들이 민족해방운동의 근본적 투쟁자로 될지며, 도시의 소부르주아와 지식자들은 이에 부수하여 나갈 것이오, 부르주아 혁명의 주력부대로 될 추진력이 없으나, 그러나 그들도 또한 제국주의자들의 압박을 받아 불만족의 요소를 가지고 있고, 따라서 아직까지 그 자체 내에 혁명적 요소가 없지 아니하므로 혁명의 선봉대와 직접 동맹할 수 있을 것이다. 조선공산당은 조선 무산자와 반무산자들의 산아(産兒)요, 이 산아는 이미 그들의 영수로 되어 절대의 책임적 과업을 가지고 수천만 노력군중을 압박에서 해방하기 위하여 제국주의자와의 투쟁에 있어서 군중을 지도해 나갈 것이다.

조선공산당은 세계 사회주의 혁명의 대본영—국제공산당의 일 분대로 압박받는 조선 군중을 세계 피압박민족의 해방운동과 세계 무산자

혁명, 특히 일본의 그것과 또 소비에트 사회주의 연합공화국과 밀접한 동맹을 지어 그들의 제국주의에 대한 투쟁을 지도할 것이다. 우리들은 세계 대사회주의 혁명의 일 군단이다. 승리의 보장은 여기에 있다.

상술한 각항에 의하여 조선공산당에서는 아래와 같은 강령을 세운다.

당면한 투쟁의 목적은 일본 제국주의의 압박에서 조선을 절대로 해방함에 있고, 당면한 정치적 요구는 아래와 같다.

1. 민주공화국을 건설하되 국가의 최고 및 일체의 권력은 국민으로부터 조직한 직접, 비밀(무기명 투표), 보통 및 평등의 선거로 성립한 입법부에 있을 일.
2. 직접, 비밀, 보통 및 평등의 선거로 광대한 지방자치를 건설할 일.
3. 전 국민의 무장을 실시하고 국민경찰을 조직할 일.
4. 일본의 군대, 헌병 및 경찰을 조선에서 철폐할 일.
5. 인민의 신체 혹 가택을 침범하지 못할 일.
6. 무제한의 양심, 언론, 출판, 집회, 결사 및 동맹파공의 자유를 가질 일.
7. 문벌을 타파하고 전 인민이 절대평등의 권리를 가질 일.
8. 여자를 모든 압박에서 해탈할 일.
9. 공사 각 기관에서 조선어를 국어로 할 일.
10. 학교의 자유를 보장하고 무료 및 의무의 보통 및 직업교육을 남녀 16세까지 실시할 일.
11. 각종 간접세를 폐지하고 소득세 및 상속제를 누진율로 할 일.

12. 소비에트 사회주의 연합공화국과 우의적 연맹을 체결할 일.

노동계급의 육체적, 도덕적 타락을 방지하기 위하여 노동계급의 해방투쟁의 능력을 발전시키기 위하여 조선공산당에서는 아래와 같이 요구한다.

1. 무제한의 직업조합의 조직 및 동맹파공의 자유를 가질 일.
2. 어떤 임금 노동자를 물론하고 일일 8시간 이상의 노동을 하지 못할 일.
3. 남녀를 물론하고 일 주 36시간 이상의 계속적 휴식을 법률로 정할 일. 단 임금은 삭감하지 못할 일.
4. 일정한 시간 이외의 노동을 절대로 금지할 일.
5. 야간 노동을 금지할 일. 단, 기술상 필요에 의하여 부득이한 경우에는 노동단체의 허가를 받을 일.
6. 16세 이하 아동의 노동을 기업소에서 금지할 일.
7. 여자 신체에 유해한 기업소의 여자 노동을 금지할 일. 산모의 산전 2주, 산후 4주간의 노동을 금지할 일.
8. 불행 혹 작업상 위험의 관계로 노동자가 그 노동력의 전부 혹 일부를 손상할 때에는 법률로써 고주에게 민사적 책임을 지울 일.
9. 노년 노동자에게 국고로부터 양노급(養老給)을 줄 일.
10. 노동자를 사용하는 각 기업소에서는 정확하게 위생검사를 할 일.
11. 고주(雇主)가 노동법 혹 보험법에 위반되는 행위를 할 때에는 형사적 책임을 지울 일.
12. 어떤 기회, 어떤 구실(벌금, 배상 및 기타)로든지 노동자의 임금

삭감을 절대로 금지할 일.

　농민들을 지주와 대토지소유자의 압박에서 해방하기 위하여 조선공
산당에서는 아래와 같이 주장한다.

　1. 대토지소유자, 회사 및 은행의 점유한 토지를 몰수하여 국가의
토지와 함께 농민에게 교부할 일.
　2. 소작료를 폐지할 일.
　3. 수리기관을 지방(地方)의 소유로 하고 농민이 무료로 사용할 일.

　이상 농민에게 절대로 필요한 주장을 관철하기 위하여 다시 아래와
같이 요구하고, 이 요구에 대하여 농민조합의 투쟁이 승리를 얻도록
노력할지라.

　1. 조선 농민을 토지에서 구축하는 일본 이민을 폐지할 일.
　2. 동양척식회사, 불이흥업회사 및 기타의 토지의 매수를 폐지할
일.
　3. 농민의 소작료와 기타 체금을 이유로 하는 동산 혹 부동산의
압수를 폐지할 일.
　4. 농민에 대한 국가 및 지방의 세금을 최저율로 할 일.
　5. 연초, 인산 등의 전매 및 면, 견 등의 강세 공동 판매를 폐지할
일.
　6. 소작료를 3할 이내로 할 일.
　7. 소작료를 수확 판매 후의 성적에 의하여 교부할 일.
　8. 소작인은 토지소유자에 대하여 소작료 이외에 아무 것되무료노동,

세선(歲膳), 사음료 및 기타 각종 회뢰(賄賂)] 제공하지 않을 일

9. 지세, 종산, 비료, 관개 등 일체의 비용을 토지 소유자가 부담할 일.

10. 소작권은 서면계약으로 확정할지요, 농민조합에서 이를 간여할 일.

11. 지주와 대토지소유자에 대한 농민의 투쟁을 자유로 할 일.

12. 농민조합을 법률로 승인할 일.

13. 수리비를 최저율로 감하할 일.


동무들, 전 조선 노력자들과 인민들에게 향하여 하는 우리들의 이 선언은 종래 일본 제국주의자, 매수된 조선 관료 및 민중의 반역자들의 산포한 조선 공산주의자들은 민족적 피압박 군중의 이익을 무시하고 국제주의만을 선전한다는 유언비어를 중지시킬 것이다. 제국주의자들도 피압박민족의 이익을 가장 잘 옹호하는 자는 전원 동 지방에 있어서 민족해방운동의 제일선에 서 있는 공산주의자들임을 알 것이다. 제국주의자들이 어째 더욱이 추상적 국제주의자를 공산주의자들이 주장하는 것처럼 소리치느냐 하면, 그것은 공산주의자들의 제국주의자와 소수 매국적들을 배척하고 대다수 군중의 이익을 옹호하는 까닭이다.

일본 제국주의자가 이렇게 잔인하게 고금 미유의 야만식으로써 공산주의자들을 취급하는 것은 공산주의자들을 조선 민족해방의 절대 투쟁가로 여기는 까닭이 아닐까.

우리 강령에 열거된 모든 것이 어떤 것 하나가 다수 조선 인민의 경향하고 기대하는바 아닐까. 이러한 요구를 위하여 하는 투쟁이 조선 피압박 군중을 해방시키는 진정한 투쟁이 아닐까.

일본 제국주의자들은 '해독(害毒)'의 선동자를 격리시킨다고 공산주

의자에 대하여 결사의 싸움을 한다. 이것은 군중들로 하여금 군중 자기의 해방을 위하여 투쟁케 하고 조직케 하는 공산주의자의 언론을 무서워하는 까닭이다.

동무들 조선공산당에서는 악독한 경찰의 압박도 불구하고 제국주의 배척전선에 퇴각하지 아니할 것이며, 투쟁에 있어서 군중의 징집을 간단(間斷)하지 아니할 것이다.

어떠한 제국주의자의 위협이라도 조선 공산주의자들은 음모가요, 모험가라는 일본 통치자의 교묘한 허무(虛誣)라도 저들에게 아무 이익을 주지 못할 것이다. 조선공산당은 광대한 군중의 이익을 목표로 하며 노동자와 농민들을 조직시키고, 또 조선 혁명단체들과 함께 조선의 해방을 위하여 투쟁할 것이다.

제국주의 배척에 대하여 절대적 투쟁 강령을 가진 각 혁명단체들에게 향하여 우리들은 권고하기를 공동의 적에 대하여 공동이 투쟁하고 피압박 군중의 이익을 옹호하자고.

또 조선공산당에서는 전 조선 각 혁명단체들에게 향하여 제의하기를 공동의 적 — 일본 제국주의자 및 주구들에 대하여 공동이 투쟁하기 위하여 제국주의 반항 유일 민족전선을 조직하자고.

일본 제국주의를 박멸하자.

조선 독립만세.

인민공화국만세.

전 조선 노동계급과 노력농민만세.

조선공산당만세.

1926년 7월 조선공산당 중앙집행위원회

# 격고문(檄告文)1)


    우리는 일찍이 민족적 또는 국제적 평화를 위하여 1919년 3월 1일로 써 대한 독립을 선언했다. 우리는 역사적 복수주의를 반복하려는 것이 아니고 다만 일본의 통치를 벗어나려는 것이므로 우리의 독립선언은 실로 정의의 결정이요, 평화의 상징이다. 그럼에도 불구하고 제국자본주의의 강폭한 일본 정부는 학살, 고문, 징역, 효수 등의 악형으로써 우리에게 대하며, 경비(警備), 군비, 이민자본을 더욱 증가시키며, 그 억압정책과 착취방법이 완전하고 철저하게 우리의 생존권 전부를 박탈하고 있다. 이리하여 우리의 피와 눈물과 고통의 소리는 삼천리에 충만하고, 멀리 동경, 남북만주 내지 전 세계에 넘쳐흐른다. 슬프도다, 2천 3백만 형제자매여. …… 사지에 빠진 슬픔으로 다 같이 울자. 그러나 눈물만으로는 사지를 벗어날 수 없으니 정의의 결합을 더욱 공고히 하자. 평화적 요구를 더욱 강렬히 할지어다. 2천 3백만의 마음이 한결같다면 강폭한 총검도 두려울 것이 없다. 오늘날 세계 대세는 식민지 대제국군벌의 전쟁과 무산자 대자본계급의 전쟁으로 전개되고 있다. 제국군벌에 대한 전쟁은 민족적 정치적 해방을 목적으로 하는 것이며,

---

    1) 이 격고문은 1926년 '6·10 운동' 당시 공산주의자들이 '대한독립당' 명의로 작성했다. 전 조선 민족에게 3·1운동의 정신을 계승하여 정의(正義)의 평화적 독립운동을 더욱 강렬히 전개하자고 호소했다. 또한 식민지 민족에 대한 '총체적 무산계급'론과 민족해방과 계급해방의 통일성에 입각하여 민족협동전선의 수립을 촉구했다.

자본계급에 대한 전쟁은 계급적 경제적 해방을 목적으로 하는 것이다. 그런데 식민지에 있어서는 민족해방 곧 계급해방임이고, 경제적 해방 곧 정치적 해방임을 알지 않으면 안 된다. 왜냐하면 식민지 민족은 총체적으로 무산계급이며, 제국주의 즉 자본주의이기 때문이다. 그런 까닭에 오늘날 우리로서는 오직 당면의 적인 정복국의 지배계급에 대하여 정치적 또는 경제적 모든 권리를 탈환하지 않으면 사지를 벗어날 수 없다. 형제여, 자매여, 울기를 그만두고 부르짖자. 전 세계의 약소민족과 무산대중은 다 같이 정의의 성기(聖旗)를 들어 우리와 함께 보조를 같이할 것이며, 붕괴의 도정에 들어선 제국자본주의 국가 중에 일본의 지배계급도 그 운명이 멀지 않음은 누구에게도 자명하다. 보라! 그들의 관기(官紀)는 탁란(濁亂)하지 않은가? 그들의 정당은 엽관의 도구로 되어 있지 않은가? 그들의 군비는 생민을 어육으로 하고 있지 않은가? 형제자매, 빨리 나아가지 않으려는가? 끝까지 싸워서 완전한 독립을 회복하자.

　혁명적 민족주의 운동자 단결만세!

　대한독립만세!

1926년 ?월 ?일

대한독립당

(김준엽·김창순 편, 『한국공산주의운동사자료집』 권2)

# 상(喪)에 복(服)하고 곡(哭)하는 민중에게 격함[1]

이조 최후의 군주였던 창덕궁 주인 이척(李拓)은 53세의 춘추를 생의 일기로 하여 지난 4월 25일 서거했다. 이것을 계기로 하여 전 조선 민중은 총동원하여 슬픔에 곡하고 상에 복하는 삼천리 근역(槿域)은 울음바다로 화하였다. 극단 배우의 울음이 아니라면 그 누가 그 비애를 허위라고 말하겠소. 골계배(滑稽輩)의 농희(弄戱)라면 그 누가 그 복을 허위라고 하겠소. 민중의 곡은 실로 거짓 없는 진실한 고백이요, 민중의 복은 거짓 없는 진심의 표현이었다……

우리 민중의 통곡과 복상은 이척의 죽음이 아니고 민중 각자의 마음 속에 명백하게 말하고 있다. 우리들의 비통은 경술년(1910)년 8월 29일

---

1) '조선공산당'(책임비서 강달영)은 1926년 4월, 순종의 죽음을 계기로 3·1운동과 같은 민족운동을 비타협적 민족주의자인 천도교 구파와 합작하여 6월 10일에 일으키려고 계획했다. 그리하여 '고려공산청년회' 책임 비서인 권오설(權五卨)의 주도하에 '6·10 운동'을 준비했다. 그러나 6월 7일 권오설이 일제 경찰에게 체포되어 전 민족적인 독립운동은 전개되지 못했다. 그러나 검거되지 않는 학생운동 부문에서 6월 10일 전국적인 대중운동을 일으켰다. 또한 공산주의자들과 비타협적 민족주의자들은 '6·10운동'을 계기로 하여 민족협동전선의 결성을 시도했다. 이 격문은 1926년 5월 '조선공산당' 측에서 작성했다. 순종의 죽음으로 인한 '우리의 슬픔과 눈물은 일본 제국주의의 압박과 착취 때문이므로 우리의 슬픔과 눈물로부터 벗어나는 유일한 길은 오직 일본제국주의를 조선으로부터 구축'하는 데 있으며, 이를 위해서 전 조선 민중이 총 단결하여 싸워야 한다고 호소했다.

이래 사무친 슬픔이었다. 우리들은 그때부터 전 민족의 자유를 잃어버린 자의 슬픔을 가지고 생존권을 빼앗긴 자의 상에 복하여 왔다. 그러나 슬픔을 슬퍼하는 자유조차 갖지 못한 우리들은 그 슬픔을 곡하지도 그 상을 복하지도 못하였다. 그리하여 덕수궁 주인의 죽음에 한편 눈물을 흘리고 한편 그 상에 복하였다. 그 후 3·1운동 이래 그 슬픔은 한층 고조에 달하였으나 울음을 참고 결국 한편 울지 않으면 안 되는 기회에 부닥치고 말았다. 그것이 이척의 죽음에 폭발되고 말았다. 우리의 통곡은 망국의 슬픔을 토하는 것이며, 그 복상은 각자의 죽음을 표하는 것이다. 우리가 슬픔에 곡할 때가 왔다 우리가 상에 복할 때가 왔다. 마음껏 통곡하고 복상해보자…….

우리의 슬픔과 눈물은 일본 제국주의의 압박과 착취 때문이므로 우리의 슬픔과 눈물로부터 벗어나는 유일한 길은 오직 일본 제국주의를 조선으로부터 구축하는 데 있다. 슬픔과 곡 그 자체는 어떠한 가치도 없고 우리의 생활을 향상시킬 어떤 효력을 가져다주지는 않는다. 즉 애통 그것이 우리의 유일한 활로인 일본 제국주의를 구축하는 데 어떤 힘을 가지는 것이 아니다. 때문에 우리는 이 시기를 이용하여 일본 제국주의를 구축하는 투쟁력을 부식하여 일보라도 그 구축을 목표로 한 투쟁을 개시하자. 우선 우리 곡군(哭群)을 단결시키자. 이때에 울음을 가진 자는 모두 망곡단(望哭團) 봉도단(奉悼團)에 모여 각지에 있는 여러 망곡단 봉도단이 일단이 되어 전국적으로 총단결하자! 이리하여 울 때는 같이 울고 울음을 그칠 때는 같이 그치자. 고함을 지르려면 같이 지르자. 싸울 때가 있으면 같이 싸우자! 사지(死地)에 나갈 때는 같이 나가자. 우리는 이와 같이 우는 무리 슬퍼하는 무리 모두 총단결, 즉 울고 싶어도 울지 못한 전 조선 민중의 단결에 의하여 일본 제국주의에 대항하여 투쟁을 시작하자! 슬퍼하는 민중들이여! 일단이 되어 혁명

단체 깃발 아래로 모이자! 금일의 곡하고 복하는 충성과 의분을 돌려
우리의 해방투쟁에 바치자!

일본 제국주의를 박멸하자!

1926년 5월 일

염사(焰社)

조선인 교육은 조선인 본위로!
보통교육을 의무교육으로!
보통교육학교 용어는 조선어로!
보통학교장은 조선인으로!
중등 이상 학생집회를 자유로!
대학은 조선인을 중심으로!

1926년 월 일
대한학생회

산업을 조선인 본위로!
동양척식회사를 철폐하라!
일본 이민제를 철폐하라!
군농회를 철폐하라!

1926년 월 일
대한농민의용단

(김준엽·김창순 편, 『한국공산주의운동사 자료집』 2)

# 보라, 원산의 혁명적 노동자의 영웅적 투쟁을!1)

　원산의 대파업은 우리가 혁명적 조선 무산대중의 역사적 사명인 계급투쟁을 수행함에 당해 필연적으로 일어난 무산계급 해방운동의 거화(炬火)이다. 우리의 성공에 의해, 조선 무산계급의 적혈(赤血)을 착취하는 일본 자본주의와 저들과 악수한 조선 자본가벌의 아성을 복멸(覆滅)하고, 그것에 의해 나날이 무장을 공고히 하여, 우리들 조선 무산대중의 역사적 정치적 진보를 억압하는 일본 군국주의 국가의 야만적 폭압을 격파하지 않으면 안 된다. 그것이 우리 무산계급 해방전선의 제일선적 진보이다.

　보라 우리 조선 무산대중의 당면의 적인 일본 자본주의의 경제조직은 더욱 '자본을 고도화'하여 '생산방법을 집적화' 하는 것에 의해서 그 탐욕적 착취기관을 정비하고, 피에 굶주린 그의 독아(毒牙)로 조선 무산대중의 생명을 빨아먹고, 그들의 잔인무도한 일본 군국주의의

---

1) '원산 노동자 총파업'은 원산지역의 노동자 단체인 '원산노동연합회' 지도 아래 그 산하 조합원 2,000여 명 이상이 1929년 1월 14일 전후부터 4월 6일까지 약 80여 일간 일제와 자본에 대항해서 벌인 노동쟁의였다. 이 투쟁은 앞 시기 노동자운동의 총 귀결점인 동시에 이후의 노동자운동의 방향 즉 '혁명적 노동조합운동'으로 나아가게 한 일제하 노동자운동의 전환점이었다. 이 격문은 원산 총파업 당시 살포되었으나 그 출처는 알 수 없다. 내용상 사회주의자들에 의해 작성된 것으로 추측되며, 원산지역의 파업을 전국적 노동자 파업으로 확대해서 자본가계급과 일제 타도로 연결시켜야 한다고 조선 무산대중에게 호소했다.

정부는 이러한 폭악한 자본주의의 약탈을 보장하기 위해서 칼과 창으로 우리들의 가슴을 난자하여 죽이고 있다.

우리 무산대중은 이 횡포한 살육적 억압의 아래서 부당한 경제적 조건—노동조건의 강제를 받고, 참혹한 착취와 약탈을 받고, 생존과 생활의 보장을 빼앗기고, 노동자는 고역장(苦役場)에서 농민은 추위와 굶주림의 사선(死線)에서, 분노와 슬픔에 잠겨 있다.

이제 조선 무산계급 해방운동의 혁명적 시기는 난숙하고, 일본 자본주의는 몰락의 시기가 가까웠다.

우리 조선 무산계급 해방운동의 전기적(前期的) 투사는 격심한 투쟁으로써, 조선 무산대중을 구속한 저 일본 자본주의의 철쇄를 절단하는 시기가 왔다.

원산파업은 확실히 이 역사적 임무에 당면한 제일보이다.

대파업이 격발하여서 약 30여 일간, 우리 혁명적 투사 2,000의 원산노동자 동지는 기갈과 혹한 가운데 더욱 불타는 의식과 계획과 투쟁으로써 원산 자본가계급의 본영에 총공격을 가하고 있다.

한번 파업이 시작되자 운수교통은 두절되고, 공장은 폐쇄되어 원산 일대에 경제적 대공황의 회오리바람이 일어났다.

자본가계급은 대파업의 앞에 공포를 느껴 잠깐 공장의 독점과, 군국주의적 시위에 의해서 최후의 발악을 하면서 그 역사적 자멸의 과정을 촉진하고, 자본가의 주구인 정부는 수백의 경찰과 검사를 출동시켜 동지의 검속에 필사의 힘을 다하고 있다.

저놈들의 자멸은 눈앞에 보인다. 우리 조선 무산대중은 적극적으로 이 대파업을 옹호하고 최후의 승리를 전취하지 않으면 안 된다. 그것을 위해서는 우선 전국적 총파업을 단행하고, 혁명적 전사의 원산 집중을 위해 원산파업의 대상인 상업회의소와 기타 반동단체—재향군인회,

소방조, 국수회, 함남노동회를 습격 파괴하고, 그의 경제적 세력의 근원을 절멸시켜서 혁명의 기세를 전국에 선양하도록 하지 않으면 안된다.

이것이 우리들의 역사적 사명이다.


&lt;구호&gt;

ㅡ 전 조선 노동자 동지들아 총파업을 단행하자!

ㅡ 자본벌의 아성을 파괴하자!

ㅡ 일본 제국주의를 타도하자!

(『원산 노동쟁의에 관한 신문논조』, 조선총독부 경무국 도서과. 1930. 2.)

# 전국의 노동자는 맹기하여 원산 쟁의를 승리로 이끌자!<sup>1)</sup>

각 공장 직장에서 응원단을 조직하여 극도로 가혹 저열한 노동조건 아래 있고, 특히 민족적인 임금 차별은 참혹한 조선 노동자의 일반적 생활인 동시에 특수한 생활이다.

전국의 노동자 제군! 우리들은 금일 눈앞에 전개되는 '원산 쟁의'를 직접 보지는 못하지만 4, 5개월이나 지속시키는 원산 노련의 용감한 투쟁을 알아야만 한다! 동일한 착취 받는 생활에 의해 생피를 빨리면서도 의식(衣食)의 곤란함을 당하는 것은 우리라는 것을! 우리가 먹고 입기 위해서는 노동 임금의 인상을! 신체를 유지하기 위해서는 노동시간의 7시간제 확립을! 그리고 이것은 우리의 생활을 결정하는 중대한 문제일 뿐만 아니라 우리의 용감한 실천에 의해서 전취할 수 있다는 것을! 때문에 '원산 쟁의'는 전국 내외에 산재한 우리의 가혹 저열한 노동조건을 해결하기 위한 거화이다. 이것은 결코 원산의 노동자에 국한되는 쟁의가 아니고 동일한 노동조건 아래 착취 받는 전국의 노동

---

1) 이 격문은 원산 총파업이 한창 때인 1929년 2월 1일 '재일본 조선 노동총동맹 동경부 하호 총정 원병위 144' 즉 일본에서 노동하는 조선인 노동자들에 의해 작성된 것이었다. 이것은 전국의 노동자들을 향하여 원산 노동자의 파업을 자신의 파업으로 생각하여 적극적인 참가와 지지 즉 각 공장, 직장에서 공장대회, 직장대회를 열어 '원산쟁의 응원단'을 조직하고 쟁의기금을 모집하여 원산의 노동자에게 보낼 것 등을 호소하였다. 원산 총파업에 대한 재일본 조선인 노동자들의 시각을 엿볼 수 있다.

자는 이 쟁의가 자신의 쟁의라는 것을 알아야만 한다.

그렇다! 원산 쟁의의 승패는 전국의 우리의 승패임에 틀림없다.

전국의 노동자 제군! 그렇다면 우리는 '원산 쟁의'를 우리의 거대한 적극적 참가와 지지로써 그 세력을 확대하여 그것에 의해 우리의 흡혈귀 고주(雇主)의 패배를 전취하지 않으면 안 된다.

그렇다! 우리는 이 쟁의에 이기기 위해서는 또 고주의 배후에 버티고 있는 경찰의 간섭과 항쟁하지 않으면 안 된다. 그렇다! 원산 경찰은 이미 우리들의 선두에서 용감하게 싸운 전사 45인을 잡아갔고, 원산 쟁의를 적극적으로 저해하기 위해서 함남 경찰을 총동원시키지 않았는가? 그러나 이와 같은 가중한 박해는 우리의 혁명적 투쟁을 격발시키는 이외에 아무 것도 아니다.

전국의 노동자 제군! 우리는 각 공장 직장에서 공장대회 직장대회를 열어 긴급히 '원산쟁의 응원단'을 조직함과 동시에 쟁의기금을 모집하여 쟁의본부에 보내고 고주와 경찰에 항의를 보내자! 그리고 우리의 정당한 요구 앞에 고주를 굴종시켜 우리들의 빼앗긴 전사를 경찰의 손에서 탈환하자!

- 원산 쟁의에 전국의 노동자의 힘을 집중시키자!
- 각 공장 직장에서는 응원단을 조직하자!
- 쟁의가 승리할 수 있도록 군자금을 보내자!
- 쟁의단의 생활은 우리의 힘으로 수호하자!
- 경찰의 간섭에 절대 항쟁하여 우리의 전위를 탈환하자!

1929. 2. 1.

(위의 책)

| 김영두 |

# 개량주의와 항쟁하라!1)

## — 원산 쟁의에 대하여 전 조선 노동자 대중에게 —

① 노동자계급이 금일의 예속과 쇠사슬에서 자신의 생활을 완전히 해방시키고 진실한 인간적 생활의 피안에 도달하기 위해서는 자기희생적 정신과 확고한 영웅적 발걸음으로써 고난과 고통에 가득 찬 계급투쟁의 험난한 도정을 돌파하지 않으면 안된다. 자본의 쇠사슬에 얽매인 노예적 생존에서 노동자계급을 영원히 해방시키는 이 계급투쟁의 길은 결코 폭발적, 일시적 행동에 의해서 일조일석에 완료되는 도정이거나 또는 아무런 장해물도 없는 평탄한 대로가 아니다. 그것은 우여와 곡절로 가득 차 있고 노동자 대중의 꾸준한 노력을 요구하고 크고 작은 많은 투쟁으로 이루어진 형극의 길인 것이다. 그것은 무수한 소전투와 부분적인 투쟁의 연속이며, 노동자 대중은 이 계급투쟁의 전 도정의 개개의 전투에서 계급적으로 훈련되며, 자본가의 완강한 지배기구와 최후까지 싸울 수 있는 강렬한 투쟁력을 획득하며, 그들은 이 개개의 투쟁에서 얻은 정치적 교훈을 통해 올바른 계급적 진로를

---

1) 이 격문은 '원산 노동자의 총파업'을 전국적 파업으로 확대시키는 계기로 삼을 것과, 경제적인 특수한 이익의 획득만으로 노동자대중의 이해를 제한시키려는 개량주의자의 의도를 반대하고 민족해방과 노동계급의 해방이라는 정치적이고 혁명적인 이해의 실현이라는 노동자운동의 목적과 연결시켜야 한다고 노동자 대중에게 호소했다. 소위 'ML파' 공산주의자들의 노동자운동에 관한 관점을 엿볼 수 있다.

발견하여 자기 자신의 해방의 피안으로 돌진할 수 있는 것이다.

그러므로 노동자의 모든 순간순간의 투쟁은 이 길고 긴 계급투쟁의 전 과정의 오직 일부분에 불과한 것이며, 또 노동자 대중의 개개의 투쟁은 이론적으로나 실천적으로나 이러한 인식 아래에서 수행되어야 한다. 그렇기 때문에, 그것이 한 번의 연설회이든 또는 상당히 오랜 시일에 걸쳐 계속되는 노동자의 동맹파업이든, 모든 투쟁 속에서 최대한으로 계급적으로 훈련되고 순간순간 일어나는 개개의 투쟁을 통해서 계급투쟁의 종국적 순간에 있어서의 승리를 확보할 수 있도록 우리 자신을 강화시키기 위해서 노력하는 것은 진실한 전투적 프롤레타리아트의 원칙적 임무이어야 한다.

그러므로 유동하는 역사의 매순간에 일어나는 노동자 개개의 투쟁에 대한 계급적 비판과 그 투쟁의 경험으로부터 계급적 교훈을 배우는 것은 현재의 우리에게 무조건적으로 요구되는 중요한 임무인 것이다. 또 이러한 실천투쟁의 비판과 검토로부터 얻은 혁명적 경험만이 조선 무산계급 운동을 재래의 오류인 공상적, 관념적 영역에서 현실적으로 구출하는 유일한 길일 것이다.

② 노동자 제군! 우리의 눈앞에는 조선의 노동자계급이 과거에 경험해 보지 못한 대규모의 파업전이 원산의 2천여 노동자 대중에 의해 단행되고 있다.

조선 무산계급의 과거 역사의 어느 페이지에서도 발견할 수 없는 이 대파업전이야말로 조선 무산계급의 성치석 상래를 우리 앞에 명시하고 조선 민족해방운동의 새로운 발전단계를 예상케 하는 획기적인 사건이며, 압박당하고 착취당하는 전 조선의 노동자, 농민, 소시민 대중의 앞에 미래를 예고하는 찬연한 서광이다.

문평(文坪) 석유공의 반항으로 시작된 이 역사적 스트라이크는 일본 제국주의의 횡포한 탄압 아래에서 아직까지 어떠한 동요도 없이 지속되어 왔다. 그러나 원산 노동자의 이 영웅적 투쟁은 결코 우연히 발생한 사건이거나, 원산지방의 특수한 지방적 원인 때문에 발생한 사건이 아니다. 또 이것은 노련의 몇몇 간부의 자유의사에 의하여 준비되었으며, 필연적으로 출현한 역사적 사건이다.

일본 제국주의의 식민지 지배하에 예속된 이후 원료공급과 상품시장으로서의 역할을 충실하게 수행하여 일본 자본주의의 비약적 발전의 물질적 토대가 된 조선은 일본 금융자본의 중요한 수출지이며, 또 어림없을 정도로 저렴한 노동력의 저수지이기도 하다. 국내의 모든 경영은 일본 자본의 직접적, 간접적 지배하에 있고 토지의 수공업적 생산에서 방축된 방대한 룸펜 층은 아사(餓死)의 공포에 쫓기어 극히 저렴한 노동조건하에서 노동자로 전화되지 않을 수 없었다. 정치적 억압과 공공연하게 결합된 잔혹한 노동공세가 노동자 대중을 기아선으로 채찍질하고 있다.

이러한 현실적 사정이 조선 전토에서 노동자의 경제적 반항운동을 야기시키는 근본적 조건이 되는 것이다. 원산의 쟁의는 장차 전선적(全鮮的)으로 궐기하려는 노동자 대중의 강렬한 투쟁의 단초에 불과한 것이며, 그 용감한 전초전에 불과한 것이다. 이러한 의미에서 원산의 파업전은 조선 무산계급 운동의 서광이며, 이것은 결코 원산이라는 한 지방의 지방적 돌발사가 아닌 것이다. 전 조선적 의의를 가진 역사적 사건인 것이다. 바로 이 점이 원산쟁의를 고찰할 때에 결코 간과해서는 안 되는 근본적인 중요성이다. 이 쟁의의 발전과정에서 가장 현저하게 나타난 것은 노동자의 투쟁역량이 강하다는 것이었다. 세계 어느 나라에서도 그 예를 찾기 어려운 언어도단의 탄압정책과 쟁의단 구성원 자체가 근대적 산업조직 하에서 훈련된 공장 프롤레타리아가 아닌

데서 오는 약점에도 불구하고 2개월여 이상의 엄연한 진영의 확보는 철 같이 완강한 노동자 대중의 투쟁력을 충분히 증명한 현실적 사실이라고 보지 않을 수 없다. 더욱이 계급적 지도하에서 행동의 통제를 받지 못하고, 우유부단한 개량주의적 타락간부의 지도하에서 그렇게 빛나는 투쟁의 발자취를 남기어 왔다는 것은 노동자 대중의 강렬한 자연생장적 투쟁의식과 계급적 본능을 가장 선명하게 발휘한 사실이 아닐 수 없다.

③ 그러나 지금 쟁의는 확실히 침체상태에 빠지고 있다. 앞으로 앞으로 매진하려는 노동자 대중의 투쟁의욕에 반하여 쟁의는 지금 일시적으로 정체되고 있다. 헌병, 군대, 경찰의 총동원과 국수회(國粹會), 소방대, 재향군인 등의 반동적 집단의 횡포한 모멸적 행동에 대하여 노동자 측에서는 어떠한 반항도 일어나지 못하고, 쟁의는 오직 개량적 요구조건의 관철만을 최고의 목적으로 하는 협정적 교섭에만 분망하고 있다. 이것은 일반적으로는 조선에 있어서 프롤레타리아 전위의 미약에서 비롯되는 필연적이 현상이며, 특수적으로는 현재 원산 노동쟁의를 지도하는 부대의 개량주의적 성격 때문이다.

전 조선의 전투적 노동자 제군! 왜 원산의 형제는 모든 고통과 곤란을 무릅쓰고 스트라이크를 단행하였는가? 물론 그것은 그들이 자본가의 횡포에 분노하고 현재 자신들의 생활의 고통에서 조금이라도 벗어나기 위해서일 것이다. 그러나 노동자 제군! 동맹파업을 통하여 과연 우리는 우리의 생활을 안정시킬 수 있을까? 금일의 사회제도를 그대로 두고서, 제군이 자본가의 착취로부터 해방됨이 없이 노동조건의 약간의 개선에 의해서 노동자 제군! 제군의 생활이 과연 안정을 얻을 수 있을까? 아니, 제군은 우선 자본주의와의 투쟁에 있어서 충분히 자기의 경제적 이익을 주장하고, 그 주장을 관철시키기 위해서 자유로운 조직과 활동을 가질 수 있는가를 돌아다보라! 이 점에 대해서는 원산 노동자 제군의 경험이 벌써 우리에게 충분히 가르치고 있다. 자본가계급은 노동자계급을 영원히 착취하고 가장 교묘하게 착취하기 위하여 그 자신의 계급적 조직을 확립해 놓고 있다. 그것이 금일의 자본가가 사회를 강제로 지배하고 있는 정치기구이다. 그것이 금일의 자본가적 국가조직이다. 이 자본가의 정치기구는 치밀한 법률제도와 완강한 무장 강제기관을 가지고 있다. 만일 자본가의 이익이 조금이라도 침해될 때에는 이 정밀한 자본가의 권력조직은 자본가의 뜻대로 움직인다. 그 앞에는 아무런 제한도 있을 수 없는 것이다. 원산의 노동자 제군이 요구조건을 내걸고서 파업을 단행하였을 때에, 자본가의 착취에 반항하여 일어섰을 때에 노동자 제군! 어떠한 일이 일어났던가? 그리고 지금 원산의 형제가 얼마나 흉폭한 탄압 하에 있는가를 생각하여 보라.

노동자 제군! 우리는 금일의 사회조직을 파괴하고 우리를 영원히 자본가의 착취 하에 얽어매어 두려는 모든 제도를 근본적으로 파괴하고, 그리하여 우리 자신의 해방을 수행하지 못하도록 강제적으로 억압하고 있는 지배계급의 정치기구에 대한 단호한 투쟁을 하지 않고는, 그리고 이 투쟁에서 우리가 전면적으로 승리를 얻기 전에는 우리는 결코 금일의 기아와 노예적 굴욕의 생활에서 한 걸음도 벗어날 수 없는 것이다.

노동자 제군! 그렇다면 왜 우리는 동맹파업을 단행하며, 원산의 형제는 왜 지금 스트라이크를 일으켰는가? 그것은 오직 우리 자신을 훈련하기 위해서이다. 자본가계급이 세워놓은 학교나 교육기관은 우리에게 노예가 되기를 가르친다. 그러나 우리는 노예의 생활에서 벗어나는 것을 배워야 한다. 우리는 노예의 생활을 내버리기 위해서 우리 자신을 훈련시켜야 한다. 이 노예의 생활에서 우리 자신이 해방되는 길을 우리에게 가르쳐 주는 것은 오직 투쟁뿐이다. 자본가에 대한 피투성이의 투쟁만이 우리에게 착취와 굴욕의 생활에서 벗어나는 길을 가르쳐 주는 것이다.

그렇기 때문에 노동자 대중은 처음에는 경제적 개량의 요구(예컨대 노동시간의 단축, 임금인상, 대우개선 등등)를 관철하기 위해서 파업을 시작하였다고 하더라도 이 파업을 통하여 금일의 사회조직 전체에 대한 의식을 높이고, 공장주에 대한 반감을 금일의 자본가적 사회제도 전체에 대한 반역으로까지 고양시키게 되는 것이며, 또 그렇게 될 때에야만 비로소 스트라이크는 그 계급적 의의를 발휘할 수 있는 것이다. 만일 그렇지 않고 단순한 협정과 자본가의 기만적 '후의'에 의해서 요구조건이 통과되고, 노동자는 이 조그마한 수확에 환희하여 아무런 계급적 훈련도 얻는 것이 없다면 스트라이크는 결코 계급투쟁의 전도정(道程)의 일부분을 구성할 수 없는 것이다.

스트라이크의 승패도 이런 관점에서 규정되지 않으면 안 될 것이다. 쟁의가 개량주의적 타협의 애원으로 시종하고, 대중적 투쟁과 대중적 훈련을 거치지 못한 이상 아무리 요구조건이 자본가에 의해 승인되더라도 그 쟁의는 결코 승리했다거나 성공했다고 할 수 없는 것이다. 요구조건이 전부 실패로 돌아가고 수많은 노동자가 희생되어 감옥에 갇히고 효수를 당할망정, 아무리 커다란 희생과 손실이 있을망정, 만일 그 쟁의를 통해서 노동자 대중이 계급적으로 훈련되고, 우수한 노동자 전위가 생겨나고, 노동자 대중의 가슴속에 금일의 자본가 사회에 대한 증오와 투쟁의욕이 타오른다면, 그것은 위대한 승리이며 성공일 것이다. 그야말로 확실히 고난에 가득 찬 계급투쟁의 험로에서 빛나는 한 장면을 역사적으로 점령할 수 있을 것이다.

노동자 제군! 우리들 진실한 혁명적 프롤레타리아트는 결코 이 점을 잊어 버려서는 안 될 것이다.

④ 그러나 원산의 쟁의는 과연 이러한 계급적 방향으로 발전하였던 가? 결코 아니었다.

원산의 쟁의를 지도해 온 원산노동연합회는 조선에서 가장 우익적, 개량주의적 노동조합이다. 조합의 지도부는 개량주의적 타락간부에 의해서 완전히 점령되어 있었으며, 조합은 아직 한 번도 노동자 대중을 계급적으로 훈련시키는 사업을 하지 않았다. 고용주로부터 직접 거두 어들이는 조합비는 조합원의 교양과 훈련에 쓰이는 대신 개량주의 간부의 시찰 여비, 사교비 등등으로 남용되었으며, 방대하게 축적된 적립금은 아직까지 조합원에 대한 소극적인 구제사업 이외에 아무런 용도도 갖지 못하고 있다.

조합이 이렇게 개량주의적이고 관료적이었음에도 불구하고 그 구성 원은 어디까지나 혁명적 노동자 대중이었다. 그리고 이 대중의 혁명적 본질은 지도부의 개량주의적 정책에 반하여 항상 투쟁의욕으로 타오르 고 있었으며, 이번의 파업전도 대중층의 이러한 혁명적 성질의 표현에 불과한 것이다.

쟁의는 일본 자본가의 클럽인 원산 상업회의소를 그 직접적인 대상 으로 하여 발발되었다. 노동자의 단결력은 매우 강고하였으며, 노동자 를 당분간 아사의 위협에서 방어할 쟁의기금도 넉넉하였었다. 투쟁대 상이 일본 자본가인 만큼 노동자의 반항은 경제적 불만을 넘어서 급속 하게 정치적 반항으로까지 앙양되었으며, 더욱이 최초부터 노동자의 전면에 고압적으로 나타난 일본 제국주의의 무력적 탄압은 파업노동자 의 투쟁을 정치적 투쟁으로 전환시킬 절호의 조건을 제공하였다.

그럼에도 불구하고 쟁의는 아직 대중적 반항운동으로까지는 진전되 지 못하고 있으며, 매일 요구조건의 협정 이외에는 아무 것도 하지 못하고 있다. 쟁의는 확실히 계급적 진로를 취하지 못하였으며, 그것은 아직 개량주의의 선을 돌파하지 못하고 있다.

원산쟁의의 당면 임무는 이 개량주의 선을 용감하게 돌파하는 데에 있다. 노동자 대중은 단호하게 개량주의 간부의 손을 거부하지 않으면 안될 것이다. 김경식, 김태영 등의 손을 거부함이 없이는 노동자 대중은 일보도 전진할 수 없을 것이다.

모든 평화적 환상을 일축하고서 오만한 일본 자본가의 상업회의소와 헌병, 군대, 경관의 탄압을 정면으로 용감하게 돌진하지 않으면 안 될 것이다.

원산의 진보적 노동자 제군! 그리고 전 조선 노동자 제군! 이 쟁의를 단순한 자본가와의 협정에 의해서 종료하는 것은 최대의 계급적 죄악이다. 어디까지나 대중적 투쟁에서 그 진로를 구하지 않으면 안 될 것이다. 물론 그것은 곤란한 일이며, 더욱이 일본 제국주의의 백색 테러는 제군에게 위대한 희생을 강요할 것이다. 그러나 계급투쟁은 결코 "네프스키 거리의 포장도로가 아니다." 곤란 없고 희생 없는 길은 오직 타협과 굴종의 길뿐이다. 어떠한 희생도 두려워하지 않는 계급적 행동만이 노동자 대중에게 빵과 자유를 주는 유일한 길이다.

⑤ 이 계급적 방향으로의 돌진은 필연적으로 재래의 개량주의적 타락간부를 청산하지 않고서는 불가능한 것이다. 신위원장 김태영 씨는 심지어 이런 말까지도 공언하기에 주저하지 않는다. "우리의 운동이 합법적 운동인 이상, 합법적으로만 하면 어디까지든지 할 수 있다"라고.

노동자 제군! 노동자계급의 이익을 위해서 조금이라도 싸워본 동지라면 누구라도 이 말이 얼마나 어림없는 개량주의자의 공상에서 나온 것인가를 잘 알 수 있을 것이다.

노동자 제군! 조선에서 적어도 노동자의 이익을 위해서 투쟁하는 이상 어디에서 그 합법성이 가능한가? 가장 초보적인 노동자의 동맹파업까지도 여지없는 탄압으로 비상한 고난을 받고 있지 않은가? 이러한 여지없는 정치적 탄압 하에서 우리의 투쟁을 합법적인 한계 내에서만 한다는 것은 결국 투쟁을 완전히 포기하는 것이거나, 그렇지 않으면 지배계급의 명령대로 운동하는 것 이외에 아무 것도 의미하지 못하는 것이다.

자본가의 지배 하에서 무산계급의 합법성이란 항상 역량문제이다. 무산계급의 계급적 역량이 증대함에 따라 자본가계급이 불가피하게 양보하는 것이 결국 이른바 합법성의 본질이다. 따라서 계급의 힘이 강대하면 할수록 합법권이 확대되고 계급적 역량이 쇠퇴하면 할수록 합법권은 축소되는 것이다. 노동자계급은 비합법적, 합법적, 또는 반합법적 모든 활동양식을 최대한으로 이용하여 자신의 계급적 역량의 증대를 도모하며, 그 혁명적 압력으로써 지배계급을 한 걸음 한 걸음 밀어내지 않으면 안 되는 것이다. 그럼에도 불구하고 지배계급의 비위를 맞추어 가면서 지배계급이 허용하는 범위 내에서 투쟁하자는 것은 결국 노동자계급을 자본가 앞에 완전히 굴종시키려는 의도 이외에 아무 것도 아닌 것이다. 이들 자본가의 대변자들은 빛나는 원산 2천여 노동자를 지도할 자격이 전혀 없다. 노동자 제군은 이들 일체의 개량주의자를 제군의 진영 내에서 완전히 청산하지 않으면 안 될 것이다.

원산의 쟁의단 제군! 노동자의 투쟁은 노동자 자신의 손으로 추진하지 않으면 안 된다. 노동자 가운데 가장 선진적 부대인 공산주의자만이 제군의 투쟁을 제군의 계급적 이익에 완전히 합치되게 지도할 수 있을 것이다.

⑥ 개량주의적 지도하에 있으면서도 강렬하게 표현된 원산 노동자의

혁명적 역량에 놀란 지배계급은 상업회의소의 직접적인 지도하에 반동 노동단체(함남노동회)의 조직을 통한 연합회의 붕괴정책강령과 마크를 구실로 한 직접적인 탄압정책을 통해서 노동자의 진영을 파괴하려고 노력하고 있다. 지배계급의 이러한 음모에 대한 항쟁은 원산 노동자의 당면한 급무이다. 그러나 개량주의적 지도에 대한 철저한 혁명적 투쟁만이 이 임무를 수행하는 유일한 방법일 것이다.

가. 반동적 노동단체 결성에 대한 투쟁

자본가계급의 정책은 가장 교묘한 것이다. 원산 상업회의소는 노동연합회를 붕괴시키기 위해서 함남노동회를 자신들의 직접적인 지도하에 조직하였다. 그리하여 노동연합회와 동일한 제기관의 설치, 소비조합, 이발소 등등 즉, 노동연합회가 가지고 있는 것과 동일한 제반 노동자의 상호부조적 설비를 설치하였다. 그리고 연합회 대중 가운데 의식이 저열한 부분을 매수하려는 매수정책을 세우고 있다. 이에 대한 항쟁은 노동연합회가 계급적 기치를 높이 들고 가급적 속히 회원 대중을 계급적으로 교양하는 방법밖에는 없을 것이다. 재래의 개량주의적 지도로 말미암아 조직체와 대중의 연결점은 계급적 정신, 계급적 이해관계가 아니었기 때문에 노련과 동일한 물질적 이익(소비조합, 이발소, 기타 상호부조적 설비에 의한)을 대중 앞에 내어 밀고서 반동적 어용단체가 출현할 때 양자 간의 계급적 차이는 노동자 대중에게 전혀 식별되기 어려운 것이다. 현재 상업회의소와 노련의 대립에서 폭로된 노련의 약점은 재래의 개량주의적 관료간부배의 용시힐 수 없는 계급적 배반 행동의 필연적 결과인 것이다.

이 약점을 극복하는 것이 원산쟁의단 제군의 당면한 급무인 동시에 전 조선 무산계급의 임무가 아니면 안 될 것이다.

개량주의의 배제, 계급적 정신의 고취, 계급적 슬로건 하에서의 대중에 대한 대담한 선동 선전, 바로 이것만이 모든 회유와 매수정책으로부터 노동자 대중을 지킬 수 있는 유일한 길이다.

나. 노동연합회의 강령이 불온하다는 것과 마크가 노농 러시아와 조선공산당과 관련된 것이라는 이유로 강령 수정과 마크 수정의 명령이 내렸다. 원산의 노동자 제군은 결사적 항쟁으로써 강령과 마크를 엄수해야 한다. 전 조선의 노동자 대중은 원산의 형제와 함께 지배계급의 탄압으로부터 우리의 이 계급적 기치를 사수하지 않으면 안 된다.

혁명적 강령 없이 혁명적 투쟁은 있을 수 없는 것이다. 혁명적 강령을 높이 내걸지 않고서는 대중을 혁명적 방향으로 지도할 수 없는 것이다. 후안무치한 개량주의자들은 이렇게 말할는지도 모르겠다. "강령은 우경적으로 수정하더라도 투쟁만 좌경적으로 하면 그만 아니냐"고.

노동자 제군! 지금까지 제군을 기만해 온 타락간부들은 우리에게 이렇게 경고할는지도 모른다. 그러나 강령을 저하시키는 것은, 투쟁의 기치를 내리는 것은 적을 속이는 대신에 우리의 대중을 속이게 되고 마는 것이다. 적이 겨누고 있는 것은 우리의 강령과 기치 그것이 아니라, 그 밑에서 진전될 우리의 행동이며, 이 행동을 제거하기 위해서 강령의 수정, 기치의 강화를 강제하는 것이다. 우리는 어디까지나 이 계급적 기치를 더욱 더욱 높이 내걸어서 대중에게 그들의 진로를 명시해주어야 할 것이다.

원산의 노동자 제군! 제군의 가슴의 빛나는 마크가 제군의 계급적 정신을 상징하지 않으면 안 된다. 조선공산당은 제군의 유일한 전위이며, 노농 러시아는 노동자의 조국이다. 노련의 마크가 지배계급이 지적하는 대로 이 두 가지를 상징하였다면 제군은 죽음을 각오하고라도 이 마크를 지키지 않으면 안 될 것이다. 이 마크를 가슴에 붙이지 말고, 제군의 새빨간 가슴속에 집어넣도록, 모든 노동 군중의 가슴속에 침투되도록 하여야 할 것이다. 이 임무를 수행하는 길은 오직 조선공산당과 노농 러시아의 최악의 적인 개량주의자에 대한 무자비한 투쟁뿐이다.

⑦ 원산 형제의 투쟁은 우리에게 위대한 정치적 교훈을 주었다. 개량주의의 지도하에 통제될 때 노동자의 자연생장적 투쟁력이 얼마나 저해되는가를 우리에게 가장 첨예한 형태로 가르쳐 주었다.

노동자 대중의 원초적 요구는 항상 개량적 요구로 표현된다. 노동자 대중은 착취당하는 자신의 생활 속에서 자기 자신의 생활을 좀 더 향상시키려는 요구를 갖는다. 예를 들면 너무나 저렴한 임금에 대한 임금 인상의 요구, 너무나 장시간의 노동에서 해방되기 위한 노동시간의 단축 등등은 틀림없이 노동자 대중의 자연 생장적, 단초적 요구이다. 이 요구만을 볼 때 그것은 틀림없는 개량에 대한 요구이다. 자기 자신의 생활을 금일의 피지배적 존재에서 결정적으로 해방시키려는 욕망, 혁명적 요구는 결코 최초부터 노동자 대중에게 명확한 형태로 부여되어 있는 것은 아니다. 투쟁의 불꽃이 터옴으로 노동자의 원초적, 개량적 욕구를 진실한 계급적 혁명의식으로까지 앙양시키는 것이며, 비상한 고난과 희생을 요구하는 투쟁을 통해서만 노동자 대중은 금일의 자본가계급의 제반 영향으로부터 자기 자신을 완전히 해방시켜 계급적 의식을 획득하며, 진실한 계급적 진로를 식별하게 되는 것이다. 그렇기 때문에 노동자 대중은 항상 그 모든 행동 하나하나에 있어서, 예를 들면 자본가에게 임금 인상을 요구하게 될 때이긴 또는 대우 개선을 주장하기 위한 한 번의 연설회이건 그 모든 행동장면을 통하여 가장 신속하게 자신의 계급적 훈련을 획득하지 않으면 안 될 것이며, 이러한 계급적 훈련만이 노동자에게 당면의 이익을 보장하며, 미래의 승리를 부여하는 유일한 길이다.

그러나 노동자 제군! 제군이 진정한 계급적 진로를 바로 나가기 위해서는 이러한 계급적 시각에서 어떠한 박해에도 굴함이 없이 꾸준하게 제군의 전 행동을 지도하는 계급적 전위부대를 다지지 않으면 안 되는 것이며, 이 노동자계급의 진정한 계급적 전위부대는 노동자 속의 가장 진보적 부분으로 구성되었으며, 금일의 자본가적 사회제도 하에서의 노동자의 지위를 가장 명확하게 비판할 줄 알며, 자본가계급의 어떠한 박해에도 굴하지 않고 항상 노동자 대중의 행동을 통솔하며, 최후의 결정적 순간에 자본가를 타도할 수 있도록 노동자를 철과 같이 완강하게 단련시키는 노동자계급의 전위대—공산당이다.

그러므로 자본가계급은 무엇보다도 이 노동자계급의 전위를 두려워하고 미워한다. 일본 제국주의는 사형의 법률로써 이 전위의 조직을 파괴하기 위해서 광분하고 있으며, 노동자가 정권을 잡은 러시아를 제외하면 세계 어느 나라에서도 이 노동자계급의 전위당은 지배계급의 가장 강렬한 박해 아래서 싸우고 있다.

그러나 어떠한 박해에도 굴하지 않고 노동자계급의 역사적 사명을 깨달은 이 전위부대는 무한한 곤란과 싸우면서 항상 전 노동대중을 진정한 계급적 지도하에 통제하기 위해서 정력적 노력을 수행한다.

조선에 있어서도 이 계급적 전위부대는 결성된 지 이미 오래이다. 그러나 그것은 아직 유치하고 미약하다. 게다가 지배계급의 … (판독불능) …는 이 전위부대가 신속하게 노동자 대중을 자신의 영향 아래에 흡수하여 그 역량을 증대시키며, 그 계급적 지도하에 전 대중층을 통제하는 것을 방해하기 위해서 어떠한 손실도 아끼지 않는다.

그리고 다른 한편으로는 노동자 대중의 혁명적 의식을 마비시키고 노동 대중을 이 계급적 전위부대의 통제 아래로 가지 못하도록 하기 위해서 입으로는 노동자의 이익을 운운하면서도 사실은 노동자 대중을 자본가에게 굴종시키고, 계급의식의 발전을 저지하여, 노동자의 눈앞에서 계급투쟁의 정로를 가려버리는 자본가의 대변자를 노동자의 진영 속에 파견하는데, 전투적 노동자 제군! 이것이 저 개량주의배의 정체인 것이다. 그들은 노동자의 모든 투쟁을 협조에 그치도록 하기 위해서 온갖 노력을 아끼지 않는다. 예컨대 여기에 일단의 노동자가 일정한 요구조건을 내걸고서 파업을 단행하였다고 하자! 그들은 이 요구의 기치 하에 노동자를 굳게 결속시키고 노동자의 위력으로써 자본가를 굴복시키는 대신에 자본가와의 협정에 애쓴다. 진정과 애원이 그들의 유일한 무기이다. 그리하여 자본가의 '후의'에 의하여 쟁의를 해결하려고 든다. 경찰의 탄압이 있을 때 그들은 금일의 지배기구의 비밀을 노동자의 면전에 폭로하고 노동자 대중의 반항을 정치적 항쟁으로까지 발전시키는 대신에 은인자중하기를 설교한다. 그들의 전 사명은 노동자의 눈앞에서 계급투쟁의 정로를 가리고 노동자를 영원한 예속의 생활에 얽매이게 하는 데에 있는 것이다. 전 조선의 노동자 제군! 원산 형제의 피투성이의 싸움은 개량주의자의 이 계급적 배반을 실천을 통해서 우리에게 선명하게 가르쳐 주었다. 금일의 예속과 굴욕의 생활을 떨쳐버리기 위해서 우리는 우리의 모든 진영 내에서 이 지배계급의 밀정을 단호하게 방축하지 않으면 안 된다. 그리하여 계급투쟁의 정로를 나아가고, 진실한 계급적 지도하에 우리의 전 행동을 전개하지 않으면 안 될 것이다.

⑧ 조선 노동자계급의 계급적 전위부대는 아직 미력하다. 대중을 자신의 지도하에 인솔하기에는 아직 어리다. 그러나 백색 공포 뒤에서 계속해서 일어서는 공산주의자의 영웅적 행동과 헌신적 노력은 전 조선 노동자 제군의 강렬한 지지 하에 미약한 현 상태를 극복하여, 압박당하고 착취당하는 전 조선의 노동자, 농민, 기타 빈민 대중을

그 정치적 지도하에 통솔하여 일본 제국주의에 대한 완강한 투쟁자로서의 사명을 다할 수 있는 강고한 전위부대의 건설을 현실화시키고야 말 것이다.

전 조선의 전투적 노동자 제군! 이 강고한 계급보루의 건축은 우리의 역사적 사명이다. 우리는 이 사명을 다하기 위해서 우리의 어떠한 투쟁장면에서도 저 자본가의 밀정 개량주의자를 단연코 거부하고, 계급적 자기희생적 정신을 갖고 어떠한 비상한 고통과 위대한 희생이라도 각오하지 않으면 안 될 것이다. 그리고 농민 특히 빈민 대중과의 견고한 협동이 없이는 이러한 계급적 사명을 완성하는 것은 곤란한 일이다. 원산의 형제가 분기하자 가깝고 먼 산촌의 농민 형제가 신탄(薪炭)의 제공 등으로 원조를 아끼지 않았다는 것은 조선에 있어서의 노농동맹의 혁명적 결성을 우리에게 예고하는 의미 깊은 사실이다.

원산의 2천여 파업 노동자 제군! 그리고 전 조선 노동자 제군! 원산의 쟁의는 장차 전 조선적으로 파급되려는 노동투쟁의 전초전이다. 원산의 쟁의는 결코 원산 형제만의 사업이 아니다. 전 조선의 노동자는 생사를 걸고서라도 지배계급의 비교할 바 없는 탄압과 후안무치한 개량주의의 영향으로부터 이 쟁의를 최후까지 엄수하지 않으면 안 된다. 계속적인 체포와 투옥은 우리에게서 많은 역량을 박탈하고 말았다. 남은 힘은 퍽이나 빈약하다. 그러나 불굴의 자기희생적 계급적 행동으로써 모든 조선의 노동 대중은 전력을 다하여 원산의 형제의 … (판독불능) …사수(死守)하지 않으면 안 될 것이다.

원산 노동자의 어려운 투쟁은 전 노동계급에게 부여된 위대한 계급투쟁이 경험이다. 우리는 이 투쟁을 통해서 혁명적 교훈을 최대한으로 섭취하여 장래에 올 전국적 투쟁을 힘차게 준비하자!

원산쟁의를 사수하라!

개량주의 간부를 축출하라!

혁명적 강령과 마크를 사수하라!

함남노동회를 분쇄하라!

전국 노동자는 총파업으로 원산쟁의를 사수하라!

(배성찬 편역, 『식민지시대 사회운동론 연구』)

# 3·1운동 11주년을 기하여 전 조선 노력자 대중에게 격함. 만국 무산자와 세계 피압박민족은 단결하라!¹⁾

전 조선 노력자 제군! 세계 제국주의는 대약탈전쟁으로부터 계급적 반혁명전쟁을 백방으로 준비 중에 있다. 그러나 저들과 적대관계에 있는 세계적 혁명운동인 소비에트 러시아의 사회주의 건설의 장족의 발전을 비롯하여 만국 무산계급의 경제투쟁으로부터 정치투쟁으로의 진전 및 세계 피압박 대중의 민족적 계급적 해방투쟁의 발발(베를린 시가전, 구미 노동계급의 정치적 시위, 파업, 인도 노력자들의 혁명적 진출 및 중국, 월남 등 식민지, 반식민지의 해방운동—엮은이)에 직면하게 되었다. 이와 같은 혁명적 시기에 즈음한 민족해방일 11주년을 우리는 무엇을 가지고 어떻게 기념할 것인가.

조선의 노력자 제군은 세계 혁명 대중과 함께 제국주의배의 공전의 무력확장, 산업교육기관의 군사화 및 혁명적 별동대 설치 등등의 음모를 맹렬히 반대하고 제국주의 전쟁을 혁명적 내란으로 전환시켜 계급적 시위와 폭동으로 화하게 하지 않으면 안 된다. 강도적 제국주의의 공격에 대한 역습을 준비하고 만국 무산자의 조국인 소비에트 러시아

---

1) 이 격문은 1930년 '3·1 운동' 11주년을 기해 살포하려고 소위 '화요파' 당재건운동 준비조직인 '조선공산당 재조직준비위원회 경성구 조직위원회'의 권오직(權五稷) 등이 작성했다. 세계 경제공황과 이에 따른 제국주의 전쟁을 내란으로 전환시키기 위하여, 일제의 조선 민중에 대한 폭압의 강화에 대응하기 위하여 조선과 세계의 혁명적 노농 대중과 피압박 민족은 단결하여 투쟁하자고 호소했다.

를 사수하지 않으면 안 된다. 일본 제국주의는 자국 및 식민지의 혁명적 전위부대에 대하여 무자비한 폭압으로 임하고 있는데, 특히 조선에서는 노동자의 경제투쟁 내지 학생의 교내 회합에 대해서까지 무장경찰대를 동원하여 야만적 횡포를 극하고 있는 사실에 주의하라! 이는 대규모적 도살을 감행하려는 제일보이다.

전 조선의 노력자 제군! 도시에는 많은 실업자 군중이 방황하고, 농촌에는 무수한 기아자가 유리하고 있지 않은가. 긴축 합리화란 미명 하에 노임 인하, 강제해고, 소작권 박탈로 공장과 농촌에 축출되고 있지 않은가. 이처럼 경제적으로 사멸의 경지에 빠진 우리는 정치적으로도 모든 박해와 도살에 당면하고 있다. 기회가 있으면 군대, 경찰관, 소방대 등을 총동원하여 학살을 감행하는 일본 제국주의의 횡포는 3·1운동 탄압, 간도 토벌, 동경 지진시의 조선인 대량학살 등으로 백일하에 폭로되었다. 그 점은 원산 노동쟁의, 부산 파업, 광주 학생사건 등을 통해서도 여실히 입증되었다.

전 조선 노력자 제군! 생명 재산의 보장이 없고 도처에서 구축과 박해를 받고 있는 제군은 어디서 어떻게 살길을 찾아야 할 것인가. 오직 일제를 박멸하는 투쟁만이 있을 뿐이다. 그렇다. 우리의 혁명역량을 총집중하여 일제와 끝까지 싸울 준비를 서둘러야 하겠다.

민족 부르주아지는 혁명적 해방전선에 나설 용기를 상실하고 개량주의적 합법운동으로 일제와의 야합의 길을 찾고 있다. 그들은 노력 대중의 혁명적 투쟁을 총독과 경찰에 탄원적으로 의뢰하여 해산을 희망하고 있지 않은가. 그들은 중추원 또는 도·부·군·면에 취직을 위하여 활동하고 있지 않은가. 조선 민족해방운동은 도시 프롤레타리아트의 영도 하에 일제를 반대하여 싸우는 광대한 농민과 도시빈민, 혁명적 지식분자들이 투쟁적으로 굳게 뭉침으로써만이 완전히 실현될 수 있다.

혁명적 노농 대중이여 궐기하라! 공장·광산·부두·점포·농촌·어장·학교에서 모두 일어나라! 일제 심복인 총독정치 타도, 군대·경찰의 철거, 언론·집회·출판·결사·시위·파업의 자유획득, 8시간 노동제 실시, 최저임금 제정, 여공 및 미성년공의 야간작업 유해작업 폐지, 민족차별대우 폐지, 동척·사원·대지주 소유토지의 농민 무상공여, 이민정책 반대, 소작료 3할 이내 감하, 실업자에 대한 사회보장, 무산자 아동의 무료교육, 재감중의 혁명동지 탈환, 치안유지법 철폐, 일본 제국주의 전쟁을 해방전쟁으로! 국제 프롤레타리아트, 특히 일본·중국 프롤레타리아트와의 단결 등의 표어를 들고 가두시위에 나서자. 조선 독립 만세! 조선 노력자 공화국 만세!

1930. 3. 1. 조선공산당

(조선 공산청년동맹, 『한공』 5)

| 김귀남 외 |

# 42주년 메이데이를 맞이하는 노력자 대중에 격함[1]

노동자 농민 청년 남녀학생 병사 일체의 피압박자 동지들아 용감하게 박차고 일어나자! 5월 1일은 세계 무산계급의 해방노선을 위해서 "만국의 노동자들이여 단결하자"는 표어를 내걸고 일어난 날이다. 오늘날 세계 무산계급 혁명의 대무대로 된 조선의 노력자 동지들이여! 혁명의 불꽃이 온 천지를 불사르고 있다. 보라! 공장과 광산에서 벌이고 있는 파업투쟁을, 농장에서는 소작쟁의가 일어나서 토지문제의 완전한 해결을 부르짖고 있는 것을. 그리고 학생대중은 노동자 농민의 혁명적 투쟁에 보조를 맞춰 동맹휴학을 벌이고 있지 않은가?

이와 같은 혁명적 투쟁은 영웅적 발걸음으로 전개되고 있다. 일체의

---

1) 5월 1일 '메이데이'는 1889년 7월 세계 여러 나라 노동자운동 지도자들이 파리에 모여 결성한 제2 인터내셔널의 창립 대회에서 결정되어, 이듬해인 1890년 제1회 대회를 치른 이후 매년 전 세계 노동자들이 자기 나라의 형편에 맞는 형식과 방법, 즉 파업과 집회 및 시위 등으로 노동자들의 문제를 스스로 해결하기 위해서 단결하여 투쟁하는 노동자의 국제적 연대의 날·노동자 축제의 날이다. 우리나라는 최초로 1923년 '노동연맹회'의 주최 하에 서울과 각 지방의 노동자들이 일제와 자본의 탄압 아래서 최초로 '메이데이' 투쟁을 벌였다. 또한 국외의 조선인 노동자들도 '메이데이' 투쟁을 벌였다. 투쟁과정에서 일제 지배하의 노동자의 이익 실현은 일제 타도와 굳게 결합되어 있음을 더욱 자각했다. 이 격문은 일제의 파쇼체제하 혁명적 노동조합운동 시기인 1931년 5월 1일에 함북 온성군 등지에서 '조선공산당 및 고려공산청년회 야체이카'로 활동을 하던 김귀남, 황구룡 등이 살포했다.

피압박동지들이여! 제국주의 놈들은 최후의 순간까지 미해결로 남아 있는 태평양 문제를 중심으로 놈들의 모순충돌은 극도로 첨예화하여 군비경쟁과 전쟁준비에 노동자 농민을 기아선상에 방황시키고 있다. 제1차 제국주의 전쟁의 몇 십 배가 될 제2차 대전은 중국을 중심으로 하여 폭발될 것이다. 일체의 피압박 동지들이여! 강도 같은 일본 제국주의 놈들은 노력 대중의 피땀을 최후의 한 방울까지 짜내고 있다. 정치적 탄압과 경제적 착취를 야만적으로 단행하고 백색 테러를 혁명 대중에 가하고 있다. 보라! 놈들의 손에 타살, 총살, 교살, 감금, 고문 등을 얼마나 받고 있는가? 또한 강도 일본 제국주의의 주구인 경찰 검사 놈들의 손에 우리 혁명운동의 전위투사들이 그 생명까지 탈취당한 자 그 얼마인가? 노력자 동지들이여! 우리들의 사랑하는 형제부모들을 놈들이 붙잡아가지 않는가? 놈들은 생명의 최후선까지 끊으려고 하지 않는가? 보라! 중국 노력 대중의 무장적 봉기를 우리들도 중국 혁명 대중의 구호와 보조를 일치하여 괭이, 창을 들고 일어나서 놈들을 단두대에 보내 복수하자. 노력자 동지들이여! 46년 전의 금일과 18년 전의 제국주의 전쟁에서의 피문은 총검은 또다시 우리의 머리에 날아들고 있다. 놈들은 노력 대중을 전쟁 속으로 몰아넣고 있다. 노력자 동지들이여! 금일은 놈들의 지배를 완전하게 탈출하여 복수하는 날이다. 공장에서 광산에서 농촌에서 어장에서 철도에서 병사에서 학교에서 괭이, 창, 검, 총, 곤봉을 들고 일어나자! 놈들의 일인까지도 여지없이 일체 박멸하자!

  ─ 타도 세계 제국주의!
  ─ 타도 일본 제국주의!
  ─ 지주의 토지를 몰수하여 농민에게 분배하자!
  ─ 자본가의 기업소, 회사, 공장 등을 몰수하여 노동자에게 주자!

— 지주의 이익을 옹호하여 노력자의 생활을 압박하는 일체의 조세를 없애자!

　— 7시간 노동제를 실시하자!

　— 제2차 제국주의 전쟁을 계급전으로 전화시키자!

　— 파시, 파업을 실시하자!

　— 타도 민족개량주의자!

　— 중국 혁명과 일본 혁명을 원조하자!

　— 조선 혁명 성공 만세!

　— 세계 혁명 성공 만세!

(『사상월보』 제3권 6호. 1933. 9. 15.)

| 작자 미상 |

# 노동자 농민 전체 피압박 근로 대중 제군!1)

전 세계 프롤레타리아가 착취와 억압을 반대하고 사회주의 건설에
매진하기 위한 투쟁력과 전투 의지를 총동원해서 시위하는 날, 메이데
이는 왔다. …… 일본 제국주의 아래에서 신음하는 전 조선 피압박
근로 대중은 분기하라! 일본 제국주의자, 조선의 토착 착취계급과 함께
일체 반동분자들을 대항하여 싸우자!

(구로역사연구소, 『우리나라 메이데이의 역사』)

---

1) 이 격문은 1934년 메이데이에 서울지역에 뿌려진 것이다. 사회주의
건설에 매진하기 위해서 일제와 조선인 착취계급 등에 대항하여 싸울
것을 호소했다.

| 작자 미상 |

# 청방 1천 형제여[1]

　　일본인 자본가와 조선인 자본가는 힘을 합쳐 간도의 조선 동포와 중국의 형제가 쌓아올린 노동자와 농민의 정부를 공격하고 있다. 일본 정부는 일본 노동자와 조선 노동자의 피와 땀을 쥐어짜, 그 돈으로 간도와 만주의 우리 동포들을 사살하고 있다.

　　우리들 역시 일제를 타도하지 않고는 도저히 살아갈 수 없다.

　　전쟁을 중지하고 조선과 만주로부터 군대를 철수시켜라!

　　소비에트 러시아와 중국 소비에트를 수호하자!

　　일본 제국주의를 타도하자!

(위의 책)

---

　　1) 이 격문은 1935년 메이데이에 함북의 청진방직 노동자들에게 뿌려진 것이다. 당시 간도에 수립되었던 노동자 농민 정부에 대한 연대 및 소련 옹호, 중국 혁명 지지와 함께 특히 노동자들의 살길은 일제 타도에 달려 있다고 호소했다.

# 반전격(反戰檄)1)

전 조선 노동자, 농민, 병사, 학생 제군아!

전쟁이 일어났다. 일중(日中) 노농 형제를 죽이는 전쟁이 일어났다. 이는 몰락의 위기에서 최후의 발광, 세계 재분할로 치닫는 세계 제국주의의 제2차 대전의 전조가 아닐 수 없다. 보라 제군아! 만주의 광야는 일중 노농 형제의 유혈로 뒤덮여 있다. 극소수의 일본, 미국, 중국의 자본가 등은 자기의 이익을 위하여 우리들 형제들을 대중적으로 학살한 피로써 배를 채우고 있다. 북만주의 일중전쟁은 태평양의 미일전쟁을 일으켜 전 세계의 제2 제국주의 전쟁으로 전화되어 이 전쟁이 자본가의 배를 채우는 반면에, 우리 노농 형제에게는 우리들 형제 자식 몇백만의 학살과 불구자만을, 또는 더욱 극심한 압박과 착취 이외에 어떤 이익이 있는가?

혁명적 노동자, 농민, 병사, 학생, 소시민 제군아!

궐기하자, 이 전쟁에 반대하자

반전시위 또는 파업을 결행하자

---

1) 1920년대 말부터 자본주의 경제의 세계적 공황이 발생하자 일본 제국주의는 이를 극복하기 위해 안으로는 군사파쇼체제를 확립하고, 밖으로는 만주 등지를 침략했다. 이에 대항하여 조선의 청년 학생들은 일제의 침략전쟁 반대투쟁을 벌였다. 이 격문은 경성제국대학 학생들이 '반제동맹'을 조직하여 1931년 9월 27일 서울지역에 뿌린 것이다.

운반도구와 식량 운반에는 응하지 말자
일중 양군은 전쟁에서 서로 악수하자
총을 자국의 자본가에게 향하여 공격하자


1. 노농 형제 도살의 제국주의 전쟁 절대 반대
1. 일군 중국 출병 반대
1. 일병은 중국에서 즉시 철퇴하라
1. 일본 제국주의 침략 실패 투쟁 만세
1. 반제국주의 혁명 전개 만세
1. 중국혁명을 무장으로써 옹호하자
1. 세계 열강 침략에 대하여 소비에트를 무장으로 사수하자
1. 일중 노농계급과 결합하자
1. 조선 독립 절대 완성 만세
1. 적색 노농정부 건설 완성 만세
1. 세계 사회혁명 만세
1. 세계 프롤레타리아트의 최고 참모부 제3국제공산당 만세


만국의 프롤레타리아여, 굳게 단결하자.

# 전 조선 피압박 동지 제군에게 격(檄)함1)

수년 내 쌓이고 쌓인 우리들의 불평은 작년 7월에 드디어 폭발했었다. 그러나 학교 당국의 기만적 수단으로 말미암아 우리의 요구조건은 금년 3월까지 기다리게 되었다. 그러나 금년 3월이 이미 수개월이 지났으나 기만을 일삼는 학교 당국은 아무런 처결(處決)도 없었다.

경애하는 동지여!

오늘날 우리들이 받고 있는 식민지 교육이 착취를 전제로 하는 마취제라는 사실을 물론 잘 알고 있는 일이다. 그런데 당시 일부의 식자(識者)들은 만평(漫評) 혹은 비평하기를, 동맹휴학은 현대 학생의 유행병이라든지 사상 중독(思想中毒)이라고 운운하며 조소할 따름이었다. 그러나 이것은 도리어 식자 자신들의 현 사회 정세에 대한 인식의 부족인지 알 수 없는 일이다. 군국주의의 말발굽 아래 유린되고, 소위 종주국과의 차별적 교육에 불만과 의분에 쌓여 우리들 500여 명의 심담(心膽)은 드디어 파열되어 맹휴의 반기를 다시 들지 않을 수 없었다는 것은 다 같은 피압박 동지 대중 제군의 주지하고 있는 바라고 생각한다. 그러나 전제(專制)에 숙달되어 있는 학교 당국은 해결을 위한 성의의 빛은 조금도 보이지 않고 오로지 억압으로써 기다리고 있다가 결국 답변이라는 것은 '이번의 사건에 대해서는 전부 도 당국에 일임하였기 때문에 우리는 아무런 관계가 없다'는 말뿐이었다.

---

1) 이 격문은 1928년 6월 함흥 고등보통학교 학생들이 작성하여 전 조선의 중등학교 학생들에게 보낸 것이다. 식민지 노예교육과 민족차별교육 등 일제하의 전반적인 교육제도의 모순을 타파하기 위해서는 전 조선의 중등학교 학생들이 다 같이 궐기해야 한다고 호소했다.

한순현(韓恂鉉) 교유(教諭)는 '총독부 정무총감이 함흥에 왔을 때 말하기를, 맹휴가 빈발하는 조선 중등학교 2, 3개교 정도는 폐교해도 지장이 없다'고 선언을 했으므로 너희들이 마음대로 해보라고 했고, 또한 교장 대리인 사와키 교유[漫木茂珥]는 말하기를 '나는 진정한 교육을 하는 것이 목적이 아니라 금전이라도 취득하여 밥이라도 얻어먹었으면 하는 것이 목적이므로 당국의 지령대로 복종할 따름이다'고 했다.

어찌 그뿐이랴. 저 포악 천만한 야마네(山根) 촉탁(囑託)은 말하기를 '금수와 같은 너희들에게 교육 같은 것은 무용하다'고 했다. 이러한 것이 어찌 우리들만에 국한될 것인가!

이것은 얼마나 식민지 착취 교육, 군국주의의 노예적 교육에만 숙련된 자들의 고백이 아닌가. 보라! 오늘날 우리가 받고 있는 교육의 정체를 그들 스스로가 폭로하고 있는 것이다. 특히 정무총감의 만용스런 발언이야말로 가차없는 직언(直言)인 것이다. 이들 정체는 날로 이와 같이 폭로되고 있는 것이다. 학교 당국으로서도 해결할 수 있음에도 불구하고 사건 전체를 도 당국에 모두 위임해 버리면 도 당국자들은 경찰서에 이것을 모두 위임하여 해결코자 한다.

이것이 얼마나 연계적(聯系的)이며 교육자로서 무책임하고 몰상식한 태도의 표시인가. 시내의 골목마다 경찰의 마수진(魔手陣)을 배치하여 교내 외정(校內外庭)에는 패검금화(佩劍金靴)의 신랄한 소리만이 소란케 하고 교내에는 형무소 간수와 같이 형사대와 정복 경찰대를 배치하여 마치 살인 상노범이라도 제포하려는 것 같다.

밤중에 안면(安眠)하는 동지와 백주 대로에서라도 고보의 휘장만 보이면 보는 대로 동지들을 무조건 구인(拘引)하여, 애매하게도 4, 5일 간씩 구류장에서 고생시키고는 다시 검사국까지 호송하니, 이것이야말로 식민지 특수현상인 것이다.

오랫동안 유린된 동지 제군!

우리를 상품시하는 노예적 교육, 식민지 차별 교육을 수긍해야 할 것인가. 아니다. 억압에는 반드시 반작용이 없으면 안 된다. 또 우리들은 무서운 마취제, 이것을 수긍하면서 그대로 뱉어버릴 수 없는 우리들이 아니다.

또 보라. 학교, 도청, 경찰, 소위 시내 수명의 학부형과 기타 관료배─동일 선상에서 군국주의에 매수되어 있는 인물들이 집회하여 조직한 학교 후원회─이와 같은 4각형으로 우리를 포위하여 무리한 억압을 가하는 것이다. 1개월여에 걸쳐 당국자들은 오로지 20여 명의 희생자를 냈을 뿐이다.

같은 경우에 처한 동지 제군!

다시 보라! 명춘(明春)부터 조일공학(朝日共學)을 실시하겠다는 저들의 망설(妄說)은 사양(飼羊)의 털을 깎아 버리고, 마지막에는 돌려주지도 않겠다는 준비인 것이다.

피압박 동지 제군!

우리는 모순된 교육제도를 타파하지 않으면 안 된다. 신사회의 역군이 될 우리들은 다 같이 의분의 심혈을 등골에 쌓고 정신을 가다듬어 함께 반기를 들지 않으면 안 된다.

1. 조선인 본위의 교육을 획득하자!
2. 식민지 차별적 교육을 타도하자!
3. 조일공학에 절대 반대하자!
4. 군사 교육에 절대 반대하자!
5. 교내 학우회의 자치제를 획득하자!

1928년 6월

(김삼웅 편, 『항일 민족선언』)

| 권유근 외 |

# 광주학생운동 격문(1), (2)[1]

## 격문 1

장엄한 학생대중이여! 최후까지 우리의 슬로건을 지지하라!
그리하여 궐기하라! 싸우자! 굳세게 싸우자!

1. 검거자를 즉시 우리의 손으로 탈환하자.
1. 교내에 경찰의 출입을 절대 반대한다.
1. 교우회 자치권을 획득하자.
1. 언론, 출판, 집회, 결사, 시위의 자유를 획득하자.
1. 직원회에 학생 대표를 참가시키자.
1. 일본인 본위의 교육제도를 철폐하라.

---

1) 광주학생운동은 1929년 나주에서 광주로 기차 통학하는 광주중학
일본인 학생과 광주고보 조선인 학생들의 충돌로 시작되었지만 곧 식
민지 교육제도에 반대하는 투쟁, 나아가서는 일제지배 자체에 반대하는
민족해방운동으로 발전하여 갔다. 11월 3일 광주의 조선인 학생운동에
대한 일제의 탄압에 항의하여, 1930년 3월 말까지 전국적인 학생시위,
동맹휴학에 194개 학교, 5만 4천여 명의 학생이 참여했다. 이 격문 1, 2는
1929년 11월 광주학생운동 당시 권유근, 허 헌, 이한성, 장재성 등 서울
의 학생, 사회단체의 대표들이 진상조사의 명목으로 광주에 내려와 작
성했던 것이다. 광주학생운동을 전국적인 차원의 학생운동과 민족해방
운동으로 확대시키자고 호소했다.

1. 식민지 노예교육제도를 획득하자.

1. 사회과학 연구의 자유를 획득하자.

1. 전국학생대표자회의를 개최하라.

# 격문 2

1. 조선 민중아, 궐기하자!

1. 청년 대중아, 죽음을 초월하고 싸우자!

1. 검거자를 즉시 석방하라!

1. 재향군인단의 비상소집을 즉시 해산하라!

1. 경계망을 즉시 철퇴하라!

1. 소방대, 청년단을 즉시 해산하라!

1. 만행의 광주중학을 폐쇄하라!

1. 기성 학부형위원회를 분쇄하라!

1. 일본 제국주의를 타도하자!

1. 피압박 민족해방 만세!

1929년 11월 12일

(위의 책)

# 만천하 학생 동지에게 격함[1]

학생 동지 제군! 광주학생 충돌사건을 기해 일본 제국주의는 공공연하게 조선인의 대학살을 계획한 사실을 알고 있는가? 저들은 재향군인단, 청년단, 전남청년단연합회, 소방조, 학부형회 등 남녀노소를 총동원하여 극악무도한 폭압 하에 신음하는 조선인에 대해 대학살을 단행하려고 했다. 그리하여 저들은 암살대, 폭격대 등을 조직하여 사회운동의 전위분자의 암살을 기도하였다. 야수화 된 저들은 단도의 끝에 붕대를 감아 사람을 찔러도 죽지 않을 정도로 교묘하게 하여 조선인 모두를 난자하여 수백의 사상자를 내려고 했다.

만천하 동지 학생 제군! 이 간단한 사례로서도 저들의 야수적 폭위를 충분히 알 수 있다. 이 흉폭한 제국주의적 폭거에 대하여 강 건너 불같이 보고만 있을 것인가?

학생 동지 제군! 분연히 일어나 일본 제국주의의 추악한 아성(牙城)을 향해 돌진하라!

**<표어>**

1. 식민지 노예교육제도에 절대 반대하라!

---

[1] 일제하 학생운동은 1926년 6·10만세운동을 비롯하여 사회주의의 영향을 많이 받게 되었는데, 1929년 광주학생운동도 마찬가지였다. 이 격문은 1929년 12월 '조선공산청년회'가 광주지역의 학생운동을 전국적인 학생대중 시위운동으로 확대시키려고 의도했다.

1. 구금된 광주 학생 동지의 무조건 즉시 석방을 요구하라!

1. 대중적 시위운동을 조직하라!

1. 치안유지법 등 제 악법의 즉시 철회를 요구하라!

1. 언론, 출판, 집회, 결사의 절대자유를 획득하라!

1929년 12월 3일

(『현대사 자료』 29)

| 신채호 |

# 조선 혁명 선언[1]

## 1

　강도 일본이 우리의 국호를 없이 하며, 우리의 정권을 빼앗으며, 우리의 생존의 필요조건을 다 박탈하였다. 경제의 생명인 산림·천택(川澤)·철도·광산·어장 및 소공업 원료까지 다 빼앗아 일체의 생산기능을 칼로 베이며 도끼로 끊고, 토지세·가옥세·인구세·가축세·백일세(百一稅)·방세·주초세(酒草稅)·비료세·종자세·영업세·청결세·소득세…… 기타 각종 잡세가 날로 증가하여 혈액은 있는 대로 다 빨아가고, 어지간한 상업가들은 일본의 제조품을 조선인에게 매개하는 중간인이 되어 차차 자본집중의 원칙 하에서 멸망할 뿐이요, 대다수 민중 곧 일반 농민들은 피땀을 흘리어 토지를 갈아, 일 년 내 소득으로 일신(一身)과 처자의 호구거리도 남기지 못하고, 우리를 잡아먹으려는 일본 강도에게 갖다 바치어 그 살을 찌워주는 영원한 우마(牛馬)가 될 뿐이요, 끝내는 우마의 생활도 못하게 일본 이민의 수입이 해마다 높은 비율로 증가하여 딸각

---

　1) 조선 혁명 선언은 일제하 역사학자이며 언론인인 동시에 혁명가였던 신채호 선생이 1919년 김원봉 등이 조직한 '의열단'의 요청으로 1923년 1월 '의열단'의 이름으로 발표한 것이다. 선언은 1920년대 민족운동론의 한 경향인 '외교론', '자치론', '준비론', '문화운동론' 등 친자본주의적인 반혁명운동노선을 낱낱이 비판한 후 민중 스스로의 폭력적인 방법에 의해 '자본주의 강도국' 일제를 타도하고 인류가 인류를 압박하고 사회가 사회를 수탈치 못하는, '자본주의를 극복'한 이상적인 조선 사회를 건설하자고 조선 민중에게 호소했다.

발이 등쌀에 우리 민족은 발 디딜 땅이 없어 산으로 물로, 서간도로 북간도로, 시베리아의 황야로 몰리어 가 배고픈 귀신이 아니면 정처 없이 떠돌아다니는 귀신이 될 뿐이며,

강도 일본이 헌병정치·경찰정치를 힘써 행하여 우리 민족이 한 발자국의 행동도 임의로 못하고 언론·출판·결사·집회의 일체 자유가 없어 고통과 울분과 원한이 있어도 벙어리의 가슴이나 만질 뿐이요, 행복과 자유의 세계에는 눈뜬 소경이 되고 자녀가 나면 "일본어를 국어라, 일본글을 국문이라" 하는 노예 양성소―학교로 보내고, 조선 사람으로 혹 조선사를 읽게 된다 하면 "단군을 속여 소잔오존(素盞嗚尊)의 형제" 라 하며, "삼한시대 한강 이남을 일본의 땅"이라 한 일본 놈들의 적은 대로 읽게 되며, 신문이나 잡지를 본다 하면 강도 정치를 찬미하는 반일본화(半日本化)한 노예적 문자뿐이며, 똑똑한 자제가 난다 하면 환경의 압박에서 세상을 비관하고 절망하는 타락자가 되거나, 그렇지 않으면 '음모사건'의 명칭 하에 감옥에 구류되어 주리를 틀리고 목에 칼을 씌우고 발에 쇠사슬 채우기, 단근질·채찍질·전기질·바늘로 손톱 밑과 발톱 밑을 쑤시는, 수족을 달아매는, 콧구멍에 물 붓는, 생식기에 심지를 박는 모든 악형, 곧 야만 전제국의 형률사전(刑律辭典)에도 없는 갖은 악형을 다 당하고 죽거나, 요행히 살아 옥문에서 나온대야 평생 불구의 폐질자(廢疾者)가 될 뿐이다. 그렇지 않을지라도 발명 창작의 본능은 생활의 곤란에서 단절되며, 진취 활발의 기상은 환경의 압박에 서 소멸되어 "찍도 쩍도" 못하게 각 방면의 속박·채찍질·구박·압제를 받아 바다로 둘러싸인 삼천리가 한 개의 큰 감옥이 되어, 우리 민족은 아주 인류의 자각을 잃을 뿐 아니라, 곧 자동적 본능까지 잃어 노예로부 터 기계가 되어 강도 수중의 사용품이 되고 말 뿐이며,

강도 일본이 우리의 생명을 초개(草芥)같이 보아, 을사 이후 13도의

의병 나던 각 지방에서 일본 군대의 행한 폭행도 이루 다 적을 수 없거니와, 즉 최근 3·1운동 이후 수원·선천 등의 국내 각지부터 북간도·서간도·노령 연해주 각처까지 도처에 주민을 도륙한다, 촌락을 불 지른다, 재산을 약탈한다, 부녀를 욕보인다, 목을 끊는다, 산 채로 묻는다, 불에 사른다, 혹 일신을 두 동가리 세 동가리로 내어 죽인다, 아동을 악형한다, 부녀의 생식기를 파괴한다 하여 할 수 있는 데까지 참혹한 수단을 써서 공포와 전율로 우리 민족을 압박하여 인간의 '산송장'을 만들려 하는도다.

이상의 사실에 의하여 우리는 일본 강도정치 곧 이족정치(異族政治)가 우리 조선 민족 생존의 적임을 선언하는 동시에, 우리는 혁명수단으로 우리 생존의 적인 강도 일본을 없애는 일이 곧 우리의 정당한 수단임을 선언하노라.

## 2

내정독립이나 참정권이나 자치를 운동하는 자가 누구이냐?

너희들이 '동양 평화', '한국 독립 보존' 등을 담보한 맹약이 먹도 마르지 아니하여 삼천리강토를 집어먹던 역사를 잊었느냐?

'조선 인민 생명·재산·자유 보호', '조선 인민 행복 증진' 등을 거듭 밝힌 선언이 땅에 떨어지지 아니하여 2천만의 생명이 지옥에 빠지던 실제를 못 보느냐? 3·1운동 이후에 강도 일본이 또 우리의 독립운동을 완화시키려고 송병준·민원식 등 한두 매국노를 시키어 이따위 미친 주장을 외침이니, 이에 부화뇌동하는 자는 맹인이 아니면 어찌 간사한 무리가 아니냐?

설혹 강도 일본이 과연 관대한 도량이 있어 개연히 이러한 요구를 허락한다 하자. 소위 내정독립을 찾고 각종 이권을 찾지 못하면 조선

민족은 흔히 보이는 배고픈 귀신이 될 뿐이 아니냐? 참정권을 획득한다
하자. 자국의 무산계급의 혈액까지 착취하는 자본주의 강도국의 식민
지 인민이 되어 몇몇 노예 대의사(代議士)의 선출로 어찌 굶어 죽는
화를 면하겠느냐. 자치를 얻는다 하자. 그 어떤 종류의 자치임을 묻지
않고 일본이 그 강도적 침략주의의 간판인 '제국'이란 명칭이 존재한
이상에는, 그 지배하에 있는 조선 인민이 어찌 구구한 자치의 헛된
이름으로써 민족적 생존을 유지하겠느냐.

설혹 강도 일본이 공연히 불보살(佛菩薩)이 되어 하루아침에 총독부
를 철폐하고 각종 이권을 다 우리에게 돌려주며, 내정 외교를 다 우리의
자유에 맡기고 일본의 군대와 경찰을 일시에 철수하며, 일본의 이주민
을 일시에 소환하고 다만 이름뿐인 종주권만 가진다 할지라도 우리가
만일 과거의 기억이 전멸하지 아니하였다 하면 일본을 종주국으로
추대한다 함이 '치욕'이란 명사를 아는 인류로는 못할지니라.

일본 강도정치 하에서 문화운동을 부르는 자가 누구이냐?

문화는 산업과 문물의 발달한 총적(總積)을 가리키는 명사니, 경제
약탈의 제도 하에서 생존권이 박탈된 민족은 그 종족의 보전도 의문이
거든, 하물며 문화발전의 가능성이 있으랴? 쇠망한 인도족·유태족도
문화가 있다 하지만, 하나는 금전의 힘으로 그 조상의 종교적 유업을
계속함이며, 하나는 그 토지의 넓음과 인구의 많음으로 상고(上古)에
자유롭게 발달한 문명의 남은 혜택을 지킴이니, 어디 모기와 등에같이,
승냥이와 이리같이 사람의 피를 빨다가 골수까지 깨무는 강도 일본의
입에 물린 조선 같은 데서 문화를 발전 혹 지켰던 전례가 있더냐?
검열·압수, 모든 압박 중에 몇몇 신문·잡지를 가지고 '문화운동'의 목탁
으로 스스로 떠들어대며, 강도의 비위에 거슬리지 아니할 만한 언론이
나 주창하여, 이것으로 문화발전의 과정으로 본다 하면, 그 문화발전이

도리어 조선의 불행인가 하노라.

이상의 이유에 의거하여 우리는 우리의 생존의 적인 강도 일본과 타협하려는 자나 강도정치 하에서 기생하려는 주의를 가진 자나 다 우리는 적임을 선언하노라.

3

강도 일본을 구축(驅逐)을 주장하는 가운데 또 다음과 같은 논자들이 있으니,

제1은 외교론이니, 이조 5백 년 문약정치(文弱政治)가 외교로써 호국의 좋은 계책을 삼아 더욱 그 말세에 대단히 심하여, 갑신 이래 유신당(維新黨)·수구당(守舊黨)의 성쇠가 거의 외국의 도움의 유무에서 판결되며, 위정자의 정책은 오직 갑국을 끌어당겨 을국을 제압함에 불과하였고, 그 믿고 의지하는 습성이 일반 정치사회에 전염되어, 즉 갑오·갑신 양전역(兩戰役)에 일본이 수십만의 생명과 수억만의 재산을 희생하여 청·로 양국을 물리고, 조선에 대하여 강도적 침략주의를 관철하려 하는데, 우리 조선의 "조국을 사랑한다. 민족을 건지려 한다" 하는 이들은 한 자루의 칼 한 방의 탄알을 어리석고 용렬하며 탐욕스런 관리나 나라의 원수에게 던지지 못하고, 탄원서나 열국공관(列國公館)에 던지며, 청원서나 일본 정부에 보내어 국세(國勢)의 외롭고 약함을 애소(哀訴)하여 국가 존망·민족 사활의 대문제를 외국인 심지어 적국인의 처분으로 결정하기만 기다리었도다. 그래서 '을사조약', '경술합방' 곧 '조선'이란 이름이 생긴 뒤 몇 천만 년에 처음 당하던 치욕에 대한 조선 민족의 분노의 표시가 겨우 하르빈의 총, 종로의 칼, 산림유생의 의병이 되고 말았도다.

아! 과거 수십 년 역사야말로 용기 있는 자로 보면 침을 뱉고 욕할

역사가 될 뿐이며, 어진 자로 보면 상심할 역사가 될 뿐이다. 그러고도 나라가 망한 이후 해외로 나아가는 모모지사(某某志士)들의 사상이, 무엇보다도 먼저 외교가 그 제1장 제1조가 되며, 국내 인민의 독립운동을 선동하는 방법도 '미래의 일미전쟁·일로전쟁 등 기회'가 거의 천편일률의 문장이었고, 최근 3·1운동에 일반 인사의 '평화회의', '국제연맹'에 대한 과신의 선전이 도리어 2천만 민중의 용기 있게 힘써 앞으로 나아가는 의기를 없애는 매개가 될 뿐이었도다.

제2는 준비론이니 을사조약 당시에 열국 공관에 빗발 돋듯 하던 종이쪽지로 넘어가는 국권을 붙잡지 못하며, 정미년의 헤이그 밀사도 독립회복의 복음을 안고 오지 못하매, 이에 차차 외교에 대하여 의문이 되고 전쟁 아니면 안 되겠다는 판단이 생기었도다. 그러나 군인도 없고 무기도 없이 무엇으로써 전쟁하겠느냐? 산림유생들은 춘추대의에 성패를 생각지 않고 의병을 모집하여 높은 관을 쓰고 도포를 입은 채 지휘의 대장이 되며, 사냥 포수의 총 든 무리를 몰아가지고 조일전쟁의 전투선(戰鬪線)에 나섰지만 신문 쪽이나 본 이들 곧 시세를 짐작한다는 이들은 그리 할 용기가 나지 않았다. 이에 "오늘 이 시간에 곧 일본과 전쟁한다는 것은 망발이다. 총도 장만하고 돈도 장만하고 대포도 장만하고 지휘관이나 사졸감까지라도 다 장만한 뒤에야 일본과 전쟁한다" 함이니, 이것이 이른바 준비론 곧 독립전쟁을 준비하자 함이다. 외세의 침입이 더할수록 우리의 부족한 것이 자꾸 나타나, 그 준비론의 범위가 전쟁 이외까지 확장되어 교육도 진흥해야겠다, 상공업도 발전해야겠다, 기타 무엇무엇 일체가 모두 준비론의 부분이 되었었다. 경술 이후 각 지사들이 혹 서·북간도의 삼림을 더듬으며, 혹 시베리아의 찬바람에 배부르며, 혹 남·북경으로 돌아다니며, 혹 미주나 하와이로 돌아가며, 혹 경향(京鄕)에 출몰하여 십여 년 내외 각지에서 목이 터질 만치 준비! 준비!를 불렀지만, 그 소득이 몇 개 불완전한 학교와 실력 없는 단체뿐이었다. 그러나 그들의 성의의 부족이 아니라 실은 그 주장의 착오이다. 강도 일본이 정치·경제 양 방면으로 구박을 주어 경제가 날로 곤란하고 생산기관이 전부 박탈되어, 입고 먹을 방책도 단절되는 때에, 무엇으로 어떻게 실업을 발전하며, 교육을 확장하며, 더구나 어디서 얼마나 군인을 양성하며, 양성한들 일본 전투력의 백분의 일의 비교라도 되게 할 수 있느냐? 실로 한바탕의 잠꼬대가 될 뿐이로다.

이상의 이유에 의하여 우리는 '외교', '준비' 등의 미몽을 버리고 민중 직접혁명의 수단을 취함을 선언하노라.

# 4

조선 민족의 생존을 유지하자면, 강도 일본을 쫓아내어야 할 것이며, 강도 일본을 쫓아내려면 오직 혁명으로써 할 뿐이며, 혁명이 아니고는 강도 일본을 쫓아낼 방법이 없는 바이다.

그러나 우리가 혁명에 종사하려면 어느 방면부터 착수하겠느뇨.

구시대의 혁명으로 말하면, 인민은 국가의 노예가 되고, 그 위에 인민을 지배하는 상전 곧 특수세력이 있어 그 소위 혁명이란 것은 특수세력의 명칭을 변경함에 불과하였다. 다시 말하자면 곧 '을'의 특수세력으로 '갑'의 특수세력을 변경함에 불과하였다. 그러므로 인민은 혁명에 대하여 다만 갑·을 양 세력 곧 신·구 양 상전의 누가 더 어질며, 누가 더 포악하며, 누가 더 선하며, 누가 더 악한가를 보아 그 향배를 정할 뿐이요, 직접의 관계가 없었다. 그리하여 "임금의 목을 베어 백성을 위로한다"가 혁명의 유일한 취지가 되고 "한 도시락의 밥과 한 종지의 장으로써 임금의 군대를 맞아들인다"가 혁명사의 유일한 미담이 되었거니와, 금일 혁명으로 말하면 민중이 곧 민중 자기를 위하여 하는 혁명인고로 '민중혁명'이라 '직접혁명'이라 칭함이며, 민중 직접의 혁명인 고로 그 비등(沸騰)·팽창의 열도가 숫자상 강약 비교의 관념을 타파하며, 그 결과의 성패가 매양 전쟁학상(戰爭學上)의 정해진 판단에서 이탈하여 돈 없고 군대 없는 민중으로 백만의 군대와 억만의 부력(富力)을 가진 제왕도 타도하며 외국의 도적들도 쫓아내니, 그러므로 우리 혁명의 제일보는 민중각오의 요구니라.

민중이 어떻게 각오하느뇨.

민중은 신인(神人)이나 성인이나 어떤 영웅호걸이 있어 '민중을 각오' 하도록 지도하는 데서 각오하는 것도 아니요, "민중아, 각오하자", "민중이여, 각오하여라" 그런 열렬한 부르짖음의 소리에서 각오하는 것도 아니다.

오직 민중이 민중을 위하여 일체 불평·부자연·불합리한 민중 향상의 장애부터 먼저 타파함이 곧 '민중을 각오케' 하는 유일한 방법이니, 다시 말하자면 곧 먼저 깨달은 민중이 민중의 전체를 위하여 혁명적 선구가 됨이 민중 각오의 첫째 길이다.

일반 민중의 배고픔, 추위, 피곤, 고통, 처의 울부짖음, 어린애의 울음, 납세의 독촉, 사채의 재촉, 행동의 부자유, 모든 압박에 졸리어 살려니 살 수 없고 죽으려 하여도 죽을 바를 모르는 판에, 만일 그 압박의 주요 원인되는 강도정치의 시설자인 강도들을 때려누이고, 강도의 일체 시설을 파괴하고, 복음이 사해(四海)에 전하여 뭇 민중이 동정의 눈물을 뿌리어, 이에 사람마다 그 '아사(餓死)' 이외에 오히려 혁명이란 한 길이 남아 있음을 깨달아, 용기 있는 자는 그 의분에 못 이기어, 약한 자는 그 고통에 못 견디어, 모두 이 길로 모여들어 계속적으로 진행하며 보편적으로 전념하여 온 나라가 일치하는 대혁명이 되면 간사하고 교활하며 포악한 강도 일본이 필경 쫓겨나가는 날이리라. 그러므로 우리의 민중을 깨우쳐 강도의 통치를 타도하고 우리 민족의 신생명을 개척하자면 양병 십만이 폭탄을 한 번 던진 것만 못하며, 억천 장 신문 잡지가 한 번의 폭동만 못할지니라.

민중의 폭력적 혁명이 발생치 아니하면 그만이거니와 이미 발생한 이상에는 마치 낭떠러지에서 굴리는 돌과 같아서 목적지에 도달하지 아니하면 정지하지 않는 것이다. 우리의 경험으로 말하면 갑신정변은 특수세력이 특수세력과 싸우던 궁궐 안 한때의 활극이 될 뿐이며, 경술 전후의 의병들은 충군애국의 대의로 분격하여 일어난 독서계급의 사상이며, 안중근·이재명 등 열사의 폭력적 행동이 열렬하였지만 그 후면에 민중적 역량의 기초가 없었으며, 3·1운동의 만세소리에 민중적 일치의 의기가 언뜻 보였지만 또한 폭력적 중심을 가지지 못하였도다. '민중·폭력' 양자의 그 하나만 빠지면 비록 천지를 뒤흔드는 소리를 내며 장렬한 거동이라도 또한 번개같이 수그러지는도다.

조선 안에 강도 일본이 제조한 혁명 원인이 산같이 쌓였다. 언제든지 민중의 폭력적 혁명이 개시되어 "독립을 못하면 살지 않으리라", "일본을 쫓아내지 못하면 물러서지 않으리라"는 구호를 가지고 계속 전진하면 목적을 관철하고야 말지니, 이는 경찰의 칼이나 군대의 총이나 간사하고 교활한 정치가의 수단으로도 막지 못하리라.

혁명의 기록은 자연히 처절하고 씩씩한 기록이 될 것이다. 그러나 물러서면 후면에는 어두운 함정이요, 나아가면 그 앞에는 빛나는 활기(活氣)이니, 우리 조선 민족은 처절하고 씩씩한 기록을 그리면서 나아갈 뿐이니라.

이제 폭력―암살·파괴·폭동―의 목적물을 열거하건대,

① 조선 총독 및 각 관공리

② 일본 천황 및 각 관공리

③ 정탐꾼·매국적

④ 적의 일체 시설물

이외에 각 지방의 신사나 부호가 비록 현저히 혁명운동을 방해한 죄가 없을지라도 만일 언어 혹 행동으로 우리의 운동을 지연시키고 중상하는 자는 우리의 폭력으로써 마주 할지니라. 일본인 이주민은 일본 강도정치의 기계가 되어 조선 민족의 생존을 위협하는 선봉이 되어 있은즉, 또한 우리의 폭력으로 쫓아낼지니라.

## 5

혁명의 길은 파괴부터 개척할지니라. 그러나 파괴만 하려고 파괴하려는 것이 아니라 건설하려고 파괴하는 것이니, 만일 건설할 줄을 모르면 파괴할 줄도 모를지며, 파괴할 줄을 모르면 건설할 줄도 모를지니라. 건설과 파괴가 다만 형식상에서 보아 구별될 뿐이요, 정신상에서는 파괴가 곧 건설이니 이를테면 우리가 일본 세력을 파괴하려는 것이 제1은, 이민족 통치를 파괴하자 함이다. 왜? '조선'이란 그 위에 '일본'이란 이민족 그것이 전제하여 있으니, 전제의 밑에 있는 조선은 고유의 조선이 아니니, 고유의 조선을 발견하기 위하여 다른 민족통치를 파괴함이니라.

제2는, 특권계급을 파괴하자 함이다. 왜? '조선 민중'이란 그 위에 총독이니 무엇이니 하는 강도단의 특권계급이 압박하여 있으니, 특권계급의 압박 밑에 있는 조선 민중은 자유적 조선 민중이 아니니, 자유적 조선 민중을 발견하기 위하여 특권계급을 타파함이니라.

제3은, 경제약탈제도를 파괴하자 함이다. 왜? 약탈제도 밑에 있는 경제는 민중 자기가 생활하기 위하여 조직한 경제가 아니요, 곧 민중을 잡아먹으려는 강도의 살을 찌우기 위하여 조직한 경제니, 민중생활을 발전하기 위하여 경제약탈제도를 파괴함이니라.

제4는, 사회적 불균형을 파괴하자 함이다. 왜? 약자 위에 강자가 있고 천한 자 위에 귀한 자가 있어 모든 불평등을 가진 사회는 서로 약탈, 서로 박탈, 서로 질투·원수시 하는 사회가 되어, 처음에는 소수의 행복을 위하여 다수의 민중을 해치다가 마지막에는 또 소수끼리 서로 해치어 민중 전체의 행복이 끝내 숫자상의 공이 되고 말 뿐이니, 민중 전체의 행복을 증진하기 위하여 사회적 불평등을 파괴함이니라.

제5는, 노예적 문화사상을 파괴하자 함이다. 왜? 전통적 문화사상의 종교·윤리·문학·미술·풍속·습관 그 어느 무엇이 강자가 제조하여 강자를 옹호하던 것이 아니더냐? 강자의 오락에 이바지하던 여러 도구가 아니더냐? 일반 민중을 노예화하게 했던 마취제가 아니더냐? 소수계급은 강자가 되고 다수 민중은 도리어 약자가 되어 불의의 압제를 반항치 못함은 전혀 노예적 문화사상의 속박을 받은 까닭이니, 만일 민중적 문화를 제창하여 그 속박의 쇠사슬을 끊지 아니하면, 일반 민중은 권리사상이 박약하며 자유 향상의 흥미가 결핍하여 노예의 운명 속에서 맴돌 뿐이니라. 그러므로 민중문화를 제창하기 위하여 노예적 문화사상을 파괴함이니라.

다시 말하자면 '고유적 조선의', '자유적 조선 민중의', '민중적 경제의', '민중적 사회의', '민중적 문화의', '조선을 건설하기 위하여', '이민족 통치의', '약탈제도의', '사회적 불평등의', '노예적 문화사상'의 현상을 타파함이니라. 그런즉 파괴적 정신이 곧 건설적 주장이라. 나아가면 파괴의 '칼'이 되고 들어오면 건설의 '깃발'이 될지니, 파괴할 기백은 없고 건설하고자 하는 어리석은 생각만 있다 하면 5백 년을 경과하여도 혁명의 꿈도 꾸어보지 못할지니라. 이제 파괴와 건설이 하나요 둘이 아닌 줄 알진대, 민중적 파괴 앞에는 반드시 민중적 건설이 있는 줄 알진대, 현재 조선 민중은 오직 민중적 폭력으로 신조선 건설의 장애인 강도 일본 세력을 파괴할 것뿐인 줄을 알진대, 조선 민중이 한 편이 되고 일본 강도가 한 편이 되어, 네가 망하지 아니하면 내가 망하게 된 '외나무다리 위'에 선 줄을 알진대, 우리 2천만 민중은 일치로 폭력 파괴의 길로 나아갈지니라.

민중은 우리 혁명의 대본영(大本營)이다.

폭력은 우리 혁명의 유일한 무기이다.

우리는 민중 속에 가서 민중과 손을 잡고 끊임없는 폭력—암살·파괴·폭동으로써,

강도 일본의 통치를 타도하고,

우리 생활에 불합리한 일체 제도를 개조하여,

인류로써 인류를 압박치 못하며,

사회로써 사회를 수탈하지 못하는 이상적 조선을 건설할지니라.

1923년 1월

(단재 신채호 선생 기념사업회 편, 『개정판 단재 신채호 전집』 하)

| 오성륜 외 |

# 재만 한인 조국광복회 선언[1]

　재만 한인의 진실한 자치와 한국의 자유·독립·재건을 위해 싸우자!
　국내외에 재주하는 프롤레타리아 계급의 형제자매와 동포들이여!
　우리의 조국, 화려한 삼천리강산은 우리의 조상으로부터 자자손손
에 이르기까지 대대로 전래된 강산인데, 구적(仇敵) 왜놈들에 강탈되고
5천 년의 광휘 있는 역사를 지닌 2천만 백의동포는 놈들의 노예화한
지 벌써 27, 8년에 달한다. 그간 우리 2천만 백의동포는 놈들이 감행하
는 착취, 압박, 살해 등의 정책 하에서 견디다 못해 고향에서 쫓겨나
남부여대(男負女戴)하여 적료(寂寥)한 해외에까지 구축되어 도처에서
일없이 학대·체포·살해 등을 감행당하여 우리 민족은 모두 신산을 맛보
며 피와 땀을 흘리고 망국노예의 비참한 경애(境涯)는 가축보다 더
불쌍한 생활에 빠져 천시받고 있다. 더욱이 왜놈들은 만주를 점령한
후 조선을 공업화시킨다는 구실로 3년 내에 7백만의 백의동포를 만주

---

　1) '재만 한인 조국광복회 발기위원회'의 오성륜, 엄수명, 이상준 등이
1936년 6월 10일 조국광복회 선언문을 발표했다. 조국광복회는 1935년 8
월 코민테른 제7회 대회에서 결의된 식민지 반식민지에서 반제국주의
인민전선 운동방침에 따라 만주지역에서 항일 무장투쟁을 벌이던 조선
인 공산주의자들에 의해 결성되었다. 조국광복회는 만주지역뿐만 아니
라 함북 갑산·혜산 지역에 조선 내 활동의 기반인 '한인 민족해방동맹'
을 조직하여 함경남북도를 중심으로 주로 활동했다. 선언문은 재만 한
인의 진정한 자치와 한국의 자유, 독립, 재건을 위하여 민족통일전선을
기반으로 한 민족해방운동을 벌이자고 조선 동포들에게 호소했다.

의 광야에 이민시키고자 하고 있다.

놈들의 이와 같은 계획은 우리 민족이 생활안전을 목적으로 하는 것이 아니고 자기 이익을 위해 우리 백의민족을 모두 만주 광야에 방축하여 영원한 노예로 만들고 마음대로 반소련전쟁과 중국혁명 진압 전쟁의 와중 속에 던져 살해코자 하는 술책인 것이다. 우리 민족 특히 재만 백의동포의 운명은 극히 위기에 처해 있다. 이러한 시기에 처해서 우리 동포의 서광은 구적인 놈들과 전쟁하여 승리함으로써만이 얻어질 것이다.

우리 민족의 풍부한 애국사상과 열렬한 독립정신은 과거와 현재에 있어서 유감없이 발휘되어 왔다. 보라, 한국이 멸망하려 할 때 극히 일부분의 친일파를 제하고는 많은 인민이 의병운동에 참가하여 3년간의 혈전을 했으며, 3·1 독립만세운동은 전 세계의 이목을 경해(警駭)케 하였고, 만주 독립운동과 상해, 북경, 미국, 일본 각지에 산재하는 한국 민족영웅과 애국열사 등의 맹렬한 활동, 특히 안중근의 이등박문 총살과 강우규가 사이토 총독 앞에 폭탄을 던진 것, 김익상(金益相, 1921년에 왜성대의 조선총독부에 폭탄을 던졌고, 1922년 3월에 이 선언의 기초자인 오성륜과 함께 상해 황포탄 부두에서 다나카 대장을 저격했던 의열단원-엮은이)이 조선총독부에 폭탄을 던진 것, 윤봉길의 시라가와 대장 암살 및 근세 수년 내 본국 각지 농민의 소작쟁의, 노동자의 파업투쟁, 학생운동, 재만 한인 무장투쟁 등은 한국 민족이 자기의 독립·해방을 위해 강도 왜놈들과 신성한 투쟁을 감행한 것이 아니고 무엇이겠는가.

이것은 한국 민족이 풍부한 독립사상과 열렬한 투쟁정신으로 미래의 광복사업에 반드시 승리할 것을 여실히 증명해 준다. 대다수 애국지사의 희생과 각지 열사·영웅의 진췌(盡悴)한 다년간의 활동은 아직 민족독립과 해방의 목적을 달하기에는 이르지 못했다. 그 주요 원인은 일체의 조국 광복운동이 통일적 정치주장과 구체적 계획 및 방침에 공고한 단결과 원조를 원활히 진척하지 못하고, 또 운동이 타 반일국가 및 민족과 밀접한 연계를 갖지 못하여 각자 단독행동에 옮겨 삼삼오오 고군독전에 빠졌기 때문이다. 고로 우리는 재만 한인의 진실한 자치와 조국 광복의 임무를 완수하기 위해 수개 항의 정치 기본강령과 투쟁강령에 따라 국내외 전 동포에게 선언하는 바이다.

1. 전 민족의 계급, 성별, 지위, 당파, 연령, 종교 등 차별을 불문하고 백의동포는 반드시 일치단결 궐기하여 구적인 왜놈들과 싸워 조국을 광복시킬 것.

우리 백의동포 2,300만은 모두 강도 왜놈들의 민족적 압박, 착취, 학대를 입어 망국노의 생활을 계속하고 있다. 따라서 한국 민족독립의 책임은 일반 한인을 망라하여 전부가 이 책임을 져야 하는 것이다. 우리는 일체의 차별을 논치 않고 노약 남녀를 불문하고 부호가는 금품을 제공케 하고, 양식을 가진 자는 양식을 내게 하고, 기능·재지(才智)를 가진 자는 그것으로써 봉공하며, 2,300만 민중이 일심동체가 되어 반일 광복전선에 총동원하여 이에 나서면 놈들은 대타격을 받고 우리의 신성한 민족적 독립해방은 완수될 것이다.

2. 재만 한인의 진실한 자치 조국광복을 완수하기 위해 싸울 군대를 조직할 것.

왜강도의 주구인 만주국과 조선 매국노들은 우리의 구적인 까닭에 개 같은 저들과 전쟁을 하자면 일반적 전쟁방식에 따라 싸우는 외에 반드시 혁명 각종 군중 무장대를 조직하여 저들과 맹렬한 혈전을 지도하여 우선 만주 내에 주둔하고 있는 왜강도를 구축하여 만주국을 전복하고 중·한민족의 해방을 보장할 정부를 창립함으로써 비로소 재만 한인의 진실한 자치가 실현되고 아울러 한국의 독립을 순조롭게 진척시킬 수 있는 것이다.

3. 재만 한인의 진정한 자치의 실현을 기하기 위해 싸울 것.

한국 독립의 완성은 우리의 기본임무이다. 그러나 재만 한인은 우선 자기의 진정한 자치의 실현을 주장한다. 동시에 우리의 주장은 일본 강도와 저들의 주구들이 민족을 기망(欺罔)하기 위해 선전하는 간도 자치를 공고히 반대하여 중국 대다수의 반일 민중과 친밀히 연락을 유지하여 일만통치를 전복함으로써 재만 한인의 진정한 자치를 완수하고 나아가 조국 광복의 신성한 사업에 참가·원조해야 할 것이다.

4. 재만 한인의 자치와 조국 광복사업을 순조로이 진척시키기 위해 우선 경제문제를 해결해야 하는 바, 그 방법으로서는

(가) 강도들의 은행, 광산, 공장, 토지, 상점 등 일체 재산을 무조건 몰수할 것.

(나) 매국적 민족반도 및 주구들의 모든 재산을 몰수할 것.

(다) 우리 백의민족 중 유력한 재산가로부터 조국광복을 위한 특별의 연을 받을 것.

(라) 우리 민족해방운동에 동정하며 원조코자 하는 국가 및 민족에 대해 동정모연(同情募捐) 운동을 광범히 진행시킬 것.

5. 국내의 반일 독립운동 각 단체와 전 애국지사들 중에서 대표를 선발하여 재만 한인 조국광복위원회를 조직할 것.

이 위원회는 재만 한인 자치와 한국 독립운동을 지도할 총 영도기관 이므로 우리는 과거의 모든 운동이 통일적 총 영도기관을 결하여 구체적·통일적 지도가 부족했음을 교훈으로 하여, 우선 해외와 국내의 반일 총력을 집중하여 총영도기관 '조국광복회'를 건립할 것을 주장하여 마지않는다.

6. 재만 한인이 진정한 자치와 조국 광복운동에 관해 찬성·동정하는

국가·민족과 친밀히 연결을 유지하여 구적 일본 강도에 대해 공동전선에 나설 것.

재만 한인의 진실한 한국 독립의 필승을 보장하기 위해 우선 일본 강도를 적으로 하는 중국, 대만, 내몽고 및 일본 제국주의의 통치하에 있는 피압박 인민들과 친밀히 연합하여 우리들의 구적 일본 강도를 타도해야 할 필요성을 우리는 전 세계에 선언하여 마지않는다. 한국 민족해방운동에 관하여 동정·원조하며, 선의에 의해 원조코자 하는 국가 및 민족은 한국 민족의 붕우로 생각하고, 동시에 일본 강도들을 원조하며 한민족에 반대하는 자는 한국 민족의 구적으로 취급해야 한다.

애국지사와 동포들이여!

이상에 기재한 6개조의 기본적 강령은 조국 광복사업에 관한 사항을 모두 포함한 것이라고는 말할 수 없다. 그러나 이 조건은 극히 중심적이고 구체적이라고 사료한다. 전 동포를 포옹하고 인간으로서 가치 있는 생활을 바라며 금수와 같이 노예생활을 바라지 않는 동포형제들이여! 각종 반일단체, 공장, 광산, 농촌, 학교, 도시, 신문사, 철도, 병영, 상점 등에 있어서 이 강령을 십이분 토의하고, 아울러 이 강령에 찬성하는 동지들은 즉시로 조국광복회를 창립하여 무장대를 조직함과 동시에 대표를 선정하여서 미래 광복회의 제1차 대표대회를 소집하여 운동의 구체적 전개를 기대하여 마지않는다.

백의동포의 민족해방을 목표로 하여 싸우자!

재만 한인의 진실한 자치를 목표로 하여 싸우자!

대한국 민족 해방·독립·승리 만세!

(이재화, 『한국 근현대 민족해방운동사』)

# 화북조선청년연합회 선언[1]

우리는 위대한 조선 민족이다.

일본 제국주의의 엄중한 압박에도 불구하고 지난 30년간 영웅적인 투쟁을 전개해 왔다. 1919년의 '3·1운동'으로 민족해방의 침로와 투쟁의 기초를 확정하였다. 저 '3·1운동' 이래 항일투쟁은 계속되어, 쓰러져간 순국지사의 뒤를 이은 안중근, 이우명, 윤봉길 선생들과 같이 '인(仁)'으로써 '의(義)'에 강한 선배를 생각하매 실로 비분강개함을 금할 수 없다.

이 위대한 희생은 조선 민족해방사 상 금상첨화격인, 찬미해야 마땅할 역사적인 장거이다. 그들로 인해 적은 간담이 서늘해져 정신을 잃었다. 우리의 위대한 조선민족해방운동은 확실히 발전하고 있음을 증명한 것이다.

우리는 한 뜻으로 전심하여 일본 제국주의의 통치를 타도하기 위해 투쟁하고, 이로써 조선 민족의 해방과 독립과 자유를 찾을 것이다.

과거의 투쟁에서 우리 민족은 숱한 귀중한 피의 세례를 받았고,

---

1) '화북조선청년연합회'는 1935년 중국 관내에서 결성된 '민족혁명당' 내의 사회주의자와 무장투쟁을 주장하던 조선 의용대원들이 1938년 탈당하여 중국 공산당의 지배지역인 연안으로 가서, 1941년 산서성 태항산에서 결성했던 것이다. 1942년 8월 '화북조선청년연합회'는 '조선의용대 화북지대'와 통합하여 '화북조선독립동맹'을 만들었다. 선언문은 대한민국 임시정부, 동북청년의용군, 한국독립당, 조선민족혁명당, 조선민족해방투쟁동맹, 재미국·조선의 각 혁명단체 등에게 서로 영도하고 화합하여 조선 전 민족의 단결과 통일을 촉진하자고 호소했다.

희생의 대가를 치렀다. 따라서 우리 위대한 선배들이 숨져간 정신과 선혈이 허사가 되게 해서는 안 된다.

바야흐로 국내외를 불문하고 각지에서 유혈투쟁을 전개하고 있는 조선 민족해방운동은 이 위대한 선배가 남긴 혁명전통에서 발족·계승하여, 오늘 조선 인민은 추호도 주저함이 없다. 우리 조선 인민은 중대한 존망의 시국에 당면하여 있다. 부단히 과감한 투쟁을 결행하여 일본 제국주의를 타도하고 해방을 맞이하여야 한다. 바다가 마른다 해도 그 뜻은 변할 수 없다. 차제에 이 몸을 조국 부흥의 위대한 사업에 바칠 것을 새로운 감동과 신념으로써 다짐하는 바이며, 우리 3천만 동포에게 고함과 동시에 전 세계 각국의 정의 인사에게 고하는 바이다.

현재의 국제정세는 중대한 변화 가운데 있음을 우리는 잊어서는 안된다. 극동에 있어서도 이 변화하는 현상을 적측은 그대로 드러내고 있으며, 날을 거듭하면서 고립과 곤란에 점점 빠져드는 경향이다. 위대한 중화민족의 항전은 3년 6개월을 경과해 가는데도, 적측은 움직이면 움직이는 대로 저 밑바닥으로 곤두박질쳐 가는 상태이다. 태평양을 둘러싼 영·미와 적측의 모순은 다시 확대되어 소련 또한 그 강대한 국력으로 피압박민족운동을 원조하고 격동할 방침이며, 이 모두가 적측에게 유형무형의 일대 타격인 것이다.

현 시국은 적을 몰아내기에 절호의 기회이다. 그러한 까닭에 가일층 분투하여 조국 광복의 위대한 목적에 매진해야 할 것이다. 우리는 중화 민족의 항일전쟁을 잘 이해하고 있다. 이 진쟁은 우리 조선 민족해방운동과는 불가분하게 밀접한 공통적인 연계에 있다. 지난 '8·13' 사면 후 중국이 전면적 항전으로 폭발할 때 우리 조선 동포는 적극적으로 각 진영에 참가하여 전쟁을 개시했다. 이것을 조선 동포는 이해하기 어려울 것이다. 그러나 중국이 항전으로 승리를 획득한 신새벽에 조선 민족이 희구하는 해방도 획득된다. 또한 조선 민족해방운동의 진전은 중국의 항전부문에 커다란 도움을 주는 것이다. 조선과 중국은 생사를 함께 하고 영욕을 함께 나누며 환난을 함께 맞는 것이다.

우리는 전 화북 및 전 중국에 산재한 조선 동포에게 호소한다. 우리는 그 양으로써 중국의 항전을 원조하고 중국의 동포와 어깨를 나란히 하여 공동작전으로 적에 맞설 때 비로소 승리를 얻을 수 있다. 전승한 일본 제국주의의 주요 조건은 그 민족의 단결과 통일에 있었음을 우리는 알고 있다. 우리는 중국의 민족 단결과 통일에 참가하여 서로 돕고 서로 배워 중국에 모범이 되며, 조선 항일 민족통일전선을 결성해야 한다.

우리는 찬동하는 중국 각지의 조선 혁명단체의 주장은 계급을 가르지 말고, 당파를 나누지 말고, 성별을 따지지 말고, 종교와 신앙을 불문하고 일치단결하여 일본 제국주의에 반대하여 투쟁함으로써 민족 해방을 전취하는 것이다.

우리는 대한민국 임시정부, 동북청년의용군, 한국독립당, 조선 민족 혁명당, 조선 민족해방투쟁동맹, 재미국·조선 각 혁명단체 등의 영웅적 분투에 대해 무한한 경의를 표하는 바이다. 특히 열망하고 바라기는 각 단체끼리 영도하고 화합하여 조선 전 민족의 단결과 통일을 촉진하는 것이다.

지난 30년간의 투쟁은 각자의 국부적 투쟁에 불과했다. 이제 바야흐로 조국을 사랑하고 통일을 원호하는 열정은 온 동포에 가득하다.

우리가 바라마지 않는 목적은 머지않아 실현되리라고 확신한다. 화북 각지에 산재한 우리 조선 청년은 숫자상으로도 무시할 수 없다. 또한 적의 폭압에 윤락의 참담함을 맛보고 있는 조선 청년은 그 양 역시 간과할 수 없다. 이 청년들을 동원하여 하나 된 단결로써 위대한 민족해방운동에 참가시켜 투쟁케 하는 일은 본 회의 의무이자 결코 양보할 수 없는 책임임과 동시에 중국에 거주하는 청년 동포의 방랑의 아픔과 망국의 비애를 척결하고, 적인의 압박 아래 노예나 우마와 같은 비인도적인 생활을 타파하고, 이로써 우리 조선 청년 동포에게 정치와 경제, 문화의 이익을 향수케 할 의무와 책임이 본 연합회에 있는 것이다. 조선 청년의 개인적 이익을 버리고 민족해방의 사업을 보호·육성하며 우리 민족투쟁에 있어서 각인이 하나의 세포가 되어 건투하기를 바라마지 않는다.

화북에 거주하는 조선 청년은 우리의 대오에 참가하기를 바라는 바이다. 더 나아가 전 세계 각지 조선 인민의 혁명운동과 밀접한 조직을 만들어 크나큰 조선 청년의 역량과 능력을 발휘하여 적극적인 행동으로써 조선 항일, 민족통일전선을 촉진해야 한다.

적국 내에서도 인민의 반전 혁명운동은 나날이 성장하고 있다. 제반 사정을 종합해 볼 때 우리 조선 민족해방에 있어서 모든 것이 유리한 조건에 있는 것은 아니다. 그러나 우리 조선 민족 3천만 동포여! 30년 동안 와신상담하며 수많은 민족영웅이 단두대의 피로써 조국의 독립과 자유를 위해 숨져갔다. 가까운 장래에 조선 전 민족의 해방전쟁을 발동해야 한다.

우리 조선 전 민족의 앞에는 위대한 장래가 약속되어 있다. 혁명적 역사의 행정에서 조선 인민은 조선 청년에게 특별한 책임을 부과하고 있다. 우리는 삼가 무한한 열정으로써 3천만 동포의 원망을 받아들여 영원히 단결하여 반일의 기치를 선명하게 드높이고 조선 민족해방의 사업을 수행하여, 전쟁이 오는 날이야말로 승리의 날인 것이다. 삼가 이를 선언하는 바이다.

1941년 1월 10일

(위의 책)

# 한국광복군 선언문

　대한민국 임시정부는 대한민국 원년(1919) 정부가 공포한 군사조직법에 의거하여 중화민국 총통 장개석 원수의 특별 허락으로 중화민국 영토 내에서 광복군을 조직하고 대한민국 22년(1940) 9월 17일 한국광복군 총사령부를 창설함을 자에 선언한다.

　한국광복군은 중화민국 국민과 합작하여 우리 두 나라의 독립을 회복하고자 공동의 적인 일본 제국주의자들을 타도하기 위하여 연합군이 일원으로 항전을 계속한다.

　과거 30여 년 간 일본이 우리 조국을 병합 통치하는 동안 우리 민족의 확고한 독립정신은 불명예스러운 노예생활에서 벗어나기 위하여 무자비한 압박자에 대한 영웅적 항쟁을 계속하여 왔다.

　영광스러운 중화민족의 항전이 4개년에 도달한 이때 우리는 큰 희망을 갖고 우리 조국의 독립을 위하여 우리의 전투력을 강화할 시기가 왔다고 확신한다.

　우리는 중화민국 최고 영수 장개석 원수의 한국 민족에 대한 원대한 정책을 채택함을 기뻐하며 감사와 찬사를 보내는 바이다.

　우리 국가의 해방운동과 특히 우리들의 압박자 왜적에 대한 무장항전의 준비는 그의 도의적 지원으로 크게 고무되는 바이다.

　우리들은 한·중 연합전선에서 우리 스스로의 계속 부단한 투쟁을 감행하여 극동 및 아세아 인민 중에서 자유·평등을 쟁취할 것을 약속하는 바이다.

대한민국 22년 9월 15일

대한민국 임시정부 주석 겸 한국광복군 창설위원회 위원장 김구

(김삼웅 엮음, 『항일민족선언』)

| 광복군 |

# 국내외 동포에게 고함[1]

우리들은 각 혁명단체 각 무장대요, 전체 전사 및 국내외 전체 동포로부터 전 민족적 통일전선을 더욱 공고·확대하면서 일본 제국주의자에 대한 전면적 무장투쟁을 적극 전개하기 위하여 최대의 노력을 하기로 결심한다.

전체 전사·전체 동포 제군!

일체의 준비와 행동은 다 이 반일무장(反日武裝)의 조직·발동을 중심으로 하기를 희망한다. 국내와 만주 및 화북·화중·화남 각지에 있는 동포들은 이 중심 임무 수행 상 필요방법 및 보취(步趣)로서 우선 각 무장대오의 조직과 지휘를 즉시로 통일하고 각종 방식으로 무장대오의 확대 강화와 적진에 피박(被迫) 참전된 한인 병사의 반란반정(叛亂反正)과 징병 반대 및 철도·공장 파괴 등 공작에 특별히 노력하고 일본에 있는 동포들은 일본 인민 대중과 연합하여 반전 반란의 투쟁과 파공태업(罷工怠業) 운동을 적극 전개하기를 희망한다.

1944년

---

1) 초기에 주로 '외교론'에 입각하여 활동하던 '대한민국 임시정부'는 1937년 '중일전쟁' 발발 이후 항일전선에 참여하기 위하여 장개석의 국민당 정권의 지원 아래 1941년 9월 중경에서 '한국광복군'을 창설했다. 일제 패망 당시 김원봉, 이범석, 김학규 등이 지휘하는 3개 지대 및 공작대로 구성된 광복군 총병력은 대략 700여 명이었다. 이 격문에서 광복군은 1944년 국내외 독립운동단체와 동포들에게 전 민족적 항일통일전선을 공고히 하여 전면적 무장투쟁에 나서자고 호소했다.

# 제4부 해방정국의 격문

# 조선 동포여!1)

중대한 현 단계에 있어 절대의 자중과 안정을 요청한다.

우리들의 장래에 광명이 있으니 경거망동은 절대의 금물이다.

제위의 일어일동이 민족의 휴척(休戚)에 지대한 영향 있는 것을 맹성하라.

절대의 자중으로 지도층의 포고에 따르기를 유의하라.

1945년 8월 16일

조선건국준비위원회

---

1) 1945년 8월 15일 아침 조선총독부 정무총감은 1944년 8월 '건국동맹'을 결성하여 활동하던 여운형을 초청해 '지나간 날 조선 일본 두 민족이 합한 것이 조선 민중에게 합당했는지 아닌지는 말할 것이 없고, 다만 서로 헤어질 오늘을 당하여 마음 좋게 헤어지자, 오해로서 피를 흘린다든지 불상사가 일어나지 않도록 민중을 잘 지도하여 달라'는 요청을 했다. 여운형은 이러한 정무총감의 조선 민중의 '불상사(不祥事)' 방지 요청을 수락하는 대신에 전 조선의 정치범과 경제범의 석방, 3개월간의 식량 확보, 조선인의 정치활동 및 청년·학생·노동자의 조직활동에 대한 불산섭 등 5가지 요구조건을 정무총감으로부터 응낙 받았다. 같은 날 오후에 '건국동맹'을 모체로 안재홍 등과 함께 '조선건국준비위원회'를 발족시켰다. 건준은 정무총감의 조선 민중의 '불상사' 방지 요구 등을 이행하기 위하여 16일 조선 동포의 '절대 자중과 안정'을 강조하는 격문을 서울 시내에 뿌렸다.

| 안재홍 |

# 해내외(海內外) 조선 동포에게 고함[1])

지금 해내 해외 삼천만 우리 민족에게 고합니다. 오늘날 국제정세가 급격하게 변동되고, 특히 조선을 핵심으로 한 전 동아의 정세가 급박하게 변동되는 이때에 있어 우리들 조선 민족으로서의 대처할 방침도 매우 긴급 지대함을 요하는 터이므로, 우리들 각계를 대표할 동지들은 여기에서 조선건국준비위원회를 결성하고 신생 조선의 재건설문제에 관하여 가장 구체적 실제적인 준비공작을 진행키로 합니다.

여러분, 묵은 정치와 새 정치가 바야흐로 교대되는 과정에 있어 걸핏하면 대중은 거취에 망설이고 진퇴를 그르칠 수 있는 것입니다.

여러분, 우리 조선 민족은 지금 새로 중대한 위경(危境)의 기로에 서 있습니다. 이러한 민족 성패가 달린 비상한 시기에 임하여 만일 성실 과감하고도 총명 주밀한 지도로써 인민을 잘 파악·통제함이 없이는 최대의 광명에서 도리어 최악의 범과를 저질러서 대중에게 막대한 해악을 끼칠 수가 있는 것이므로, 오인(吾人)은 지금 가장 정신을 가다듬어 한 걸음 한 걸음 나아가고 또 뜀박질하여 나아감을 요합니다. 근본적인 정치 운용의 최대 문제에 관하여는 금후 급한 문제는 대중의 파악과

---

1) '조선건국준비위원회'의 준비위원인 안재홍은 1946년 8월 16일 서울 중앙방송국에서 오후 3시 10분부터 약 20분 동안 조선 동포에게 한일 양 민족이 자유호양(自由互讓)할 것을 요망했다. 이것은 일제로부터 40여 년 동안이나 식민지배를 당하다가 해방된 조선 민중이 일으킬지도 모르는 '불상사' 등을 방지하기 위해서였다.

국면 수습으로서,

첫째, 민족 대중 자체의 일상생활에서 생명 재산의 안전을 도모함이요, 또 하나는 조일(朝日) 양 민족이 자주 호양 태도를 견지하여 추호라도 마찰이 없도록 하는 것입니다. 즉 일본인 주민의 생명 재산의 보장을 실현하는 것입니다.

학생 및 청년대와 경관대, 즉 본 건국준비위원회의 소속 경위대를 두어 일반 질서를 정리하는 것입니다. 이외에 따로이 곧 무위대 즉 정규병인 군대를 편성하여 국가 질서의 확보를 도모하는 중입니다. 또 식량의 확보입니다. 우선 경성 120만 부민의 식량은 절대 확보키로 계획되어 근거리에 쌓여 있는 미곡을 운반하기로 소운반(小運搬) 통제기관(統制機關)을 장악하여 운반 공급을 할 준비가 되어 있습니다. 각처 식량배급 기타의 물자배급 태도도 현상을 한동안 유지하면서 나가기로 하니까, 그런 줄 아시고 일층 책임에 진췌(盡瘁)하기를 바랍니다.

경제상으로 통화 및 물가정책은 목전에 아직 현상 유지하면서 신정책을 수립 단행키로 하겠습니다. 미곡 공출문제는 되도록 관대(寬大) 합리(合理)하도록 미곡생산자와 일반 농민의 식량의 자족을 도모하려고 합니다.

본 건국준비위원회는 그 발족의 처음부터 청소년 학생 및 일반 정치범의 석방문제를 요구하여 오던 터이었는데, 어제 8월 15일부터 오늘 16일까지 경향 각 지방 기미결(既未決) 합계 1,100인을 즉시 석방하게 되었습니다. 일반 부형자매와 함께 더욱 민족 호애의 정신에서 인민결성의 씩씩한 발자국을 내디디기 바랍니다. 행정도 일반 접수할 날이 멀지 아니하거니와 일반 관리로서도 잔물(殘物)을 고수하면서 충실히 복무하기를 요구하는 것입니다. 통감정치 이래 40년간 총독정치·특수정치인지라, 지금까지의 일반 관리와 전 관리 및 기타 일반 협력자란

인물들에게 금후 충실한 복무로 신진행(新進行)하는 한 일률로 안전한 일상생활을 보장할 것이니 그 점 안심하고 또 명심하기 바랍니다.

최종으로 국민 각위(各位) 남녀노유(男女老幼)는 이즈음 언어 동정(動靜)을 각별히 주의하여 일본인 주민의 심사(心事) 감정을 자극함이 없도록 진력하지 않으면 아니 됩니다. 과거 40년간의 총독정치는 벌써 과거의 일이요, 하물며 조일 양 민족은 정치형태가 여하하게 변천되든지 자유 호양으로 아세아 제 민족으로서의 떠메고 있는 각자의 사명을 다하여야 할 국제적 조건하에 놓여 있는 것을 똑바로 인식하여야 합니다. 우리들은 수난의 도정에서 한 걸음씩 형극의 덤불을 헤쳐 나아가는 데에 피차가 없는 공명 동감을 하여야 합니다.

여러분 일본에 있는 5백만 조선 동포가 일본 국민 제씨와 한가지로 수난의 생활을 하고 있는 것을 생각할 때 조선 재주(在住) 일백 기십만의 일본 주민 제씨의 생명 재산의 절대 확보가 필요하다는 것을 총명한 국민 제씨가 충분히 이해하실 것인 바인 것을 의심치 아니합니다. 제위의 심대한 주의를 요청하여 마지아니합니다.

# 우리 동포에게 고함

1. 신생 조선은 돌진하고 있다. 우리의 산 맥박에서는 세기적 역사 창조의 열혈(熱血)이 약동하고 있지 않은가! 들으라, 저 함성을. 오로지 자각과 맹성만이 있을 뿐이다.

1. 천의 이론보다 일의 실행이 더 위대한 이때가 아니냐. 각각 지방에서는 동지로서 결합해야 할 것이다. 우리의 일거일동이 건국준비에 지속(遲速)을 지적함이요, 천만 대 우리 역사상 지위를 결정시킨다는 것을. 이기와 인습적 파벌관념을 죽이고 총화, 일원(一圓)되어 건국에 심신을 모아 협력하자, 돌진하자.

1. 우리는 안전(眼前)에 영리와 사복(私服)의 충족을 단연코 격멸시키자. 인내와 자주에 힘쓰면서 지도층의 산하로 들자. 그리고 건국준비위원회 치안부의 임무를 다 같이 맞자. 자타와 그리고 내 일 네 일이어데 있을 것이냐!

건국준비위원회 치안부 정보부

# 조선 인민대중에게 격함[1])

## ― 조선인민공화국 탄생에 제하여 ―

노동자 농민 및 조선의 인민대중 제군!

삼십육 년 동안 일본 제국주의의 철쇄 밑에서 신음하던 조선은 해내 해외의 여러 동지의 오랜 혁명적 투쟁과 소·미·영·중 연합국의 힘으로 자유와 해방의 길을 얻게 되었다. 참으로 우리의 민족적 기쁨은 이루 다 표현할 수 없다. 우리는 노동자 농민과 일체의 인민대중의 권리와 이익을 위한 진정한 민주주의적 인민공화국을 건설하기에 모든 힘을 바쳐왔다. 그리하여 모든 준비조건이 성숙한 구월 육일 드디어 경성부 경기고녀(京畿高女) 대강당에서 전국 각도와 해외 각지 각계각층이 인민 대표 천여 명이 소집된 전국인민대표회의에서 조선인민공화국을 건설하고 다음과 같은 조선인민위원회 인민위원을 선거하였다.

아! 조선 인민대중 제군! 조선의 역사는 새로운 막을 열었다.

---

1) 1945년 9월 8일 미군의 남한 진주를 앞둔 6일에 '건국준비위원회'는 '전국인민대표자대회'를 열어 국내외 좌우익 정치세력을 망라하는 '조선 인민공화국'의 성립을 선포했다. 아울러 이승만·여운형 등 55명의 인민 위원과 최창익 등 20명의 후보위원, 그리고 오세창 등 12명의 고문, 나 아가서 중앙정부의 각료 명단과 정강 및 27개 조의 시정방침을 발표했 다. 이 격문은 '조선인민공화국'이 노동자·농민 및 일체 인민대중의 이 익을 위한 공화국이 되도록 하기 위해서는 인민대중의 절대적 지지가 요구된다고 호소했다.

일본 제국주의의 군국주의적 파쇼적 억압 밑에서 아무런 정치적 자위도 갖지 못했던 우리는 우리의 인민대중의 총의에 의한 인민정부를 갖게 되었다. 우리의 일은 우리 인민대중으로부터 선거된 우리 대표의 손으로 결정되고 실천되게 되었다.

아! 이 얼마나 감격에 넘치는 일이냐!

우리의 공화국은 노동자 농민 및 일체 인민대중의 이익을 위한 공화국이 되지 않으면 안 된다.

노동자 농민 및 조선의 인민대중 제군 만세! 우리는 팔월 십오일과 똑같은 환희와 감격을 가지고 우리의 대표로 조직된 정부 인민위원회를 절대 지지하자!

<표어>

1. 조선인민공화국 만세!
1. 조선인민위원회 절대 지지하자!
1. 조선 혁명 만세!
1. 쏘베트 동맹의 붉은 군대 만세!
1. 민주주의 연합군 환영 만세!

1945. 9. 7.

조선건국준비위원회

# 시민 제군!

우리 조선인민공화국 중앙인민위원의 부서는 결정되어 우리 정부는 성립되었다.

우리의 전 역량을 바쳐 우리의 나라를 사수하자! 그리고 모든 반역적 책동을 박멸하자! 조선인민공화국 만세!

조선인민공화국 중앙위원 절대지지!

반동적 대지주 대자본가의 음모를 분쇄하자!

전 국가의 기관은 즉시 '인민공화국'의 손으로!

조선 완전해방 만세!

조선해방청년동맹

# 현 정세와 우리의 임무1)

## ― 정치노선에 대한 결정(잠정적) ―

### 머리말

「일반 정치노선에 대한 결정」은 여러분이 아는 바와 같이 '조선공산당 재건준비위원회(朝鮮共産黨再建準備委員會)'의 잠정적 정치노선으로 결정되었던 것이다(1945년 8월 20일). 이 테제가 나타나자 이것을 옳다고 지지하는 동무들도 많이 있고 다른 편으로 이것 중에는 옳지 못한 점이 있다고 비판하는 분도 있으나, 이것에 약간 보충을 가하여 다시 출판한다. 그것은 대체(大體)에 있어서 정치적 과오가 없으므로 이것을 잠정적 테제로서 쓸 수 있기 때문이다.

1945년 9월 25일 조선공산당중앙위원회

---

1) 공산주의자들은 1945년 8월 20일 조선공산당 재건준비위원회를 결성한 후 9월 11일 '조선공산당'을 공식적으로 재건했다. 이는 1925년 4월에 창건된 조선공산당이 1928년 말에 해체된 후 17년 만에 재건되었음을 의미했다. 조선공산당은 박헌영이 기초한 그 유명한 '8월테제'로 불리기도 하는 정치노선을 공포했다. 이 문건은 현 정세, 조선혁명의 현 단계, 조선 공산주의운동의 현상과 그 결점, 당면임무, 혁명이 높은 계단으로 전환하는 문제 등으로 구성되었다. 이후 조선공산당과 남조선노동당의 강령적 정치방침의 역할을 했다.

# I. 현 정세

독일의 붕괴, 일본의 무조건 항복을 2차 세계대전은 마침내 끝이 나고 말았다. 국제 파시즘과 군벌 독재의 압박으로부터, 투쟁의 고통으로부터 전 세계 인류는 구원되어 해방과 자유를 얻은 것이다. 그러나 우리는 전쟁에 이겼다는 것으로써 만족할 것이 아니다. 무엇보다도 전후 여러 가지 국제문제의 해결과 평화유지를 위한 국제기관의 창설이 필요한 것이었다. 이것을 위하여 상항회의(桑港會議), 뽀쓰담회담이 열렸던 것이다. 이에 국제문제는 어느 정도 바르게 해결되었고 영구는 못될지언정 상당히 오랜 기간의 세계평화를 위한 평화유지 기관은 조직된 것이다.

이에 조선의 해방은 실현되었다. 그러나 그것은 우리 민족의 주관적 투쟁적인 힘에 의해서보다도 진보적 민주주의 국가 소·영·미·중 등 연합국 세력에 의하여 실현된 것이다. 즉, 세계문제가 해결되는 마당에 따라서 조선 해방은 가능하였다.

그러므로 금일에 있어서는 어느 나라를 물론하고 한 개로 분리하여 고립적으로 부분적으로 보아서는 안 된다.

즉, 세계 전체의 입장에서 문제를 해결한다는 정도로 국제정치는 발전되었나니, 그것은 편협한 국가주의에 대한 국제주의의 승리를 의미하는 것이요, 2차 세계대전의 쓰라린 실물교훈(實物敎訓)의 덕택이다. 이번 반파시스트 반일전쟁 과정에 있어서 조선은 전체로 보아 응당한 자기역할을 놀지 못하였다. 그것은 조선의 지주와 민족부르주아지들이 전체로 일본 제국주의의 살인 강도적·침략적 전쟁을 지지하기 때문이었다. 이들 반동세력은 전시 국가총동원체제 밑에서 조선의 노동자, 농민, 도시빈민 등 일체 근로인민의 진보적 의사를 무시하고 잔인무도한 군사적 제국주의적 탄압을 행하였다.

그러나 솔직하게 말하면 그것은 민족의 혁명적 투쟁이 대중적으로 전개되지 못한 약점이다. 여기에서 우리 조선은 민족적 자기비판을 하여야 할 모멘트에 이르렀다. 이것은 조선이 앞으로는 국제정국에 있어서 진보적 역할을 놀기 위한 전제조건이 되기 때문이다.

그러면 금일과 같은 이러한 세계혁명의 발전과정에 있어서 어떠한 특수한 나라, 즉 조선과 같은 데에 있어서는 평화적으로 혁명의 성공이 가능하다는 실례를 보여주었다.

그것은 세계혁명의 토대이요 국제 프롤레타리아트의 조국인 쎄쎄쎄르(CCCR, 즉 소련을 말함—엮은이)가 전 지구의 5분지 1을 차지한 넓은 나라에 있어서 평화적 사회주의 건설이 성공하고 전략적으로 절대 불패(不敗)의 지위를 확보할 만한 위대한 승리를 얻은 결과이다.

국제적 혁명정세는 조선의 해방이 평화적으로 해결될 만한 유리한 조건을 만들어내었다. 그러나 국내정세는 좀 다르게 발전되고 있으니 그것은 금일과 같은 혁명적 정세에 있어서도 우리의 주관적 요소인 혁명세력이 미약하고 혁명적 전위가 아직 약한 사정에서 이러한 국제적 원조에도 불구하고 일본 제국주의의 세력을 하루라도 속히 우리의 힘으로 구축하기 위한 전국적 대중적 반란 혹은 폭동을 조직하지 못하며 일반 민중운동의 자연발생성을 완전히 극복하지 못하는 자체무력이다.

이에 따라서 조선에 있는 일본군이 일본 천황의 명령에 불복하고 북부조선 지방에서 소련군과 부분적으로 전투를 계속하여 앞으로 경성 부근에서 한바탕 싸움을 사양치 않겠다는 만뉴브르[機略]를 보이며, 조선인에 대하여 야만적 군사적 테러행동(주요한 물자와 시설, 건물파괴, 살상행위 등)을 감히 행하되 이러한 거만에 대하여 한마디의 반항과 투쟁도 우리는 조직 못하는 약점을 가지고 있다.

그럼에도 불구하고 국제적 객관적 정세는 자못 예측하지 못할 만한 급속한 템포로 머리를 잡아 두르고 현기증이 날 만한 정도로 전개되고 있는 것이 금일의 특징이다. 한마디로 말하면 국제 파시즘의 전면적 궤멸과 진보적 민주주의와 사회주의의 승리는 세계혁명을 더욱더욱 높은 정도로 발전시키고 말았다.

그것은 한편으로는 쏘베트 연방의 국제적 지위와 그 비중을 훨씬 높이고 무겁게 만드는 동시에, 다른 편으로 국제제국주의 체제를 그 토대와 근저로부터 흔들어 놓아 나머지의 그들 체제도 필연적으로 결국에는 독일과 일본 제국주의와 마찬가지의 비극적 운명을 면할 도리가 없다는 것이다.

이것이 이번 2차 세계대전이 자기의 쓰라린 경험에서 전 인류에게 내주는 귀중한 교훈이다. 여기에서 모든 세상 사람들은 단도직입적으로 문제를 내세우고 있다.

즉, 자본주의냐? 사회주의냐? 파시즘이냐? 민주주의냐? 다시 말하면 전후에는 어떠한 사회를 건설하고 사람들은 살아나갈까 하는 문제이다. 압박과 전쟁과 빈궁과 실업의 원인을 제도 자체 내부에 포함하고 있는 자본주의 제도의 사회를 선택하여야 할 것인가? 그렇지 않으면 자유와 평화의 발전을 보장하는, 착취와 압박과 실업이 없는 사회주의 제도의 사회를 건설할 것인가?

구라파의 여러 민족뿐만 아니라 금일부터 조선민족 앞에도 이 전후에 새 건설문제가 서고 있는 것이다. 우선 우리에게는 진보적 민주주의 사회이냐? 반동적 민주주의 국가의 건설이냐? 우리 조선 사람들은 오늘날에 있어서 이렇게 문제를 세우고 있다. 노동자, 농민, 도시소시민, 인테리겐챠 등 근로계급은 전자를 주장하고 있으나 지주, 고리대금업자와 반동적 민족부르주아지 등 친일파들은 자본가와 지주 독재정권인 반동적 민주주의 국가의 건설을 요망하고 있다.

## II. 조선혁명의 현 단계

금일 조선은 부르주아 민주주의혁명의 단계를 걸어가고 있나니, 민족적 완전독립과 토지문제의 혁명적 해결이 가장 중요하고 중심되는 과업으로 서 있다. 즉 다시 말하면 일본의 세력을 완전히 조선으로부터 구축하는 동시에 모든 외래 자본에 의한 세력권 결정과 식민지화 정책을 절대반대하고 근로인민의 이익을 옹호하는 혁명적 민주주의정권을 내세우는 문제와 동시에 토지문제의 해결이다.

우리 조선 사회제도로부터 자본주의적, 봉건적 잔재를 깨끗이 쓸어버리고 자유발전의 길을 열어주기 위하여 우리는 토지문제를 혁명적으로 해결하지 않으면 안 된다. 무엇보다도 먼저 일본제국주의자와 민족적 반역자와 대지주의 토지를 보상을 주지 않고 몰수하여 이것을 토지없는 또는 적게 가진 농민에게 분배할 것이요, 토지혁명의 진행과정에 있어서 조선인 중 소지주의 토지에 대하여는 자기 경작토지 이외의 것은 몰수하여 이것을 농작자(農作者)의 노력과 가족의 인구수 비례에 의하여 분배할 것이요, 조선의 전 토지는 국유화한다는 것이요, 국유화가 실현되기 전에는 농민위원회, 인민위원회가 이것(몰수한 토지)을 관리한다.

이러한 가장 중요한 과업 이외에 또한 몇 가지 중요한 것은 '언론, 출판, 집회, 결사, 가두행진, 파업의 자유'의 권리를 완전히 얻어야 한다. 또는 '8시간 노동제의 실시'를 실행하여야 하며, '일반 근로대중 생활의 급진적 개선'을 위한 모든 시설과 수단을 실시하기 위하여 투쟁하여야 한다.

"일본 제국주의자 소유의 모든 토지, 사원, 산림, 광산, 공장, 항만, 운수기관, 전신, 은행 등 일체 재산을 보상을 주지 않고 몰수하여 국유화할 것이다." 국가부담에 의한 의무교육을 실시할 것, 여자의 경제적·정치적·사회적 위치를 향상할 것, 단일누진세금제(單一累進稅金制) 실시, 조선의 자유와 독립을 확보하기 위하여 국민의용병제(國民義勇兵制)를 실시할 것, 18세 이상의 남녀평등의 선거·피선거권을 부여할 것, 이러한 여러 가지 과업은 인민의 기본적 권리를 보장하는 진보적 민주주의의 요구이다. 적어도 이러한 요구가 완전히 실시됨에서 민주주의 정치는 실현될 것이요, 일반 인민의 기본적 권리는 존중되고 생활은 급진적으로 개선되어 진보적 새 조선은 건설된다.

노동자, 농민, 도시소시민과 인테리겐챠는 조선혁명의 현 단계인 부르주아 민주주의 혁명의 동력이 되는 것이다.

그리고 이 혁명에 있어서 토지문제를 용감히 대담스럽게 혁명적으로 해결함으로써 광범한 농민계급을 자기의 동맹자로 전취하는 계급만이 혁명의 영도권을 잡을 수 있다. 그것은 곧 조선에 있어서 가장 혁명적인 조선 프롤레타리아트만이 이 혁명의 영도자가 되는 것이다.

금일에 있어서 그들 노동자, 농민은 혁명적으로 움직이고 있다. 동시에 다른 편으로 지주, 고리대금업자, 반동적 민족부르주아지는 종래의 친일적 태도를 어떠한 희생을 아끼지 않고서라도 이것을 감추고 새로운 캄푸라지(보호색)를 쓰고 나선다.

그것은 일본 제국주의의 붕괴와 퇴각과 동시에 새로 나타나는 외국 세력을 영접하고 그들의 대변자가 되어 가면서라도 그들의 자체 계급의 이익을 옹호하겠다는 배짱이다. 민족급진주의자, 민족개량주의자, 사회개량주의자(계급운동을 포기한 일파), 사회파시스트(일본 제국주의자와 협력하는 변절자 일파)들은 '민주주의', '사회민주주의자' 혹은 '공산주의'의 간판을 들고 나서고 있다.

문제는 그들이 과거 파벌운동을 그대로 연장하면서 노동자, 농민, 소부르주아지의 진보적·혁명적 대중운동의 선두에 나서고 지도자의 역할을 놀 것이라는 것이다.

튼튼한 볼세비키적 공산당의 결여는 저 정치적 투기업자들로 하여금 조선 인민운동의 지도권을 장악해볼까 하는 일누시(환상)를 가지게 한다. 여기에서 우리에게는 이러한 '혁명적' 언사를 운운하는 사이비 혁명가와의 대중적 투쟁의 필요가 생기는 것이다.

이와 동시에 옳은 혁명적 정치노선과 배치되는 경향과 투쟁하는 문제이다. 그것은 조선의 지주와 대자본가들이 주장하는 노선이니 이것은 우리의 혁명적 노선과 대립되고 있다. 그것은 형식적 민주주의 국가의 건설로서 그들 지주와 대자본가의 독재 하에 그들의 이익을 옹호·존중하는 정권 수립의 기도이다.

이것은 해외에 있는 망명정부와 결탁하여 가지고 저 미국식의 데모크래씨적 사회제도 건설을 최고 이상으로 삼는다. 반동적 민족부르주아지 송진우와 김성수를 중심(中心)한 한국민주당은 지주와 자본계급의 이익을 대표한 반동적 정당이다.

## III. 조선 공산주의 운동의 현상과 그 결점

일반적으로 조선의 혁명운동은 국내에 있어서나 국외에 있어서나 운동이 연락을 가지고 통일적 활동을 하지 못하였다. 특히 전쟁시기에 군사적 제국주의적 전시 계엄령적 상태 밑에서 모든 운동은 물론이고 하찮은 자유사상의 언사까지도 극악의 탄압을 당하고 있었던 것이다.

그러기 때문에 일반적으로 조선민족해방운동, 특히 그 중에도 조선
공산주의운동은 깊이 지하실에서 계속되고 있었으나 표면에 나서지
못한 것이었다. 대중의 지지가 없다는 것은 아니겠지마는 끊임없이
일어나는 대중적 검거는 비합법적 조직운동을 극도로 위축시켰던
것이다.

이러한 모든 곤란한 환경 상에서도 어쨌든 국제노선을 대중 속에서
실천하는 진실한 의미의 콤 그룹의 공산주의운동이 비합법적으로 계속
하였던 것은 사실이다. 특히 1937년 이래 전쟁시기에 들어가면서부터
는 과거 파벌들은 모든 운동(합법적, 비합법적)을 청산하고 일본 제국주
의자 앞에 더욱 온순한 태도를 표시하였던 것이다. 그 결과는 과거의
파벌분자와 그 거두들이 전시 하에 있어서 일본 제국주의의 군사적
탄압이 두려워서 계급운동을 청산한 변절자 일파(전향파)가 다량적으
로 산출된 것이었다. 그들은 자기가 신봉하던 주의를 헌신짝 버리듯이
쓰레기통에 집어던지고 민족과 노동계급을 배반하고, 그들 자기 개인
의 이익을 존중한다는 그 본래의 원칙을 노골적으로 발휘할 기회가
왔다고 생각하고 이 일시적, 과도적 암흑시기에 있어서 운동을 포기하
고 평안한 살림살이에 힘썼던 것이다. 그들의 대다수가 떼를 모아
가지고 금광과 투기업에 종사하기에 전력한 사실은 그들이 모두 비합
법운동을 깨끗이 청산한 것을 실천에서 증명하려는 까닭이었다.

이와 같이 탄압시대는 주의를 포기하고 투기업자와 금광 부로커가
되고 합법적 시대(8월 15일 후)에 와서는 하등의 준비활동도 없이[공장조
직은 물론이고 가두조직도 형식적 지상(紙上)의 조직] 조선공산당을 조직(8
월 15일 밤에) 조선공산당 중앙간부를 내세우고 조선 운동의 최고지도자
가 되려고 나서는 그 교묘한 수단은 과거 파벌주의자들의 전통적 과오
를 또 한 번 범한 것이니 그 결과는 조선 공산주의 운동이 또 다시

분열상태로 나타나게 된 것이다.

이들 합법주의자, 청산주의자들의 이러한 파벌행동은 조선 공산주의운동사상에 있어서 중대한 과오로 계급적 반당(反黨) 행동의 일종이다.

이와 같이 조선 공산주의 운동 위에는 모든 탁류의 물줄기가 흘러서 일반 노동자, 농민을 미혹에 빠뜨리고 있다. 이러한 탁류가 황포(荒暴)히 흐르는 금일에 있어 한 가지 맑은 물결이 새암[泉]같이 쏟아져 나오고 있다. 캄캄한 밤중에 밝은 등불의 역할을 노는 진실한 의미의 공산주의 운동이 과거 백색 테러적 탄압시대부터 오늘날까지 계속적으로 발전하여 나오고 있었다는 특징을 가지고 있다.

그것은 과연 혁명적이요 용감하며 정치적으로 옳은 조선 공산주의 운동을 대표한 것임에 틀림없지마는 아직 미약하고 어리다는 약점을 가지고 있다. 즉, 다시 말하면 과거 암흑시대에서는 그 시기에 적당한 수공업적 소규모의 활동을 계속하였지만, 적어도 금일과 같은 혁명적 결점을 극복·청산하고 참으로 대중적 전투적 조직으로 전환하지 않으면 객관정세와 보조를 맞추어 나갈 수 없을 것은 명백한 일이다.

과거의 소규모의 섹트적 조직은 한 어린아이 같이 약한 것으로 금일과 같은 객관정세 변천에 자기 이니셔티브를 가지고 대중을 지도하지 못할 것이니, 이것은 더 자라야 하며 더욱 튼튼하여져서 독립적으로 투쟁할 만한 힘을 얻어야 하며 전투적 경험을 더욱 체험하여야 한다.

다시 말하면 대중의 지지 받는 진투적 및 볼셰비키당으로 전환하지 않으면 안 된다. 여기에 중요한 것은 대중에 접근할 것, 미조직층과 새로운 층을 동원할 것, 도처에서 새로운 창의를 각성시키고 모든 층 속에서 새 조직을 만드는 것이다. 공장노동자 대중을 토대로 한 조직을 수없이 많이 만들어야 하며, 섹트성을 극복하고 대중 앞에 용감히 나서서 대중적 투쟁을 전개할 줄 알아야 하며, 대중을 민족개량주의적 일누시(환상)로부터 해방시키기에 능하여야 한다. 또한 전위조직의 일련의 보조적 대중단체를 조직하여야 한다.

이러한 조직과 대중적 투쟁과정을 통하면서 기본적 조직을 강화·확대하며 공장 내 기본조직을 전국적으로 더욱 중요한 산업부문과 도시에 조직하여 그들의 대표를 모아서 전국적 대회를 열고 이 전국적 대표회의에서 최고지도기관을 내세울 것이다. 적어도 이러한 준비활동이 필요한 것이다.

금일 조선에 있어서 우리는 어떠한 당을 조직하여야 할 것인가? 프롤레타리아트의 전위는 볼세비키당이 되어야 한다. 우리의 당은 노동계급의 한 부분이며 한 부대이지마는 그것은 보통부대가 아니고 특별한 정예부대이다. 레닌 동무는 당에 대하여 이렇게 가르치고 있다. "사회생활에 대한 지식, 사회발전 법칙과 계급투쟁 법칙의 이론으로 무장하여 노동계급을 인도하며 그 투쟁을 지도하기에 유능한 노동계급의 선봉대이다."

이러한 당의 과업은 근로대중을 당의 수준에까지 올리며 자기 전당원(自己全黨員)으로 하여금 의무적, 군대식적(軍隊式的) 규율을 가지게 하여야 한다. 당은 최고지도자로서 프롤레타리아트의 모든 단체를 지도하며 수백만의 근로대중과 연결되어야 한다.

그러면 프롤레타리아트의 혁명적 전위의 규율은 무엇으로써 유지되는가? 무엇으로써 통제되는가? 무엇으로써 강화되는가? 첫째로는 프롤레타리아트의 전위의 계급의식과 혁명에 대한 그들의 헌신, 그들의 인내, 그들의 자기희생, 그들의 영웅적 정신에 의하여, 둘째로는 그들의 광범한 근로대중 위선(爲先) 프롤레타리아 대중과 또한 비프롤레타리아적 근로대중과 결합하고 그들에게 접근하고 그리고 말하자면 어느 정도까지 그들과 융합하기까지도 할 줄 아는 것에 의하여, 셋째로는 그들 전위에 의하여 실현되는 정치적 지도의 정당성에 의하여, 즉 광범한 대중이 자기 자신의 경험에 의하여 그 정당성을 확신하게 된다는 전제조건 하에서 그들 전위의 정치적 전략과 전술이 옳고 바른 것에 의하여 "진보적 계급의 당을 위하여는 이러한 여러 조건이 절대 필요한 것이고 이러한 조건은 돌연히 성립되는 것이 아니다. 그것은 다만 장기에 긍(亘)한 활동과 쓰라린 경험에 의하여서만 생기는 것이고 그 발전은 바른 혁명적 이론에 의하여 용이하게 되는 것이다. 그리고 이 바른 혁명과 이론은 또한 그것이 다만 독단적이 아니고 참으로 혁명적 대중운동의 실천과 긴밀히 결부되고 있음에서만 그 종국적 형태를 취하는 것이다."(레닌)

우리 조선 당도 레닌의 이러한 가르침을 실천할 줄 알아야 한다. 또 이러한 당이 되지 않으면 안 될 것이다.

## IV. 우리의 당면임무

금일의 정세는 혁명적으로 발전되고 있다. 조선 민중의 혁명적 열정과 투쟁은 전국적으로 폭발되고 노동자 농민의 투쟁은 대중적으로 일어나고 있으나 전국적, 통일적, 의식적 운동은 발전되지 못하고 있다.

이러한 인민대중의 자연발생적 투쟁은 옳은 정치노선을 가지지 못하였으며 전국적 혁명적 지도가 없이 진행되고 있다. 이렇게 중대하고 절박한 시기에 있어서 노동계급의 전위인 조선공산당이 시각을 다투어 속히 대중 앞에 나서야 한다.

그러므로 전국적으로 통일된 볼셰비키 공산당을 다시 건설하기 위하여 조선의 혁명적 공산주의자들은 모든 힘을 집중할 것이 첫째 가장 중요한 당면의 과업이 되고 있다. 우리는 우리 조직의 섹트성을 극복하고 조직된 군중과 미조직 노동자와 연결하고 대중을 동원하여 그들을 전취하기 위하여 대중적 투쟁을 전개하여야 한다.

일반 근로대중의 일상이익을 대표할 만한 당면의 표어와 요구조건을 일반적 정치적 요구조건과 연결하여 내걸고서 대중적 집회 시위운동을 전개함으로써 대중을 동원하며 특히 미조직 대중을 조직화하기에 노력하지 않으면 안 된다.

매개의 조선 공산주의자들은 근로대중 특히 노동자와 농민대중에 접근하여 새로운 군중을 각성시키고 그들을 당과 당의 보조단체에로 끌어들이며, 민족개량주의의 영향으로부터 일반대중을 우리의 편으로 전취하고 토지와 완전독립을 위한 전국적 투쟁에 전 인민을 동원하여야 한다.

## 1. 대중운동을 전개할 것

노동자 농민의 구체적 일상투쟁의 요구를 일반적 정치요구—'조선의 완전독립', '토지문제의 혁명적 해결', '8시간제 실시', '언론, 출판, 집회, 결사, 파업, 시위, 행진의 자유', '일본 제국주의자와 민족반역자가 소유한 토지와 재산을 무상 몰수하여 근로대중 농민에게 분여 할 것', '근로대중의 생활수준을 급진적으로 개선할 것', '조선의 완전독립을 위협하는 외국세력의 일체 행위를 절대 배격할 것' 등—와 부결(付結)하여 힘 있는 대중적 투쟁을 높은 정도의 정치투쟁으로 전개할 것이다.

### 1) 노동자의 투쟁을 지도하며 조직할 것

우리들은 노동자의 일상이익을 위한 투쟁을 일으켜 이것을 지도함으로써 대중을 전취할 수 있는 것이다. 즉, 노동자 대중 속에 들어가서 그들의 아픈 점과 불평불만을 들어서 이것을 출발점으로 하고 투쟁을 일으키고, 선동하며, 그들에게 계급의식을 넣어주며, 조직하며, 정치적 수준을 높여야 한다.

여기에 노동자 대중의 일상이익을 대표하는 요구조건은 이러한 것이다.

─ 쌀 배급량을 더 올리자(5〜6홉)
─ 일반 생활필수품의 배급은 근로자를 우대하는 배급을 실시할 것.
─ 평화산업을 다시 열어 생활필수품의 생산에 노력하자.
─ 최저한도의 노동임금제를 결정하고 노동시간을 단축하자.
─ 공장에서는 노동자의 대우를 개선하는 모든 시설을 만들어라.
─ 노동자의 사회보험법을 실시하자!
─ 14세 이하 유년노동을 금지하라!
─ 국가부담에 의한 일반 근로대중의 문화교육기관을 설립하자!
─ 국수주의적 반민주주의적 교화(敎化)제도를 철폐하라!
─ 1년 중 2개월씩의 휴가제도(임금은 지불하면서)를 실시할 것.
─ 1주일에 1일씩 휴일제 실시할 것.
─ 유해로운 부문의 노동(지하 탄광노동)을 6시간제로 하자!
─ 노동임금에 있어서 민족, 연령, 남녀의 차별을 폐지할 것.
─ 노동 중의 피해자 가족에게 위자료를 줄 것.
─ 부인 노동자의 산전 산후 2개월간의 노동을 면제할 것.

2) 농민운동을 전개할 것

노동계급은 '조선의 완전독립'과 '토지를 몰수하여 농민에게 나누어 주며' '일체 봉건주의적 잔재를 청산'하는 투쟁과 그들의 일상이익을 대표하는 요구조건과 부결(付結)하여 가지고 농민 대중운동을 전개함으로써 농민과 통일전선을 결성하고 농민을 전취하기 위하여 우리는 아래와 같은 농민의 당면요구를 내걸고 싸우지 않으면 안 되며 농민의 굳은 동맹을 결성하지 않으면 안 된다.

　　─ 쌀 배급량을 올리자(5〜6홉).

　　─ 생활필수품을 공평하게 배급하되 특히 노동자 농민을 우대할 것.

　　─ 농민의 교화기관을 국가부담으로 실시할 것.

　　─ 농촌 내에서 혁명적 계몽운동을 일으킬 것.

　　─ 지주, 고리대금업자, 금융조합, 은행에 대한 농민의 일체 부담을 무효로 하자.

　　─ 소작료를 3할 대 7할제로 인하하고 이것을 화폐지대로 정할 것이요, 소작관계에 있어서 봉건적 잔재를 일소하자!

　　─ 인신(여자)을 매매한다거나 양반 상민을 차별 대우하는 것과 같은 봉건적 잔재를 청산할 것.

　3) 청년운동을 일으킬 것

　조선의 청년운동은 지금까지의 소부르주아적 가두층을 중심한 운동으로부터 방향을 돌려 노동청년과 농민청년을 중심으로 한 일반 근로청년운동을 전개하지 않으면 안 된다.

　근로청년의 당면의 이익을 옹호하며 이것을 위한 투쟁을 민족해방과 토지혁명 등의 일반적 정치적 요구와 연결시킴으로써 일반 노동청년에게 계급의식을 넣어 주며 공산주의 이론의 교양사업을 자기과업으로 삼는 동시에 극구(極究)에 있어서 프롤레타리아트의 해방투쟁을 지지하는 임무를 가진 공산청년운동을 일으키지 않으면 안 된다. 공산청년동맹은 노동청년, 농민청년, 학생, 인테리 청년 등 일반 청년대중을 포함한 대중적 단체(조선해방청년동맹 등)를 지도하여 광범한 청년대중운동을 투쟁적으로 혁명적으로 나가게 하며 일반 청년대중을 자기 영향 밑에 끌어넣어야 한다.

　민족개량주의 청년단체(천도교청년당)와 반동적 청년단체(고려청년단) 내부에 있어서 활동을 게을리 하여서는 안 된다.

공산청년동맹은 진보적 투쟁적 청년단체와 민족개량주의 청년단체와의 행동의 통일을 주장하고 통일전선을 결성하여야 하나니, 그것은 결코 민족개량주의 청년단체의 지도자들의 개량주의적 타협주의와 합류를 의미하는 것이 아니라 도리어 그들의 개량주의적 반동성에 대하여 비판을 포기한다거나 그것을 폭로하는 전술을 중지함을 의미하지 않는다.

공산청년운동의 중심은 공장 노동청년과 농촌 내 근로청년이 되어야 하나니 그들을 혁명적 이론으로 교양하며 그들의 경제적 이익을 옹호하며 그들의 생활조건을 급진적으로 개선하는 일상투쟁을 출발점으로 하고, 이러한 당면투쟁을 정치적 요구와 연결시키어 청년운동으로 하여금 정치적, 전국적, 반봉건적, 반제국주의적 민족해방운동의 한 튼튼한 날개가 되게 하여야 한다. 공산청년동맹은 당의 정치적 지도 밑에서 종파성을 극복하고서 일반 노동청년대중과 연결됨으로써 그들의 지지를 받는 대중적, 투쟁적, 전투적, 교양적 청년조직이 되어야 한다. 또한 군사적 훈련과 교양이 공청사업(共靑事業)의 한 가지인 것을 알아야 한다.

4) 부녀운동을 일으킬 것

현하 조선에 있어서 부녀는 봉건적 압박과 착취의 가장 온순한 대상이 되고 있다. 남존여비와 현모양처주의의 아세아적 봉건적 제도는 조선의 여성으로 하여금 경제적, 정치적, 사회적 모든 방면으로서 노예적 생활을 감수하게 만든다.

공장에서 농촌에서 직장에서 여성의 권리는 무시되고 동일노동에도 불평등한 임금을 받게 되고 있으며, 가정에서는 남자의 무리한 일방적 압제에 절대복종을 표하지 않으면 안 되는 조선 고래의 전통적 유습에 속박되고 있다.

이러한 무리한 형편 밑에 살고 있는 조선 부녀를 위한 해방투쟁은 물론 계급적 해방투쟁의 한 부분으로서 출발하여야 하며 오직 프롤레타리아트당의 정치적 지도 밑에서만 그들 자신의 해방은 바른 길로서 해결되는 것이다.

그러므로 정견 또는 신교(信敎)의 여하(如何)에도 불구하고 거만(巨萬)의 근로자부인 대중 특히 그 중에도 먼저 노동부인과 근로농민부인을 단일민족전선에로 유입시킬 것은 현실적으로 필요한 것이다.

그것에는 근로부인의 일상요구와 일상이해 옹호투쟁을 중심으로써 근로부인의 대중운동을 발전시키기 위하여, 특히 물가 폭등 반대, 남녀 불평등과 제국주의적 노예 반대, 완전독립, 공장폐쇄에 의한 대중적 해고 반대, 동일노동에 동일임금을 원칙으로 한 노동임금 인상을 위한 투쟁, 공창 폐지, 여자 인신매매 반대 투쟁을 일으켜야 한다. 민족적 사회개량주의적 부인단체(부녀동맹) 내에서 활동하되 우리의 비판의 자유를 충분히 가지면서 그 대중을 투쟁적으로 지도할 것이다. 그러나 부인운동의 중심은 노동부인과 부녀대중조직과 그 투쟁에 있음을 강조한다.

### 5) 문화단체

가두층의 인테리겐챠들은 민족적 사회적 개량주의의 영향으로부터 해방되어 혁명적 진영에로 인입(引入)되어야 한다. 문화연맹, 과학자동맹, 무신론자동맹, 작가동맹, 스포츠단체, 각종 문화단체가 결성되어 당의 지도하에서 활동하여야 하며 당을 지지하고 협력하고 보조단체로서 활동하지 않으면 안 된다.

## 6) 소비조합운동

소비조합 회원은 일상이익 옹호 투쟁, 특히 물가폭등 반대, 약탈적 소비세 및 신세(新稅) 부과에 반대하여 소비조합운동을 일으켜야 한다.

## 7) 실업자운동

공산주의자는 실업자의 이익과 요구를 늘 극력 옹호하고 그들을 조직하여 직업의 확보 투쟁, 충분한 실업보조금 및 실업보험금 등의 획득투쟁으로 지도하면서 실업자를 통일전선운동에 끌어넣지 않으면 안 된다. 금일에 있어서 일본인의 군수공장은 전부 폐쇄됨에 인(因)하여 무수히 많은 노동자는 실업자가 되었다.

이들을 위하여 '실업자동맹', '실업자대책위원회' 등의 조직을 만들어 가지고 실업자를 위한 투쟁을 조직 지도할 것이요, 실업자의 군중집회와 시위운동을 조직하여야 한다.

그리고 실업자운동은 취직노동자 조직과 유기적 연결이 있어야 되는 점을 알아야 한다.

## 2. 조직사업

노동자 농민의 대중 사이에서 모든 기본적 조직과 보조적 여러 단체를 조직할 것이다. 조직사업에 있어서 무엇보다도 먼저 당의 기초조직인 공장 '야체이카'를 확립할 것이 급선무이다. 이와 동시에 대중적 보조단체를 내세우고 이 대중조직을 통하여 대중을 투쟁적으로 동원할 줄 알아야 한다.

1) 조직이 없는 공장과 도시 농촌에 있어서는 당의 기본조직을 새로 조직하기에 힘쓸 것이요.

2) 이미 존재화(存在化)한 것은 이를 대중화하여 확대 강화함으로써 전투적으로 대중투쟁을 능히 독립적으로 지도할 수 있는 볼세비키적 조직으로 전환할 것.

3) 공장 '야체이카'가 적어도 3, 4개 이상 있는 도시에서는 이들의 대표와 기타 가두 '야체이카'의 대표를 소집하여 '당도시위원회'를 조직할 수 있다.

4) 이러한 도시와 지방당 조직의 대표가 모여서 전국대표회의를 개최하고 여기에 중앙집행위원을 선거하고 이 위원회를 모아 중앙위원회를 조직한다.

5) 보조적 대중단체를 조직할 것. 공장위원회, 노동조합, 농민위원회, 농민조합, 농촌노동자조합, 공산청년동맹, 소비조합, 반제(反帝)전선, 부인대표회, 혁명자후원회, 소년대(피오니에르), 작가연맹, 무신론자동맹, 문화연맹, 스포츠단체 등을 조직할 것이다.

### 3. 옳은 정치노선을 위한 양면(兩面) 전선투쟁을 전개할 것

옳은 정치노선을 내세우고 이것을 실천하려면 모든 옳지 못한 경향과 적극적 투쟁을 전개하여야 한다.

첫째로 과거의 파벌들은 우리 운동선상에 또다시 파벌주의를 부식하기 시작한다. 그들은 사회개량주의자가 아니면 우경적 기회주의자니 이러한 단체와 그 경향을 반대할 것이다. 사회개량주의자의 영향 밑에 서 있는 군중을 밑으로부터 통일전선으로써 우리 편으로 전취할 것이며, 우경적 기회주의자는 우리 대열 내에서 가장 큰 위험이니 그들에 대한 힘 있는 투쟁을 일으키면서 그들로 하여금 자기 과오에 대한 무자비한 자기비판을 전개시킬 것이다.

이와 동시에 조선혁명의 현 단계에 있어서 사회주의혁명의 과업과 성질을 운운하는 것과 같은 극좌적 경향과 싸워야 한다. 그것은 가장 '혁명적' 언사를 농(弄)하는 극좌적 경향으로서 그들은 자칭 가장 혁명적인 것처럼 대중을 속이고 운동을 교란하고 있다.

그들의 의견에 의하면 조선혁명의 현 계단이 부르주아 민주주의혁명 과업은 거의 완수되면서 있으니(독립된다는 점을 들면서) 이중과업을 운운하며 또한 곧 금일부터는 사회주의혁명의 과업을 내세우고 싸워야 한다고 주장한다.

「조선의 독립과 공산주의자의 긴급임무」라는 테제 중에서 그들은 이렇게 주장하고 있다.

"조선에 있어서 혁명은 부르주아 민주주의혁명으로부터 프롤레타리아 민주주의혁명에로 단계적 서열적으로 나가는 것이 아니라, 두 개의 혁명이 동시에 수행되면서 특히 전자가 후자의 일부분으로서 그 중에 포함된 형태에서 전개되어 나가야 할 제 조건을 갖추고 있다"(동 테제 5항). "조선혁명의 과정이 부르주아 민주주의혁명으로부터 프롤레타리아 민주주의혁명에로 계속적으로 진행하는 것이 아니고 양개(兩介)혁명이 동시에 대항적으로 전개된다는 객관적 조건은 필연적으로 이 이중혁명에 있어서 헤게모니 문제를 제기하고 민족주의자 내지 민족개량주의자와 공산주의자와의 사이에 격렬한 대립투쟁을 유기(誘起)할 것이다."(동지 9항)

이러한 종류의 과오는 비단 그들 일본에서 나온 몇 개 동지들만이 주장한 것이 아니다. 요사이(9월 15일)에 소위 장안 '빌딩' '공산당'의 수령 최익한(崔益翰), 이영(李英), 정백 등은 자기 당의 이름 밑에서 테제를 발표하였다. 그 중에서는 여러 가지 흥미를 끄는 문제를 내놓으면서 금일의 조선혁명 성질에 언급하고「현 계단의 정세와 우리의 임무」중에서 이러한 주장을 우리는 듣는다.

"… 이 혁명이 부르주아 민주주의혁명으로부터 프롤레타리아 민주주의혁명에로 점진적이 아니고 비약적으로 진전될 수 있는 것이다. …" "8·15일 이래 우리들은 혁명의 제2단계로 돌입하였다. 제1단계에서 있어서는 중요한 투쟁대상은 일본제국주의의 타도를 위하여 자유주의적 토착 부르주아 지주 급 부농을 견제 고립 마비시키며 프롤레타리아트는 절대다수인 중소농민과 굳세인 동맹을 맺는 동시에 도시 중소상공층과 청년학생 지식계급의 다수를 연결하는 것이 투쟁에 있어서의 중요한 세력 배치였으나, 금일에 있어서는 정세 일변(一變)함을 따라서 자유주의적 민족부르주아지의 반동적 저항을 진압하고 농촌 중농과 도시 중소상공층의 동요, 불확실성을 견인 혹은 중립화시키는 이 역사적 순간에 있어서는 프롤레타리아트는 자기의 영도 아래 농업 프롤레타리아트와 전 인구의 압도적 다수인 빈농 즉 반프롤레타리아트의 강고한 혁명적 동맹을 통하여 농촌 급 도시 소부르주아지와의 일정한 통일적 전선체제를 광범히 전개하지 않으면 안 된다."

이러한 극좌적 파벌주의자들의 종파적 경향은 적지 않은 위험을 가져오는 것이다. 이러한 경향과 또한 투쟁하여 이것을 극복할 것이요, 또한 우리 자체의 준비 공작도 없이 폭동을 일으키려는 경향이 있다. 이것도 또한 옳지 못한 것이니 폭동을 일으키려면 적어도 대중을 동원할 수 있는 조직과 옳은 전술이 나서야 한다. 이러한 모든 옳지 못한 우경적 극좌적, 기회주의적 경향을 극복 청산하고 우리의 옳은 정치노선을 실천하기에 모든 힘을 집중하여야 한다.

이것이 곧 옳은 정치노선을 위한 원칙적 투쟁을 의미하는 것이다. 이러한 투쟁은 얼마든지 행해야 하는 것이다.

### 4. 프롤레타리아트의 헤게모니를 위한 투쟁

조선의 노동계급은 자기의 혁명적 전위요 그 정당인 공산당은 가져야 하며 이 당의 옳은 지도 밑에서 대중을 동원하여 전취하여야 하나니, 여기에서도 프롤레타리아트의 영도권 확립이란 문제가 서게 된다.

이 문제는 노동계급이 조선 농민대중을 자기편으로 전취하고 못함에 따라서 결정되는 것이다. 노동자는 농민과 협동전선을 결성하여 조선의 독립과 토지혁명과 기타 모든 민주주의혁명의 과업을 완전히 실행할 수 있는 것이니, 농민은 노동계급의 혁명적 옳은 지도를 받아야만 자기해방이 가능한 것이다. 그러므로 '노동자 농민의 민주주의적 독재'라는 전략적 표어가 실현됨에 있어서 또한 '프롤레타리아트의 헤게모니의 확립'이라는 역시 중요한 문제가 먼저 해결되어야 한다.

그러므로 노동계급의 영도권 문제는 토지혁명의 해결에 의한 농민의 전취 문제와 연결되고 있는 것이요, 또한 민족 급 사회개량주의자의 영향 밑에 있는 일반 인민대중을 전취하는 문제와 또한 연관되고 있는 것이다. 요컨대 문제는 우리 당이 대중을 전취 동원할 능력이 있느냐 없느냐 하는 문제가 가장 중요한 문제이다. 그러한 능력은 공산당이 옳은 정치노선을 내세우고 그것을 옳게 실행함으로써 노동자 농민과 일반대중이 당을 지지하느냐 안 하느냐가 문제이다. 문제의 중점은 여기에 있다.

## 5. 민족통일전선의 결성으로 수립된 '인민정권'을 위한 투쟁을 전국적으로 전개할 것

다음으로 우리는 정권을 위한 투쟁을 전국적 범위로 전개하여야 하나니 해방 후의 새 조선은 혁명적 민주주의 조선이 되어야 한다. 기본적 민주주의적 여러 가지 요구를 내세우고 이것을 철저히 실천할 수 있는 인민정권을 수립하여야 한다.

그러므로 반민주주의적 경향을 가진 반동단체(한국민주당 등)에 대하여는 그 반동성을 폭로하여 반대투쟁을 일으킬 것이요, '정권을 인민대표회의로'—이러한 표어를 걸고 진실한 의미의 진보적 민주주의 정치를 철저히 실시하기 위하여 투쟁할 것이다.

따라서 이에 대지주, 고리대금업자, 반동적 민족부르주아지와 싸울 것이요, 특히 민족 급 사회개량주의자의 영향 밑에 있는 일반 인민대중을 우리 편으로 전취함에 있어서 그들의 개량주의적 본질을 구체적으로 비판하며 폭로할 것이다.

그러므로 노동자는, 농민대중은 물론이요 일반 인민대중을 자기편으로 전취 하여야 한다. '인민정부'에는 노동자 농민이 중심이 되고 또한 도시 소시민과 인테리겐챠의 대표와 기타 모든 진보적 요소는 정견과 신교와 계급과 단체 여하를 물론(勿論)하고 모두 참가하여야 하나니, 즉 민족통일전선을 형성하여야 한다.

이런 정부는 일반 근로인민의 이익을 대표하는 기관이 된다. 이것이 점차 노동자 농민의 민주주의적 독재정권으로 발전하여서 혁명의 높은 정도로의 발전을 보장하는 전제조건을 만드는 것이니, 우리는 모든 힘을 집중하여 프롤레타리아트의 영도권을 확립하기 위하여 대중을 전취하여야 하며 대중이 지지하는 혁명적 인민정부를 수립하여야 한다.

## V. 혁명이 높은 계단으로 전환하는 문제

조선의 혁명이 그 발전에 따라서 부르주아 민주주의혁명이 높은 계단인 프롤레타리아 혁명에로 전환한다는 것은 가장 중요한 이론 문제인 것이다.

그러나 금일에 있어서 벌써 우리가 부르주아 민주주의혁명의 중요과 업(완전 독립과 토지혁명)의 완전 해결은커녕 이제 시초의 첫 걸음을 내디디고 있는 처지에 있는데도 불구하고, 벌써 그 중요과업이 완수되었다고 보고 부르주아 민주주의혁명이 프롤레타리아 혁명에로 넘어섰다고 규정함은 절대로 옳지 못한 가장 큰 정치적 오류이다(최익한 일파와 이것을 지지하는 동지들의 주장).

보라! 중국혁명의 발전을, 거기에서는 벌써 서금(瑞金)시대로부터 (1927~1928) 근 20여 년 동안이나 강력한 쏘베트 정권과 영웅적 홍군의 세력 밑에서 부르주아 민주주의혁명이 발전되고 있으나 금일에 아직도 부르주아 민주주의혁명의 완수의 필요를 주장하고 있지 않은가?

아직도 '노동자 농민의 민주주의 독재정권' 수립을 위하여 위선 당면에 있어서 단일민족전선정부, '민주주의적 연합정부'를 조직하면서 있지 않은가? 공산당과 국민당과의 민주주의적 연합정권이 수립되고 있다.

물론 거기에서는 사회주의혁명에로 넘어가기 위한 전제적 제 조건을 만들어 내고 있다. 그럼에도 불구하고 아식 숭국혁명의 성질이 프롤레타리아 혁명으로 변경되었다는 것은 아니다.

어쨌든 조선의 객관적 정세(경제, 정치, 사회적)는 우리로 하여금 무조건하고 부르주아 민주주의혁명의 제과업의 수행을 강력히 요구하고 있는 것이요, 조선에서는 프롤레타리아혁명의 단계는 아직 오지 않고 있다는 것을 힘 있게 주장한다.

물론 이것은 조선혁명이 앞으로 그 발전에 따라 혁명의 제2단계인 사회주의혁명으로 전환되어야 하며, 그것이 역사적 필연성을 가지고 있는 동시에 주관적 요소인 혁명세력이 이것을 힘 있게 촉진시키는 것이라는 맑스·레닌주의적 혁명관을 망각하였다는 것이 결코 아니요, 그와 반대로 조선공산당은 프롤레타리아혁명에로 속히 넘어가게 만들기 위하여 그 전제조건인 제 문제, 즉 반제·반봉건적 투쟁으로 그 자유발전의 길을 열어주고 또한 노동자 농민의 민주주의적 독재정권의 수립과 프롤레타리아 헤게모니 확립이란 중요문제의 해결을 위하여 민족적 통일전선의 실현을 강조하여 둔다.

이러한 현실적 사정을 파악함으로 우리가 금일에도 부르주아 민주주의 혁명의 과업을 실현할 임무를 주장한다고 해서 우리가 비혁명적이라거나 개량주의적이라는 것은 결코 아니다. 이렇게 문제를 옳게 구체적으로 규정하는 것만이 가장 혁명적인 것이요 가장 옳은 정치노선이 되는 것이다.


— 조선혁명 만세!
— 조선인민공화국 만세!
— 조선공산당 만세!
— 중국혁명 만세!
— 만국(萬國) 프롤레타리아트의 조국 쎄쎄쎄르 만세!
— 세계혁명운동의 수령 스탈린 동무 만세

(심지연 편저, 『조선혁명론연구』)

# 조선노동조합전국평의회 선언[1])

전국 노동자 동무들!!

제2차 세계전쟁의 승리가 민주주의 국가군(群) 소·미·영·중 등 연합군 편의 승리로 끝났다는 것은 곧 세계 인류를 위하여 커다란 행복을 가져왔을 뿐 아니라 동시에 우리 노동계급을 위하여 자유와 해방의 길을 열어준 것이다.

그러므로 반파시즘 전쟁에 있어서 세계 노동계급은 민주주의 진영을 절대 지지하였던 것이며, 특히 소·미·영 세 나라의 노동계급은 이 전쟁의 최선두에서 용감한 혈전을 아끼지 않았던 것이다. 다시 말하면 전 세계 노동계급은 민주주의 국가의 편에서 독·이·일의 국제 파시즘을 적대하고 싸우는 데 있어서 큰 역사적 공헌을 하였다고 지적해 둔다.

이러한 국제정세 속에서 조선의 노동계급은 일본 제국주의의 살인 강도적 침략전을 계속하는 동안(1931~1945년) 군사적 백색테러에도

---

1) 1945년 10월 26일부터 11월 4일까지 전국의 조직노동자들을 대표한 515명의 대의원들이 서울에 올라와 16개의 전국적 산업별 단일노동조합 등을 만들었다. 이를 바탕으로 11월 5, 6일 '인민이 공동으로 통제·관리 하는 새로운 사회와 국가를 수립하기 위하여 '조선노동조합전국평의회' 를 결성했다. 전평 결성에 16개의 전국적 산업별 단일노동조합과 1개의 합동노동조합, 그 아래 1천 194개의 분회, 전국 212만여 명의 노동자들 가운데서 최소한 21만여 명 이상이 참가했다. 이 문건은 노동자들의 열 악한 생활조건을 개선하기 위해서는 조직적인 경제투쟁과 정치투쟁 등 을 수행해야 한다고 선언했다.

불구하고 전시 하의 극도로 악화된 생활조건을 반대하여 싸워왔다.

일본 제국주의가 항복한 후 조선 노동계급의 형편은 정치적으로 보면 자유와 민족적 해방의 길을 걷기 시작하였으나, 전후의 경제적 혼란과 공장폐쇄로 인한 전반적 실업화와 인플레이션 악화로 인한 물가폭등 및 물자의 궁핍으로 물질적 생활조건은 더욱 악화되고 말았다. 따라서 실업자들의 대부분은 전 산업노동자의 과반수나 되는 조선 프롤레타리아트의 근간부대인 공장노동자들이다.

이러한 정세 하에서 노동자의 생활조건 개선을 위한 투쟁을 전개하는 임무를 가진 조직, 그것은 곧 노동조합이다.

그러므로 우리는 노동조합운동을 전국적으로 각 중요도시를 중심으로 발전시켜야 한다. 그것은 물론 과거 전시 백색테러 시대에도 계속되어 온 노동조합운동을 발전시켜 나가는 것으로, 이 토대 위에서 합법적·대중적 노조운동을 활발히 전개시켜야 한다. 8월 15일 이후 전국을 통하여 경성, 인천, 함흥, 원산, 부산, 대구, 평양의 여러 산업도시에서 노동조합이 활발히 조직되어 대중적인 투쟁으로 확산되고 있으니, 이러한 상황은 전국적 지도기관으로서의 전국평의회의 창설을 요청하고 있는 것이다.

이렇게 활발히 전개되고 있는 조선노동조합운동을 전국적 규모로 통일하여 어떠한 진로로 조직·지도할 것인가 하는 것이 곧 조선노동조합전국평의회의 임무가 될 것이다. 8월 15일 이후 전국 각 산업 중요도시를 중심으로 전개된 노조운동은 자연발생적, 지역적, 수공업적 혼합형의 조직체를 벗어나지 못하였으므로, 이것을 목적지향적인 지도에 의하여 전국적으로 정연한 산업별적 조직으로 체계화, 강력화시켜야 될 것이다. 예컨대 금속, 화학, 섬유, 교통 등의 산업부문의 노동자를 전국적인 종적 조직체로 조성하고, 다시 이 여러 개의 전국적 산업별 단일노동조합이 총집결하여 전국평의회를 결성하는 것이다. 그러나 현재 국내외의 정세에 비추어, 완전한 상향적 조직을 만들기 위한 투쟁에 힘쓰는 동시에 우선적으로 중요 산업부문이 단일노조를 중심으로 전평을 결성하고, 다시 민주주의적이며 중앙집권적인 힘으로 하향적으로 자체의 조직역량을 강화시켜 참으로 대중 위에 토대를 둔 굳센 전국평의회가 되도록 모든 힘을 집중해야 할 것이다.

이와 같은 조직활동은 각 공장 내 노동자의 당면한 경제적 이익을 위하여 부단한 투쟁을 전개시키고, 그 투쟁과정을 통하여 더 높은 정치투쟁으로까지 끌어올릴 수 있을 때에만 가능할 것이다. 만일 노동조합운동을 노동자의 당면한 경제적 이익만을 위한 투쟁만으로 한정시켜 정치투쟁을 무시하고 억제한다면 이는 곧 조합주의의 오류를 범하는 것이며, 그와 반대로 노동자의 일상이익을 위한 투쟁을 무시하고 정치적 투쟁으로만 지도하려는 대중과 유리된 좌익소아병적 경향과도 싸워야 될 것이다. 특히 현 단계에 있어서는 섹트적·극좌적 경향의 위험성이 크다는 점을 강조해 두는 바이다.

그러므로 우리는 노동자라면 능히 주저하지 않고 참가할 수 있는 광범한 의미에 있어서의 대중적 노동조합운동을 전개시켜야 될 것이다. 즉 노동자의 당면의 일상이익을 획득하기 위한 투쟁을 지도·조직하며, 이 투쟁을 조선의 자주독립 문제와 결부시켜 조선 건국 초기에 경제를 건설할 추진력이 되도록 하여야 한다. 또한 노동조합이 생산관리라는 중대한 책임과 역할을 수행하고 관리권의 참여를 확보하여 조선 산업의 건전한 발전에 공헌하여야 한다.

전국 노동자동무들!!

우리는 전평의 일반적인 행동강령을 내걸고 조선 노동조합운동을 민주주의적, 진보적 방향으로 나아가게 만드는 동시에, 우리 조선노동조합 전국평의회를 앞으로 국제노동조합연맹에 가맹시켜 노동자의 국제적 연대성을 강화함으로써 세계평화 확립을 위하여 세계 노동자와 어깨를 나란히 하고 전진할 것을 선언한다.

1945. 11. 6.<br>조선노동조합전국평의회 결성대회

(민주주의민족전선 편, 『조선해방연보』)

# 조선 민족 대중에게 고함[1]

친애하는 동포들아! 형제자매들아!

노동자 농민 제군! 우리 민족을 결박하던 일본 제국주의의 철쇄는 마침내 끊어지고 말았다. 압박 착취의 혈우(血雨)가 오던 우리 강산에는 자유해방의 태양이 떴다.

그러나 동포 제군아, 금일의 무혈혁명의 참된 의의를 잊어서는 안 된다.

우리가 악전고투한 해방운동의 성풍혈우(腥風血雨)가 조선 만주의 산하를 적시고 있지 않으냐? 우리는 3천만의 심장을 짜서 해방전선에서 넘어진 조선 혁명전사와 소·미·영 제국 전사 앞에서 삼가 감사를 올리자. 그리고 우리는 흥분을 누르고 냉정 침착하여 여하한 독립국가를 건설할 것인가를 세계의 면전에서 엄숙히 선언하지 않으면 안 된다.

첫째로 우리는 국가주권이 전 인민에게 있는 것을 크게 외치는 동시에 빈부와 남녀의 차별이 없는 선거 및 피선거권을 기초로 한 정치를 주장한다.

둘째로 제국주의자가 노동자 농민을 착취하여 만들어진 중요 공장,

---

1) 이 격문은 '조선공산당'의 명의로 작성되어 있으나 그 시기는 알 수 없다. 내용상으로 볼 때 공산주의자들이 '조선인민공화국'과 '조선공산당'을 건설한 전후에 작성한 것으로 추정된다. 중요 산업을 국유화와 노동자의 자주적 관리, 토지의 국유화와 농민에의 분배 등의 실시와 '보통선거'에 의하여 친일파와 민족반역자를 제외한 노동자·농민·중소 상공업자·청년 학생 대중의 민족통일전선정부를 수립하자고 호소했다.

중요 광산, 중요 교통운수기관, 기타 일체 산업기관을 인민의 이름으로 써 수취하여, 그 기업기관에서 종사하고 있는 노동자와 농민에게 관리시키기를 주장한다.

셋째로 우리는 토지의 대부분이 국가에서 접수되는 전환기에 토지를 농민에게 분배하기를 주장한다.

이리하여 우리의 신국가는 전 국민의 생활권이 확보되는 착취 없는 경제제도의 완성을 목표로 돌진하지 않으면 안 된다.

동포 제군! 목하 최대 급사인 민주주의 국가의 정부를 여하히 수립할 것인가. 전 민족의 이익을 대표하여 싸움하여 온 해방운동에 헌신한 전사와 전 인민의 의지를 대표할 만한 인물을 집결하여 신국가 인민대표회의를 결성하고 인민위원을 선거하여 신정부를 수립하여야 할 것이며, 신정부의 지시하에 각 도와 각 부·구·읍·면에 동일한 방식으로써 '임시 동인민대표회의' '임시 부·구·읍·면인민위원회'를 구성하고, 인민위원을 선거하여 도인민위원회 및 부·구·읍·면인민위원회를 구성하여야 할 것이다. 그리하여 신국가의 일체 권력을 인민대표회의가 가져야 될 것이다.

친애하는 형제자매들아, 우리의 신국가 생활을 지급(至急)히 시작하기 위하여 일각의 주저가 없이 중앙과 지방에 인민대표회의를 용감히 수립하자. 종래로 민족대중의 원한을 갖고 있던 반동분자는 인민대표나 인민위원으로 선거치 말아야 된다.

형제자매들아, 노동자 농민 제군아, 중소상공업 제군아, 기술자 제군아, 어민 제군아, 청년 제군아, 학생 제군아, 인민대표회의 수립에 모두 일어나라. 제군의 손으로 제군의 정부를 세우자!

1. 모든 권력을 '인민대표회의'로!

1. 조선인민공화국 수립 만세!

1. 일체 비민족적인 중요 기업기관은 국유화—경영관리는 노동자와 농민에게로!

1. 8시간 노동제와 생활 확보의 노임제 확립!

1. 토지는 농민에게로!

1. 교육기관의 대확충, 근로교육 실시, 교육비의 국가 보조!

1. 조선인의 군인 및 관공리는 즉시 신국가의 소속으로 재편성!

1. 공화국 인민은 남녀 18세 선거권 및 피선거권 평등 향유!

1. 조선공산당 만세!

1. 공산당 깃발 아래 노동자는 노동조합으로, 농민은 농민조합으로!

1. 조선 공산주의청년동맹 만세!

1. 무산계급 해방 만세!

1. 쏘베트연방 만세 !

1. 중국공산당 만세!

조선공산당

본 격문은 각 단체 각 애국전사들이 각자 지역에서 인쇄 반포하라.

# 조선 인민에게 고함[1]

　친애하는 동포 여러분! 40년에 걸치는 일본 제국주의의 야만적 폭압 밑에서 우리는 그 기반을 벗으려고 얼마나 피로써 악전고투하였습니까? 우리의 희구는 오로지 자유해방과 민주독립이었던 것입니다. 민주주의 연합국의 승전으로 일본 제국주의가 패망하는 날 우리는 해방의 기쁨을 느꼈으며, 민주독립이라는 길 위에는 허다한 장애가 가로놓여 있으며, 우리에게는 이것을 극복하여야 할 임무가 있습니다. 이 임무를 수행하기 위해서는 조선 인민의 민주주의적 단결이 요청되는 것이며

---

　1) 모스크바 3상회담 결정안에 의한 제1차 미소공위가 3월부터 열렸으나 조선 '민주주의 임시정부' 수립을 위한 협의대상 문제로 미소의 의견이 엇갈려 결국 5월 6일 무기휴회로 들어갔다. 이후 미군정은 관제 '좌우합작운동'의 추진, 인민민주주의 정치 지도자에 대한 탄압 등으로 미소공위의 성공을 적극적으로 요구하는 정치사회세력을 분열시키고, 한편으로는 부르주아 정권 수립세력에게 행정권과 사법권, 과도입법의원 설치를 통한 입법권을 이양하여 남조선만의 부르주아 독재국가의 수립을 착착 진행시켜 나갔다. 그러나 민족통일국가의 수립을 지향하는 인민민주주 정치세력은 '조선공산당', '조선신민당', '조선인민당' 등으로 나누어져 활동하고 있었다. 1946년 8월부터 3당 합당 작업을 거쳐, 마침내 11월 23일 '남조선노동당'을 결성했다. 한편 노동자 농민 등 민중들은 '9월 총파업'과 '10월 인민항쟁' 등으로 미군정의 남조선만의 부르주아 독재국가 수립을 저지하려고 했다. 이 격문은, 조선 동포 앞에는 모스크바 3상회담 결정안을 실천하는 민주독립의 길과, 그렇지 않은 예속적이고 반동적인 길이 놓여 있으니 조선 동포는 예속적이고 반동적인 길을 반대하고 민주독립의 길로 나가야 한다고 호소했다.

민주역량이 실천되어야 하는 것입니다. 일본 제국주의는 조선에서 패퇴하였으나, 그러나 그 장기간 통치를 통하여 조선에 남기고 간 잔재유독은 실로 뿌리 깊은 것이며, 이것을 철저히 소청하지 않고는 조선의 민주독립은 서기(庶幾)할 수 없는 것입니다. 그러므로 이 일본 제국주의 잔존세력은 한사코 조선의 민주주의적 발전을 저해하게 되는 것이며, 따라서 자주독립에의 길을 파괴하려는 것입니다. 지주 대자본가에 그 사회적 근거를 두고 친일파 민족반역자를 그 지주로 하며, 외국반동을 배경으로 하는 조선의 반동세력이 오늘날 조선 인민의 요구와 의사를 유린하며, 민주세력 성장에 대하여 최후 발악적 공세로 임하게 되는 것은 결단코 우연한 일이 아닙니다. 생사를 결단할 각오와 준비로써 조선 인민에게서 민주독립의 길을 빼앗으려는 길이 분명합니다.

친애하는 동포 여러분! 조선 인민 앞에는 두 가지 길이 놓여 있습니다. 그 하나는 민주독립에의 길로서 인민이 정권을 장악하여 제반 민주개혁을 실시하고 모든 정치적 자유를 보장하는 것입니다. 이 길은 3상회의 결정을 실천 구현하여 민주독립으로 매진하는 것이니 여기서는 일제 잔재와 봉건 유제는 철저히 소청되며, 자본 독재의 폐해는 미리 방지되며 농민은 해방되고 노동자도 보호되어 인민대중의 생활은 향상될 것입니다. 기술은 장려되며 과학은 발전되고 예술은 숭상되어 민족문화가 민주주의적으로 찬연히 건설될 것입니다. 인민은 민주주의적으로 교양되고 훈련되며 발전하여 조선 민족은 그 낙후성을 직시하고 평화 애호국가의 대열에 참여하여 국제적 무대에 등장하게 될 것입니다. 이 길은 민주주의적 인민노선이라고 불러지는 이 길 위에서 북조선 동포들은 지금 민주건설을 착착 진전시키고 있는 것이며, 남조선 동포들은 인민항쟁으로써 반동공세와 혈투하고 있는 것입니다. 그러면 다른 한 길은 무엇이겠습니까? 그것은 재예속에의 반동적 반역노선입니다. 지주 대자본가를 토대로 하고 외력을 배경으로 하는 친일파 민족반역자 친파쇼분자 등 이승만(李承晩) 김구(金九) 김성수(金性洙) 반동파가 그 극소수의 탐욕적 이익을 위하여 조국을 다시 외래 제국주의의 식민지로 팔고 동포를 거듭 노예화시키려는 길입니다. 정권은 소수 반동파에게 농단되어 괴뢰화하고, 절대 다수의 인민대중은 억압 착취되며, 모든 자유는 유린되고 민주개혁은 공상이 될 것입니다. 이 같은 3상회의 결정을 전복 내지 파기하여 재예속으로 후퇴하는 것이며, 거기서는 일제 잔존세력은 존속 발전될 것이며, 봉건 유제는 그대로 유지될 것이며 자본 독재는 확립될 것입니다. 농민은 농노화하고 노동자는 구사(驅使)되며 인민대중의 생활은 빈궁화할 것입니다. 기술과 과학은 파행하고 예술은 어용화하여 민족문화는 파쇼화의 암흑으로 빠질 것입니다. 인민은 제국주의적으로 유도되고 반동적으로 몽매화하여 조선 민족의 낙후성은 가일층 심각화할 것입니다. 국제 대열에서 낙오되고 호전국가의 주졸(走卒)로 타락할 것입니다. 친일파 민중 반역자를 선두로 하고 외력에 아부 의존하는 조선의 반동세력이 남조선에서 오늘날 취하고 있는 것이 즉 이 길이며, 남조선 인민이 그 영웅적 항쟁으로써 막으려는 길이 즉 이 반동적 반역노선인 것입니다.

친애하는 동포 여러분 이 두 개의 노선은 지금 가열한 투쟁을 전개하고 있습니다. 조선 인민이 다 같이 자유와 행복을 누릴 수 있는 민주독립의 길을 방해하고 파괴하려는 반동공세는 날로 강화되고 악질화하여 왔으며 또 하고 있습니다. 이에 대하여 인민이 역공세로 분연 총궐기한 것이 이번의 영웅적 항쟁입니다. 그 의의는 진실로 위대한 것으로 조선 민족의 자랑을 역사에 빛내는 것입니다. 가지가지의 모략과 탄압에도 불구하고 민주역량의 건재를 시위하는 것이며, 조선 인민이 그 민주독립에의 길을 저해하는 적은 그 누구를 막론하고 단연 용허하지 않는다는 견고한 결의와 과감한 투지를 세계에 표명한 것입니다. 이러한 반동공세에 대응하며 이러한 조선 식민지화와 항쟁하는 데 있어서 무엇보다 먼저 요청되는 것은 노동자, 농민, 진보적 지식인 즉 근로인민 대중의 민주주의적 단결입니다. 그리고 이 단결에 있어서는 강력한 중심세력이 요청되는 것이며, 강철 같은 전위부대가 필수되는 것입니다. 우리 '남조선노동당'은 '민주주의민족전선' 중심세력을 이루고 또 근로인민의 전위가 되며, 민주주의 조선 완전 자주독립 달성의 중추와 동력으로 감히 자임하는 바입니다. 그러므로 우리 당은 그 강령이 표시하는 바와 같이 근로인민의 기초 위에 서 있는 것이며, 근로인민을 떠나서는 존재할 수 없는 것입니다. 우리 당은 조선의 민주독립을 위하여 민주세력의 중심으로서 임무를 완수하고, 근로인민의 전위로서 역할을 다하고 진심갈력(盡心竭力)할 것입니다. 인민은 국가의 주인공이 될 것이며, 민주개혁은 실천되어 인민의 생활수준은 급진적으로 향상시킬 것입니다. 인민이 다 같이 자유와 행복을 누릴 수 있는 민주주의적 인민공화국은 평화 애호의 선진 제국과 어깨를 서로 겨누고 민주주의 세계 재건의 일익이 될 것이며, 영구 평화 확립의 편완(片腕)이 될 것입니다.

이러한 사명을 띠는 우리 당은, 우리 당의 출현은 반동세력에게도 치명적 타격이 아니 될 수 없는 것입니다. 그러므로 그들은 사력을 다하여 백방으로 우리 당의 탄생을 저해하였던 것입니다. 회유·매수·위협 등 수단으로 분열을 책동하였으며, 검거·투옥·학살 등 탄압으로써 위축을 기도하였습니다. 그러나 이러한 폭압과 모략에도 불구하고 인민대중의 절대한 요망과 강력한 지지 성원이 우리 당을 탄생시키고 말았습니다. 더구나 이번의 영웅적 인민항쟁의 피투성이 투쟁 속에서 우리 당은 정정당당히 합법무대에 등장하게 되었습니다. 우리는 동포 여러분의 열성에 넘치는, 그리고 피로써 맺어진 지원에 무한 감사하는 동시에 자숙자계 노둔(駑鈍)에 편달하여 동포들의 기대에 어그러짐이 없도록 임무 완수에 매진할 것을 굳게 맹서하는 바입니다. 우리 당은 언제나 근로대중이 부르는 곳에 있으며, 항상 그 선두에서 싸우고 있습니다. 인민을 대량적으로 학살하는 반동공세는 과감한 인민항쟁 앞에 일시 후퇴한 듯하나 결코 좌절된 것은 아닙니다. 더욱 가혹하여지며 일층 악질화하여 갈 것입니다. 그러므로 우리는 우리의 반격 태세를 늦추어서는 안 될 것입니다. 반동 공세를 격쇄(擊碎)하며, 그 근거를 빼버리는 결의와 투지로써 우리는 무장하여야 할 것입니다. 이와 동시에 우리는 반동 정체를 무자비하게 폭로하여 반동의 양면공작을 분쇄하지 않으면 안될 것입니다. 정면으로 나오는 반동의 공세와 측면으로 나오는 반동의 변호를 우리는 함께 경계하며 이를 폭로하며 투쟁하여야 하는 것입니다. 그럼으로써만 우리는 민주독립에의 길을 닦을 수 있는 것이며 인민의 나라를 건설할 수 있는 것입니다. 우리 당은 근로인민과 함께 근로인민의 이익을 위하여, 조선의 민주독립을 위하여, 우리 당의 강령을 충실하게 실천할 것을 동포 앞에 맹서하면서 조선 인민의 건투를 빌어 마지않는 바입니다.

1. 남조선 인민항쟁 만세!
1. 조선 완전 자주독립 만세!
1. 민주주의 민족전선 만세!
1. 민주주의 조선인민공화국 만세!
1. 조선 근로대중의 전위 남조선노동당 만세!

1946년 12월<br>남조선노동당 중앙위원회

# 격(檄)1)

친애하는 학도 제군!

세계 반파쇼 민주주의의 승리와 우리의 혁명적 선배의 희생적 노력에 의하여 우리는 일본 제국주의의 식민지 노예교육에서 해방되었다. 우리는 우리의 말과 역사를 배우지 못하였고 청년으로서의 당연히 가져야 할 이상도 희망도 다 잊어버리려고 하였던 것이라. 그러나 진리는 승리하는 것이다. 우리의 가슴 깊이 잠겨 있던 대원(大願)은 끝내 동을 트게 하고 말았다. 자 일어나자.

친애하는 학도 제군!

우리들의 탐구하는 진리는 과연 무엇에 쓰려고 하는 것인가. 결국은 보다 좋은 사회와 행복스러운 국가를 건설하는 데 이바지하려는 것이 아닌가. 때는 정히 민족의 완전독립을 위한 새 국가를 건설하려는 역사적인 비상시기이다. 우리의 아버지도 어머니도 형제도 자매도 다 같이 일어나서 우리 민족의 이 위대한 건국사업에 마땅히 노력하고

---

1) '조선학도대'는 김경집, 서임수, 장석두 등에 의해 1945년 8월 25일 결성되어 1946년 1월까지 활동하다가 2월 '서울학생통일촉성회'에 의해 발전적으로 해소되었던 서울지역의 전문학교 학생단체였다. 학생의 총의에 의하여 자주적 입장에서 신국가 건설사업에 매진하기 위하여 '조선 학도대'는 중요시설 보관, 각 경찰서 접수, 치안유지, 광주학생운동 기념행사 등의 사업을 벌였다. 이 격문은 학생대중에게 다수 인민의 요망으로 조직되어 민족대중의 이익을 혁명적으로 옹호하려는 인민공화국을 절대 지지해야 한다고 호소했다.

성원하지 않으면 안 될 것이다.

친애하는 학도 제군!

우리는 잘 알 것이다. 사(私)를 버리고 오직 민족과 사회를 위하여 싸워 오신 해내 해외를 통한 혁명적 투사 선배들이 '조선인민공화국'을 건설하고 또 정부 부서를 발표한 역사적인 사실을, 그리고 그 선언과 정강 시정방침이 조선의 완전독립을 수행하고 민족의 통일전선을 결성하는 데 적절 타당하다는 것이었다. 그리하여 우리들의 젊은 정열은 새로이 용솟음치게 되고, 우리의 기대는 다만 그 장도를 축복하였을 뿐이었다.

그러면 민족의 모든 힘과 노력이 여기에 결집되어야 할 것이고 또 이를 육성 발전시킬 의무도 또한 각자에게 있지 않으면 안될 것이다.

친애하는 학도 제군!

놀라지 말아라. 그런데 대한(한국)민주당이란 무엇을 하려는 것인가. 사이비 민주주의의 분식 밑에서 기실은 얼마 안 되는 토착 부르주아지의 이익을 옹호하기 위해서는 제국주의의 여당 되기에도 불사하지 않는다. 소위 중경 임시정부를 귀신처럼 내세우고 또 그를 절대 환영이라는 가면을 벗어버리고 또 국민대회란 기만적 약속도 그대로 실천하여 이제는 후안무치하게도 또 따로이 대립정부를 조직하지 않았는가. 이 무슨 망령인가. 더욱이 소위 정부요인 중에는 후일 인민재판이 열릴 때 민족반역자로 처단될 인물들이 포함되어 있지 않은가. 우리는 단호히 배격한다. 우리는 민족의 이름으로써 인민의 이름으로써 그들 최후 아성이 복멸될 때까지 싸우겠다. 민족의 통일전선과 조선의 완전독립을 위하여 싸우겠다.

그리고 인민 다수의 요망에서 조직되고 또 민족대중의 이익을 혁명적으로 옹호하려는 인민공화국을 절대 지지하려고 한다.

학도야! 동포여! 일어나자. 나가자. 우리의 군호는 저 농촌에서 도시에서 소리 높이 들리고 있다.

조선 학도대 만세

조선인민공화국 만세.

기원 4278(1945)년 9월 24일

조선학도대

# 살이 떨리는 12월 8일을 잊지 말자. 반전 반파쇼 평화옹호에 궐기하자[1])

동포 여러분!

전 동양 인류에게 전율과 공포를 초래한 영원히 우리 쓰라린 기억에 서 사라질 수 없는 12월 8일이 닥쳐왔다. 소위 대동아전쟁이 폭발한 1941년 12월 8일을 계기로 우리 인류가 얼마나 귀중한 생명을 희생하 였으며, 경제상태가 얼마나 위기에 빠졌으며, 문화가 얼마나 유린을 당하였는가.

제국주의 최첨단인 이 '파쇼'는 자기 개인의 사욕과 야망을 달성키 위하여 갖은 기만과 위협으로 인류에게 이처럼 진저리나는 희생을 가져왔다.

특히 우리 조선은 이 '파쇼'의 전쟁으로 말미암아 이루 형언할 수 없는 가혹한 현실을 체험했다. 우리들은 지원병에, 징병에, 징용에, 보국대에 끌려가 얼마나 많이 죽었으며, 우리 인민이 양식과 철(鐵)과 유기 등 온갖 물자의 공출로 인하여 얼마나 주리고 악착한 생활을 겪어 왔던가?

---

1) 이 격문은 1945년 12월 초에 '반전반파쇼평화옹호단 투쟁위원회'가 살포한 것이다. 1941년 12월 8일 하와이 진주만을 기습하여 태평양전쟁 을 일으켜 조선 동포를 전쟁터의 총알받이로 내몬 일제와 파쇼 세력의 잔재를 청산하고 인민을 위하고 평화를 유지할 수 있는 민주주의 정권 의 수립을 촉구했다.

동포 여러분!

우리 조선이 해방된 오늘날 우리는 사리사욕을 만족시키기 위하여 대중을 기만하고 대중을 무시하는 파쇼적 정부를 세워서는 안 된다. 만약 그러한 정부를 세운다면 우리 인민은 필연적으로 다시 이러한 가혹한 현실에 부딪칠 것이다.

우리는 인민을 토대로 한 진보적 민주주의 원칙에 의한 인민정부를 수립하자! 이것만이 진실로 우리에게 복리를 가져오고 평화를 유지할 수 있다.

우리가 우리 인민을 위한 정부를 세우고 평화를 유지하자면 우리는 먼저 '파쇼'적 잔재를 청소하고, 파쇼적 전쟁 범죄자와 친일파·민족반역자를 하루바삐 처단함으로써 가능할 것이다.

동포 여러분!

이를 갈지 않고는 맞이할 수 없는 12월 8일이 닥쳐왔다. 우리는 이 날을 당하여 한층 더 민주주의 정권 수립 촉성을 위하여 분투하자!

(1) 전쟁을 반대하고 평화를 옹호하자!

(2) 전 세계에서 파쇼의 잔재를 청소하자!

(3) 전쟁 범죄자를 처단하자!

(4) 파쇼적 테러행위를 절대 배격하자!

(5) 친일파, 민족반역자를 소탕하자!

(6) 진보적 민주주의 정권 촉성 만세!

1945년 12월

반전반파쇼평화옹호단 투쟁위원회

| 조선노동조합전국평의회 외 |

# 삼상회의 결정을 바르게 인식하자!¹⁾

파시즘의 침략과 억압에 대하여 평화와 자유를 사랑하는 국가가 승리한 결과로 우리 민족에 8월 15일이란 날이 왔다. 그리하여 일본 제국주의의 무장은 조선에 있어서 해체되었다. 그러나 그 후 우리의 전 민족이 요구하는 것은 해결되어 있는가? 결코 해결되지 않았다.

민주주의적 민족통일정부의 수립과 우리 민족이 벌써부터 절실히 요구하던 바이다. 이 요구는 이조 봉건 왕 귀족에 눌리었고, 청국(淸國)의 반동주의에 눌리었고, 일본 제국주의에 압살당하여 아직까지 이루지 못하였다. 언론 출판의 자유에 대하여 악질적인 역선전과 그 유리한 기관을 잘 이용하는 사람들만이 마음대로 날뛰고 집회 결사의 자유에

---

1) 미·영·소 3국은 1945년 12월 16일 전후 처리 문제를 논의하려고 모스크바에서 외상회담을 열었다. 조선의 민주주의적 제정당과 사회단체가 참가하는 조선 임시민주정부를 수립하고 '신탁통치' 기간은 5년을 넘어서는 안 된다는 등의 내용을 가진 모스크바 3상회담 결정안이 12월 27일 발표되었다. 그러나 미군정의 묵인 하에, '한국민주당'의 기관지 역할을 하던 『동아일보』는 27, 28일자 등에 '소련은 신탁통치 주장—소련의 구실은 38선 분할 점령, 미국은 즉시 독립 주장'이라는 기사를 내보내 모스크바 3상회담 결정안의 성립 과정과 내용을 사실과 다르게 왜곡했다. 그리하여 조선 민족을 이른바 '찬탁 진영'과 '반탁 진영'으로 분열시키는 데 상당한 영향을 끼쳤다. 이 격문은 진보적 민주주의 정치·사회단체들이 모스크바 3상회의 결정안의 내용에 대한 정확한 인식하에 민족통일전선을 결성하여 미·소 등의 국제적 협조를 얻어 자주적이고 민주주의적 통일정부를 세우자고 조선 동포들에게 호소했다.

대하여 테러와 습격과 살인, 강탈, 사형(私刑)을 마음대로 하는 형편이다. 위선가와 데마고그[逆宣傳家]와 살인귀의 집단이었던 독일의 히틀러 일파가 어느 틈에 우리 땅에 들어와서 횡행천지(橫行天地)하여 일본 제국주의의 총칼과 발굽 밑에서 착취와 학살당하던 우리 민족의 노동자와 농민과 지식층과 일반시민을 소란케 하며 미혹(迷惑)시키는 것 같다.

일본 제국주의의 통치기구는 그대로 남아서 지속되고 있으며, 우리 민족의 경제적, 정치적, 문화적 생활에 있어서 남아 있는 일본 제국주의의 해독은 우리 민족생활을 파국으로 몰아넣고 있다.

봉건적인 일체 제 관계는 농업과 도시 제 산업을 지배하며 농민과 노동자와 도시시민 산업자본가의 정상적인 발전을 아직 그대로 억누르고 있다. 일본 제국주의가 남겨둔 대산업 등은 아직 전 민족을 위하여 운영되어 있지 아니하며, 배급기구는 혼란하고 모리배 간상(奸商)들은 날뛰어서 국민의 제 경제생활은 따라서 각각으로 파탄되어 가고 있다.

전체로 8월 15일 이후 우리 민족의 전 생활기구는 근본에 있어서 한 걸음도 나아지지 않았다. 이러한 때에 모스크바 3상회의의 조선에 대한 결정은 우리의 자주독립과 민주주의 건설에 이르는 길을 준비하였으며, 그 보장(保障)을 지었다. 그 전문을 소개하면,

**3상회의의 조선에 대한 결정(모스크바발 통신)**

1. 조선의 자유독립국가를 건설하고, 이 국가를 민주주의적 노선으로 발전시킬 조건의 조성과 일본 통치의 장기적 해독을 급속히 청소할 목적으로 임시 민주주의 정부를 조직하여 조선의 산업 교통 농업 발전과 조선 민족의 민족문화의 발전을 위하여 필요한 온갖 대책을 취함.

2. 조선 임시적 정부에 원조하기 위하여 미리 원조의 대책을 강구키

위하여 남부 조선의 미군 사령관과 북부 조선 소련군 사령관의 대표로 공동위원회를 조직하여, 이 위원회는 전체 사업에 대한 제안 작성에 있어 조선의 민주주의적 정당과 사회단체와 반드시 협의한다. 위원회에 작성한 제안은 공동위원회의 대표인 2국의 최종적 결정을 취하기 전에 반드시 미국, 소연방, 대영제국, 중국 정부의 심의를 받아야 함.

　3. 공동위원회에는 조선 임시정부와 조선 민주주의 단체를 참가시켜 조선 민족의 정치적, 경제적 진보에 대한 원조와 협력(후견)의 대책을 강구함. 공동위원회 제안은 조선의 임시정부와 협의한 후 미국, 소연방, 대영제국 및 중국 정부에 5개년 기간 이내에 조선 후견에 대한 공동심의를 받아야 한다.

　4. 남북 조선에 관한 긴급문제를 해결키 위하여 행정 및 경제계의 정상생활을 강구키 위하여 또한 항시적 연락을 취키 위하여 남선 미국 군사령부와 북선 소련 군사령부 사이에 2주일 이내로 조선 내 미소 군사령부 대표로 공동위원회를 소집함.


　민주주의 동맹국은 파시스트의 모든 이간 음모를 물리치고 굳게 결속하여 세계의 야만적 파시스트 국가 이태리, 독일, 일본 등을 분쇄하였고, 전쟁과 살인을 좋아하는 모든 반동분자의 기도에도 불구하고 금차 3상회의는 민주주의 국가의 결속이 더 강고하여졌음을 증명하였다. 그리하여 세계와 극동의 평화를 위한 보장을 만들어 민주주의전선을 일 보 전진시키고 조선의 민주주의에로 발전의 길을 또한 튼튼히 하였다.

　동포들이여! 우리들의 임무는 무엇인가. 민주주의적 통일정권을 세워야 하며 일본 제국주의의 남은 해독을 씻어버리고 모든 봉건적 관계를 깨뜨리고 대산업을 일으켜 전 민족의 경제생활 등을 향상하여 높은 문화를 준비하는 것이다. 이러한 우리 민족의 공통한 목표를 실현하기 위하여 우리는 민족통일전선을 급속히 결성하는 것이 필요하다. 그리하여야만 우리가 얻은 성과를 확보하고 국내 건설과 국제 평화를 보장할 수 있을 것이다. 최근에 소위 신탁통치 반대운동은 무엇을 의미하는가. 그들은 조선에 있어서 민주주의 건설을 거부하고 전제주의를 원하여 국내 내란을 책동하며 국제 협조를 깨뜨리어 우리 민족의 방향을 해결할 수 없는 막다른 골목으로 몰아넣고 있지 아니한가. '피를 흘려 싸우자!'라고 부르짖고 있는가 하면, '아니다. 피를 흘리지 말고 싸우자!', '저항하지 말고 싸우자!'라고 부르짖으며 투쟁의 구체적 방법도 없고 투쟁의 구체적 내용도 없이 다만 민중의 똑바른 정치적 각성을 방해하고 3상회의 결정의 정당한 인식을 막고 일본 제국주의 탓으로 무지하게 된 우리의 하나하나의 지귀(至貴)한 동포들을 미신적으로 선동하여 그 순정적 애국심을 나쁘게 이용하여 유랑배와 테러단들의 기생하는 지반을 만들려는 모략이 우리 지귀한 동포들의 치욕이 아니고 무엇이 되는가. 어찌 우리의 자주독립과 민주주의로의 발전과 일본 제국주의의 해독을 씻을 조건을 만들려는 3상회의 결정이 우리에게 치욕이 되는가. 그들이 싸우려는 대상은 국제적 국내적의 비민주주의적 요소가 아니고 도리어 민주주의와 싸우고 있는 것이 아닌가. 왜 살인단을 조종하여 살인귀의 석방운동을 하며, 시민의 경제활동을 막고 평화와 자유를 사랑하는 민주주의 집단에 대하여 악질적인 데마고기와 파괴공작을 하며, 평화와 자유를 사랑하는 민주주의 국가에 대한 반대운동을 일으키는가. 세계의 현 단계에 이러한 무리들은 파시스트며 민족반역자들이다. 민족을 사랑하는 사람은 민족의 생활을 파국으로 이끌지 아니하여야 한다.

동포들이여! 우리 민족의 분열을 획책하여 통일을 방해하며 독선적 태도로 자파전제(自派專制)를 꿈꾸며 일본 제국주의 질서가 그대로 유지되는 데 대하여 아무런 투쟁도 하지 아니하던 그들이 이제 3상회의의 결정이 그 명칭이 무엇이든지 우리 조선의 민주주의적 건설에 원조가 되는 데 대하여 '피를 흘려 싸우자!', '피를 흘리지 말고 싸우자!' 하고 외치면서 민중을 옳지 못한 길로 선동하여 반대운동을 일으키니, 이들은 그 실상에 있어서 우리 조선의 자유로운 발전과 독립에 이르는 길을 파괴하고, 현재 군정이 영구히 지속되는 것을 힘을 다하여 바라고 있는 것이 아니고 무엇인가. 이것은 우리 조선 민족이 원하지 아니할 뿐 아니라 아메리카 합중국도 쏘베트 동맹도 바라지 아니한다.

우리 민족이 통일이 되어 자각적으로 민주주의적 통일정부를 세우고 일본 제국주의의 해독을 능히 쓸어 없애서 극동 평화의 기초가 되어져 있다면 우리는 능히 완전히 독립을 얻을 줄 믿는다. 이것은 우리의 원군(援軍)이든 민주주의 제 국가에도 이익이 되는 것이다. 우리의 노력에 따라서 완전독립의 기한을 5년 이내에서 더 단축시킬 수 있는 것이다. 우리의 당면한 민족통일과 일본 제국주의 잔재 소탕을 위한 투쟁 등을 간사하게 회피하고, 현재 우리가 놓여 있는 처지를 조금도 생각하지 아니하고 이 현재의 우리의 울분을 우리 민족에게 진보적으로 해결되어 있는 3상회의의 결정에 대한 악의에 넘치는 반대운동으로 듣는 것은 확실히 민중 기만이며 반동적이다.

우리는 완전독립의 기한을 단축시키기 위하여 민족통일전선을 우리 민족의 성스러운 과업으로 속히 결성하자! 민족분열책동가를 휩쓸어 없애자!

신탁반대국민총동원위원회를 해산하라!
파시스트와 테러단을 근멸(根滅)하자!

3상회의 결정을 지지하자!

3일 서울시민대회 결의를 지지하자!

미소공동위원회 소집 만세!

조선 완전독립 촉성 만세!

1946년 1월 7일

조선과학자동맹, 조선문학동맹, 조선사회과학연구소,
조선연극동맹, 조선영화동맹, 조선노동조합전국평의회,
전선(全鮮)농민조합총동맹, 조선부녀총동맹, 조선청년총동맹,
조선공산청년동맹, 조선학도대, 조선학병동맹, 조선혁명가구원회,
조선차가인(借家人)동맹, 서울정(町)연합회, 실업자동맹,
응징사(應徵士)동맹, 혁신교육자동맹, 청년돌격대, 8·15출옥동지회,
반파쇼공동투쟁위원회, 서울시인민위원회,
조선공산당 서울시위원회

(심지연 편, 『해방정국 논쟁사』 1)

# 총파업선언서[1])

3천만 동포여! 궐기하자! '생존'을 위하여 싸울 때가 왔다!

곡창 남조선에 쌀이 없어지고 물가는 천정부지로 폭등하여 천 수백만의 인민대중이 아사에 직면하고 있다. 공장 직장에서 일하는 노동자와 사무원, 소시민의 생활이 기아선상에 빠졌을 뿐만 아니라, 수백만명의 전재민 및 실업자 대중은 초근목피로 호구할 수도 없는 절망적상태에 도달하고 있으며, 걸식자는 나날이 격증되고 기근의 결과인부황병은 전 인민 대중을 엄습하고 있다. 전기, 금속, 섬유, 화학, 출판, 광산 등의 기업은 그 대부분이 소위 '관리인'이라는 반역 모리배에게계승되고 있으며, 원료자재의 편재와 결핍, 생산의욕의 결여, 경영

---

1) 1946년 9월 초 미군정 운수부는 '적자 타개와 노동자 관리의 합리화'를 이유로 운수부 노동자들의 25% 감원, 월급제의 일급제로의 전환등을 내세워 철도노동자들을 공격했다. 이에 9월 13일 철도노동자들이일급제 반대, 해고 절대반대, 가족수당과 물가수당 인상 등을 요구했다. 그러나 미군정 운수부장 코넬슨은 "인도 사람은 굶고 있는데 조선 사람은 강냉이를 먹으니 행복하다"며 철도노동자들의 요구에 대하여 성의있는 대답을 거부했다. 그리하여 9월 24일 0시에 부산 철도노동자들이맨 처음 파업에 돌입하고, 이어서 서울을 비롯하여 전국의 4만여 명의철도노동자들이 총파업에 들어갔다. 23일 결성된 '남조선철도종업원대우개선투쟁위원회'는 25일 파업에 관한 일체의 권한을 '조선노동조합전국평의회' 지도부에 위임했다. 전평은 26일 '남조선총파업투쟁위원회' 서명으로 '총파업선언서'를 발표하여 전국적이고 전 산업적인 범위로 파업을 확대시켜 나갔다. 이것이 '9월 총파업'이었다.

기술의 저열 등등 및 백억을 돌파하는 외국 상품의 유입 등으로 말미암 아 모든 산업이 파멸에 함입하고 있다. 공장 폐쇄와 조업 축소는 도처에 서 감행되고, 해고와 노동조건의 열악화로 실업자는 나날이 격증되고 있으며, 생활토대는 근저로부터 파괴되고 있다. 그리고 또한 정치적 영역에 있어서는 소위 '민주주의적 건설'을 운위하면서 정권 야욕에 눈이 어두워 날뛰는 일부의 반동 거두들의 모략과 책동은 날이 갈수록 악질화해지고, 그들에게 사주되고 있는 일부 편당적 반동 경찰과 반동 테러단은 전 세계적으로 인정되고 있는 공장 직장 내에 있어서의 노동 자 및 사무원의 조직활동을 탄압하고 있을 뿐만 아니라, 일본 제국주의 와 피투성이의 투쟁을 계속하고 민주주의 조국 건설에 헌신적 활동을 하고 있는 우리 민족의 지도자에 대하여 체포령 살상 검거 투옥 고문 구타 등 테러 만행을 방약무인적으로 감행하고 있다. 수백 명의 무장경 관대를 출동시켜 경성역을 포위하고 굶주린 시민의 쌀을 강탈하고 있는 작금의 사태는 실로 목불인견이라 할 것이다. 그리고 최근 수삼일 전부터는 진정한 애국자 민주주의자에게 대한 '정치 경찰' 스파이의 활동을 강화하려고 모든 정당, 사회단체, 언론기관의 일꾼들의 '흑의(黑 衣; 블랙리스트─엮은이)'의 작성을 획책하고 있다. 국립대학교안 강행으 로 학원의 자유는 말살되고 진보적 제 신문은 폐쇄되어 언론의 자유도 또한 박탈되고 있다.

이렇게 하여 생활고는 극도에 달하고 기아는 전 남북조선을 엄습하 고 있으며, 사회적 불안은 나날이 심각화해지고 정치적 자유는 여지없 이 짓밟히고 우리 민족 반만 년 역사상 미증유의 절망적 암흑시대가 초래되고 있다.

우리는 참을 대로 참아 왔다. 그러나 이제는 더 참을 수 없게 되었다. 팔을 끼고 아사를 기다리느냐, 그렇지 않으면 '생존'을 위하여 싸우느냐를 택할 때가 왔다. 우리는 단호코 싸움을 택하였다. 우리 남부 조선의 노동자 및 사무원 근로인민 대중은 기아와 테러의 전율의 구렁텅이에서 전 민족을 구출하고 생존과 자유의 길을 열고 조국의 완전한 자주독립을 위하여 남조선 4만 철도노동자를 선두로 '사생존망'의 일대 민족적 투쟁을 시작한다. 그 여하한 탄압, 여하한 권모술책, 여하한 감언이설에도 굴치 않고 최후의 승리를 전취할 때까지 우리는 피투성이의 투쟁을 전개한다.

3천만 동포여! 호응하자! 손을 굳세게 잡고 같이 나가자! 우리 조국의 아리따운 삼천리강토 3천만 동포의 '생존'을 위하여 피투성이의 투쟁을 할 때가 왔다. 우리는 소리 높여 부르짖는다, 다음과 같이.


1. 쌀을 달라, 노동자와 사무원 모든 시민에게 3홉 이상 배급하라!

1. 물가 등귀에 따라서 임금을 인상하라!

1. 전재민 실업자에게 일과 집과 쌀을 달라!

1. 공장폐쇄 해고 절대 반대!

1. 노동자운동의 절대 자유!

1. 일체 반동 테러 배격!

1. 북조선과 같은 민주주의적 노동법령을 즉시 실시하라!

1. 민주주의 운동의 지도자에게 대한 지명수배와 체포령을 즉시 철회하라!

1. 검거 투옥 중의 민주주의 운동자를 즉시 석방하라!

1. 언론 출판 집회 결사 시위 파업의 자유를 보장하라!

1. 학원의 자유를 무시하는 국립대학교안을 즉시 철회하라!

1. 해방일보, 인민보, 현대일보, 기타 정간 중의 신문을 즉시 복간시키고 그 사원을 석방하라!

# 전 시민은 남산공원으로! 역사적 시민대회에 모두 참가하자!¹⁾

친애하는 3천만 동포여!

과거 36년을 다시 한 번 회고하면서 오늘의 조선을 냉정히 살펴보자! 3상 결정을 충실히 실천하고 있는 북조선은 기아도 구속도 모르는 자유와 평화의 찬란한 민주 건설을 보이고 있는 반면, 3상 결정의

---

1) 1946년 5월 미소 공동위원회가 결렬되자 4월부터 미군정의 이른바 '좌우합작' 구상에 따라 7월에 여운형, 김규식 등이 중심이 되어 '좌우합작' 운동을 벌였다. 그러나 '민주주의민족전선'의 '좌우합작' 5원칙, '한국 민주당'의 '좌우합작' 8원칙, '좌우합작위원회'의 '좌우합작' 7원칙이 서로 달라 '좌우합작운동'은 노동자와 농민 등 민중의 참여가 배제된 '중도파' 의 정치운동이 되었다. 한편 미군정은 애초의 의도대로 '좌우합작위원 회'를 매개기구로 이용하여 남조선 단독정부의 입법기구인 '남조선 과 도입법의완'을 설치했다. 이에 여운형은 미군정과 갈등하게 되었다. 또 한 미군정의 산업정책의 방기, 식량수급 정책의 실패 등으로 인한 노동 자 농민 등 민중의 생존조건은 더욱 악화되었다. 한편 미소공위 결렬 이후의 미군정의 인민민주주의 정치사회세력에 대한 탄압정책은 노골 화되었다. 이러한 정지적·사회경세적 상황에 대응하여 노농자와 농민 등과 이들의 이익을 옹호하는 정치세력은 '9월 총파업'과 '10월 인민항 쟁'을 일으켰다. 다른 한편으로는 민중과 그 정치세력은 모스크바 3상회 담 결정안에 따른 남북통일 임시민주정부 수립의 희망을 버리지 않았 다. 이 격문은 1946년 12월 27일 모스크바 3상회담 결정안 1주년 기념 시 민대회에 동포들이 대대적으로 참가하여 미소가 3상회담 결정안을 실 천하도록 추동해야 한다고 호소했다.

실시를 반대한 국제 제국주의의 주구 우익 반동배들의 손에서 시달려 울고 있는 남조선은 완전한 파멸의 일로를 걷고 있지 않는가?

보라! 모든 기업시설은 모리배의 손에서 여지없이 파괴되어 노동자 사무원은 기아선에서 방황하고, 농민은 일제시대 이상의 가혹한 소작료와 강제 공출과 갖은 부담의 강요로 겨울 땅이 녹기 전부터 나무껍질과 풀뿌리 캐러 나서지 아니하면 안 되었고, 도시민은 천정 모르는 물가폭동으로 도탄에 헤매고 있으며, 우익 반동신사들과 고급관리와 모리배들의 춤추고 권주가 부를 요정과 그들의 둘째 첩, 셋째 첩의 집으로 사용할 고급주택은 얼마든지 있건만 전재민(戰災民)들은 이 눈보라치는 겨울에 토막조차 없어서 방공호와 길바닥에서 신음하고 있다. 이러한데다가 '테러'와 학살의 탄압은 끊일 줄 모르고 계속되어 민심은 극도의 불안에 빠져 있다. 그리하여 쌀과 자유를 달라는 인민의 부르짖음은 날로 높아가고 있다. 도대체 하절(夏節)부터 강제로 수집한 양식은 어디다 보내고 초가을 마당에도 농촌이나 도시나 어린것들이 미국 강냉이와 밀가루풀 사발을 두드리면서 밥 달라고 가엾이 우는 소리는 왜 끊일 줄 모르는가? 이와 같은 사경에서 살고 있건만 무엇을 먹어나 보고 입어나 봤기에 우리는 5대를 두고 갚아도 다 갚지 못할 2백억 원 넘는 미국 빚을 우리도 모르게 짊어지고 있지 않는가? 뿐만 아니라 우리들의 부엌에는 버섯이 돋아나게 되고 있지만 시장에는 과자 담배 화장품 등 미국 상품이 참말로 조선의 뉴욕을 이루고 등장하여 헐벗고 굶주린 우리 눈을 꾀이며, 내일의 식민지 노예로 약속하고 있지 않는가? 그러면 이러한 가운데 매국업자들은 어떻게 살고 있는가?

보라! 그들이 발표한 중요한 사건만! 이승만의 매국 출장 여비는 5천만 원이요, 경무부장 조병옥의 기생집 요리값은 1천 3백만 원이라고 최능진(崔能鎭)의 입으로 발표한 말이다. 그리고 농무부장의 집에서 쌀 15입 현금 10만 원을 비롯하여, 대구부윤(府尹), 광공부장, 모모 형사, 모모 경관의 집에서 쌀과 천과 일용품이 산더미처럼 터져 나왔다는 사실은 사법신문이 발표한 내용이다. 또 수많은 동족을 살해하고 막대한 건물을 파괴한 '테러'도 경찰이 시켰다는 사실은 조병옥의 입으로 '최능진은 나를 살해코저 테러를 시켰다'고 발표한 것만 보더라도 명백히 폭로되었다. 일일이 매거(枚擧)하려면 끝이 없는 그러한 사실도 악질 선동자의 선전일까? 이와 같이 험악한 암흑 속에서 팔려가는 국토를 찾고 시들어가는 민족을 구하려는 것이 왜 죄가 되어 민주주의 애국자는 전날 왜놈의 칼끝에서 흩어진 자기들의 피도 마르지 않은 철창에 교수대에 모조리 끌려가고 있는가? 그래도 우리는 참아야 옳은가? 아니다! 식민지 노예화를 앞에 둔 우리 민족은 쌀과 자유를 주는 민주독립을 찾기 위하여 숭고한 민족항쟁에 몸을 바치고 드디어 일어섰다.

보래! 조국의 민주건설에 귀중한 피로써 터를 닦은 남조선 인민항쟁을! 그러나 우리의 항쟁은 이제부터다! 왜? 보래! 아직도 반동의 공세는 그칠 줄 모르고 참담게 싸워온 그들을 민족의 영웅으로 받들지는 못할 망정 도리어 교수대로 끌고 가고 있지 않는가? 만일 그들에 대한 대우가 그냥 그렇게 끝맺는다면 그는 우리 민족을 '노예냐?', '죽음이냐?'의 두 길 중에서 하나를 강요하는 것이니, 어찌 노예의 연녕을 위하여 목숨을 아낄 것인가? 아니다! 싸워야 한다! 과감한 투쟁만이 빛나는 승리를 보장한다. 남조선은 우리들의 투쟁을 기다릴 뿐이다.

친애하는 동포들! 3상 결정의 1주년은 건설의 북(北), 파괴와 퇴보의 남(南) 정반대의 길로 끌고 가고 말았다. 우리도 선진 북조선을 따르기 위하여 3상 결정을 반대하는 일체의 반동요소를 철저히 숙청하고 그 구체적 실천에 강력한 투쟁을 전개하자! 그리하여 3상 결정에 의한 남북통일의 민주건국을 세우자!

일어서자! 3상 결정의 실천을 위하여!

모이자! 12월 29일 시민대회로!

뭉치자! 모든 인민은 '민전'의 깃발 밑으로!

싸우자 인민의 전위 해방의 영웅 남조선 노동당을 앞에 세우고!

그리하여 우리가 갈망하던 조선 민주독립을 하루 빨리 세우자!

1. 3상 결정을 반대하는 우익 반동요소를 숙청하자!

2. 쌀과 자유를 안 주는 군정은 물러가라!

3. 3상 결정에 배반되는 입법기관을 철폐하라!

4. 북조선같이 쌀과 자유를 주는 인민정권을 세우자!

5. 위대한 인민항쟁에서 투옥된 애국자를 즉시 석방하라!

6. 모스크바 3상 결정 1주년 기념 시민대회 만세!

1946년 12월

3상결정 1주년 기념 시민대회 준비위원회

12월 29일 모스크바 3상 결정 1주년 기념 시민대회 만세!

# 하지 장군의 성명을 반대하여 전 동포에 격함[1)]

동포들!

미 주둔군 사령관 하지 장군은 드디어 남조선의 민주주의를 그 뿌리째 뽑아버리고 완전한 파시스트 군사적 반동정책을 실행하고 있다. 언론 출판 결사 등의 자유는 근로인민대중에게 있어서는 오직 한 개의 꿈으로 화하고 말았다. 9월 6일 조선인민보, 현대일보, 중앙신문의 정간과 함께 수백 명의 엠피(MP)가 각각 그 신문사를 점거하고 대량의 간부를 검거한 것을 비롯하여 민주주의 민족전선과 조선공산당의 최고 지도자들에 대한 체포령을 발하고, 9월 7일 그 휘하의 경찰관을 총동원하여 가두에서 자동차를 일제 수색하고, 통행인에 대한 자유를 방해하고, 야간 주택에 불법침입 수색을 행하고, 9월 8일에 이르러서는 전 경찰을 들어 서울시의 가가호호의 가택수색과 아울러 공산당의 지도자 이주하, 홍남표씨 등 대량의 검거 등은 실로 대서울을 일종의 전쟁으로 만들어 인심은 흉흉하고 시민의 공포는 절정에 달하고 있다. 우리가

---

1) 미군정은 1946년 5월 6일 미소공위를 결렬시키고 이른바 '좌우합작 운동을 진행시키는 한편, 5월 15일 소위 '정판사 위조지폐사건' 발표, 18일 조선공산당 본부 수색, 해방일보 정간처분, 7월 9일 전농 사무실 습격, 8월 16일 전평 서울본부 급습, 9월 7일 박헌영·이강국·이주하 체포령, 조선인민보, 중앙신문, 현대일보에 대한 정간처분 등으로 인민민주주의 세력을 대대적으로 탄압했다. 이 격문은 언론, 출판, 집회, 결사, 사상 등의 자유를 억압하는 미군정에 대항하여 전 조선 동포들이 총 단결하자고 호소했다.

일찍이 일제의 탄압을 세계 무비(無比)의 포악한 잔인한 것으로써 알았다면, 최근 벌어진 남조선의 사태는 고금 초유의 횡포라 아니할 수 없다. 하지 장군의 이러한 잔학한 탄압을 근로인민과 민주진영에 단행하면서 한편으로는 우리 민중의 자주독립을 보장한다 하며, 이러한 폭압을 합리화하기 위하여 '소수당'이 미 주둔군의 안전에 대한 위해를 가한다고 방송하고 있다. 다만 일제와 다른 태도는, 일제는 노골적으로 조선을 자기의 식민지라 하였음에 반하여, 하지 장군은 말로만은 조선의 독립을 보호 원조한다 하면서 실제에 있어서는 식민지의 노예화정책을 기만적으로 단행하는 점에 있을 뿐이다. 우리는 하지 장군에게 솔직히 묻고자 한다. 조선 민족 중 특히 조선공산당과 민주주의민족전선에서 어느 때 누가 어느 곳에 어떠한 형태로서 미 주둔군의 안전에 대하여 위해를 가하였으며 가하려 하던가. 또는 우리 민족의 90% 이상의 근로인민을 대표한 정당인 공산당과 모든 근로인민의 총역량을 집중한 민전이 어째서 소수당이 되는가. 이 두 문제를 명확히 해답하여야만 조선 민족에 대한 하지 장군의 탄압의 자유가 조금이라도 나올 것이 아니냐. 또한 조선 민족의 자주독립을 위하여 어떠한 일을 어느 때 어떻게 하여 지금 남조선이 어떠한 상태에 있다 함을 구체적으로 증명하여야 조선 민족이 하지 장군의 기만에 대한 의혹이 조금이라도 풀어질 것이 아니냐. 또한 조선인민보, 현대일보, 중앙신문이 어느 곳에 우리 민족의 이익과 배치되고 근로인민이 하고자 하는 말을 아니 실린 곳이 있는가. 그 정간의 이유를 명확히 하라! 무릇 언론의 자유라 함은 그 기관이 하지 장군이 생각하는 대로만 게재함이 언론의 자유라고 장군은 해석하는가. 그 기관이 민족의 이익을 위하여 자기들이 생각하는 것을 기술함이 언론의 자유인가. 이것을 명확히 해답하여야 할 것이 아니냐. 나아가 조선공산당과 민전에 대한 탄압, 특히 조선 최고의 민주주의적 지도자들의 체포는 무슨 자유로써 행하는가. 조선의 독립과 자유를 말로만으로라도 위한다는 장군으로 일제 지배시대 권력으로써 수십 년간 조선 독립과 자유를 위하여 피의 투쟁을 행하였으며, 일제 패퇴 이후에도 오늘날까지 조선의 독립과 민주주의적 자유를 위하여 가장 영웅적으로 가장 옳게 싸워온 조선공산당에 대한 탄압과 그의 지도자를 어떻게 체포할 수 있는가. 만약 탄압한다면 조선공산당과 민전이 우리 민족에게 대하여, 또는 미국민에게 대하여 무엇이 잘못이었다는 것을 명백히 설명하고 박헌영, 이주하, 이강국 제 지도자가 무엇이 잘못이었다는 것을 명확히 하라! 조선공산당에서는 언제나 미국과의 우호관계를 위하여 싸우지 않은 때가 없었다. 그와 동시에 미군정의 하지 장군 정책에 대하여 또한 비판해야 할 적에는 우리는 솔직히 비판하였고, 또한 우리의 좋은 의견을 내는 것이 한두 번이 아니나 이것은 모두 우리 민족의 독립과 민주개혁의 즉시 실현을 위한 정당한 주장과 요구였다. 결코 감정에서 나온 편향의 분노도 아니요 냉정한 판단에서 나온 민족적 요청이었다. 군정이 친일파 중심이라든가 그 정책이 우리 인민의 이익보다 극소수의 특권층을 옹호하는 것이라는 사실을 폭로하는 것쯤이 어째서 군정 반대이며 반미적이란 말이냐?

동포들! 남조선은 실로 심상치 아니한 위기에 직면하고 있다. 식량 산업문제 등은 말할 것도 없이 전 근로인민으로 하여금 생사의 관두(關頭)에 서게 하였으며, 해방 후 얻은 정치적 자유는 모조리 빼앗기고 있다. 이것을 솔직하게 말한다고 민주주의 진영에 대하여 대탄압이 내린 것이며, 이것을 바로잡고 우리 민족의 노예화를 반대한다고 우리의 위대한 지도자들을 모조리 뺏어가며 뺏어가려 한다. 이 체포를 행하기 위하여 전 서울을 가가호호 수사하며 통행인의 자유를 박탈하여 서울을 완연히 전장으로 변화시키고, 시민의 불안을 절정에 이르게 하고 있다. 우리는 이러한 군사적 계엄령적 지배 하에서 영구히 노예가 되고 말 것이냐, 그렇지 아니하면 우리가 바라던 독립과 민주주의적 자유를 싸워 얻을 것이냐 하는 문제는 오늘날처럼 날카롭게 등장되는 날이 없다. 카이로선언과 모스크바 3상 결정은 뚜렷이 존재하며, 미국무성의 조선에 대한 정책은 수일 전에도 명백히 발표되어 있다. 남조선의 문제는 한 사람의 의사로써 좌우될 수는 없는 것이다. 한 사람의 의사에 의하여 우리의 대정당을 탄압 속에 집어넣을 수는 없지 아니하냐. 우리의 가장 옳은 민주주의 지도자를 모조리 빼앗길 수는 없지 아니하냐. 참된 언론, 출판, 집회, 결사, 파업, 시위, 신앙의 자유를 내라. 우리의 지도자 이주하, 이현상 등 제씨를 즉시 석방하라. 박헌영, 이강국 등 제씨에 대한 체포령을 즉시 취소하라. 3대 민주주의 신문을 즉시 속간시키고 피검된 간부들을 즉시 석방하라! 남조선의 이러한 모든 포악한 책임자를 즉시 소환하라는 구호 아래에 용감한 투쟁을 전개하여야 될 것이다. 이리하는 일방 우리는 우리의 역량을 집중하는 남조선 3대 민주주의 정당의 합동을 급속 실현하여 우리의 진영을 굳게 함으로 이 투쟁을 더욱 힘차게 승리로 발전시켜야 될 것이다.

좌익진영 내부의 모든 사소한 대립을 속히 청산하고 이미 발표된 남조선노동당 강령(초안)의 원칙 위에 총단결하자!

무리한 탄압을 대항하여 총진공하자!

동포여 분기하라. 민족의 흥망이 이 한 싸움에 있는 것은 깊이 인식하고 분기하라!

1946년 9월 11일

조선공산당 중앙위원회 서기국

| 작자 미상 |

# 동포에게 격함1)

　이승만을 앞잡이로 내세워 미군정은 우리를 개나 도야지로 취급하여 결국 남조선 일대에서 미군정 반대의 봉화를 들고 과감히 투쟁을 계속하고 있습니다. 쌀은 귀신이 다 가져가는지 우리에겐 주지도 않고, 바라지도 않은 미국 강냉이만 전국을 횡행하니 대체 어떻게 되는 판입니까. 독립을 준다고 떠들기는 남의 몇 배를 더하는 미군정의 기만정책에 속아 넘어갈 우리가 아니지만 몸이 달아서 거짓 선전을 하는 우익 거두들의 추태는 어떠합니까!

　진정한 애국자는 모조리 체포 감금하고 암흑천지로 변하는 남선에 소위 대한독촉(大韓獨促)이란 허울 좋은 간판 아래 친일 주구들이 모여서 모리할 공론만 하는 놈들의 소행은 이 다음 제일 먼저 처단할 테지만, 우리는 여기에 유인당해서는 절대로 조선 민족이 아니올시다!

　이놈들 반동분자들을 우리는 감시하고 주시합시다. 남조선 일대에서 지금 이놈들의 목이 제일 먼저 달아나고 있다는 사실을 우리는 기억해야 됩니다. 친일파 민족반역자를 건국 도상에서 제일 먼저 배제해야 될 이때에 오히려 이놈들의 독촉(獨促)이란 이름으로 정면에 나서 그럴 듯이 선전하고 가장하고 있습니다.

　미군정은 속히 철퇴하라! 이놈들의 앞잡이를 전부 처단하자!

---

　1) 이 격문은 작성 주체와 작성 날짜는 알 수 없으나 내용상 '9월 총파업'과 '10월 인민항쟁' 당시에 뿌려진 것으로 보인다. 미군정의 철퇴(撤退)와 그 앞잡이인 대한독립촉성회의 처단을 호소했다.

# 경찰 폭압을 반대하여 인민에게 고함[1])

3천만 동포 여러분이시여!

1919년 3·1대투쟁에 있어 우리 독립을 요구하는 평화적 시위 군중을 강포하고 야수적인 일본 제국주의자들이 마음대로 학살한 것은 우리 민족의 천추유한(千秋遺恨)일 뿐 아니라 당시 문명국들에서는 그 무력적 폭압방법과 그 야만적 잔인성을 비난하는 여론이 폭풍우처럼 일어났었다.

그러나 어찌 뜻하였으랴. 이러한 야만적 야수적 학살이 소위 해방되었다는 이 땅에서, 소위 민주주의 건국을 입으로라도 부르짖는 이 나라에서, 더욱 외국인이 아니라 같은 우리 민족의 손에서, 또한 1919년 일제의 야만성을 가장 비난하던 미국인의 지배하에 있는 남조선에서

---

1) 1946년 9월 23일 부산 철도노동자들의 파업이 발단이 된 '9월 총파업'은, 9월 30일 미군정 경찰, 서북청년회 등의 우익 테러단이 철도파업 노동자들의 본부인 용산역을 무력으로 공격하여 강제 진압하자 새로운 단계로 넘어갔다. 10월 1일 대구의 노동자와 시민들은 이러한 미군정 경찰 등의 파업에 대한 폭력과 탄압에 대해 항의하기 위하여 가두시위를 벌였다. 이에 경찰이 시위 군중에게 발포하여 사상자가 발생하자 분노한 대구시민이 봉기하게 되었다. 이것이 급속도로 경북, 경남, 전라, 충청, 제주 등지의 주요 도시와 농촌으로 확대되어 60여 일 남짓 계속된 200여만 명이 참가한 민중들의 봉기가 바로 '10월 인민항쟁'이었다. 이 격문은 1946년 10월 2일 대구 시민의 파업과 시위를 폭력으로 탄압한 미군정 경찰 등의 부당성을 밝히고 동포들의 정당한 시민적 자유와 권리 보장 등을 요구했다.

일어나고 있다. 이 어찌 민족적 분노와 정의적 충격을 참을 수 있느냐. 동포들! 우리의 해방은 전 인민의 총의는 먼저 언론, 출판, 집회, 결사, 파업, 시위, 신교의 자유가 확보되어야 정당하게 정확히 발표될 것이 아니냐. 또한 민주주의적 자유라 함은 다수의 요구에 소수의 이익이 복속되는 것이 그 원칙이 아니냐. 그러면 우리나라의 인민도 언론과 결사의 자유가 있어야 될 것이며, 우리나라의 인민도 언론과 결사의 자유가 있어야 될 것은 물론이려니와 그 파업 시위 언론 결사가 전 인민의 절대다수의 이익을 대표할 때는 그것이 반드시 실천되며 실현되어야 할 것이 아니냐.

동포들! 금번 노동자들의 파업과 인민들의 시위가 무엇 때문에 행하여졌는가. 첫째 남조선의 전 인민이 더 살아갈 수 없는 민생문제를 위하여, 둘째 우리나라를 재차 식민지화하려는 당국자의 모든 폭압과 모든 정책을 반대하여 일어난 것이다. 그것이 오늘날 우리 민족의 처지와 발전에 있어 정당하고도 필연적인 것은 의심할 여지가 없는 것이다. 그런데 이 파업이 어떻게 취급되었는가. 철도의 형제들이 경찰과 테러단의 연합 습격으로 2명의 직사자와 백여 명의 부상자를 내고 1천 7백여 명의 검속자를 냈음을 비롯하여, 어느 곳을 물론하고 정당한 요구를 들고 평화적 파업시위가 있는 곳에는 총살, 축산(蹴散), 검거가 경찰에 의하여 잔인하게도 행하여지고 있다. 남조선의 인민은 사상 미증유의 공포와 학살 속에서 전(戰)을 하고 있다. 오늘날 경찰의 무한대이며 이 경찰은 어느 곳에서 어떠한 일에든지 자기들이 생각하여 좋다고만 하면 동족의 살육을 마음대로 하여도 관계없으며, 민족의 지도자를 마음대로 검거할 수 있으며, '포고' 한 장이면 그것이 법률이 되는 전권의 파지자(把持者)이다. 이것을 제재하는 아무 기관도 없고 비난하면 즉시 체포되는 민주주의 세계와는 아주 떠나고 해방국가에는 아주

볼 수 없는 독재적, 권력적, 탄압적 기관이며 존재이다. 이것은 수색이라는 명목 하에 마음대로 주택에 침입하여 마음대로 시민을 검색하여 신성한 인권을 여지없이 마음대로 유린한다. 농성하고 있는 철도 형제를 어째서 학살 검거하느냐. 오늘날 인민의 자유가 이렇게도 없느냐. 일본 제국주의자의 경찰이 파업노동자들에게 이러한 일을 한 일이 있었느냐.

대구의 사건을 보라. 정당한 요구로서 평화적 시위를 행하는 노동자 학생에게 경찰은 발포를 시작하였다. 이것은 귀중한 우리의 아들 학생을 사살하였다. 시위군중은 우리의 아들이 저 야수들의 총 끝에서 새빨간 피를 쏟고 거꾸러짐을 볼 때 분노가 충천되어 그 시체를 메고 경찰서로 간 것이다. 경찰은 다시 이 격앙한 대중에게 학살을 시작하였다. 이에 군중은 포학무도하고 잔인무쌍한 경찰을 정의로써 응징하기를 결심한 것이다.

사건의 발단이 이렇게 난 것이다. 정의에서 일어선 대구의 시민은 동족의 손으로 동족을 학살함을 반대하여 일어선 것이요, 이것은 정히 전 민족의 선두에서 일제보다 더 잔인포학한 경찰을 반대하여 일어선 것이다. 이것은 남조선 전 인민의 총의를 대표하여 용감히 일어선 것이다. 이에 반대투쟁은 요원의 화세(火勢)처럼 남조선 전체를 휩쓰는 기세로서 진전되는 것이다.

이 사태는 확실히 비상하고도 중대한 사태이다. 우리는 이 사태를 직면하여 그 전 책임이 남조선 인민의 의사와는 전연 반대되는 무제한의 권력으로 인민의 살육을 마음대로 하는 경찰에 있음을 선언한다.

그러므로 당국자는 이러한 민족적 중대 사태를 당하여 그 근본적 원인과 직접적 동기가 어디 있는 것을 확실히 예민히 파악하여 그 원인을 제거하고 그 동기를 다시 짓지 않도록 최대한의 성의로써 그 해결에 충실히 하여야 될 것이다.

오늘날의 남조선은 인민을 잘 살육하고 민주운동을 잘 억압하는 자로써 민족적 영웅을 만들어서는 이 나라는 외제(外帝)의 식민지와 파쇼 잔재의 부활밖에 없을 것이다.

동포들이여! 일어서서 이 인민의 칼장이를 단호히 권력의 지위에서 물러서게 하라! 그리 하여야만 조선 민족은 정치적 자유와 신성한 인권이 보장될 것이다.

파업과 시위를 폭력으로 탄압한 경찰관은 즉시 물러서라!

노동자의 파업과 인민의 반파쇼 경찰투쟁을 적극 지지하자!

언론, 출판, 집회, 결사, 파업, 시위, 신교의 자유를 확보하자!

민주주의적 경찰의 건설을 적극 주장하자!

테러단을 즉시 해체시키고 테러단의 괴수 이승만을 추방하라!

인민을 폭압한 경찰 책임자를 즉시 체포하라!

이번 파업 시위에서 검거된 인민을 무조건 즉시 전부 석방하라!

민주주의적 애국자를 즉시 석방하고 민주진영 탄압을 즉시 중지하라!

미소 공위를 재개하여 3국 외상회의 결정을 즉시 실천하라!

위대한 지도자 박헌영 선생의 체포령을 취소하라!

민주주의 수립 조선 건설 만세!

1946년 10월 2일
조선공산당

# 8·15를 맞이하여 동포에게 격함[1]

동포들!

감격과 희망과 흥분의 기념의 날 8·15도 어언간 1년을 맞이하게
되었다. 그러나 우리가 바라고 기다렸던 것이 과연 몇 가지나 실현된
것이 있는가!

우리들의 기대와는 정반대로 날이 가고 달이 갈수록 점점 더 혼란과
비참이 닥쳐오고 있나니, 금일의 이 꼴 보자고 우리는 8·15 해방을
그처럼 목을 놓아 기뻐하였던 것인가?

거리를 쳐다보라! 실업자의 무리 홍수같이 밀리고, 전재인(戰災人)
귀환동포는 갈 곳 없어 헤매고, 공장문은 굳게 닫혀 산업은 마비되고,
모리배의 창고 속에는 수천 가마니 쌀이 있건만 쌀 배급소 앞에는
맥없는 부인들이 한 되의 미국제 밀가루를 탈 량으로 늘어서고 있지
않는가?

농촌을 쳐다보라! 겨우겨우 지어 논보리는 하곡수집령인가에 의하

---

1) 조선공산당은 8·15 이후 1년 동안의 미소 군정하의 남북조선 사회
의 변화를 대조적으로 파악했다. 소 군정하의 북조선은 민주개혁이 실
시되었으나, 미군정하의 남조선은 민주개혁은 고사하고 또 다시 조선을
식민지화하려는 정책이 실시되고 있다고 했다. 이 격문은 남조선의 동
포들도 토지는 농민에게, 정권은 '인민위원회'에 넘기라는 등의 깃발을
높이 들고 모스크바 3상회담 결정안의 총체적 지지원칙 하에 남북 조선
의 통일 민주임시정부를 수립하는 투쟁의 길에 나서야 한다고 호소했
다.

여 다 빼앗기고, 그도 모자라 사서까지 공출하여 아사자는 속출하고 부황병은 창궐하고 있지 않는가? 일제시대와 마찬가지 고율 소작료 소작권 이동 등등 그 어느 곳에서 해방을 찾아볼 수 있는가?

땅과 일과 쌀을 주는 인민정부 수립 만세!

테러는 대낮에 횡행하여 모든 민주주의 기관과 단체와 지도자에게 마음대로 폭행하는 것은 가만히 두면서도, 평화 군중에게 총을 겨누어 젊은 학도의 생명을 빼앗고도 오히려 그것을 표창하는 악덕경찰이 있는가 하면, 불편부당은 집어치우고 민주주의자는 증거 없더라도 처벌하라는 언어도단의 사법관도 있지 않는가!

행정·사법·경찰·학교·집회는 방해당하고 민주주의 애국자는 투옥당하며, 물가는 천정부지로 비싸져서 비록 취업자라도 두 끼의 죽조차 먹을 길 없는데다가 홍수와 호열자는 창궐하니, '차라리 이럴진대 일본 놈 시대가 오히려 나았다'라는 애처로운 원성이 방방곡곡에 자자하지 않는가?

그러나 동포들!

눈을 돌이켜 북조선을 쳐다보라! 농민은 땅을 얻어 자유로운 농민의 힘찬 소리 들리며 진보적 노동법령은 실시되어 노동자 사무원은 보호되고 남녀동등권은 법률로써 확인되어 민주주의 개혁의 위대한 진행이 착착 실행되고 있지 않는가?

본래가 부족하던 쌀은 함북이 실제 전쟁터가 되어 더욱 부족될 것임에도 불구하고 모든 동포들은 살아가는데, 풍년 들었다던 작년에도 일본에도 북조선에도 안 보낸 곡창 남조선의 이 기근상태는 어찌된 셈인가?

북조선의 위대한 민주개혁을 남조선에도 즉시 실시하라!

동포들 남북 조선의 이 차이는 어디서 오는 것인가? 그 이유는 북조선에서는 모든 정치적 권력이 인민의 손에 넘어왔고, 남조선에서는 그와 반대로 친일파, 민족반역자, 파쇼분자가 정치적 권력을 잡고 미군정 역시 이들만을 원조하기 때문이다.

조선을 또다시 식민지화하려는 모든 제국주의정책을 절대 배격하자!

동포들!

우리들의 나갈 길은 어느 것인가? 남조선에도 북조선이 위대한 민주개혁을 즉시 실시하여야 할 것이며, 친일파, 민족반역자, 테러리스트, 파쇼분자, 모리배를 숙청하고,

토지는 밭가는 농민에게 무상으로 나누어 주라!

정권은 군정으로부터 인민위원회에 즉시 넘겨라!

군정고문기관 혹은 입법기관 창설 절대 반대!

의 깃발을 높이 들고 3상회의의 총체적 지지원칙 위에 남북 조선의 민주주의적 통일로 민주정권을 수립하여야 할 것이다. 이 길만이 민생을 도탄에서 구하는 길이며, 이 길 이외의 모든 길은 더욱 암흑과 비참을 자아내는 길이다.

민주주의민족전선 만세!

동포들!

1주년을 맞이하는 8·15 해방기념일은 안가(安價)한 축하로써 맞이하기에 너무나 현실은 처참하다. 우리는 작년 이때에 바랐던 모든 것을 얻기 위하여 더욱 힘찬 투쟁을 맹세 실천함으로써 이날을 맞이하자!

조선 민주독립 만세!

조선공산당 만세!

1946년 8월 일

조선공산당 중앙선전부

# 파쇼 교육제도의 표본 국대안을 분쇄하라!1)

친애하는 남녀 학생 제군!

해방 조선에서 우리들 남녀 학생에게 다시금 일본 제국주의적 노예 교육의 굴레를 뒤집어씌우려는 문화음모가 곧 '국립대학안'이다. 민주주의 조선의 새싹이요, 주구 도당이 반동 조선의 초석을 쌓으리라는 것이 곧 '국립대학안'이다. 반동교육의 보루를 강화하고 남조선 단독정

---

1) 국대안 반대운동은 미군정기 최대의 학원문제였다. 1946년 6월 19일 미군정 문교당국은 '국립서울대학교안'을 발표했다. 경성대학 3학부를 위시하여 경성의전, 경성경전, 경성법학, 경성공전, 경성광전, 경성사범, 경성여자사범, 수원농전, 경성의전을 폐지하고, 그 대신에 대학원, 문리과대학, 의과대학, 법과대학, 상과대학, 공과대학, 농과대학, 치과대학, 예술대학을 포괄하는 종합대학을 설립한다고 했다. 교수들은 국대안을 운영하는 이사회가 문교 당국의 관료로만 구성된 것은 고등교육기관의 자치권이 박탈되고, 관료독재화되기 쉽고, 경성대학 이공학부 등 자연과학과 광산전문학교 등 기술부문의 학교도 약화될 우려가 있다는 이유 등으로 반대했다. 학생들의 반대운동도 맹렬하여 대학생의 동맹휴학으로 번졌다. 이에 문교 당국이 동맹휴학 학생을 정학 처분했고, 국대안에 반대한 교수들은 학교를 떠나고 동맹휴학은 전국의 400여 개 학교로 확대되어 갔다. 그러나 문교방침대로 1946년 8월 22일 서울대학교는 설립되었다. 이러한 국대안 문제는 이후 1년여 동안 계속되었다. 이 격문은 '반동교육의 보루를 강화하고 남조선 단독정부 수립을 위한 문화정책'에 지나지 않으므로, '연구와 학문의 자유와 민주화'를 위해 국대안 분쇄 투쟁에 나서야 한다고 호소했다.

부 수립을 위한 반동문화정책의 집중적 표현이 곧 '국립대학안'이다.

해방 조선의 문화와 교육의 반동과 중세기적 암흑을 강요하려는 자는 누구냐? 일제 유산을 그대로 계승받은 일제 교육의 급선봉(急先鋒)이던 그 자들이 아니고 누구냐?

조선을 가장 사랑하고 아끼는 우리들 학생은 전후 8개월간에 걸쳐 우익 반동의 언어도단의 무력탄압 선풍 속에서 인민학살의 피비린내 나는 와중에서도 연구와 학문의 자유를 옹호하며 교육의 민주화를 관철키 위해 싸워왔다.

일제시대에 우리들 남녀 학생을 일본 제국주의 침략전쟁을 '대동아 성전'이라고 기만하며, 전장으로 혹은 보국대로 혹은 정신대로 채찍질하여 몰아내던 친일파와 민족반역자 친파쇼분자들의 가면을 여지없이 박탈하고 숙청해버린 후 깨끗한 민주주의 조선을 건설키 위한 우리의 학원투쟁도 민주투쟁의 일환으로서 거대한 족적을 남겨 놓았으나 앞으로도 우리의 투쟁은 민주 조선 건설의 일익을 담당하고 나서야 하는 것이다.

남녀 학생 제군!

열렬하고 진지한 우리들 학생의 요구에 놈들은 귀를 기울이지도 않고 제명처분, 폐교, 대량검거 등 무리하고도 강압적인 수단으로 '국대안'을 강요해 나가고 있다.

진리에 살며 정의에 죽으려는 학생 제군!

우리의 뒤에는 수백만 근로인민의 적극적인 지지와 성원이 있다.

우리는 우리의 목적을 관철키 위하여 최후의 승리를 얻을 때까지 싸워 나가자!

식민지 노예교육제의 표본 국대안을 분쇄하라!

학원에 대한 경찰의 간섭 절대반대!

민주학생을 폭압하는 반동경찰관을 파면하라!

민주투쟁으로 구금된 학생을 즉시 석방하라!

연구와 학원의 자유를 전취하자!

1947년 3월  민주학생돌격대

# 남북조선 제 정당·사회단체 연석회의에서 전 조선 동포에게 격함[1])

친애하는 동포 형제자매 여러분!

남북조선 16개 정당과 40개 사회단체 전체 당원·맹원을 대표하여 평양에서 남북연석회의를 개최한 우리들은 우리의 신성한 구국사명을 다하기 위하여 이 글을 친애하는 동포 여러분에게 드린다.

상호 부동한 정견을 가진 여러 정당들과 제 단체 대표들이 어찌하여 호상분쟁을 중지하고 우리 조국의 유서 깊은 고향(古鄕) 평양에서 일당에 회합하게 되었는가? 산명수려(山明水麗)한 금수강산 삼천리 우리 조국의 운명을 염념불기(念念不己)하는 우국의 충정을 참지 못하여 우리는 남북에서 여기에 모였노라. 고향

---

1) 1947년 8월 제2차 미소 공동위원회가 결렬되자 미군정과 그 동맹세력인 이승만과 한민당 등은 본격적으로 38선 이남만의 단독정부를 수립하기 위한 정책을 펼쳐 나갔다. 이에 반대하여 자주적이고 민주적인 민족통일국가를 건설하려는 정치 사회세력들은 두 가지 방향으로 단선단정 반대투쟁을 전개했다. 하나는 남북협상운동이었고, 다른 하나는 4·3 제주도항쟁과 같은 대중적 무장투쟁이었다. 김구·김규식 등은 1948년 2월 북한의 김일성·김두봉에게 남북협상을 제의하는 서신을 보냈다. 이에 호응하여 북한에서는 3월 '전 조선 정당사회단체 대표자 연석회의'의 개최를 제의하는 서신을 보냈다. 이에 따라 평양에서 '전 조선 정당사회단체대표자 연석회의'가 4월 19일부터 26일까지 열렸다. 여기에서 4월 23일 미소 양국 군대의 즉시 철수 요구와 단독정부 수립을 반대하는 격문이 채택되었다.

반만 년의 유구한 역사를 가지고 자유와 평화를 사랑하는 삼천만 우리 민족의 의사를 대표하여 조국의 위기를 극복하고 자주독립을 쟁취하기 위하여 우리는 여기에 모였노라.

　다시 고하노니 우리 조국과 민족을 또 다시 암흑과 참화 속으로 몰아넣으려는 미 제국주의자들의 침략의 마수가 머리 위에 박두하였음을 누구나 통감하였기에 우리는 분연 이 자리에 달려 왔노라.

　동포들이여!

　골수에 사무쳐 사라지지 않는 망국민족의 쓰라린 원한을 아직도 기억하는가?

　삼천만 동포와 삼천리강토를 가진 우리 조국은 서구라파의 몇 개 국가를 합친 것보다 더 큰 나라이다. 그러나 우리 민족은 수치스럽게도 근 반 세기 동안이나 악독한 왜놈들의 식민지 노예로서 멸시받고 천대받으며 놈들의 철봉 하에서 신음하지 않았는가?

　3년 전까지만 하여도 우리 민족은 해방을 위하여 왜제의 학살과 박해 하에서 피의 투쟁으로 아름다운 이 강산을 물들이지 않았는가?

　연합군의 승리로 말미암아 우리 민족 불구대천의 원수인 일본 약탈자들은 격파·구축되고, 우리 민족이 일일천추로 고대하던 해방의 날은 왔었다.

　우리 조국은 일제 철쇄에서 풀려났으며 삼천만 민족은 천지를 진동하는 환호성 속에서 조국의 해방과 영광을 축복하였다.

　우리 민족은 역사상 처음으로 전도 찬란한 새날의 서광을 맞게 되었다. 전 세세 자유애호 민족의 대열에 동등한 일원이 될 조선민주주의 자주독립국가 건설을 공약한 3대 강국의 모스크바 결정으로서 우리 조국의 찬란한 전도는 더욱 밝혀졌다. 그때부터 3년이 지나갔다.

　그러나 그 후 우리가 지나온 길은 어떠하였는가?

날이 갈수록 미 정부 당국은 모스크바 3상회담 결정을 파탄시키고 남조선을 미 제국주의자들의 식민지화하려는 파렴치한 음모가 날이 가면 갈수록 공개적으로 감행하여 오지 않았던가?

우리 민족은 날로 커지는 공포와 약소민족의 비애와 아픔을 가지고 그들의 행동을 주시하게 되었다. 실로 미 제국주의자들은 봄 하늘을 향하여 피어오르는 꽃봉오리에 찬 서리를 내리듯이, 찬란한 희망과 기대를 가지고 일어난 우리 민족의 머리 위에 뜻하지 않은 야수적 타격을 가하여 왔다.

우리 삼천만 민족은 물론 세계가 다 아는 바와 같이 북조선에서는 일절 정권이 해방된 조선 인민의 수중으로 넘어오고, 사회·정치·경제·문화 외 각 분야에서 위대한 민주개혁들이 실시되어 빛나는 열매들을 거두고 있을 때, 우리 조국의 절반 땅인 남조선에서는 미 강탈자들이 식민지적 테러 경찰제도를 수립하였다.

인민들이 일제시대와 같이 탄압·유린되고 있으며, 강탈·파탄되고 있다. 해방된 이 나라 남쪽 하늘 밑에서는 우리 동족이 굶주리고 헐벗으며 불의의 도탄 속에서 또다시 신음하게 되었다.

그러나 미 정권 당국은 이것으로도 아직 만족하지 못하였는가? 그들은 마치 우리의 이익을 수호하는 듯이 또는 '조선 통일'을 위하여 노력하는 듯이 감언이설을 다하고 있으나, 실제에 있어서는 이미 오래 전부터 우리 조국을 분열하려는 길을 걸어 왔으며, 조선 인민들을 또다시 식민지 노예의 철쇄로 얽어매려고 시도하여 왔다. 그렇기 때문에 우리는 미 정권 당국의 배신적인 흉악한 정책을 세계에 폭로·규탄한다. 동시에 미 제국주의자들의 범죄적 정책을 받들어 조국과 민족을 팔아먹는 친일파·민족반역자들을 우리 민족 대대손손이 저주할 매국멸족의 죄인으로 우리는 단죄한다.

동포 형제자매들이여!

우리 조국의 통일과 자유 독립을 농락하고 있는 미 제국주의자들의 흉악한 술책은 우리 민족의 국가적 독립과 자유와 민족적 존립에 직접 위험을 주는 최악의 계단에 들어섰다.

이것은 조선 인민의 대표도 참가함이 없이 조선 인민의 의사에 배치하여 미국의 강압으로써 유엔 총회가 소위 '유엔조선위원단'을 위조한 때로부터 시작되었다.

그러나 어찌 이뿐이리오?  미국 정부의 사주에 의해 소위 유엔 소총회는 남조선 단독선거를 실시하여 우리 국토를 양단할 단독정부 수립을 결정하였다.

이 결정은 우리 조국을 정치적으로 경제적으로 완전히 분열하는 것이며, 조선 인민의 기본적 권리를 침해하는 것이며, 조선 인민에게 참담한 민족적 불행을 주는 것 이외에는 아무 것도 아니다. 우리 조국의 운명에 일대 위기가 박두한 이 순간에 있어서 총명한 예지와 민족적 양심을 가진 조선 애국자들은 더 참을 수 없다. 우리 조국에 대한 미국 정책의 본의를 전 조선 인민은 이미 명백히 간파하였다. 소위 '유엔조선위원단'의 본의는 조선에 대한 미국의 식민지 정책 실시를 은폐하려는 것이다. 소위 '선거' 운운은 흉악한 허위이며 간교한 기만이다. 우리 조국에 대한 외국의 노골적 간섭 하에서 '선거'를 실시한다는 것은 벌써 오래 전부터 우리 조국을 팔아먹으려는 미 식민지 약탈자들 앞에서 꼬리를 치며, 자기 주인들인 미 제국주의자들의 흉악무도한 계획을 충직하게 실현한 배족적 망국노들의 '정부'를 수립하려는 이승만·김성수 등 매국도당의 반역음모인 것이다.

친애하는 형제자매들이여!

만일 모스크바 3상회의 결정이 제때에 실현되었다면 우리 조국은 벌써 오래 전부터 진정한 민주주의 통일정부를 가지게 되었을 것이며, 이미 통일된 민주주의 독립국가로 되었을 것이다. 그러나 미 제국주의자들은 이것을 원치 않았다.

만일 미국 정부가 우리 조국이 세계 평화에 기여하며, 민주주의의 길로 발전하는 자유독립국가로 되는 것을 원하였다면, 조선에서 외국 군대를 동시에 철거하고 우리 민족 자신에게 자기의 통일정부 수립을 맡기자는 소련의 제의를 벌써 수락하였을 것이다.

그러나 우리 조국에 대하여 흉악한 탐욕과 반동적 팽창정책을 실시하려고 시도하는 미 정권 당국은 우리 조선 인민의 대표도 참가시키지 않고 우리 조선 인민의 의사나 이익을 참작함도 없이 비법적으로 조직된 '유엔조선위원단'의 미명하에서 파렴치한 선거 희극을 조작하여 미 제국주의자들의 마음대로 조종할 수 있는 괴뢰정부를 수립하려고 획책하고 있다.

그러나 결코 안 될 것이다!

조선 민족은 죽지 않았다. 왜적의 노예로서 쓰라린 망국의 슬픔을 겪어온 우리 조선 인민은 또다시 망국의 노예생활을 거듭하려 하지 않을 것이며, 또 결코 하지 않을 것이다.

우리 민족은 하나이며 우리 조국도 또한 하나이다. 진정한 조선 인민은 어느 누구를 물론하고 한 사람도 이러한 '정부'를 승인하지 않을 것이며, 우리 조국의 진정한 아들딸들은 그 어느 누구를 물론하고 한 사람도 이러한 '선거'에 참가하지 않을 것이다.

우리 민족은 오직 통일된 조국을 요구한다. 모스크바 3상회의 결정은 우리에게 이러한 통일 조선을 약속하였으며, 우리는 이 정당한 권리를 고수한다. 우리 조국을 인공적으로 양단하며 남북을 정치적으로 경제적으로 분열하는 어떠한 단독정부의 수립이든지 단연 용서치 않을 것이다.

단결하자! 결속하자! 전 민족이 행동을 같이 하여 조직적으로 투쟁하자! 미 제국주의자들의 음흉간악한 기도를 반대하여 결사적으로 항쟁하자!

소위 단독 '정부' 선거를 단호히 배격하자!

조선 인민의 민주와 권리를 침해하려는 흉악한 기도를 철저히 분쇄하자!

더는 참을 수 없다. 앉아서 분열을 보고 있을 수는 없다.

본 연석회의는 남조선 단독선거 반대투쟁 전국위원회를 조직할 것을 결정하였다.

전력을 다하여 거족적으로 동 위원회의 활동을 지지하라!

본 연석회의는 도·시·군·면·농촌·공장·제조소·상점기관·사무기관 각처 어디를 물론하고 삼천리 방방곡곡 우리 민족이 사는 곳이면 각 정당연합으로 단독선거 반대투쟁위원회를 조직할 것을 결정하였다. 이 위원회에 참가하여 단독선거를 파탄시키는 열화와 같은 구국투쟁을 전개하라!

형제자매들이여!

만일 그대들에게 우리 선조들의 유골이 묻혀 있는 이 강산이 귀중하고, 우리 조국의 자유와 독립이 귀중하거든 단독선거를 배격하라!

만일 그대들에게 우리 조국의 장래가 귀중하고, 우리들의 후생의 행복이 귀중하거든 단독선거에 참가치 말리!

만일 그대들에게 우리 민족의 독립과 영예와 인민의 행복을 위하여 흘린 선열들의 피가 귀중하고 가슴속에 깊이 사무쳤거든 단독선거에 참가치 말리!

만일 그대들이 우리 조국을 통일되고 자유스럽고 부강하고 독립된 나라로 만들려거든 단독선거에 참가치 말라!

친애하는 동포 형제자매들이여!

우리 조국에 위험이 박두한 이 엄숙한 순간에 만일 우리가 조금이라도 주저한다면, 우리 후손들은 어찌될 것이며 그들은 얼마나 우리를 원망할 것인가?

우리의 후손들은 우리의 국토를 양단하며 우리 조국을 또다시 새로운 식민지 예속물로 되게 하는 것을 도와주는 놈들을 민족 천추의 죄인으로 저주할 것이며, 자손만대의 반역자로 낙인할 것이다.

우리 조국강토에서 외국 군대를 철거하고 어떠한 외국의 간섭도 없이 우리 민족끼리 우리의 문제를 해결할 것을 요구하라!

남조선 단독단정을 타도하자!

식민지 노예의 새 철쇄로 우리 민족을 얽어 놓으려고 하는 미 제국주의자의 정책을 배격하자!

미 제국주의자들의 주구이며 충복으로서 조국을 팔아먹는 변절자들과 민족반역자들을 타도하자!

자유롭고 통일된 민주주의 조선 완전독립 만세!

우리 민족의 통일과 독립과 자유를 위하여 싸우는 백절백굴의 민족적 진취기개 만세!

조선 인민 만세!


북조선노동당, 북조선민주당, 북조선청우당, 북조선직업동맹,
북조선농민동맹, 북조선민주청년동맹, 북조선민주여성동맹,
북조선문학예술총동맹, 북조선공업기술자연맹,
북조선수산기술자연맹, 조선기독교도연맹, 조선불교연합회,
북조선보건인연맹, 조선적십자사, 조선반일투사후원회,

남조선노동당, 한국독립당, 남조선인민공화당, 민족자주연맹,
근로인민당, 신진당, 사민당, 남조선청우당, 근로대중당,
민주한독당, 조선농민당, 민주독립당, 민중동맹,
조선노동조합전국평의회, 조선전국농민연맹,
조선민주애국청년동맹, 조선민주여성동맹, 남조선문화단체총연맹,
남조선기독교민주동맹, 남조선유교연맹, 조선어연구회, 불교총연맹,
불교청년당, 자주여맹, 민주학생총동맹, 재일조선인연맹지부,
천도교학생회, 혁신복음당, 삼일동지회, 민족대동회, 민중구락부,
건국청년회, 반파쇼위원회, 건민회, 민족문제연구소,
삼균주의청년동맹, 남조선독립운동자동맹, 남조선학병거부자동맹,
남조선민족해방청년동맹, 남조선 애지회, 남조선신문기자단

| 지창수 |

# 친애하는 출동 장병 여러분![1])

친애하는 출동 장병 여러분!

드디어 올 것이 오고야 말았습니다. 오늘 밤 여수경찰이 우리를 쳐들어온다는 정보가 지금 막 들어왔습니다. 우리는 지금까지 사회에서나 또 군에 들어와서조차도 경찰놈들로부터 얼마나 많은 멸시와 수모를 받아왔습니까? 우리가 군에 들어온 목적이 무엇이었습니까? 오직 경찰을 쳐부수고 조국을 통일하는 데 있지 않았습니까? 그리고 또 출동 장병 여러분! 우리가 무엇 때문에 동족상잔의 제주도에 가야 합니까? 군대라는 것은 민족을 지키기 위해서 있는 것이지 죽이기 위해서 있는 것이 아닙니다.

---

1) 1948년 제주도 4·3항쟁은 이승만의 단독정권이 들어서도 멈추지 않았다. 이승만은 10월 19일 여수에 주둔하고 있는 제14연대에게 4·3항쟁을 진압하도록 출동명령을 내렸다. 그러자 제14연대 내의 지창수 하사관을 중심으로 한 사병 2천 500여 명이 4·3항쟁 진압을 위한 출동명령에 거부하면서 이 날 밤 8시에 반란을 일으켰다. 반란군대는 27일까지 여수, 순천, 보성, 고흥, 광양, 구례, 곡성 등을 점령하고 그 지역 민중들과 함께 '인민위원회'를 복구시켰다. 그러나 '반란토벌군'과 교전으로 사살 체포되거나, 아니면 주변의 지리산, 백운산 등으로 도주해 '유격부대'를 형성하여 반이승만 무장투쟁을 계속 전개했다. 이하의 문건들은 반란군 지도자인 지창수가 19일 밤 8시 반란 이유를 밝히며 군대의 봉기를 선동한 연설과 23일 여수를 점령하고 여수 광장에서 민중들에게 합류할 것을 선동한 연설, 또 여수 지역 지도자인 이용기가 제14연대 반란군에 호응하여 인민대회에서 한 연설문이다.

친애하는 출동 장병 여러분!

나는 이 자리에서 분명히 제주 파병을 반대합니다. 미국의 괴뢰인 이승만이 제주도에서 우리 동포들을 5만 명이나 죽였다는 말도 있고, 또 8만 명을 죽였다는 말도 있기 때문에 이 순간 북조선 인민군이 38도선을 뚫고 물밀듯이 서울로 쳐내려오고 있습니다. 그리고 이남에 있는 모든 국방군들도 우리가 일어나면 다 같이 일어나 우리와 손을 잡고 이승만 괴뢰정권을 타도하고 진정한 민주주의 인민공화국을 세우도록 되어 있습니다.

친애하는 장병 동무 여러분!

우리는 이제부터 인민해방군이 되어 우선 당면의 적인 여수 경찰을 쳐부수고 서울로 밀고 올라가 북조선 인민군과 손을 잡고 진정한 민주주의 인민공화국을 세워야 합니다. 그리고 장교놈들은 모두가 미 제국주의의 앞잡이들이니 한 놈도 남김없이 이 자리에서 모조리 처단해 버려야 합니다.

# 존경하는 여수 인민 여러분!

존경하는 여수 인민 여러분! 저는 14연대 인민해방군 사령관 지창수입니다. 저도 여러분같이 억압받는 인민의 아들이며 조국통일을 염원하는 군인의 한 사람입니다. 어젯밤 우리는 북조선 인민군과 미리 짜놓은 계획대로 동족상잔의 제주 파병을 거부하고 우리 인민의 적인 경찰을 쳐부수고 여수 인민을 해방시켰습니다. 또 우리는 북조선 인민군과 미리 약속한대로 그들과 합류하기 위해서 김지회 동무가 오늘 아침 2개 대대 병력을 거느리고 이미 순천으로 떠났습니다. 인민군도 이 순간 38선을 뚫고 노도와 같이 밀고 내려오고 있습니다. 어디 그뿐인 줄 아십니까? 남한 내의 모든 국방군들도 인민군과 합류하기 위해 전국에서 일제히 일어났습니다. 이승만도 이 기미를 알아차리고 어제 일본으로 도망가고 없습니다. 여수 인민 여러분! 이제 우리가 바라던 조국통일은 단지 시간문제입니다. 우리가 남쪽에서 밀고 올라가고 북쪽에서 인민군이 밀고 내려오다가 마주치는 그 순간이 바로 조국이 통일되는 순간입니다. 따라서 우리 인민해방군은 앞으로 군사작전에만 주력하고 후방의 혁명과업은 우리 인민위원회와 보안서가 맡아서 잘 처리해 나갈 것입니다.

그러나 여수 인민 여러분! 우리가 혁명과업을 성공적으로 마무리 짓기 위해서는 무엇보다도 이승만 일당의 주구노릇을 하던 경찰과 친일파 그리고 모리간상배 등 반동분자들을 철저히 소탕해야 합니다.

친애하는 여수 인민 여러분! 이것은 오로지 여러분께서 앞장서서 맡아주셔야 할 중대과업입니다. 혁명에는 본래 사정(私情)이 있어서는 안될 것입니다. 여러분은 애국하는 마음으로 이런 반동분자들을 철저히 색출하여 혁명과업 완수에 앞장서 주시기 바랍니다. 그래야 땅을 파는 농군이 땅 임자가 되고 천대받는 머슴들이 주인이 될 수 있는 올바른 세상이 올 것입니다. 그리고 존경하는 여수 인민 여러분! 앞으로 이 여수 땅은 우리 14연대 인민해방군이 조국통일의 첫 북을 울린 영광스런 땅으로 우리 민족사에 영원히 기록될 것입니다. 친애하는 여수 인민 여러분, 우리 다 같이 씩씩히 일어납시다.

| 이용기 |

# 존경하는 여수 인민 여러분!

　존경하는 여수 인민 여러분! 그 동안 미 제국주의의 교활한 착취와 그 앞장이 이승만 괴뢰정권의 모진 압박 속에 얼마나 고생 많이 하셨습니까? 여수 인민 여러분, 해방 후 우리나라는 마땅히 연합국 측의 신탁통치(모스크바 3상회의 결정안―엮은이)를 받아들였어야 했습니다. 그것은 좌우익의 문제를 떠나서 민족적 양심으로 그렇게 했어야 옳았던 것입니다. 그랬으면 단선단정보다야 시간이 더 걸렸겠지만 완전히 통일된 조국을 세울 수 있었을 것입니다. 그런데도 이승만은 순전히 자기 개인의 정권욕에 눈이 어두워 조국을 영원히 분단시켜 놓고 말았습니다. 오늘날 우리나라에는 민족반역자들도 많지만 이승만도 이완용에 못지 않은 민족반역자일 것입니다. 이번에 우리 14연대 동무들의 영웅적인 투쟁으로 우리 여수는 해방되었습니다. 그리고 이 순간 북조선 인민군의 남진으로 우리 조국도 곧 해방될 것입니다. 그래서 우리 인민위원회에서는 방금 여러분께서 결의해주신 대로 우선 다음과 같은 중요과업들을 성공적으로 수행해 나갈 것입니다.

　첫째, 친일파, 모리간상배를 비롯하여 이승만 도당들이 단선단정을 추진하는 데 앞장섰던 경찰·서북청년단·한민당·녹립촉성국민회·대동청년당·민족청년당 등을 반동단체로 규정하고, 그들 중 악질적인 간부들은 징치하되 반드시 보안서의 엄정한 조사를 거쳐 사형, 징역, 취체, 석방의 네 등급으로 구분하여 처리할 것입니다. 그러나 여기서 분명히 말씀드려 둘 것은 악질경찰을 제외하고는 사형만은 될 수 있는 대로 없도록 노력할 것이며, 만부득이하게 될 경우에도 최소화할 것이라는 점을 분명히 다짐해두는 바입니다.

둘째, 친일파, 모리간상배들이 인민의 고혈을 빨아 모은 은행예금을 동결시키고 그들의 재산을 몰수할 것입니다.

셋째, 적산가옥과 아무 연고도 없는 자가 관권을 이용하여 억지로 빼앗은 집들을 재조사해서 정당한 연고자에게 되돌려줄 것입니다.

넷째, 매판자본가들이 세운 사업장의 운영권을 종업원들에게 넘겨줄 것입니다.

다섯째, 식량영단(食糧營團)의 문을 열어 굶주리는 우리 인민대중에게 쌀을 배급해 줄 것입니다.

여섯째, 금융기관의 문을 열어 무산대중에게도 은행돈을 빌려 줄 것입니다.

[이상 여순무장봉기에 대한 글은 김계유, 현장증언 「1948년 여순봉기」, 『역사비평』 15 (1991, 겨울호)]

| 남조선노동당 중앙위원회 |

# 제주도 인민대중에게 드림[1]

미제의 분할침략으로부터 조국의 민족주권을 방어하기 위하여 싸우는
인민들에게 영광을 드리자

## ― 남조선노동당 중앙위원회 서한 ―

친애하는 제주도 인민대중들이여! 조선 해방의 전사들이여! 우리
남조선노동당 중앙위원회는 조국의 통일과 자유와 독립을 위하여 미
제국주의 침략자 및 그 주구들이 음모하는 단선단정을 쳐부수기 위하
여 영웅적으로 항쟁하는 여러분에게 무한한 감사와 존경과 끓는 형제

---

1) 1947년 8월 제2차 미소 공동위원회가 결렬되자 미국은 본격적으로
38선 이남만의 단독정부를 수립하기 위한 정책을 펼쳐 나갔다. 이에 반
대하여 남조선노동당과 조선노동조합전국평의회 등은 단선단정 반대투
쟁을 벌였다. 특히 제주도에서는 1947년 3·1절 기념대회에서 경찰이 6명
의 인민을 총을 쏘아 죽인 사건이 불씨가 되어 1948년 4·3항쟁의 불길이
치솟았다. 제주도 민중은 유격대를 형성해 그 동안 자기들을 억압해 왔
던 경찰지서와 서북청년단을 공격했고, 이에 대해 미군정과 우익 청년
단체들이 민중을 무차별적으로 학살해 수만 명의 희생자가 발생했다. 4
·3항쟁은 5·10단선 선거를 유일하게 제주도에서만 실시하지 못하게 했
으며, 이후 1년 동안이나 계속되었다. 제주도 4·3항쟁 때에는 남로당 지
도부에서 보낸 격문과 항쟁주체들에 의해 경찰관과 군인, 시민들에게
항쟁에 동참을 촉구하는 격문 등이 뿌려졌다.

적 인사를 드립니다.

여러분은 인민의 생명을 파리 목숨과 같이 여기고 자유와 인권을 신짝같이 짓밟는 악독한 친일 반동경찰과 반동테러단의 무리한 검속, 고문, 투옥, 테러, 학살에 참다 참지 못하여 생명과 자유를 방어하기 위하여 일어난 것이며, 미 제국주의 침략자와 그 주구들이 음모하는 망국열족의 단선단정을 분쇄하여 미제의 분할침략으로부터 조선의 민족주권을 방어하기 위하여 궐기하였습니다. 그러므로 여러분의 싸움은 참으로 정의의 싸움이며 구국의 성스러운 항쟁입니다.

여러분은 테러와 폭압과 대량해고를 반대하기 위하여 일어난 작년 삼월 총파업에 있어서도 솔선 궐기하여 위대한 단결력을 보여 이 거대한 총파업의 전개에 불을 붙여 주었습니다. 이번 단선단정 반대투쟁에 있어서도 참으로 여러분은 모범적이었습니다. 여러분은 참으로 문자 그대로 원수놈들의 단선을 가루가 되도록 처부셨습니다.

그리하여 철면피한 미제와 국내의 주구들까지도 제주도 투표의 무효를 선언하지 않을 수 없게끔 만들었습니다. 이러한 위대한 성과를 거두기 위한 여러분의 투쟁은 참으로 희생에 찬 피투성이의 싸움이었습니다. 젊은 인민영웅들은 육탄으로써 원한의 투표소를 쳐부수고 투표함을 재로 만들어 버렸습니다. 뱀보다 싫어하는 반동경찰과 악질 반동분자들을 철권으로 응징하였습니다. 전 인민들은 한줌도 못 되는 친일파인 미국 사냥개 이외에는 노동자이건 농민이건 어민이건 학생 지식문화인이건 소시민이건 또한 관공리이건 할 것 없이 모두 한 사람과 같이 일어나서 투표를 보이코트하고 파업과 태업을 단행하였습니다. 젊은 인민자위대들은 한라산 굴 속에서 갖은 고난을 극복·돌파하여 원수의 총화(銃火)를 무릅쓰고 존귀한 생명을 바치며 피의 항쟁을 계속하고 있습니다. 전 도의 인민들은 인민자위대를 위하여 식량을 운반·공급하며, 어린 여학생들은 인민영웅들의 상처를 고쳐주고 있습니다. 참으로 전 도 인민이 계속적으로 위대한 구국항쟁에 총궐기하여 강철 같은 단결력을 보이고 있습니다. 실로 여러분의 싸움이야말로 조국해 방 투쟁사를 길이 빛낼 것입니다.

친애하는 제주도 형제자매들이여! 그러나 적들은 단선조작의 악랄한 생각을 버리지 않고 있습니다. 5·10단선이 남북조선 인민의 거대한 투쟁에 의하여 중대한 타격과 파탄을 받았음에도 불구하고 '선거의 성공'을 기만·자랑하고, 이 소위 범죄적 강제 사기사건에서 임명된 친일파 매국노들을 급거 모아 외람되게도 국회를 참칭하여 남조선 단독 위조 '국회'를 만들었습니다. 이 소위 '국회의장'인 국적(國敵) 이승만이가 식사(式辭) 중에서 미군의 영구 주둔과 고문단 초청을 애원한 것은 이 단독 위조 '국회'의 성격을 명시하는 것입니다. 미국인과 그 주구들은 이에 범죄적 위조국회를 바탕으로 이승만, 김성수 등 친일파 매국노들이 독재하는 허수아비 단정을 만들려고 미치광이같이 날뛰고 있습니다. 우리는 기어코 이 단정을 쳐부숴야 하겠습니다. 오늘 우리 조국에는 구국, 순국의 정신과 애국적 영웅주의가 일찍이 보지 못한 정도로 넘쳐흐르고 있습니다. 서울 광희동 2가 투표소를 급습하여 원수의 무기를 뺏어 반동경찰을 응징하고 투표소를 분쇄한 다음에, 반동경찰과 테러단에 포위되어 흉탄에 쓰러진 김해산, 강흥렬 열사를 비롯한 수많은 인민 영웅들이 배출되고 있습니다. 우리는 이 인민 영웅들의 뒤를 따라 반드시 단정을 파탄시켜야 하겠습니다. 만일에 원수놈들의 음모대로 단정이 성공한다면 우리는 일제시대 이상의 억압 과 착취를 당할 것이며, 오늘 하곡수집(夏穀收集)에서도 보는 바와 같이 인민의 전 식량을 약탈당할 것이며, 전력문제에서 경험하듯이 미국인 의 의식적 파괴정책에 의하여 남조선 산업경제가 총 파괴될 것이며 암흑화될 것입니다. 우리 인민은 미국놈의 노예가 될 것이며, 아사와 유혈폭압의 도탄에 신음할 것입니다. 우리의 국토는 양단되고 민족은 분열되어 남조선은 미국의 식민지와 군사기지로 될 것입니다. 우리는 죽어도 단정을 쳐부수지 않으면 우리 자손만대에 불행의 씨를 뿌리게 될 것입니다.

친애하는 제주도 형제자매들이여! 조국해방의 전사들이여!

당신들은 오늘 위대한 조국해방의 역사를 창조하고 있습니다. 여러분의 심장에는 구국의 뜨거운 피가 끓고 있으며, 여러분의 팔뚝은 영웅적 항쟁의 공격정신에 뛰고 있습니다. 여러분이 단선분쇄에 발휘하신 그 고귀한 순국구국정신과 애국적 영웅주의를 단정 분쇄투쟁에로 발휘하실 것을 우리는 기대하고 확신합니다. 피에 굶주린 원수들은 여러분에게 야수적 총화를 퍼붓고 있습니다. 또 앞으로 토벌과 학살을 감행하려 할 것입니다. 그러나 여러분은 조국 주권 방어의 초소(哨所)를 반드시 지킬 것을 우리는 확신합니다. 우리 남북 조선의 전 인민은 여러분에게 격려와 지지를 보낼 뿐 아니라 여러분의 뒤를 따라 전국적 구국투쟁을 더욱 광범히, 더욱 높게 발전시킬 것입니다.

친애하는 제주도 동포들이여! 우리의 싸움은 정의롭고 우리의 남북의 민주역량은 위대하여 전 세계 민주진영은 우리를 열렬히 지지, 성원하고 있습니다. 친일파, 민족반역자는 인민에게 고립되어 한줌도 못되고, 그들에게 의거하여 조국을 침략하려는 미 제국주의는 닥쳐오는 대공황을 앞두고 화산(火山) 위에 앉은 것 같으며, 역사적 몰락의 운명에 허덕이고 있습니다. 우리는 반드시 승리할 것이며 또 승리하여야 합니다. 여러분 승리를 확신하고 돌진합시다! 우리 남조선노동당 중앙위원회는 여러분과 함께 어떠한 희생을 무릅쓰고라도 용감하게 싸울 것입니다.

1. 위대한 구국항쟁에 돌진하는 제주도 인민에게 승리와 영광을 드리자!

2. 단선 분쇄투쟁에 육탄돌격을 감행한 인민 영웅들의 뒤를 따르자!

3. 망국멸족의 허수아비 단정을 철저히 쳐부수자!

4. 미제의 침략으로부터 조국 주권 방어를 위한 구국인민항쟁 만세!

5. 통일적 민주주의 조선 완전 자주독립 만세!

1948년 6월 남조선노동당 중앙위원회

(노민영 엮음, 『잠들지 않는 남도』)

| 작자 미상 |

# 친애하는 경찰관, 시민, 부모형제들이여!


친애하는 경찰관들이여!

탄압이면 항쟁이다. 제주도 유격대는 인민들을 수호하며 동시에 인민과 같이 서고 있다.

양심 있는 경찰원들이여! 항쟁을 원치 않거든 인민의 편에 서라!

양심적인 공무원들이여! 하루 빨리 선(線)을 타서 소여된 임무를 수행하고 직장을 지키며 악질 동료들과 끝까지 싸우라!

양심적인 경찰원, 대청원(大靑員)들이여! 당신들은 누구를 위하여 싸우는가? 조선 사람이라면 우리 강토를 짓밟는 외적들을 물리쳐야 한다!

나라와 인민을 팔아먹고 애국자들을 학살하는 매국매족노를 거꾸러 뜨려야 한다!

경찰원들이여!

총부리란 놈들에게 돌려라!

당신들의 부모 형제들에게 총부리를 돌리지 마라!

양심적인 경찰원, 청년, 민주 열사들이여!

어서 빨리 인민의 편에 서라! 반미 구국투쟁에 호응 궐기하라!


시민 동포들에게!

경애하는 부모 형제들이여!

'4·3' 오늘은 당신님의 아들, 딸, 동생은 무기를 들고 일어섰습니다.

매국 단선단정을 결사적으로 반대하고 조국의 통일 독립과 완전한 민족해방을 위하여!

　당신들의 고난과 불행을 강요하는 미제 식인종과 주구들의 학살 만행을 제거하기 위하여!

　오늘 당신님들의 뼈에 사무친 원한을 풀기 위하여! 우리들은 무기를 들고 궐기하였습니다.

　당신님들은 종국의 승리를 위하여 싸우는 우리들을 보위하고 우리와 함께 조국과 인민의 부르는 길에 궐기하여야 하겠습니다!

(『제주민중항쟁』 2)

| 작자 미상 |

# 국방군, 경찰원들에게의 '호소문'

친애하는 장병, 경찰원들이여!

총부리를 잘 살피라! 그 총이 어디서 나왔느냐?

그 총은 우리들의 피, 땀으로 이루어진 세금으로 산 총이다!

총부리란 당신들의 부모, 형제, 자매들 앞에 쏘지 말라!

귀한 총자(銃者) 총탄알 허비 말라!

당신네 부모, 형제, 당신들까지 지켜준다!

그 총은 총 임자에게 돌려주자! 제주도 인민들은 당신들을 믿고 있다!

당신들의 피를 희생으로 바치지 말 것을! 침략자 미제를 이 강토로 쫓겨내기 위하여!

매국노 이승만 악당을 반대하기 위하여!

당신들의 총부리를 놈들에게 돌리라!

당신들은 인민의 편으로 넘어가라!

내 나라, 내 집, 내 부모, 내 형제 지켜주는 빨치산들과 함께 싸우라!

친애하는 당신들은!

내내 조선 인민의 영예로운 자리를 차지하라!

(위의 책)

제5부 현대의 격문

# 진보당 선언문[1])

　우리가 8·15의 해방을 맞이할 때 우리의 앞에는 자유 발전의 탄탄대로가 열리고 이 강토에 수립될 새로운 민주국가로 모든 우리 국민에게 자유와 평등과 사람다운 생활을 보장하여 주게 될 것을 믿고 기대하고 희망하였던 것입니다. 그러나 이후 11년이 지난 오늘날 우리나라에는 통일된 자주독립 대신에 국토의 분단과 사상적 대립이 격화되었고, 자유와 질서와 안전 대신에 억압과 혼란과 폭력이 횡행하여 건설과 진보와 번영 대신에 파괴와 퇴영과 궁핍이 지배하고 있습니다.

　경제 시책은 비생산적인 소비 면에 치중하여 의연(依然) 자립경제 건설에 대한 실질적인 효력을 결여하고 있습니다. 따라서 매년 수억 불에 달한다는 미국 원조를 받으면서도 수백만의 실업자와 수십만의 상이군경이 가두에서 방황하고 있고, 노동자, 농민, 봉급생활자 및 수백만의 월남 피난민들은 말 못할 도탄에 빠져 있으며, 중소공업자들

---

　1) 조봉암은 일제시대에는 박헌영 등과 더불어 '공산주의자'로서 민족해방운동에 참여했고, 미군정기에는 인천에서 '조선공산당' 운동을 하다가 전향했다. 그는 1948년 제헌의원이 되어 대한민국 정부의 초대 농림부장관, 2대 국회의원을 역임했다. 그는 1952년 2대 대통령 선거에 출마한 후, 1956년 5월 제3대 대통령·부통령 선거에서 대통령 후보로 나서 총 투표자의 약 30%의 지지를 받아 대통령으로 당선된 이승만과 자유당을 긴장시켰다. 조봉암은 이러한 지지를 기반으로 1956년 11월 10일 '공산독재와 자본독재'의 부정, '평화적 통일' 등의 정치노선을 가지고 '진보당'을 결성했다.

은 파산과 생활불안으로 전전긍긍하고 있습니다.

탐관오리들의 발호와 타락은 날로 우심(尤甚)하고, 관료와 결탁한 소수의 정상 모리배는 국재와 민부를 갖은 수단으로 잠취도점하고 있습니다. 이리하여 법질서는 유린되고 기강은 해이되었으며, 도의는 아주 땅에 떨어져 도도히 탁류 속으로 휩쓸려가고 있습니다.

그러면 해방 이후 아름다운 이 강토에 이렇듯 추악 불미하며 부정불의한 정치적, 사회적 상태를 출현시키고 사랑하는 우리 국민 대중을 이렇듯 비참한 생활 형편에 빠뜨리고 통일을 숙원하는 모든 동포로 하여금 이렇듯 절망과 비애 속에 허덕이게 한 것은 도대체 그 무슨 까닭이겠습니까.

첫째로는 온갖 파괴적 수단으로써 통일 자주독립의 민주 한국 건설을 극력 방해하여 오다가, 급기야 그들의 상전인 스탈린의 명령에 따라 동족상잔적인 6·25의 참변을 일으킨 저 공산역도들의 침략 때문임은 물론입니다. 그러나 그뿐이 아닙니다. 8·15 이후 지주, 자본가로서 미군정에 중용되었던 한국민주당 중심의 고루한 보수적 정치세력과 대한민국 수립 이후에 있어 한국 정치의 추기(樞機)를 장악하고 민주주의의 이름 밑에 반(半)전제적 정치를 수행하여 온 특권 관료적 매판자본적 정치세력의 과오에 기인하였다는 것도 명백한 사실입니다.

시대적 감각과 사회적 양심을 결여하고 있는 후진 제국의 독선적 보수세력이 정치권력을 장악 행사하게 될 때 그들은 놀랄 만한 무능성과 부패성을 스스로 폭로하면서 국가적 혼란과 사회적 불안을 조장·격화하고 국민 대중을 도탄에 빠뜨리지 않을 수 없다는 것은 보편적인 국제적 통례로 되어 있습니다. 우리 한국의 경우가 결코 이에 대한 예외를 이룰 수 없음은 물론입니다.

사랑하는 동포 여러분! 우리의 조국과 민족은 바야흐로 누란의 위기에 처해 있습니다. 그러면 이러한 국가적 중대 위기를 극복하고 생사의 관두(關頭)에 선 우리 민족의 운명을 크게 타개하는 기사회생의 방도는 어떠한 것이겠습니까. 그것은 그른 것을 광정(匡正)하고 낡은 것을 혁신할 수 있으며, 모든 난관을 극복하고 새로운 건설을 수행하며 국리민복을 크게 증진·실현할 수 있는 새로운 민주주의적 정치세력을 집결하는 것—즉 진보적이며 혁신적인 민주주의적 대정당을 새로이 결성 발전시키는 것이야말로 우리의 조국과 민족을 존망의 위기로부터 구출하는 유일의 길인 것입니다.

사랑하는 동포 여러분! 20세기의 진정한 민주정치는 광범한 근로인 민의 의사와 이익을 대표하고 또 이를 힘차게 실천 구현하는 데 있습니다. 그러기 위해서는 높은 과학적 이론적 견식과 강한 사회적, 정치적 실천력이 반드시 요청되지 않을 수 없으며, 이러한 견식과 실천력은 어느 유능한 일개인이나 일부 소수인에게 기대할 수도 없고 또 기대해서도 안 됩니다.

광범한 근로인민을 사회적 기반으로 하는 진보적이며 대중적인 정치세력의 집결체—즉 참다운 민주주의적 정당만이 전 인류적 지식과 경험을 올바르게 섭취하고 종합함으로써 이를 진정으로 소화하며 제고하여 소유할 수가 있습니다. 그리하여 광범한 민중의 창조적 에너지를 민주적이며 건설적으로 조직 동원 이용함으로써 후진 한국의 과도적 혼란과 곤란을 극복 수습하는 한편, 운명적 기로에 선 우리의 조국과 민족을 힘찬 건설과 자유 발전의 대로에로 이끌어 올릴 수 있습니다.

사랑하는 동포 여러분! 이러한 역사적 사명을 지닌 우리 진보당은 오늘 국민대중의 절대적 기대와 촉망을 받으면서 우렁찬 고고의 소리를 울렸습니다. 우리 진보당은 어떤 일부 소수인이나 어떤 소수집단의 정치적 조직체도 아니고, 광범한 근로민중의 이익 실현을 위하여 노력하고 투쟁하는 근로대중 자신의 민주적, 혁신적 정당입니다. 우리 당의 기본적 역사적 과업은 경제, 문화, 방위 등 제 부문에 걸친 건설을 촉진 수행하여 우리의 민주적인 주체적 역량을 확대 강화하고, 이리 함으로써 민주적 국토통일을 평화적으로 실현하는 한편 새로운 복지사회를 건설하는 데 있습니다.

사랑하는 동포 여러분! 노동자, 농민, 근로 인텔리, 중소상공업자 여러분! 20세기는 실로 변혁의 세기입니다. 인류사회는 바야흐로 큰 전환기에 처하여 있습니다. 지구상의 이 나라 저 나라에서 급속히 혹은 완만히, 현저히 혹은 은연히 큰 변혁이 진행되고 있습니다. 이러한 변혁의 기본목표는 명실상부한 자유와 평등과 사람다운 생활을 보장하여 줄 진정한 대중적 복지사회를 건설하는 데 있는 것입니다. 그렇다면 전 국제사회의 일원인 우리의 조국과 민족도 위대한 20세기 변혁을 피와 땀으로써 수행하고 있는 전 인류와 함께 자유와 광명의 새로운 복지사회 건설을 향하여 매진하여야 하며, 또 하지 않을 수 없을 것은 명백한 일입니다. 우리의 진보당은 사랑하는 이 강토에 만인 공영의 새 사회를 건설하기 위하여 모든 피해 대중과 함께 양심과 성의와 열정으로써 백절불굴 감투 용진할 것을 감히 맹세하는 바입니다. 근로대중 여러분의 적극적인 지지와 협력과 편달을 기대하고 열망하여 마지않습니다.

## <강 령>

1. 우리는 원자력 혁명이 재래할 새로운 시대의 출현에 대응하여 사상과 제도의 선구적 창도로서 세계 평화와 인류 복지의 달성에 기한다.

2. 우리는 공산독재는 물론 자본가와 부패분자의 독재도 이를 배격하

고 진정한 민주주의 체제를 확립하여 책임 있는 혁신정치의 실현을 기한다.

3. 우리는 생산 분배의 합리적 계획으로 민족자본의 육성과 농민, 노동자, 모든 문화인 및 봉급생활자의 생활권을 확보하여 조국의 부흥 번영을 기한다.

4. 우리는 안으로 민족세력의 대동단결을 추진하고, 밖으로 민주우방과 긴밀히 제휴하여 민주세력이 결정적 승리를 얻을 수 있는 평화적 방식에 의한 조국통일의 실현을 기한다.

5. 우리는 교육체계를 혁신하여 점진적으로 국가보장제를 수립하고, 민족적 새 문화의 창조로써 세계문화에 기여를 기한다.

단기 4289(1956)년 11월 10일

# 전 부산학생 호소문1)

동포여 잠을 깨라! 일어나라!

짓밟은 민주주의를 위해 일어나라. 내일의 조국 운명을 위해 일어나라. 하늘에 부끄럽고, 광복 위해 피 흘려 돌아가신 선열들에 부끄럽고, 공산 괴수로부터 강토를 구해준 민주 우방에 부끄러운 이 추태를 보고만 있겠는가.

바로 지금 온 겨레가 땅을 치고 통곡해야 할 비참하고도 하늘 밑 그 어느 곳에서도 찾아볼 수 없는 기막힌 변을 겪는 우리는, 아직도 억울한 가슴의 상처를 부둥켜안고 엎드려 있어야만 한단 말인가.

학도들은 일어섰다. 우리가 단군의 자손인 이상 우리는 죽지 않고 살아 있다. 우리에게도 눈 코 귀 입이 있다. 공부나 하라고 한다. 우리더

---

1) 1960년 3월 15일 제4대 대통령, 부통령 선거에서 고령인 이승만 사후의 정권유지에 위협을 느낀 자유당은 제3대 선거 때 야당의 부통령 후보 장면에게 패배당한 이기붕을 부통령으로 당선시키기 위해 수단과 방법을 가리지 않았다. 자유당이 전체 투표의 85%를 확보하기 위해 내무부장관 최인규는 사전투표에서 먼저 40%를 확보하고, 정식투표에서도 3인조, 9인조 투표를 조장의 감시 아래 감행하게 하여 다시 40%를 확보하도록 각 행정기관에 비밀 지령했다. 또 이 계획이 실패할 경우 투표소 안에서의 환표(換票) 및 투표함 교환을 통해 목적을 달성하도록 지시했다. 그 결과 대통령 후보 이승만의 당선은 물론 이기붕도 72%의 표를 얻어 민주당의 장면을 누르고 부통령으로 당선되었다. 투표 당일 마산에서부터 시작된 학생들을 중심으로 한 부정선거 규탄시위는 마침내 4·19 혁명운동으로 발전되었다.

러 눈을 감으라 한다. 귀를 막고 입을 봉하라고 한다. 그러나 그러기에는 가슴속에 한 조각 남은 애국심이 눈물을 흘린다. 우리는 상관 말라고 한다. 왜 상관이 없느냐? 내일의 조국 운명을 어깨에 멜 우리들이다. 썩힐 대로 썩힌 후에야 우리에게 물려주려느냐? 우리더러 배우라고 한다. 그러나 무엇을 배우랴. 국민을 기만하고 민주주의를 오용하고 권모술수 부리기와 정당 싸움만 일삼는 그 추태를 배우란 말인가?

국민이여, 잠을 깨라! 우리는 국가의 주인이다. 주인이 가져야 할 열쇠들을 우리에게 고용당한 하인에게 하나하나 빼앗기고 있다. 피 흘려 돌아가신 선열들의 혼을 위로하자. 마산사건에 억울하게 희생된 혼들을 위로하자. 왜놈과 공산도배와 싸울 때 흘렸던 학도들의 고귀한 피다. 나라 찾은 오늘, 우리는 왜 민주경찰의 총부리 앞에서 피를 흘려야 하느냐. 구속된 학생을 즉시 석방하라! 그들을 구속하려거든 백만 학도를 모두 구속하라. 백만 시민이여, 잠을 깨라! 동포여, 잠을 깨라! 선열들의 울음소리가 들리지 않느냐.

1960년 3월

# 대학 교수단 4·25 시국선언문[1]

　이번 4·19참사(慘死)는 우리 학생운동사상 최대의 비극이요, 이 나라 정치적 위기를 초래한 중대 사태이다. 이에 대한 철저한 반성과 규정(糾正)이 없이는 이 민족의 불행한 운명은 도저히 만회할 길이 없다. 우리 전국 대학교 교수들은 이 비상시국에 대처하여 양심의

---

　1) 1960년 3·15 마산 부정선거 규탄시위에 참가했던 마산상고 1학년 학생 김주열의 시신이 4월 11일에 최루탄이 눈에 박힌 채 마산 앞바다에 떠올랐다. 이 날 마산 시민들은 격렬한 항의시위를 벌였다. 이것은 순식간에 전국으로 번졌다. 4월 18일 서울에서는 고려대 학생 4천여 명 등이 세종로 국회의사당 앞에서 부정선거 규탄시위를 벌였고, 이에 대해 자유당의 지시를 받은 정치깡패들이 학생들을 습격하여 더욱 학생들을 분노케 했다. 4월 19일 국회의사당 앞에 10만에 달하는 학생과 시민들이 모여 자유당 정부에 대해 항의시위를 벌이며 중앙청 방향으로 돌진해 나갔다. 훗날 '피의 화요일'로 불린 이날에 경찰의 발포로 115명의 학생과 시민이 총에 맞아 죽었고, 1천여 명이 부상을 당했다. 시위는 나라 곳곳으로 확대되어 갔다. 이에 자유당 정부는 계엄령을 실시하고 군대를 동원하였지만 시위는 그칠 줄 몰랐다. 그러자 이승만 대통령은 4월 21일에 내각을 바꾸고, 다음날에는 이승만 자신이 자유당 총재직을 사퇴하고 이기붕 부통령을 물러나게 했다. 그러나 이승만과 자유당 독재의 종식을 원했던 국민들의 반발을 진정시킬 수 없었다. 이에 4월 25일 전국 27개 대학의 4백여 명의 교수들이 시국선언문을 발표하고 '쓰러진 학생의 피에 보답하라'는 깃발과 태극기를 앞세우고 가두행진을 벌였다. 이와 같은 학생, 시민, 대학 교수들의 반이승만 반자유당 투쟁은 4월 26일 오후 1시에 '이승만의 하야'를 이끌어냈다.

호소로써 다음과 같이 우리의 소신을 선언한다.

1. 마산, 서울, 기타 각지의 데모는 주권을 빼앗긴 국민의 울분을 대신하여 궐기한 학생들의 순수한 정의감의 발로이며, 불의에는 언제나 항거하는 민족정기의 표현이다.

2. 이 데모를 공산당의 조종이나 야당의 사주로 보는 것은 고의의 왜곡이며 학생들의 정의감의 모독이다.

3. 합법적이요 평화적인 데모 학생에게 총탄과 폭력을 주저없이 남용하여 공전의 민족 참극을 빚어낸 경찰은 자유와 민주를 기본으로 한 대한민국의 국립경찰이 아니라 불법과 폭력으로 권력을 유지하려는 일부 정치집단의 사병(私兵)이다.

4. 누적된 부패와 부정과 횡포로써 민권을 유린하고 민족적 참극과 국제적 수치를 초래케 한 현 정부와 집권당은 그 책임을 지고 물러가라.

5. 3·15선거는 부정선거다. 공명선거에 의하여 정·부통령을 재선거하라.

6. 3·15부정선거를 조작한 자는 중형에 처하여야 한다.

7. 학생 살상의 만행을 위해서 명령한 자와 직접 하수한 자는 즉시 체포 처단하라.

8. 깡패를 철저히 색출 처단하고 그 전국적 조직을 분쇄하라.

9. 모든 구속된 학생은 무조건 즉시 석방하라. 설령 파괴와 폭행이 있었더라도 이는 동료의 피살에 흥분된 비정상 상태하의 행동이요, 파괴와 폭동이 그 본의가 아닌 까닭이나.

10. 공적 지위를 이용해서 관청과 결탁하여 부정축재한 자는 군·관·민을 막론하고 가차없이 적발 처단하여 국가의 기강을 세우고 부패와 부정을 방지하라.

11. 경찰의 중립화를 확고히 하고 학원의 자유를 절대 보장하라.

12. 곡학아세의 사이비 학자를 배격하라.

13. 정치도구화한 소위 문화인, 예술인을 배격한다.

14. 시국의 중대성을 인식하고 학생들은 흥분을 진정하여 이성을 지키고 속히 학업의 본분으로 돌아오라.

15. 학생 제군은 38선 이북에서 호시탐탐하는 공산 괴뢰들이 제군들의 의거를 백 퍼센트 선전에 이용하고 있다는 사실을 경계하라. 또 이남에서도 종래의 반공 명의를 도용하는 방식으로 제군들의 흘린 피의 대가를 정치적으로 악이용하려는 불순분자가 있음을 조심하라.


　　<구 호>

　─ 이(李) 대통령은 즉시 물러가라.
　─ 부정선거 다시 하라.
　─ 살인귀 처단하라.

1960년 4월 25일

# 역사 앞에 선언한다[1]

우리나라는 해방과 함께 38선을 경계로 공산독재 체제와 자유민주 체제의 세계사적 대결의 최전선이 되었다. 그러므로 대한민국이 자유 민주 체제를 확립·신장시켜야 한다는 것은 우리나라 역사뿐 아니라 자유진영 전체가 요구하는 지상명령이다.

이북의 4백만 동포가 모든 소유를 버리고 생명을 모험하면서 남하한 것은 이남에는 '자유가 있다'는 사실을 동경한 까닭이었으며, 남하 후 극도의 곤경 속에서도 후회하지 않는 것은 자유민주의 가능성이 아직도 이 땅에 남아 있다는 희망 때문이다. 우리가 외치는 것은 반공을 위한 반공이 아니라 자유민주 체제의 확립과 신장을 위한 승공인 것이며, 우리가 염원하는 통일 역시 자유민주 체제에서의 통일인 것은 우리 국민의 고귀한 불문율이다. 6·25 공산침략에 대결하여 세계 자유 진영 16개국의 젊은이들과 함께 우리 국민이 피 흘린 것도 이 자유민주

---

1) 1963년과 1967년의 대통령 선거를 통해 2회 연속 대통령에 당선되 었던 박정희는 장기 독재체제를 유지하기 위해 1969년 연두 기자회견에 서 '3선개헌'의 뜻을 내비치고는 여당 안의 개헌 반대세력(김종필계의 국 민복지회)을 제거했다. 이러한 박정희 정권의 장기 독재 음모에 대항하 여 야당과 민주세력들은 '3선개헌 반대 범국민투쟁위원회'를 결성하여 반독재 민주화운동을 전개했다. 그러나 박정희 정권은 야당과 학생들의 개헌 반대시위를 탄압하면서 9월 14일 국회 별관 회의실에서 여당의원 만으로 '3선개헌안'을 날치기로 가결시킨 후, 이를 10월 17일 국민투표를 통해 65.1%의 찬성을 얻어 확정했다.

의 제단이었으며, 4월혁명의 정신도 이 자유 민주에의 헌신이었다. 그러므로 이 땅의 자유민주 체제의 방향을 경시, 왜곡 또는 역행하는 정권이나 운동은 결코 용납될 수 없는 민족사의 이단이다.

박정희 정권 10년의 집권기록은 어떠한가? 자유민주 체제의 마비와 말살을 지향하고 있다.


1. 학원은 세밀한 데까지 정부의 지시에 굴종하게 되고, 구김살 없는 민족정기의 기수인 젊은 학생들의 바른 외침은 무장경찰의 폭력 밑에 무자비하게 유린되고 있고, 국민의 자녀교육과 인재육성에 무리한 제재를 가하여 인물 한국의 장래를 위태롭게 하고 있다.

2. 언론은 취재와 비판의 자유를 대폭 상실하였고, 특히 정부에 대한 솔직한 비판은 거의 함구에 가까운 형편이다.

3. 국회는 부정선거에 의하여 선출된 절대 다수의 여당의원과 소수의 야당의원으로 구성되었고, 정부의 시녀화한 무력한 허수아비로 전락하여 변칙, 횡포의 의사진행 등으로 민주 헌정의 미덕을 상실한 지 오래다.

4. 사회는 대체로 공법이 집권자의 도구로 악용되고, 자금이 매수의 만능약으로 신봉되는 오염기류에 덮여 있다. 그럼에도 불구하고 정의가 침묵 속에 감금되고, 사찰이 악의 진원지를 건드리지 못하는 실정이므로, 이제 절대권력의 절대부패 현상이 각 방면에서 드러나고 있다.

5. 박정희 정권이 가장 과시하는 '경제건설'은 어떠한가. 부패, 의혹 및 특혜로 말미암아 중소기업과 농촌은 거의 전적인 몰락과정을 밟고 있다. 소수의 특혜기업도 속속 부실기업화 하여 도산이 속출하는 가운데 수삼의 정상 재벌이 남을지 모르나, 관의 과대 겸병 때문에 전 국민의 원부(怨府)로 화하고 있다.

고속도로, 고층건물, 공업단지 등이 견실한 경제이론보다도 정권 연장을 위한 전시효과를 앞세우며, 무리하게 결행되어 종내 국가경제의 파탄을 초래하고 있으니, 이것은 과잉의욕과 시행착오 정도로 눈가림하기에는 너무도 심각한 저주를 우리 역사에 심어놓은 경제 민주화의 역행이다.

이런 상황임에도 불구하고 집권자는 자존망대하여 1인의 장기집권을 위한 3선개헌을 추진하고 있다. 만약에 이와 같은 배신과 우롱에 주권자인 국민이 묵종한다면 그것은 자유 민주 한국의 임종을 재촉하는 것밖에 다른 아무 것도 없을 것이다.

우리는 합법적인 법절차에 따라 헌법을 고친다는 것을 문제 삼지 않는다. 우리의 문제는 그 이전에 있다. 누가 무엇을 위해 개헌하려는 것인가 하는 근본을 문제 삼는 것이다. 특정인의 장기집권을 위한 3선개헌의 종장은 무한 전술에 의한 무한 독재임이 자명하다.

박정희 정권은 북괴 침공의 위협을 선전한다. 그러나 박정희 정권 자신이 민주국민의 충고를 무시하고 헌정을 말살하는 3선개헌을 강행하여 국론분열과 사회의 격동을 조장한다면, 그것이야말로 북괴의 흉계에 호기를 제공하는 것이다.

우리는 이제 3선개헌을 강행하여 자유 민주에의 반역을 기도하는 어떤 명분이나 위장된 강변에도 현혹됨이 없이 헌정 20년간 모든 호헌 세력들의 공통된 신념과 결단 위에서 전 국민의 힘을 뭉쳐 단호히 이에 대처하려 한다. 집권자에 의해서 자유 민주에의 기대가 끝내 배신당할 때, 조국을 수호하려는 전 국민은 요원의 불길처럼 봉기할 것이다. 우리는 날로 그 우방을 확장시키고 있고, 선악의 대결과 진부(眞否)의 결전에서 용솟음치는 결의를 가지고 있다.

자유국민의 조국은 영원하다.

영원한 조국을 가진 국민은 용감하다.

전 국민이여! 자유민주의 헌정수호 대열에 빠짐없이 참여하라.

1969년 7월 17일

# 국민적 참여를 호소한다[1]

　우리는 눈앞에 닥쳐온 이번 4월 및 5월의 선거가 우리나라 민주주의 사활이 걸려 있는 중대한 분수령이라고 판단하고, 이 선거가 민주적이며 공명정대한 것으로 일관되도록 양심적인 모든 국민이 적극적으로 발언하고 참여하는 것이야말로 조국의 엄숙한 명령이라고 믿어, 이에 민주수호의 범국민운동을 발의하는 바이다.

　민주주의의 근간은 선거에 있고, 선거의 요체는 국민의 의사가 부당한 제약 없이 정당하고 충분하게 반영되는 데에 있다. 그러나 닥쳐온 이번 선거에서도 민주선거, 공명선거는 매우 위험할 정도로 짓밟힐런지 모른다는 우려와 그 징후는 벌써 농후하게 나타나고 있는 것이다. 비록 정치인은 아니나 우리가 국민의 1인으로 좌시하지 못할 이유가

---

　1) 재야인사들은 박정희와 공화당의 영구집권을 위한 '3선개헌안'이 국민투표를 통해 확정된 이후 1970년 4월 19일 '민주수호국민협의회'를 조직했다. 그리하여 협의회는 1971년 4월 27일의 대통령 선거에서의 박정희의 당선을 저지시키고, 5월 25일의 국회의원 선거에서 박정희의 당인 공화당 국회의원 후보의 당선을 저지시켜 국회에서 '반독재투쟁'을 벌일 수 있도록 국민의 민주화운동에의 동참을 호소했다. 그러나 수단과 방법을 가리지 않는 부정선거와 관권선거를 통해 박정희는 총투표의 51.2%를 얻어 야당인 신민당의 김대중이 얻은 43.6%보다 94만 표를 더 얻어 다시 7대 대통령으로 당선되었고, 여당인 공화당은 8대 국회의원 선거에서 야당인 신민당의 89석보다 24석이 더 많은 113석을 차지했다. 그러나 박정희와 공화당에 대한 국민들의 지지율은 이전보다 낮아졌다.

여기에 있다.

첫째, 민주주의적인 제 질서가 일상에 있어 보장되어 있지 않은 지 오래이며, 그러한 상태는 선거운동 기간에 들어와서도 다름없이 지속되고 있다. 언론, 출판, 집회, 결사 등 국민의 기본적인 권리는 헌법의 조문에만 남아 있을 뿐 정보정치와 행정적 재량과 경찰력에 의하여 사실상 그 기능이 정지되어 국민의 자유에 관한 한 우리 민주주의의 역사상 최악의 상태에 와 있다. 민주주의 일상적인 판단에 기초적 사실을 제공해 줄 신문과 방송이 전전긍긍, 너무도 할 말을 못하고 있는 것이 단적으로 그것을 보여주고 있다. 우리는 국민의 이 기본권을 우리의 힘으로 되찾아야 한다.

둘째, 선심이라는 이름의 금력이 후안무치하게 난무하기 시작했고, 선거운동의 기회 불균등을 비롯한 관권의 개입이 음성적으로 움직이기 시작했다. 신문 방송에도 나타나지 않는 이야기라 하지 말라. 국민은 각자의 주변에서 적지 않은 실례를 발견할 수 있을 것이다.

금력의 방종이란 이제는 극한에 가까워 온 부정부패와 직결되는 것이요, 그것은 또한 국민대중의 피해로 주름 잡혀 되돌아올 원천적인 죄악으로서 당연히 응징되어야 한다. 공명선거, 민주선거에 있어 최대의 적의 하나인 관권의 횡포가 앞으로도 계속될 것인지, 이 역시 과거의 여러 선거에서 단련된 국민의 양식이 철저하게 지켜볼 것이다.

셋째, 선거 마지막 과정에서 정상적이며, 민주적인 절차와 질서가 유지될 것인가에 대한 의구심은 과거의 뼈저린 경험을 가진 국민으로서 너무도 당연한 것이다. 우리는 국민 모두가 빠짐없이 주권을 행사하도록 기권을 방지하고 투표가 엄정히 진행되도록 민중이 감시하여 선거부정을 자기의 처소에서 고발하는 등 국민 각계각층의 참여를 호소한다.

우리는 국민 자신의 힘을 믿는다. 이보다 더 강대한 것이 없는 민중의 무한한 힘을 믿는다. 이 거대한 힘으로 민주주의 수호에 총궐기하자! 일체의 반민주적인 책동을 국민의 이름으로 분쇄하자!

1971년 4월 19일

# 국민에게 보내는 메시지[1]

## — 56주년을 맞은 3·1절과 민주국민헌장 발표에 부쳐 —

오늘은 56번째 맞는 3·1절입니다. 저 유명한 독립선언과 조선독립 만세 소리가 전국의 방방곡곡에서 메아리쳤던 날입니다. 그날 이 나라

---

[1] 박정희 정권은 1972년 10월 17일 비상계엄을 선포하여 국회를 해산시키고, 정당의 정치활동을 금지하고, 비상국민회의가 국무회의와 입법 기능까지 떠맡고는 소위 '유신체제'에 들어섰다. 비상계엄 상태에서 대통령 임기를 4년에서 6년으로 연장하고 중임 제한 규정을 없애 박정희가 종신 집권하게 하고, 대통령 선거도 국민투표에 의한 것이 아니라 친여권 인물로 이루어진 '통일주체국민회의'에서 간접선거로 치러지게 하는 것 등의 내용을 가진 '유신헌법'을 11월 21일 국민투표에 붙여 찬성 91.5%로 통과시켰다. 이 '유신헌법'에 의하여 1972년 12월 23일 2,359명의 통일주체국민회의 대의원은 세종문화회관에서 2명의 무효표만 낸 채 단독 입후보한 박정희를 제8대 대통령이 되게 했다. 12월 27일 '유신헌법'을 공포하여 제4공화국이 출범했다. 이러한 박정희 유신독재정권에 대항하여 1973년 12월 야당과 지식인들이 벌인 '개헌청원 서명운동'이 1974년 1월에 30만을 넘자 박정희 정권은 긴급조치 1호를 발표해 헌법개정 논의를 금지시키고 '비상군법회의'를 두어 탄압했다. 이후 박정희 정권은 '유신헌법' 철폐운동과 민주화운동을 억압하기 위하여 긴급조치를 9호까지 선포했다. 1974년 11월 재야 정치인과 종교계, 학계, 언론인, 법조인 등은 '민주회복국민회의'를 만들어 자유, 인권, 개헌운동을 벌여 나갔다.

민족은 잔인한 이민족의 통치하에서 손에 손에 태극기를 들고 만세소리를 드높게 외쳤습니다. 남녀노소가 없었고 도회와 시골이 없었으며 너와 내가 없었습니다.

3·1 정신은 곧 민족주의와 민주주의 정신입니다. "위력의 시대는 가고 도의의 시대가 온다"고 선언하였던 3·1 독립선언문은 오늘에도 의연히 그 정신을 일깨워주고 있습니다. 무수한 선열들의 피의 순국으로 조국은 해방되었습니다. 그 선열들이 애타게 절규했던 민주주의는 아직도 정치권력에 의하여 짓밟혀지고 있습니다.

이제 위력의 시대는 가고 도의의 시대가 온다고 선언했던 선열들의 피맺힌 함성은 무정한 독재자에 의해 해방된 조국에서 유린되고 있습니다. 우리들 민주국민은 해방 30년을 경과하면서도 뿌듯한 민족적 긍지와 민주주의에의 자신을 가지지 못하고 있습니다.

양심 있는 국민이라면 지하에 계신 순국선열들을 대할 면목이 없습니다. 순국선열들의 조국을 바라보던 그 불타던 눈빛은 지금도 우리의 현실을 지켜보고 있을 것입니다. 이제 우리는 순국선열들에 대한 깊은 묵념을 올리면서 이 땅의 현실에 비추어 우리가 나아갈 바에 대한 각오와 결의를 새로이 할 때입니다.

선열들이 그토록 희원하던 자주와 자립은 현 정권의 비호를 받으면서 상륙한 일본의 자본과 상품에 의하여 반신불수의 해외 의존적 경제체질로 만들어 거리가 멀어져 가고 있습니다. 이민족의 자본과 기술 앞에 우리의 남녀 근로자는 쟁의 한번 제대로 하지 못하도록 되어 있습니다. 일본인 관광객의 유치를 위한 기생관광 정책은 이 나라의 치부를 내외에 널리 알리는 결과가 되었습니다.

그토록 선열들이 외쳤던 국민의 기본적 자유는 이민족 아닌 동족의 독재정권에 의하여 무참히 짓밟히고 있습니다. 도의시대는 독재정권에 의하여 차단당하였습니다. 일제는 독립의 투사를 투옥했으되 법에 따라 했으며, 3·1만세운동의 주역을 최고 12년형에 처했습니다. 일제하에서 창간되고 지탱되어 온 동아일보는 이민족 아닌 동족의 독재권력에 의하여 풍전등화의 위치에 처해 있습니다. 일제치하에서도 열렸던 학원의 교문은 독재권력의 편리한 판단에 따라 수시로 문닫기곤 했습니다. 일제치하에서도 학생의 현 주소는 학교였습니다만 언제부터인가 학생의 현주소는 감옥이라고 되어 있습니다.

3·1만세운동은 우리 민족의 위대성을 내외에 알린 획기적인 운동이었습니다. 그때의 함성은 포악한 일제로 하여금 간담이 서늘케 하였으며, 민주주의에 대한 신념은 민족언론의 창달로 나타나게 하였습니다. 민족의 독립과 민주주의는 3·1운동의 기본정신입니다.

국민이 언론과 신앙의 자유를 누리고 공포와 불신, 결핍으로부터 해방된 민주사회의 건설이 우리의 나아갈 길이다. 침묵과 방관은 방자한 권력의 존속과 팽창을 조장하는 것이므로, 이 같은 권력에 저항하는 것은 민주국민의 권리이며 의무이다.

부정과 부패는 민주국민의 공적이요, 민주사회의 독소이다. 자주자립의 국민경제 확립과 그 균형 발전은 민주주의 실현의 토대이다. 모든 국민은 각자의 정당한 권익옹호를 위해 단체를 구성하고 가입할 수 있으며, 인간의 존엄성에 상응하는 생활을 보장받아야 한다.

민주주의의 확립과 신장은 우리에게 주어진 사명이다. 우리는 민주주의의 실현만이 국민의 연대와 발전을 이룩하는 길이요, 국제사회에서 국가의 위신을 높이고 인류의 진보에 이바지하는 길이며, 갈라진 민족이 다시 평화로운 통일에 이를 수 있는 길임을 확신한다.

우리는 천부의 양심에 따라 의를 행함에 떨쳐 일어나 국가와 국민의 운명을 가름할 이 땅의 민주건설을 위하여 언제 어디서나 거국적인 민족, 민주의 국민운동에 헌신한다.

<강령 삼장>

─ 우리의 민주화 투쟁은 시대적 양심의 소명이며 민주국민으로서의
의무요, 정당한 권리의 행사이다. 우리의 투쟁은 두려움 없이 비폭력,
평화적인 방법으로 전개한다.

─ 주권자인 우리들 민주국민은 부당한 권력의 자기 존속을 위한
어떠한 음모와 횡포에 대하여도 비타협 불복종의 정신으로 대처한다.

─ 평화와 양심을 사랑하는 우리는 국내외의 모든 민주역량과 상호연
계를 강화하고 단결하여 통일되고 조직된 힘으로 그릇된 권력에 대항
한다.

1975년 3월 1일

# 우리는 똥을 먹고 살 수 없다[1)

## ─동일방직 노동자들의 호소─

"아무리 가난하게 살아 왔어도 똥을 먹고 살지는 않았다." 이 울부짖음은 지난 2월 21일 인천 동일방직(인천시 동구 만석동) 공장에서 노동조합을 파괴하려는 조종을 받은 깡패 같은 근로자들에게 당한 저희들이 똥물을 뱉으며 하던 말입니다. 고무장갑을 낀 남자들은 똥을 바께스로 들고 와 머리서부터 뒤집어씌우고 손으로 찍어 투표하러 들어오는 저희들의 입 속에 쑤셔 넣고 걸레에 묻혀 얼굴을 문대어 똥으로 뒤범벅이 된 눈은 뜰 수가 없었으며, 귓구멍에 틀어박힌 똥 때문에 말을

---

1) 1970년대로 들어서면서 수출 주도형 고도성장 정책에서 소외된 기층의 미조직 노동자에 의한 밑으로부터의 저항운동은 1970년 11월 13일 '전태일의 분신자살 사건'에서 보듯 활발해져 갔다. 이에 박정희 정권은 1971년 국가비상사태를 선포하고 '국가보위에 관한 특별조치법'을 공포하여 헌법에 보장된 노동3권 중 단결권을 제외한 단체교섭권과 단체행동권을 크게 제한했다. 곧 '유신체제'로 들어가면서 노동자운동 등은 한층 더 심하게 탄압받았다. 이러한 조건 속에서도 노동자의 저항 행동은 멈추지 않았다. 노동조합이 없는 공장에서는 노조를 만들고, '유신체제'를 지지하는 어용노조가 있는 곳에서는 민주노조를 만들어 나갔다. 특히 1972년, 1976년, 1978년 동일방직에서 벌어진 노조 민주화투쟁은 유신체제와 독점자본의 지배 아래 노동자들이 헌법에 보장된 자신의 권리를 찾기 위한 처절한 투쟁의 하나였다.

들을 수도 없었습니다. 그것으로도 부족해 무지막지한 깡패들은 저희들의 머리채를 낚아채 뒤로 젖히고 이빨로 입술을 물어뜯는 등 이리와 같은 행동을 했습니다.

이 기막힌 만행은 민중의 지팡이인 경찰과 섬유노조, 본조, 그리고 회사가 지켜보는 가운데서 공공연하게 자행된 처참한 광경이었습니다.

저희들 전국섬유노동조합 동일방직 지부의 조합원들은 1972년 우리나라 최초의 여성 지부장을 선출하고 근로자를 대변하는 노동조합이라고 자부한 이후 탄압과 채찍 속에서 고통으로 일관된 조합활동을 해왔습니다.

1976년 2월 대의원 선거 때부터 회사는 그 조종을 받은 노동조합 말살계획은 표면화되었습니다. 그러나 우리는 징계와 감시, 온갖 모략에도 굴하지 않고 인내와 용기, 인간답게 살고자 하는 일념으로 이 조합을 지키기 위해 싸워 왔습니다. 30℃가 넘는 땡볕 아래 물도 마시지 못하며 밤낮 없이 단식농성을 만 3일이나 했고, 경찰과 사원들의 몽둥이세례에 세계의 역사에서도 볼 수 없는 벌거벗은 몸으로 저항하기도 했습니다.

우리는 노조를 지키기 위해 수치심도 버렸으며 밖에 몰려든 부모들도 있었습니다. 72명이 경찰에 연행되고, 50여 명이 기절을 하고, 14명은 병원으로 실려 갔고, 한 근로자는 쇼크로 정신분열증을 일으켜 6개월을 정신병원에 입원을 하는 큰 희생을 치르기도 했습니다. 저희들의 권리를 찾기 위해 구둣발에 짓밟혔고 경찰과 바퀴 밑에 드러누웠으며, 몽둥이에 쓰러졌습니다.

반나체로 벗어든 작업복을 휘두르며 부르던 노총가가 아직도 우리들 가슴을 뜨겁게 해줍니다.

그러나 이러한 투쟁을 본 섬유노조 본조의 태도는 어이없는 것이었습니다. 저희 지부의 사건을 해결하지 못했다고 방순조 위원장을 밀어내고 당선된 김영태 위원장은 3년이 다 되도록 저희들의 문제는 아직도 해결해주지 않고 있습니다.

지난 2월 21일은 저희 지부의 78년 정기총회를 하기 위해 새 대의원을 선출하는 날이었습니다. 이에 회사 측의 편리를 받은 지부장 입후보자 박복례는 신·구교 신자인 조합원들이 산업선교회나 J.O.C.에 나가는 것을 비판하고, 산업선교회는 빨갱이 단체라는 인쇄된 유인물을 작업 현장에 마구 뿌리며 다녀도 회사는 이를 보고도 아무런 제재도 없었습니다.

그리고 회사측은 본부 노동조합의 신임을 받고 있는 반도상사(부평소재) 전 지부장이었던 한순임이라는 사람에게 인천 시내에 있는 문화여관 105호실을 무기한 전세 내어 상주시키며, 문화여관 종업원을 가장한 깡패들의 보호 속에 회사측은 간부들과 관리자들을 총동원하여 QC 교육이다, 안전교육이다, 새마을교육이다, 송별회 등이 있다는 명목으로 근로자들을 강제로 동원 한순임의 말(교육)을 듣게 하고 있었습니다.

그리고 교육을 받고 반대되는 질문을 하면 대기하고 있는 깡패들에게 연락하여 머리채를 휘어잡고 강제로 입을 맞추며, 입술을 물어뜯어 상처를 입히는 것이었습니다.

깡패는 누구의 돈으로 매수했고 시내 한복판에서 이런 폭행과 난동을 부려도 경찰은 모르는 체하고 있으니 누가 누구를 보호하는 것인지 알 수가 없는 현실입니다.

지난 21일 새벽 출근하는 저희들은 희망과 기대를 갖고 선거장으로 갔는데, 몇몇 술 먹은 회사 측 남자들이 몽둥이로 노동조합 사무실의 기물을 무자비하게 파괴하고 투표함을 모두 때려 부쉈고, 투표하러 온 저희 조합원들을 패고 고무장갑을 낀 손으로 걸레에 똥을 묻혀 얼굴에 문지르며 입에 먹이고 가슴속에 집어넣으며 노동조합 사무실과 탈의장에 벗어놓은 옷에도 모두 바께쓰로 똥을 뿌려 놓았으며, 회사의 조종을 받는 박복례는 똥을 들고 다니는 깡패 같은 남자들에게 "저 년에게 먹여라"고 지시를 하고 있었습니다. 탈의장에서 옷도 못 갈아 입은 저희들은 얇은 치마와 반팔 작업복을 입은 채로 영하의 새벽 공기 속에서 이들에게서 똥을 뒤집어쓰고 눈도 못 뜨고 귀와 입으로 온통 들어간 이 울분을 어떻게 표현할 수가 있겠습니까. 추운 줄도 모르고 발을 구르며 우리는 "아무리 가난하게 살고 있지만 우리도 인간이다. 우리는 똥을 먹을 수는 없다"라고 가슴을 쥐어뜯으며 통곡 을 하였습니다.

치안유지를 위해 동원된 정복경찰들은 도와달라고 외치는 저희들에 게 "야 이 쌍년들아 입 닥쳐! 이따가 마를 거야" 하며 욕설이나 퍼붓고 구경만 하는 것이었습니다. 이래도 대한민국이 법치국가입니까? 이렇 게 매를 맞고 똥을 뒤집어썼어도 우리는 투표하려고 노조 사무실을 들어가려고 했으나 깡패 남자들이 점령하여 난투극이 벌어져 우리는 70명이 부상을 당하고 내던지는 유리에 손이 찢겨 7바늘이나 꿰매야 하는 중상을 입었습니다.

실천하는 근로자들 중 아수라장인 투표장은 결국 대의원 선거를 치르지 못하고 투표함은 남자들의 손에 박살이 났습니다. 그러자 섬유 노조 본조는 다음날인 22일 긴급 집행위원회를 소집하여 23일 12시까 지 현 노동조합 지부장인 이총각과 회사 측의 지부장 입후보로 나선 박복례가 본조의 명령에 무조건 복종한다는 각서를 쓰면 사고지부 처리를 하지 않겠다고 하였으나, 무조건 복종이라는 말에 현 노동조합 측에 거부를 하였더니 본부 노동조합은 23일자로 사고지부라는 공고를 회사의 게시판에 붙이고 말았습니다.

현 노동조합의 잘못이 없고 규약을 어긴 사실도 없는데 사고지부라는 명예롭지 못한 공고를 본부노조는 할 수 있는 것인지요? 이와 같은 현실 속에서 100억 불 수출의 도구로 사용된 저희 노동자들은 1,000불 소득과는 너무나도 동떨어진 똥을 먹어야 하는 인권유린의 현장에서 신음하고 있습니다. 이것이 이 나라의 근로자들이 당하고 있는 설움이며 고통입니다. 그러나 정의는 쓰러지지 않을 것을 믿습니다. 그러기에 우리는 끝까지 싸워 승리할 것입니다.

1978년 2월
전국 섬유노동조합 인천 동일방직지부 조합원 일동

# 썩은 고구마를 보상하라[1]

"농협은 왜 우리를 기만하는가?", "썩은 고구마를 보상하라!", "내 고구마를 사 주시오." 농협의 창구에서 타들어가는 입술을 깨물며 보상을 요구했던 함평 고구마사건은 두 돌을 몇 달 남겨 두지 않은 채 농민의 목마른 외침은 지금까지 계속되고 있다.

그 동안 피해 농민들은 끓어오르는 울분을 억누르면서 농협에 정당한 보상을 꾸준히 요구해 왔지만, 농협은 계속 기승을 더해 농민을 무시하고 무성의한 답변으로 일관해 왔다.

이것은 자주적 협동조직을 통해 농민의 경제적·사회적 지위 향상을 도모해야 한다는 농협의 주인인 농민을 전적으로 무시해온 자세로부터 나온 결과로서, 농협의 반농민적인 속성을 다시 한 번 개탄하지 않을 수 없다.

그럼에도 불구하고 농협은 조합장 임면에 관한 임시조치법이라는 독버섯을 제정한 지 15년 동안 민주, 자립, 봉사의 사명을 외면한 채 비료도입 부정사건, 강제 출자의 의무화, 보유양곡 방출로 농산물 값 내리기, 농약 강매행위와 농민 위에 군림하는 구태의연한 관료적 속성

---

1) 박정희 정권의 저곡가정책에 기초한 경제개발계획은 농민을 가난으로 몰아갔다. 1972년 카톨릭농민회가 조직되면서 농민운동은 활성화되어 갔다. 1976년에 개설된 크리스찬아카데미에서 농민교육 과정은 농민운동가를 배출했다. 전남 함평군 카톨릭농민회가 1976에서 1978년까지 벌인 함평 고구마 피해 보상투쟁은 '유신체제'기의 가장 대중적인 농민운동이었다.

을 더욱 노골화시키면서 관료독점자본의 시녀로서 계속 타락되어 가고 있다.

가장 민주적인 운영을 그 생명으로 하는 협동조합이 관의 조합장 임명과 보호의 한계를 넘어선 지나친 간섭 속에서 이 모든 것들이 노골적으로 성행되어 왔다. 함평 고구마사건은 이러한 관료적이고 반농민적인 농협 속성의 대표적인 사례임을 재삼 밝히지 않을 수 없다.

농협은 이러한 모순을 시정하기 위한 노력은커녕, 이제 농민의 민주적인 참여를 유도한다는 미명하에 운영위원회라는 새로운 기구를 설치함으로써 총대회의 기능을 대폭 약화시키고, 총대 선출의 자격 제한을 통해 이러한 비리를 더욱 심화시키고 있다.

이러한 반농민적이고 비민주적인 농협의 속성은 농정 부재의 산물임을 또한 지적하지 않을 수 없다.

해외 의존도만 증가시켜 온 수출 제일주의로 지칭되는 근대화의 미명 아래 노동자의 저임금을 위한 저곡가정책을 중심으로 농민의 희생을 강요함으로써 인간으로서의 농민의 품위와 존엄성은 여지없이 떨어져 농민의 고통은 더욱 가중되고 있다.

풍년기근을 안겨준 못자리를 짓밟는 신품종 강제권장, 영세농의 상환 능력을 무시한 획일적인 주택개량사업, 악덕 재벌의 토지투기와 기업체를 비호하는 특권의 토지강점, 수출 대기업의 각종 특혜로 유발된 물가폭등을 막기 위한 농산물 수입 등, 농민의 이익을 무시한 획일적인 지시와 행정명령 일변도에 의한 관료적 횡포로 나타나는 농정은 결국 농민경제와 농민의 주체성을 압살하고 있다.

역사의 흐름 속에서 참기 어려운 온갖 시련과 고난을 겪으면서 끈질기게 우리의 역사를 보존해온 역사의 주체인 농민이 오늘날 가장 비참한 처지로 전락당하고 있는 것이다.

이와 같은 상태에서 누구보다 농민의 생존권 보호에 앞장서야 될 농협은 본래의 사명을 망각한 채 오히려 함평의 고구마 재배 농민을 농락하여 회유와 무성의한 답변으로 피해 농민의 보상요구를 외면해 왔다.

이러한 농협의 한심스러운 작태에 주인인 농민으로서 뼈저린 부끄러움을 느끼면서 함평 피해 농민의 정당한 보상과 농협의 건전한 발전 촉구를 위해 어떠한 행동도 불사하겠다는 농민들의 결의는 민주농민의 당면한 권리이자 의무이다.

따라서 그리스도적 공동선을 농촌사회에 구현하고자 하는 우리는 함평 고구마 피해 농민들의 빼앗긴 피와 땀의 대가가 보상되고, 농업정책이 진정 농민을 위해 수립, 집행될 수 있는 바탕과 농협이 농민 조합원의 기반 위에 자주성 및 민주성을 회복할 수 있도록 하기 위해 뜨거운 심장을 모아 힘찬 실천 활동을 계속할 것을 선언한다.

1978년 4월 24일

# 해결이 안 되면 죽어 나갈 수밖에 없다[1]

## ─YH무역 근로자 호소문─

각계각층에서 수고하시는 사회인사 여러분께 저희들의 애타는 마음을 눈물로 호소합니다.

거리에 내쫓긴 저희들은 어디로 가란 말입니까? 배고픔과 무서움에서 벗어날 수 있는 길은 정녕 없다는 말입니까. 전에도 몇 부의 호소문이 나간 바와 같이 경영진의 경영부실로 인하여 많은 근로자들이 생존권마저 박탈당하게 되고 생계에 위협을 받게 되었습니다.

저희 회사는 1969년 왕십리에서 10여 명의 종업원들로 시작하여 1970년에는 4천여 명의 종업원들로 늘어 국가 발전을 위해 우리가 할 수 있는 한 열심히 일하여 왔고, 수출실적이 많아 석탑훈장까지도 받은 바 있습니다.

그러나 그렇게까지 열심히 일한 대가가 지금에 와서는 먹을 것은 물론이요 잠자리마저 빼앗긴 채 길거리로 내동댕이쳐진다면 그 누가

---

1) YH무역회사의 민주노조원 170여 명은 1979년 8월 9일 회사를 정상 가동시키고 생존권 보장을 요구하면서 신민당사에 들어가 농성 투쟁을 벌였다. 그러나 박정희 정권은 11일 새벽 2시에 1,000여 명의 경찰을 신민당사에 난입시켜 농성중인 노동자를 폭력으로 강제해산시켰고, 이 과정에서 김경숙 노동자가 죽임을 당했다. 경찰은 여기서 신민당 국회의원뿐만 아니라 총재였던 김영삼을 구타했다. 박정희 정권은 마침내 김영삼의 당 총재 자격과 의원직까지 강탈했다.

마음 놓고 열심히 일할 수 있겠습니까?

각계각층에서 수고하시는 사회인사 여러분!

저희들은 모두 시골의 가난한 농부의 자식들로서 일찍이 고향과 부모 곁을 떠나 냉대한 사회에 뛰어들어 산업의 역군들로서 열심히 일해 왔습니다.

배우지 못했다고, 사회의 천대를 받고 멸시를 당하면서도 못 배운 저희들만 원망하며 저희 동생들이 나 같이는 되지 않게 하기 위해서 조금의 월급이나마 용돈을 줄여가며 저축하면서 동생들의 학비를 보태주고, 또 부모님들의 생계와 약값에도 보태준다는 뿌듯한 기쁨으로 신념과 긍지를 가지고 일해 왔습니다.

수출실적이 높으면 나라도 더욱 발전할 수 있고, 선진국 대열에 서게 된다는 국민학교 시절의 배운 것을 더듬으며 우리는 더욱 더 잘사는 나라를 기대하며 열심히 일해 왔습니다만, 뜻하지 않은 지난 3월 30일 폐업 공고에 놀라지 않을 수가 없습니다.

우리는 우리의 요구가 정당하니만큼 끈질긴 투쟁에 폐업철회는 되었지마는 정상화는 되지 않아 초조하고 불안한 상태 속에서도 회사를 살리고 저희들도 조금 더 잘 살아보겠다고 열심히 일해 왔습니다.

그러나 몇 달이 지난 지금 정상화는 말도 비추지 않았으며, 우리에게 가져다 준 것은 죽음보다 더한 두 번째의 폐업 공고가 붙은 것입니다.

오갈 데 없는 저희들은 무엇을 먹고 어디서 살란 말입니까? 동생들의 학비와 부모님들 약값은 어떻게 해야 한다는 말입니까. 우리 문제가 해결되지 않는다면 저희들은 '죽음의 길'을 택할 수밖에 없습니다.

"정상화 아니면 죽음이다"라는 동지들의 피맺힌 구호를 생각합니다. 저희들은 부당한 것을 탐하고 요구하지는 않습니다. 다만 우리가 일할 수 있는 일자리만 주시고 생계를 이어갈 수 있게만 해달라는 것입니다.

그 외에 더 바랄 것도, 요구하지도 않을 것입니다.

각계각층에서 수고하시는 사회인사 여러분!

저희들을 살려주세요. 지금은 다른 기업들도 불황으로 인하여 문 닫는 회사가 너무나 많습니다. 그러나 우리 문제는 그 이유와는 다른 전혀 불황이 아니라는 것을 밝혀드리고 싶습니다.

회장인 장용호 씨가 미국으로 건너가 15억 원이라는 어마어마한 돈을 외화도피시킴으로써 일어난 문제를 어찌 불황이라고 하겠습니까?

각계각층에 계시는 사회인사 여러분!

어제보다는 오늘, 오늘보다는 내일이 점점 심각하게 되어가고 문 닫는 회사들과 많은 실직자가 생기는 지금에 저희 320명마저 직장을 잃고 거리로 내동댕이쳐진다면, 약하고 먹을 것 없는 저희들은 죽으란 말입니까.

어디 가서 살길을 찾으란 말입니까.

각계각층에 계시는 사회인사 여러분!

저희 근로자들이 신민당에 올 수밖에 없었던 것은 회사, 노동청, 은행이 모두 문제를 해결할 수 없다기에 오갈 데 없었기 때문입니다. 악덕한 기업주는 기숙사를 철폐하고, 밥은 물론 전기, 수돗물마저 먹을 수 없었을 뿐 아니라, 6일 새벽 4시경 여자들만 잠자고 있는 기숙사 문을 부수고 우리 근로자를 끌어내려 했습니다.

이렇게 약자만이 당해야 하는 건가요. 저희들의 회사가 정상화되어 일할 수 있게 해주십시오. 그리하여 저희들이 바라는 이 나라의 산업역 군으로서 희망을 가지고 살아가게 해주세요. 저희들의 근본문제 해결 은 조흥은행이 책임을 져야 합니다. 왜냐하면 Y.H.무역(주)의 모든 주식 및 공장을 압류하고 있기 때문입니다. 해결이 아니면 우리는 여기서 죽어 나갈 수밖에 없습니다.

저희들의 이 호소가 꼭 이루어지기를 간절히 간절히 바랍니다.

1979년 8월 10일

(이상은 김삼웅 편, 『민족민주민중선언』)

| 부산대학생 이진걸 외 |

# 민주선언문[1])

우리는 학원 내의 일체의 외부세력을 배격한다.

비민주적 학칙의 민주적 학칙으로의 개정과 학원·언론의 자율화와 학생회의 민주화와 집회의 자유를 요구하며, 어용교수 학자를 반대하며, 학원 당국의 민주행정 방향으로서의 성의 있는 노력을 요망한다.

우리는 언론·인권·자유의 유보나 제약에 반대한다. 자유민주제의 가장 핵심적인 요소이며 공산체제에 대한 우월성인 인권과 자유가 국민총화의 시국관에 상충할 수밖에 없다는 괴상한 논리와 이론의 허위성을 단호히 고발하며, 민주주의의 생명이며 본질적인 요청인 언론의 자유를 국론분열, 국가이익이라는 명분을 내세워 집권층에 대한 정당하며 필수적인 비판과 사실보도를 억압하는 것을 반대한다.

---

1) 박정희 유신독재 정권은 1979년 10월 16일부터 20일까지 5일간에 걸친 부산·마산 민중항쟁에 의해 해체되어 갔다. 이러한 부마 민중항쟁은, 반민주·반민중·반민족적인 유신독재 정권의 정체를 적나라하게 폭로하여 학생대중의 잠자고 있던 정의감을 일깨워 투쟁에 나서게 한 '선언문'으로 작성된 격문에 의해 촉발되었다. 부산대 학생 이진걸, 남성철 등은 10월 15일 오전 10시 도서관 앞에서 '민주선언문' 등을, 16일에도 같은 시각 같은 장소에서 '선언문'을 뿌리며 학생대중들의 시위를 선동했다. 마침내 도서관 앞에서 시위가 시작되었고, 곧 7천여 명의 학생들이 12시경부터 경찰의 저지에도 불구하고 학교를 빠져나와 오후 2시 무렵이 되어서는 충무동, 남포동, 광복동 등 시내 중심가에서 시민의 열렬한 호응을 받으며 가두시위를 벌였다.

인류의 역사가 피를 흘리며 쟁취한 자유와 인권의 보장은 방종과 무질서와 혼란을 의미하지 않으며, 민주회복과 조국통일의 유일한 길임을 재확인한다.

우리는 경제적 민족주의를 당위적인 목표로 한 경제개발계획의 자립경제에 대한 무방향 역방향성을 고발한다. 정치권력과 야합한 관료독점자본의 구조적 모순과 양적 확대추구에 따른 소비재 생산부문의 확대와 자율적 재생산구조의 외면과 이로 인한 대외의존 심화와 종속의 가속화뿐 아니라 부실기업, 노사문제 등이 파생됨을 명확히 인식한다.

우리는 총체적인 책임과 결과로서 현 독재 집권층은 유신헌법을 철폐하고 물러날 것을 요구한다. 의회에서 야비한 수법과 민중의 참여를 배제하여 민주주의 기능을 마비시키고 민주인사의 억압은 획일과 오류를 모욕적이고 추잡하게 강요하는 것일 뿐 아니라, 독재적 야수성의 노정이라 단정치 않을 수 없다. 제도화된 폭력성과 조직적 악의 근원인 유신헌법과 독재 집권층의 퇴진만이 오천만 겨레의 통일의 첫걸음이요, 승공의 길임을 확신한다.

학우들이여! 효원 학우들이여!

민족의 앞날과 사회정의에 대한 우리들의 되풀이된 청원과 요구는 되풀이된 억압으로 …(판독불능)…. 얼굴을 가렸던 책을 치우고 틀어막혔던 입과 귀를 열자.

형제의 피를 요구하는 자유와 민주의 깃발을 우리가 잡고 반민주의 무리, 자유의 착취 무리, 불의의 무리들을 향해 외치며 나아가자!

10시 도서관 앞!

| 부산대학교 민주학생 일동 |

# 민주투쟁선언문

한민족 반만 년 역사 위에 이토록 민중을 무자비하고 처절하게 탄압하고 수탈한 반역사적 지배집단이 있었단 말인가? 반봉건 동학혁명과 반식민 3·1 독립운동 및 무장 독립투쟁에 이어 저 찬란하던 반독재 4월의 학생혁명을 타고 흐르는 한민족의 위대하고도 피로 응어리진 자유 평등의 민주주의 정신을 폭력과 기만으로 압살하려던 1961년도 이제 그 막차를 탔음을 우리는 견딜 수 없는 분노의 포효로써 증명한다.

귀와 눈은 진리에 대해 봉쇄되어 그들의 날조된 선전과 허위에 염증을 앓고 있고, 우리 민주학우들의 정의의 외침은 단 한 줄의 글귀도 민중에 전달되지 못하여, 단 한 발자국의 학교 울을 넘어 울려 퍼지지 못하니 탄식하며 좌시할 수 없음을 이 푸르고 높은 10월의 하늘과 더불어 맹세코자 한다.

식민지적 경제구조를 온존시키고 그 위에 원조와 차관경제로써 허세를 부리면서 GNP와 수출 만능으로 대외의존을 심화시켜 온 매판기업가와 관료지배세력은 농촌경제의 파탄과 이로부터 쫓겨 나온 대다수의 도시근로자가 셋방살이와 저임금과 열악한 노동환경 속에서 신음하며, 병든 근대화의 표상이 되어 자신들의 향락적이고 퇴폐적인 생활과의 대립이 첨예화함을 두려워하여 모든 경제적 모순과 실정을 근로자의 불순으로 뒤집어씌우고 협박·공포·폭력으로 짓눌러 왔음을 YH사건에서 단적으로 보여주고 있고, 저들의 입으로나마 나불대던 민주공화국의 형식논리마저도 이제는 부정함을 야당의 파괴음모에서 깨닫게 하여 주었다.

우리는 학원이 정의와 양심의 최후 보루라는 것을 멀지 않은 역사에서 배워왔다. 적과 마주하여 스스로 펜을 총으로 대신하였고, 민주주의의 혼이 꺼져갈 때 피를 흘리며 쓰러져간 선배 형들의 끓어오르는 함성이 귀에 메아리쳐 옴을 어찌하랴! 학우여! 오늘 우리의 광장은 군사교육장으로 변하였고 자유로운 토론은 정보원과 그 앞잡이 상담지도관과 호국단이 집어삼키지 않았는가! 타율과 굴종으로 노예의 길을 걸어 천추의 한을 맺히게 할 것인가, 아니면 박정희의 유신과 긴급조치 등 불의의 날조와 악의 표본에 의연히 투쟁함으로써 역사 발전의 장도에 나설 것인가? 불을 보듯 훤한 이 시대의 비리를 바로잡을 역사의 소명 앞에 아무 두려움도 아쉬움도 남김없이 훨훨 타오른다. 오직 오늘 보람있는 삶과 내일 부끄럽지 않은 과거를 갖기 위하여 우리는 이제 투쟁의 대열에 나서는 환희를 찾는다.

학우여! 동지여! 독재자의 논리를 박차고 일어서서 모여 대열을 짓고 나서자! 꺼지지 않는 자유의 횃불을 들고 자유민주주의의 노래를 외치면서.

1979년 10월 15일 오전 10시 도서관 앞

부산대학교 민주학생 일동

# 선언문

청년학도여!

지금 너희들은 어디서 무엇을 하고 있는가. 우리의 조국은 심술궂은 독재자에 의해 고문 받고 있는데도 과연 좌시할 수 있겠는가. 이 땅의 위정자들은 흔히 민족을 외치고 한국의 장래를 운운하지만 진실로 이 나라 이 민족의 영원한 미래를 위하여 신명을 바칠 이 누구란 말인가. 청년학도여! 최근에 일어난 일련의 사태를 돌이켜보거나. 특히 고도성장정책의 추진으로 빚어진 수없는 부조리, 그 중에서도 재벌그룹에 대한 특혜금융이 그들의 기업을 확대하고 발전시키기보다는 기업주 개인의 사욕을 채우기에 급급했으며, 특수 권력층과 결탁하여 시장을 독점함으로써 시장 질서를 교란시켜 막대한 독점이윤을 거두어 다수의 서민대중의 가계를 핍박케 했던 사실인 것이다. 그뿐만 아니었다. 정부나 기업은 보다 많은 수출을 위하여는 저임금 외의 값싼 상품 공급은 없는 것으로 착각하고 터무니없이 낮은 생계비 미달의 저임금을 지불하고서도 그것이 과연 전체 국민의 후생을 증대시켰다고 할 수 있겠는가!

극심한 소득분배의 불균형 때문에 야기된 사회적 부조리를 상기해보라! 그 부조리는 영세한 서민층에게 물질적 빈곤만을 강요하였을 뿐 아니라 따사로운 일요일 한낮에 화목하게 모여 담소할 만한 시간도 없이 그들을 돈의 노예로 만들어버림으로써 전 가족이 마치 전쟁을 하듯이 공사장을 전전해야만 하는 것이다. 여기서 무슨 가정이 있으며 무슨 윤리가 깃들 수 있겠는가!

　이러고도 정권의 아부배들은 현실을 왜곡한 채 독재자의 통치력을 입이 닳도록 찬양할 수 있겠는가! 눈앞의 모든 문제를 돈으로 해결하려는 자, 공리를 앞세우는 사회풍토보다는 오직 자신만의 이익을 내세우는 졸렬한 사회상, 이런 불합리하고 불건전한 사회에서 예술이며 전반적 문화수준이 향상될 리 없는 것이다. 언제까지나 물질·정신 양면으로 낙후된 후진국이라는 누명을 덮어쓴 채 강대국에 질질 끌려 다니는 초라한 민족의 모습. 그러나 우리는 좌절할 수 없다. 점진적으로 이런 문제를 개선해 나가야 하는 것이다.

　비단 문제는 그것으로 그치지 않는다. 소위 유신헌법을 보라! 그것은 법이 아니다. 그것은 국민을 위한 법이라기보다는 한 개인의 무모한 정치욕을 충족시키는 도구에 지나지 않는다. 소위 급변하는 현 정세에 능동적으로 대처하기 위해서 만든 법이라고 하지만 교묘한 미명하에 가면을 덮어쓰고 국민을 능욕하는 술책이며, 다수 선량한 지식인 내지 모든 우국지사에게는 유사시 총이며 칼인 것이다.

　모든 정당한 비판과 오류의 시정을 요구하는 순수한 의지를 반민족적 행위 운운하면서 무참히 탄압하는 현 정권의 유례없는 독재, 이러고도 우리 젊은 학도들은 작금에 벌어지고 있는 사회문제에 방관만 하고 있을 것인가!

　너희들의 정열은 어디에 있는가.

　비록 이성이 진리 그 자체는 아닐지라도 너와 내가 추구하는 진리와 자유는 이성적 결단에 의해서만 획득되어지는 것이며, 이성은 현 존재로 하여금 모험을 하게 하지만 투기를 시키지 않으며, 현 존재로 하여금 소모시킬지언정 낭비하게 하지는 않을 것이다.

　청년학도여!

부디 식어가는 정열, 잊혀져가는 희미한 진실, 그리고 이성을 다시 한 번 뜨겁게 정말 뜨겁게 불태우세! 혼탁한 시대를 사는 젊은 지성인으로서의 사명감, 그리고 책임감으로 우리 모두 분연히 진리와 자유의 횃불을 밝혀야만 하네!

### <폐정 개혁안>

1. 유신헌법 철폐
2. 안정성장정책과 공평한 소득 분배
3. 학원사찰 중지
4. 학도호국단 폐지
5. 언론·집회·결사의 완전한 자유와 보장
6. YH 사건에서와 같은 반윤리적 기업주 엄단
7. 전 국민에 대한 정치적 보복 중지

모든 효원인이여, 드디어 오늘이 왔네!
1979년 10월 16일 10시 도서관으로!

(부마민주항쟁기념사업회·부마민주항쟁
10주년기념사업회, 『부마민주항쟁 10주년기념자료집』)

# 근로민중 생존권수호선언[1)]

　근로민중이여! 그리고 민주학우여!

　우리는 우리를 부정해온 외세의 식민지적 위협과 지배가 부패와
부정에 의한 수탈, 착취에 맞서 싸워온 이 겨레의 자손이다. 갑오농민의
'피 터진 함성'으로부터 우리 귀에도 생생한 청계천 피복노동자 전태일
의 '인간 최소한의 요구' 실현을 위한 분신자살로 대표되는 70년대에
이르기까지, 이 땅 위에서 농사짓고 생산해온 근로민중의 인간다운
생활을 위한 정당한 투쟁은 지배자의 엄청난 폭력과 기만에도 불구하
고 근세사를 일관하여 포기하지 않았으며, 또 결코 짓밟힐 수도 없는
것이다. 왜! 그것은 사람이 생산을 위한 마소나 기계일 수 없고, 말
못하는 노예일 수 없기 때문이다.

　농촌에서는 국내외 독점자본과 농협의 횡포에 의해 농민의 피땀
어린 농산물이 생산비에도 못 미치는 가격에 수매됨으로써 살길을
찾아 이농하는 사람들로 농촌은 텅텅 비게 되었다. 오늘의 농촌을

---

　1) 1970년 11월 13일 '대학생 친구를 절실히 원했던' 청계피복 노동자
전태일의 '분신자살 사건'은 학생 등이 적극 노동자운동에 참가하는 계
기를 만들었다. '유신체제'하 학생들은 교회나 학내 비공개 이념 써클을
중심으로 민중운동과 결합하려고 했다. 그리하여 학생운동은 한층 더
민중지향적 성격을 띠면서 현실인식과 실천에서 발전되어 갔다. 이러한
상황에서 1979년 8월 YH 무역회사 노동자들의 신민당사 농성사건 등이
일어났다. 학생운동도 이러한 노동자 등 민중의 생존권 확보투쟁과의
적극적인 연대관계를 강화시켜 나갔다.

찾아가 보라! 과연 젊은이가 몇 사람이나 남아 있는지. 이는 농촌에서 도저히 살 수 없다는 애끓는 하소연임을 증명하지 않는가!

공장에서는 어떠한가? 살길을 찾아 이농한 농민과 도시 노동자의 아들딸들이 저임금과 열악한 노동환경 속에서 신음하고 있다. 불 속에서 타는 전태일의 인간다운 생활을 찾기 위한 외침과 똥물로 유린당한 동일방직 여공의 민주노조를 위한 투쟁의 함성이 근대화의 쇠망치소리에 깊숙이 스며 있지 않는가!

근로민중의 생계문제는 단순히 그들의 먹고사는 문제로 그치는 게 아니라 그들의 생산을 기반으로 한 전체 사회구성원의 안녕과 생존의 문제이다. 따라서 정당한 노동자운동의 파괴는 단순히 노동자의 권리 파괴뿐만이 아니라 근로민중을 기반으로 한 전체 사회구성원의 생존에 궁극적으로 연결되는 것이다. 그런데 오늘의 노동자의 현실을 보라! 700만 노동자의 대다수가 단지 못 배웠다는 이유로 잠자는 시간과 식사시간 외에는 작업에 몰두하기를 강요당하면서도 배운 자의 한 달, 아니 하루의 용돈도 되지 않는 살인적인 저임금을 받을 뿐만 아니라 열악한 작업조건에 의하여 알게 모르게 직업병에 시들어가는 처참한 상태에 있지 않는가! 이런 상태에서 최소한의 생계를 위한 노동자들의 투쟁의 정당성을 부정할 자 누가 있겠는가? 그럼에도 불구하고 노동자들의 정당한 투쟁을 악랄하게 탄압, 파괴하는 저들은 도대체 어떤 작자들이며, 그리고 그 정체는 무엇인가?

근로민중이여! 그리고 그들의 아픔을 같이하려는 민주학우여!

반민족적, 매판자본가를 기반으로 한 박정희 군사독재정권은 경제 자립이라는 민족의 희구에는 아랑곳없이 외세 의존적 수출주도형 성장 정책을 밀고 나감으로써 노동자, 농민에게 저임금, 저곡가를 강요해 왔다. 여기서 소위 긴급조치라는 도깨비 방망이는 이러한 정책에 반대하는 근로민중과 제 민주세력의 정당한 투쟁을 위기감 조성으로 압살하려는 것일 뿐이다.

또한 국가보위에 관한 특별조치법을 정권 보위에 관한 특별조치법으로 도용하여 노동3권을 말살한 것도, 근로민중의 피땀을 딛고 서서 외국 신식민주주의 하수인으로 전락한 현 정권의 반민중적, 반민족적 성격을 노정한 것이 아니고 무엇이랴!

게다가 노동자들의 위기상황을 전국적으로 타개하고 그들의 생존문제 해결에 앞장서야 할 노총의 정권과 야합한 저 파렴치한 행태를 보라!

60년대 말 정치투쟁을 선언했던 노총이 이제는 노동귀족화, 어용화되어 노동자들의 참담한 상황을 호도하여 노동자들의 정당한 투쟁을 오히려 억압하고 있지 않은가?

매판자본가를 위한 현 정권의 수출주도형 성장정책은 저임금, 저곡가에 의하여 근로민중을 착취하고, 그로 인해 노동자의 생존권을 극악의 상태로 몰고 갈 수밖에 없다는 것을 YH사태는 명백히 보여주고 있지 않은가? 이것은 정상적인 가치생산의 과정에 의한 기업의 발전이 아니라 온갖 특혜금융의 지원하에, 근로민중에겐 상대적으로 현격히 낮은 경제잉여를 분배하고 열악한 근로조건 아래 자기 마멸적 희생을 강요함으로써만, 경제성장을 이룩할 수 있다는 한국 경제체제의 왜곡된 논리를 명백히 보여주고 있는 것이며, 제2 울산사태를 재생산해낸 것이 아니고 무엇이겠는가? YH사건으로 대표되는 작금의 불황사태는 정부가 되뇌고 있는 것처럼 오일 쇼크에 책임이 전가될 수 있는 것도 아니고, 경제성장 과정의 일시적이고 부분적인 마찰도 아니라는 것은 삼척동자도 다 아는 사실이다. 더욱이 민중의 몽둥이인 깡패경찰을 동원해 생존권의 확보를 위한 여공들의 정당한 외침을 짓밟아 버리고 급기야는 김경숙 양의 가엾은 생명까지 빼앗아간 박정희 독재정권의 폭거는 자신의 한계를 드러낼 뿐이다. 이제는 폭력밖에 자기유지책이 없다는 사실은 민중에게 버림받은 정권의 비참한 말로를 드러내는 것이 아니고 무엇이겠는가?

사건의 직접 당사자인 장용호는 조흥은행에 40억 원 이상의 부채를 안고 있음에도 불구하고 노동자들의 피땀의 대가인 15억 원 이상의 자산을 미국으로 빼돌려 개인적인 향락에 사용함으로써 기업체의 도산을 자초하고 말았다.

우리가 이미 보았던 것처럼 허구적인 수출주도형 성장정책은 이런 악질 기업가를 필연적으로 낳을 수밖에 없다. 더구나 이번 사태에서 장용호가 보여준 '인권침해' 운운의 발언은 우리를 더욱 분노케 하는 기만적인 술책일 뿐이다.

또한 가증스러운 노총의 태도를 보라. YH 여공의 처절한 생존권 주장을 받아들이고 함께 맞서 싸워야 할 노총 산하 섬유노조는 관계기관과 한 편이 되어 노동자를 헐뜯고 파렴치한 결의문을 남발하는 작태를 저지르고 있다.

우리는 노총에서 소위 '공장새마을운동', '대화협조' 운운하는 데 아연실색하지 않을 수 없다. 그들이 미풍양속으로 내세운 한국적 노사관계란 노동자의 의식을 봉건적으로 만들어 노동자운동을 간접적으로 탄압하려는 이데올로기적 술책에 불과하다. 우리는 저임금에 시달리는 노동자들의 쌈짓돈을 긁어모아 정부에 아첨하는 노총을 규탄한다! 이것이 한국적 노조의 실상이 아니고 무엇이랴! 민주노조는 민주사회의 구성에 있어서 뺄 수 없는 요소이다. 민중의 이해와 지지기반에 선 정권만이 민주주의를 실현할 수 있는 정치집단이라고 볼 때, 민주학생이 현 파쇼체제하에서 노동자운동에 지지를 표명하는 것은 필연적이다.

모든 노동자운동사를 보라! 투쟁 없이, 피 튀기는 투쟁 없이 노동자들의 요구가 성취된 적이 있는가? 자! 한국에서도 민주민중운동이 성장하고 있다. 그들의 적극적 투쟁에 전폭적 지지를 표명하며 측면 지원할 것을 결의한다.


<결의사항>

1. 실업, 해고사태 중지하고 노동자 생존권 보장하라!
2. 악덕 기업주 장용호를 소환 처단하라!
3. 섬유노조 위원장 김영태를 파면하고 민주노조 결성 자유를 보장하라.
4. 도시산업선교, 신민당 탄압을 중지하라.
5. 김경숙 양의 사인을 밝혀내고 삼가 사과하라!

1979년 9월 20일

# 학원민주화를 위한 공동성명서[1)]

우리 사회는 지금 유신체제의 극복과 민주사회의 구현을 위한 중대한 전환기에 처해 있다. 이는 구체제가 안고 있던 모순과 이에 대항하여 끊임없이 싸워왔던 민중의 주체적 역사 참여의 소산이며, 이제는 누구도 부정할 수 없는 민족사의 대세이다.

민중이 주체가 되는 통일된 민족국가의 실현은 전 민족적 과제이며, 이는 민중의식의 성숙과 투철한 역사의식을 지닌 비판적 지성과 연대 위에서 가능한 것이다. 따라서 오늘 우리 대학은 학원 내의 구폐를 청산하고 학원의 민주화를 달성함으로써 이러한 민족적 과제의 수행에 능동적으로 참여해야 한다.

우리는 그간 학원민주화의 추진과정에서 확인된 학생들의 의사를 집약하여 최근 문교부에서 발표한 학도호국단 개정령(안)에 대한 우리

---

1) 이승만 정권은 1949년 12월 국수주의적 색채가 있는 '일민주의'를 내세워, '히틀러 청년단을 연상케 하는' 학도호국단의 조직, 중학교 이상의 학생의 군사훈련, 강압적인 교육이념의 적용 등의 비민주적 교육정책을 펴 나갔다. 4·19 운동을 계기로 1960년 5월 학도호국단은 해체되었다. 그러나 '5·16 군사쿠데타'로 들어선 박정희 정권은 반공, 안보 등을 명분으로 다시 학도호국단을 편성하여 군사교육을 실시했다. '유신체제' 하에서 학생들은 학원의 자유와 민주화를 요구하며 박정희 정권의 학원 억압정책에 저항했다. 이 성명서는 대학생들이 1980년 2월 정부의 '학도호국단 개정안'을 정면으로 비판하면서 학도호국단의 전면 폐지와 학원의 자율성을 확보하기 위해 투쟁할 것을 다짐했다.

들의 입장을 밝히고자 한다.

첫째, 개정된 학도호국단은 학원민주화에 대한 교수, 학생들의 의사를 완전히 묵살한 채 일방적으로 강요된 또 하나의 관제조직이다. 그 동안 전국 각 대학에서는 학도호국단의 전면 폐지와 학생회 부활을 골자로 하는 학원민주화 작업이 전체 학생의 자율적 참여 속에 구체화되고 있었고, 여기서 우리는 학생 자치기구는 학생 스스로의 손에 의해 조직되고 운영되어야 한다는 입장을 분명히 밝힌 바 있다. 그러나 문교부는 학도호국단을 개선한다는 미명 아래 조직명칭 및 간부호칭, 선임과정, 예산집행 지도감독기관 등을 일방적으로 결정, 하달함으로써 학원민주화를 위한 우리의 노력을 봉쇄하려 하고 있다.

둘째, 문교부는 기존의 학도호국단의 문제를 단순한 운영상의 문제로 호도함으로써 학도호국단의 근본문제를 은폐하고 있다. 우리가 학도호국단의 명칭 자체에 역겨움을 느끼면서 일체의 학도호국단의 활동을 적극적으로나 소극적으로 거부해 왔던 것은, 그것이 운영상에 문제가 있는 비민주적 조직이라는 점에 앞서, 호국단이 정권유지를 위한 학원 내의 꼭두각시 노릇을 해왔다는 데에 있는 것이다. 따라서 민주화의 거대한 흐름이 시작되고 있는 지금, 정권연장의 수단이었던 학도호국단은 마땅히 폐지되어야 하는 것이다.

셋째, 문교부는 학도호국단을 자율성을 기하는 방향으로 개선했다고 하나 실상은 기존 학도호국단의 제약 요소를 그대로 유지시키고 있다. 즉, 간부의 선출과정 및 임명에 있어 학교 측의 관여, 활동사항의 허다한 사전 승인문제, 이제까지 자율적 활동을 부정해온 기존 학도호국단의 잠정적 존속문제 등이 그것이며, 이는 기본적으로 학원 내에서 학생의 입장을 대변하는 학생 자치기구가 학교 당국, 나아가서 중앙·시도 학도호국단이 개칭된 중앙·시도 지도위원회에 의해 조정될 수 있는 소지를 남겨둠으로써 학생의 자율성을 제약할 수 있게 한 것이다.

넷째, 이상 열거된 문교부 안의 문제점에 비추어 당국이 주장하는 안보상의 필요라는 논리는 그 허구성이 확연해진다. 이제까지의 학도호국단이 그래왔듯이 구성방법의 일방적 제시, 설치 자체의 정치적 동기, 제도 자체의 비민주성 등의 문제점을 그대로 안고 있는 집단이 학생들의 자발적 참여를 유발할 수 없다는 것은 너무도 자명하다. 안보와 통일도 그 중요성을 자각하는 전 국민의 자발적 참여에 의해서가 가능하다고 볼 때, 학생들의 참여를 유발하지 못하는 학도호국단이 어떻게 안보적 기능을 제대로 수행할 수 있을 것인가?

이러한 근거에서 우리는 학원의 민주화는 대학의 구성원인 교수, 학생들의 주체적 참여에 의해서만 가능하다고 확신하며, 학도호국단이 지니는 제반 문제도 부분적 개선이 아닌 전면 폐지에 의해서만 해결될 수 있다고 주장한다.

이상과 같은 기본 입장 하에, 우리는 학원의 진정한 민주화가 달성될 때까지 우리의 모든 노력을 계속 경주할 것을 천명하는 바이다.

1980년 2월 22일
고려대학교 학원자율화 총연합회
동국대학교 총학생회 부활추진위원회
서울대학교 학생회 부활추진위원회
성균관대학교 총학생회부활추진위원회
이화여자대학교 학생회 부활추진위원회

# 언제까지 눈뜬 봉사처럼 소리 죽이고 참아야 하나?1)

역사는 우리에게 유신잔당의 타도를 위한 전면적 투쟁을 요구하고 있다. 10월 유신이라 하여 소위 '한국적 민주주의'를 내걸고 1인 독재 체제를 구축한 독재자 박정희가 사라진 이 나라에 유신체제의 존속과 기득권의 연장을 위하여 안보라는 허구 논리 하에 계엄으로 위기의식을 조장하고 민중의 생존권, 자유권을 강탈하려는 독재자의 아들들이 정계와 군부를 틀어쥐고 아버지의 '못다 한 과업'을 성취하기 위하여 음모를 획책하고 있다. 그 음모란 무엇이며 어떻게 실현시키려는 것일까?

음모의 내용은 유신체제의 부활과 강행을 위한 정치권력의 계속적 장악에 있다. 이는 정부 주도의 개헌 구상과 통대, 유정회의 존속과 강화로 나타나고 있다. 유신잔당들은 개헌공청회를 취소하는 한편 결코 정부 주도의 개헌 구상을 버리지 못하고, 필요 이상으로 개헌의 시기를 늦추며 '자제'와 '신중'을 번갈아 외쳐대며 개헌의 가장 유리한

---

1) 1980년 봄은 왔건만, 국민들은 '유신체제'의 망령에서 벗어나 새로운 민주사회 건설을 갈망했건만, 정부는 새로운 민주헌법의 제정을 계속 미루기만 했다. 5월에 들어서자 학생들은 전국 각지에서 '계엄해제', '개헌일정의 단축', '유신잔당의 퇴진'을 요구하며 반정부 시위를 벌였다. 서울에서는 14일 수만 명의 학생들이 서울역 앞에서, 15일에는 시청 앞에서 시위를 벌였고, 전남 광주에서는 14일부터 16일까지 연일 도청 앞에서 '민주화 성화'를 개최했다. 이 격문은 이러한 상황에서 17일 광주에서 학생들이 국민들에게 반민족적, 반민중적, 반민주적인 '유신잔당'의 전면 타도에 나설 것을 호소했다.

시기를 노리고 있다. 이원집정부제와 중선거구제가 바로 저들의 야욕을 실현시킬 방책이다. 즉 국민 여망에 비추어 지금과 같은 상태로선 도저히 재집권할 수 없다는 것을 눈치챈 저들이 재집권에 실패했을 경우에 대비, 미리 대통령의 권한을 분산시켜 유신잔당을 처단하거나 부정축재를 환수하였고, 다수 후보 난립을 통하여 원내에 좌파세력을 불식, 유신잔당의 존속을 꾀하기 위하여 중선거구제를 고안해내었다.

이들은 우선 안보라는 허울 좋은 명분을 앞세워 비상계엄을 장기화하여 모든 언론을 검열, 조작, 오도하고 이어 위압적인 무력, 방대한 행정관료 조직을 배경으로 하여 이 꿈을 실현시키려는 것이다. 이러한 목적에 이바지하고 있는 현 비상계엄은 즉각 해제되어야 하며, 군인은 본연의 임무인 국방에 복귀하여야 한다. 또 이들은 정보부 재건, 유정회 활성화(4월 26일자 『경향신문』, 유정회 의장 최영희의 "민주화 열기 가신 뒤 반격 가해야'라는 발언 참조), 통대조직의 지역별 강화를 통하여 역전의 기회를 호시탐탐 노리며 유신잔당의 세력규합을 공공연하게 자행하고 있다. 이 음모의 분쇄는 이 땅의 민주주의의 실현을 위한 전초전이다. 유신잔당의 완전한 섬멸이야말로 지금 우리의 민족사가 요청하는 제1과제이다.

## 우리는 왜 유신잔당의 전면 타도를 위해 투쟁해야 하는가!

### 1) 유신잔당은 반민족적 잔당이기 때문이다.

지속적인 고도성장 과정에서 나타나고 있는 모순은 사북탄좌 광부의거, 동명목재의 파산으로 집약된다. 민족의 실체요 역사의 주체자인 노동자와 농민을 착취, 탄압하고 있는 밑바탕, 곧 해외 의존적 경제정책과 경제구조의 매판성은 이 같은 결과를 필연적으로 가져오지 않을 수 없었다.

　고도성장의 이면에서 농업성장의 정체, 3차산업의 이상 비대라는 산업간 불균형과 이에 의해 유발된 소득불균형의 확대, 투자재원의 지나친 해외 의존에 따른 국제수지의 악화, 시장 및 적정규모를 고려치 않고 확대된 기업의 부실화 속에서 국민경제는 파국을 향해 치닫고 있다. 파국의 원인은 어디에 있으며, 이를 획책하고 있는 자는 과연 누구인가? 인플레(물가상승), 실업, 국제수지 악화의 고질적 병폐는 과연 저들의 말대로 아랍의 원유가 인상에서 유래하는가? 지난 1월 29일 단행된 59.43%의 파국적 유가인상은 어쩔 수 없는 일이었는가? 정부가 발표한 자료에 의하더라도 국제 원유가 인상분은 29.98%에 그치며, 인상 전 정유 3사의 요구마저 45% 정도의 인상에 불과하였다. 그럼에도 불구하고 59.43%가 올라야 했던 이유는 어디에 있는가?

　이는 민중을 기만하는 반민족적 반동세력의 매판성에서 찾아진다. 박정희 독재정권은 5·16 군사 쿠데타로 정권을 폭력으로 탈취한 이후, 고도성장과 물량 위주의 팽창정책의 실현을 위하여, 이 땅에 상륙한 국제 석유독점자본, 소위 메이저들에게 원유의 공급, 수송, 정유, 판매 전 과정에 걸쳐 독점적 폭리를 안겨주었다(유공과 합작한 걸프는 62년 10월 출자분 5백만 달러와 차관 2천만 달러를 제공하고, 정유과정에서만도 78년 현재 과실송금이 투자액의 1.5배에 달하는 4천 363만 3천 달러를 거두어 갔는데, 원유 독점공급과 원유 수송과정에서 얻은 이익을 합산하면 그 액수는 전문학적 수치에 달하리라 한다. 또 호남정유와 제휴한 칼텍스는 72년 1천 214만 7천 달러를 투입한지 불과 7년 만에 당초 투자액의 2.5배에 달하는 2천 974만 1천 달러를 과실송금으로 가져갔다. 그리고 경인에너지와 합자한 유니언 오일은 6백만 달러를 투자하고 79년만도 123만 7천 달러를 본국으로 보냈다). 저들의 폭리는 '국가안보'라는 미명하에 고위 정상배들의 비호로 기하급수적 팽창을 하고 있다. 즉 정유산업 3사는 설립 이후 1천 1백억 원의 순익을 민중으로부터 강탈했다. 폭리의 뿌리는 반민족적 박정희 정권의 무계획한 외자유치 정책과 차관만 빌려오면 떼돈을 벌어들일 매판적 독점재벌과 메이저와의 불평등계약에 있었다. 외래 독점자본이 폭리를 증폭하게 된 계기는 유신 직전 70년 7월 유공을 증설하고 나프타 분해 공장을 건설하기 위하여 걸프로 하여금 5천만 달러의 차관을 들여오도록 하는 데서 시작된다. 즉, 걸프가 들여온 5천만 달러 중 2천 4백만 달러로 유공 주식의 25%를 추가 인수토록 허용, 종전 유공 측에 있던 운영권이 걸프 측 부사장에게 넘어갔다. 사장은 이름뿐이고 모든 실권을 부사장이 장악했다. 즉, 이사회장 겸 수석 부사장은 회사의 연차자본과 운영 및 판매정책을 준비, 형성하고 이를 승인하여 계약을 체결한다.

심지어 판공비나 출장비까지도 부사장의 사인을 얻어 집행되기 때문에 한국인 직원들은 외래인 앞에 여지없이 민족적 자존심이 깎여져야 했다. 이 계약으로 걸프는 유공에 스스로 지정한 감사 1인을 주재시킬 권리와 언제든지 회사의 장부와 기록을 감시할 수 있는 권리를 확보했다. 이는 곧 메이저에게 충성경쟁을 하는 한국인에 대한 이중 삼중의 안전검사판이었다.

또 메이저는 아랍 측의 원유가 인상이 있을 때마다 공급 감량을 일방적으로 통보하고, 빼돌린 원유를 현물시장에 내다 팔아 엄청난 폭리를 취하였다. 이는 국내에 공급량 부족으로 인한 유가 재등귀를 몰고 왔고, 이렇게 하여 국민경제가 치러야 할 유가 추가부담액을 30억 달러(원화로는 1조 8천억 원, 이 액수는 80년도 국가예산의 4분의 1이상이며, 78년 GNP의 6%에 해당)로 확대, 이 금액은 메이저와 산유국

의 호주머니로 들어간다. 이것이 지금 연출되고 있는 '석유파동국'의
내역이다.

이와 더불어 지나친 해외의존도는 해외로부터 수입된 인플레의 충격
을 흡수할 중간 차단벽의 형성을 제지, 국제 독점자본의 농간에 취약한
경제구조를 노출하고 있다. 외래 독점자본은 정유, 비료부문에 집중
투자하고 있으며, 이 부문에서 이익보장협정과 전량 인수계획, 그리고
원유 및 원료의 독점 공급계약 등 부대계약으로 막대한 초과이윤을
획득하고 있다. 즉, 외래독점자본은 국가의 주요 기간산업에 깊숙이
침투하여 해외의존도를 심화시키고, 독점의 방망이를 휘둘러 국민경
제의 기반을 파괴하고 있다.

반민족적 유신독재 체제는 명백히 민중의 이익을 등지고 있다. 유신
잔당의 완전타도는 민족사의 요청이다.

## 2) 유신잔당은 반민중적 집단이기 때문이다.

자본의 축적과정이 진행됨에 따라 기업 간 상호 각축으로 이윤율이
저하되는 것을 막기 위하여 무자비한 기업 간 경쟁이 가속화되어 중소
기업은 도태되고 살아남은 기업은 무차별한 기업합병으로 독점자본을
형성한다. 이렇게 해서 이루어진 독점자본은 평균이윤을 훨씬 넘어서
는 최대의 독점적 초과이윤을 획득하며, 이 초과이윤은 독점기업의
강력한 시장지배력을 형성, 일방적으로 결정한 가격을 소비자에게
부과시킨다.

75년 국민생활의 근간을 이루는 생필품 전반을 장악하는 독과점
품목은 62개(경제기획원 조사에 의함, 상공부 조사에 의하면 품목 수는 훨씬
늘어난다)이고, 이들 독과점 상품을 생산해내는 기업체 수는 135개
사였다. 74년을 기준으로 했을 때 20대 복합기업의 시장지배에 의한

매상 합계액은 1조 3천 370억 원에 달하여 국민총생산의 19.8%를 점하나, 77년 중 출하액 순위 20대 복합기업의 매상 합계액은 5조 791억 원으로 국민총생산의 39.2%를 차지하여 독점자본의 위세는 갈수록 거대화되고 있다.

소수 독점기업에 의한 시장지배는 무엇을 의미하는가. 이는 거대 독점기업의 이익을 주축으로 한 경제체제의 개편의 강화이며, 계급간의 엄청난 소득격차와 사회적 불평등의 심화, 곧 소수 독점재벌에 의한 부의 독점을 의미하는 것이 아니고 무엇이겠는가. 바로 이 독점자본은 업자들과의 담합이나 출고 조작을 통하여 가격을 조작하여 전체 물가수준을 좌우한다. 외래 독점자본의 횡포와 더불어 국내 매판독점자본의 매국적 책동으로 국민경제 전반에 대한 핍박은 가중되고 있다.

국민의 대다수를 점하는 노동자의 생활상은 어떠한가. 국민경제는 70~75년간 연평균 9.6%의 성장을 기록하고 있는데도, 피고용자의 보수율은 1970년 39.0%에서 매년 하락, 74년에는 37.1%로 떨어졌다. 같은 기간 노동생산성은 연평균 9.2% 향상되었으나 노동자의 실질임금은 연평균 5.5%의 상승에 그치고 있다. 이는 경제성장의 진전에도 불구하고 노동자들의 생활은 점차 퇴보하고 있음을 나타낸다.

그런데 나라 안팎의 독점자본의 횡포에 대항하여 노동자들의 생존권을 지켜가야 할 정부는 어떠했던가. 바로 저들이 '외국인 투자기업체 내의 노동조합 및 쟁의 조정에 관한 임시특례법'(1970)으로 노동3권의 가장 기초적인 노조 결성권마저 빼앗고, 1971년 비상사태 선포에 이어 '국가보위에 관한 특별조치법'(1971)으로 단체행동권, 단결권마저 박탈하지 않았던가! 또 일반 산업체의 경우 노동조합을 결성하려면 설립 신고를 하여 신고증이 나와야 노동조합으로 인정하는 현행제도를 부과하고, 노동자들이 외부 간섭 없이 자주적인 노동조합을 결성했다 하더라도 이익의 침해에 저항, 투쟁할 수 있는 정치활동을 노동조합으로부터 강탈하지 않았던가! 민족의 지존한 긍지와 민중의 이익을 대변해야 할 국가의 정책자들은 아무런 민족적 자존심도, 민족적 동질감도 없이 이 땅의 모든 권리를 외래 독점자본에게 떠넘기고 민중의 숨통을 죄어왔다. 이것이 유신 일당독점 폭압체제를 이끌어온 박정희와 그 추종자들의 죄과이다. 이들의 정치적, 경제적 일소 없이 과연 민족은 역사 속에서 거듭날 수 있을까? 유신체제는 명백한 반민중집단의 집결체 바로 그것이다. 4·19 학생혁명, 부마 민중의거, 사북탄좌 광부항쟁, 끊임없이 이어져온 민중의 뜨거운 불길은 유신잔당의 전면 타도를 요청하고 있다.

### 3) 유신잔당은 반민주적 집단이기 때문이다.

반민족적 매판독점자본과 일당 독재체제의 괴수 박정희는 명백히 민주주의를 사장하는 유신헌법을 제조한 이후, 국가의 모든 민주적 질서를 파괴하고 이 땅에 무력 폭압체제를 건설하였다. 국민권의 기초가 되는 신체의 자유, 결사의 자유, 언론의 자유를 비롯, 민주주의의 기본이라 할 투표권마저 일당 영구독재를 위한 괴뢰기관, 곧 유정회와 통일주체국민회의라는 어용단체를 만들어 빼앗고, 모든 민주적 단체를 어용화시켰다. 노동조합의 시녀화, 농협의 관료화는 민중의 이익을 유린하고 상승 여론 통로를 철저히 봉쇄한 표본이다. 민주주의는 반민주주의 집단 즉 유신잔당의 전면 타도를 요청하고 있다.

왜 우리는 유신잔당의 전면 타도를 위해 바로 당장에 투쟁을 시작해야 하는가?

끊임없이 치솟는 물가고, 해마다 증가하는 세금부담, 수출증대를 밑받침하는 저농산물 가격정책 및 저임금 고정화 속의 소득격차 확대

가운데 국민 대다수를 점한 노동자·농민의 부담은 가중되고 있다. 79년 4월 '경제안정화 종합시책'이 발표되고 본격적인 긴축정책이 실시되었지만, 3개월도 못 되어 금융완화조치가 실시되는 등 시행착오를 반복하는 가운데 한국형 스태그플레이션의 진행, 사상 최대규모의 무역 적자 급증(연간 50억 달러 수준), 대소기업 도산의 속출, 실업자, 체불임금의 증대 등 전대미문의 경제적 위기가 발생하고 있다. 불과 1년 사이에 세 차례에 걸쳐 유가는 누진합계 178%로 폭등하고, 도매물가는 연 30%대를 깨뜨리며 치솟고 있다.

긴축과 금리인상으로 인플레의 흡수를 꾀하고 있으나 그 결과는 경기침체와 중소기업의 대규모 몰락(『전남매일신문』, 80년 5월 8일자 "3월 한 달 동안 108개 업체 휴업, 폐업" 기사 참조)과 실업의 증가, 국제수지의 적자폭 확대로 나타나고 있다. 적자생존의 냉혹한 법칙에서 겨우 빠져나온 듯싶은 대기업도 경영부실과 생산외 지출(부동산에의 막대한 투자)로 파국에 직면하고 있다. 소위 아시아 최대의 합판 제조업체 동명목재의 몰락이 그것이다. 유신잔당의 대변자들은 그 탓을 시위에 나선 노동자와 학생들이 조성하고 있는 '정국불안'에 자가당착적 책임호도를 꾀하고 있다. '정국불안'이란 저들의 위기이며 유신잔당의 '계속적 집권위기'일 뿐이다.

독재자가 사라진 뒤 그가 남겨놓은 국민경제의 구조적 모순은 걷잡을 수 없는 난국으로 표출하고 있는 오늘, 독재자의 아들들은 '자제', '자숙', '절약'만 뇌까리며 구조적 모순의 은폐에 급급하고 있다. 과연 국민은 언제까지나 눈뜬 봉사처럼 소리를 죽이고 참아야 하는가. 반민족적, 반민중적, 반민주적 유신체제의 전면 부정 없이 민족경제의 자립은 성취되지 않는다. 민족사는 유신잔당의 전면 타도를 요청하고 있다.

1980년 5월 16일

| 방용석 |

# 노동자가 중심이 되는 시대가 열려 있다[1]

## 노동절 기념사

친애하는 조합원 동지 여러분!

그리고 원풍모방 노동조합의 발전을 위하여 수고하신 퇴직 조합원 동지 여러분!

노동자의 권익을 위하여 피 흘려 싸웠던 날을 기념하는, 80년도의 노동절을 한 자리에 모여 기념하게 됨을 감사드립니다. 오늘의 이 노동절 행사는 10·26사태로 인한 유신정권의 몰락과 그 누구도 거부할 수 없는 국민적 요구로 이루어진 새로운 민주시대를 향한 80년대에 첫 번째로 맞이하는 노동절 행사로서, 그 어느 때보다도 새로운 감회와 의미를 더욱 깊게 하고 있습니다. 지난 70년대는 자본과 권력의 결탁으로 인한 노동자의 탄압과 착취가 노골화되고 극단화된 가장 잔인한 시대로서 살인적 저임금과 열악한 노동조건에서 신음하다가 근로기준

---

1) 1980년 봄은 지배집단에게 위기의 시기였지만 학생과 마찬가지로 노동자, 농민 등 민중에게는 전진을 위한 기회의 시기였다. '유신체제'하에서 노동자들은 노동3권 박탈 등 정권의 반노동자정책과 수출주도 정책 하의 저임금과 장시간 노동착취, 열악한 노동환경 속에서도 끊임없이 저항해 왔고, 농민들도 저곡가, 농산물 수입개방 등으로 생존권을 위협하는 반농민정책에 저항해 왔으나, 그때마다 정권의 폭력적인 탄압을 받았다. 그러나 이제 폭압적인 '유신체제'는 붕괴되었고, 노동자와 농민은 더욱더 전열을 가다듬기 시작했다.

법의 준수를 외치며 분신자살한 '전태일' 동지의 죽음으로 시작하여 국가보위법에 의해 노동3권을 제약당한 상황 하에 생존권 보장을 외치다가 숨져간 YH지부 '김경숙' 동지의 죽음에 이르기까지 수많은 노동자들이 경제성장의 희생물로 죽어갔으며, 많은 노동자들이 고생과 천대와 멸시를 받아가면서 숨죽여 살아온 시대라 하겠습니다.

70년대를 마무리 짓는 79년 한 해 동안의 커다란 사건만 해도 크리스찬 아카데미 사건과 관련한 노동조합 간부들의 연행과 생존권을 요구하는 YH노동자들을 강제로 해산시키면서, 김경숙 동지의 생명을 빼앗아간 잔인무도한 만행과 간부들의 구속, 그리고 외부 세력 침투 실태조사라는 구실 아래 자행되었던 갖가지 행패와, 특히 그 행패를 합리화하면서 모든 국민을 우롱하던 썩어문드러진 언론의 태도도 영원히 우리들의 머릿속에서 씻을 수 없는 증오로 남을 것입니다.

YH사건을 계기로 더욱 심화된 민중탄압은 부산과 마산사태를 가져왔으며, 급기야는 10·26사태를 낳게 하는 역사적 심판을 받게 된 것이라 하겠습니다.

이러한 70년대를 돌아보면서 새로운 80년대를 향한 우리들의 방향을 검토하는 것은 매우 의미 있는 것이라 생각됩니다. 경제정책의 면에서 본다면 농산물 수입으로 인한 저곡가정책과 외자 의존적 수출정책은 세계에서 가장 적은 임금을 주고 가장 긴 시간의 노동을 시켜가며 노동자의 허리띠를 조르도록 강요하고, 농촌에는 생활고에 시달려 농사를 지을 사람이 없을 정도로 이농현상을 낳게 하였고, 도시의 시민생활은 폭등하는 물가를 따르지 못하고 저임금과 늘어나는 실업자 문제는 날이 갈수록 더욱 심화되어 가고 있는 현실로서 유신경제 정책의 실체는 허황된 선전과 구호에도 불구하고 그 잘못된 거짓을 하나하나 벗겨가고 있는 것입니다. 좀 더 구체적으로 살펴본다면 고도성장

위주의 유신 경제정책은 권력가의 비호 아래 반사회적 부패분자들을 독버섯처럼 키워왔으며, 부패분자들은 호황기를 맞아 무제한의 금융특혜를 받을 때는 호의호식하며 축적한 재산을 감추어 두고 금융특혜만 줄어들면 공장문을 닫거나 조업을 단축하여 노동자를 길거리로 내몰고 있습니다.

또한 그 동안 누적된 수출주도형 고도성장의 모순과 금년 들어 단행된 금리와 석유가 인상으로 인하여 경제성장이 조금 어려워지자 기업인들은 이를 핑계로 되지도 않은 엄살을 피우면서 임금인상을 조금밖에 할 수 없다고 선수치고 있습니다. 그러나 지난 20여 년간 정치권력의 보호라는 온실 속에서 노동자의 피땀의 대가로 엄청난 돈을 끌어 모은 기업인들은 사회적 책임을 다하기 위해서라도 하루속히 각성하고, 숨겨진 모든 재산을 팔아 침체된 경기가 회복될 때까지 헌신적으로 노력하고, 공장을 운영해야 할 중차대한 책임이 있음을 명심하여야 할 것입니다. 얼마 전 어느 공장에서 체불노임을 해결하기 위하여, 아니 가족들의 생존을 위하여 공장 직기를 내다팔았다는 이유로 노동자들을 구속시킨 정부는 이들 노동자들을 구속시키기에 앞서, 먼저 부정부패 분자들을 처벌하지 않겠다고 공약한 잘못된 정책을 즉각 철회하고, 악덕 기업주를 포함한 권력형 부정부패 분자들을 엄히 처단하고 노동자들을 경제성장의 도구로 전락시킨 저곡가, 저임금의 유신 경제정책으로부터 벗어나 노동자들의 생활향상을 중심으로 한 민중 경제정책으로 전환시키는 일만이 오늘의 제반 문제를 해결하고 경제적 어려움을 넘길 수 있는 지름길이 된다는 것을 분명히 말해 두고자 합니다.

따라서 새로운 시대를 맞이하여 10·26의 역사적 사건 이후 두드러진 변화를 가져온 것 중에 하나가 요즘 한창 시끄러운 헌법 개정 문제라

하겠습니다.

영구집권을 위하여 한국적 민주주의라는 정치구호 아래 만들어진 유신헌법, 그 법 때문에 자유민주주의를 갈망하는 수많은 학생과 각계 각층의 민주시민이 모진 옥살이를 치렀고, 절대 다수의 국민들이 자유를 제한당하며 살아온 것이 사실입니다. 그런데 요즘 정치인들이 합동으로 우리를 또다시 현혹시키고 있습니다.

정치발전이니 민주시대니 국민적 합의니 하며 좋은 말들을 모두 동원하여 야단들이지만, 우리 노동자에게는 달라진 것이 아무 것도 없다는 사실입니다.

긴급조치가 해제되고, 구속자가 석방되고, 학생과 교수가 복교되고, 정지되었던 공민권이 복권된 소식이 신문·방송·TV를 메워도 직장에서 쫓겨난 동일방직 노동자와 YH노동자, 그리고 신문사에서 쫓겨난 기자들이 복직되었다는 소식은 들어볼 수가 없습니다.

그런가 하면 모든 노동자들의 염원이며 당연히 보장되어야 할 국가보위법 철폐와 노동3권의 완전보장을 주장하는 헌법개정안 시안을 여야 정당은 물론 여타 단체에서도 제시한 바가 없습니다.

오히려 대통령과 국회의원의 선거제와 권력구조가 어떻게 되어야 하느냐 하는 데에만 집중적인 관심과 분위기를 만들어가고 있을 뿐입니다.

이러한 사실은 정치의 목적이 국민의 자유와 평등을 확대시키기 위한 것이 아니라, 권력을 잡기 위한 목적으로 헌법 개정을 수단으로 이용하고 있다는 느낌을 주는 것입니다.

이번에 개정되는 헌법에 노동3권의 완전한 보장과 최저임금제를 명시하지 않는다면, 그 헌법 역시 국민을 위한 민주헌법이 아니며 아무런 가치도 없다고 생각합니다. 왜냐하면 800만 명의 노동자와 그 가족까지를 포함된다면 우리나라 전체 국민의 절대다수의 이익이 보호받지 못할 뿐만 아니라, 행동권을 보장받지 못하는 노동자는 자본가로부터의 착취와 억압에서 벗어날 수 없기 때문입니다.

그러기에 여야 정당과 정부는 노동3권의 완전한 보장과 최저임금제를 보장하는 내용이 헌법 개정시안을 국민 앞에 발표하여야 할 것입니다.

더욱이 70년대에 있었던 부정부패 중에서 빼놓을 수 없는 것이 노동조합 간부들의 부패문제입니다.

5·16 이후 정부에 의해 만들어진 한국노총은 관제노조니, 어용노조니, 노동귀족이니, 또는 유신 정치권력의 전위대이니 하는 수치스러운 칭호가 붙어 있습니다.

실제적으로 한 일을 보더라도 기업가와 야합하여 노동자를 해고시키면서, 돋아나는 민주 노동자운동의 새싹들을 짓밟아가며 자리 유지를 위해 권력에 아부한 것 이외에는 별로 이렇다 할 사업내용이 없는 것도 사실입니다.

동일방직 사건이나 YH 사건 그리고 언론노조 파괴의 사건들이 그 한 예라고 하겠습니다. 이러한 의미에서 요즘 일각에서 말썽이 되고 있는 노총이나 섬유노조의 정상화 추진 움직임은 다행한 일이라고도 볼 수는 있으나, 이러한 움직임에 관여하고 있는 몇몇 간부들이 시대의 변화에 따라 자신이 살아남기 위한 방패막이나 보신책으로 하기보다는 진심에 바탕을 둔 노동자의 권익과 사회적 지위향상을 위한 투쟁이 되어야 하며, 그러기 위해서는 이 움직임에 앞장선 사람들이 먼저 철저한 자기비판과 진정한 자기반성이 있어야만 할 것입니다.

조합원 동지 여러분!

앞에서 말씀드린 바와 같이 우리는 왜 이렇게 잘못된 현실에서 살면서도 이렇다 할 해결책 하나 없이 속수무책으로 살아가고 있는 것입니까?

그 이유는 우리가 오늘날까지 무관심 속에서 준비 없이 살아온 결과라 하겠습니다.

80년대에는 정치인들이 민주 발전을 이룩하여 세상이 좋게 될 것이라는 정치적 선전에 기대하고 있는지도 모릅니다.

그러나 우리는 수십 년 동안에 걸쳐 서민생활의 안정을 위하여 일하겠다고 큰소리쳐 왔던 정치권력가들이 어떻게 우리를 속여 왔는지에 대하여 잘 알고 있습니다.

우리에게 조국 근대화와 민족중흥이라는 구호 아래 번영의 80년대를 기다리며 살자던 유신 경제정책을 주도하던 사람들이 우리에게 가져다 준 현실은 과연 어떠한 것입니까?

저임금과 장시간노동에 혹사당하는 노동자들을 이용하며 개인의 치부를 위해 일하고 있는 노동조합 간부들이 과거의 그릇된 행동에 대하여 반성하지 않고 구태의연한 자세를 지니고 있는 현실은 어떻게 되어가고 있는 것입니까?

조합원 동지 여러분!

오늘의 이러한 문제를 잘 이해하고 있는 모든 조합원 동지 여러분에게 이 기회를 통하여 다시 한 번 간곡한 부탁의 말씀을 드리고자 합니다.

우리들은 노동자들의 생활 향상을 위한 민중경제정책으로 전환하기 위해서나 착취와 억압으로부터 우리들의 권리를 보호받기 위한 노동3권의 보장을 위해서나, 진정으로 노동자를 위한 노동자에 의한 노동자의 민주적인 노동조합운동을 위해서라도 무엇보다 필요한 것은 한마디로 단결하자는 것입니다.

그러나 오늘 제가 말하는 단결은 외형적으로만 나타나는 형식적인 단결을 의미하는 것이 아니라, 한순간에 한 문제만을 해결하기 위해 뭉친 단결만이 아니라 뚜렷한 문제와 목표의식을 가지고 영원히 지속되는 단결, 그리하여 우리들의 허물을 벗겨가면서 항상 반성하고 자각하면서 새롭게 발전하는 단결을 의미하는 것입니다.

이것은 바로 마음속 깊은 곳에서부터 샘물처럼 솟아오르는 뜨거운 동지적 사랑을 뜻하는 것이며, 그러한 동지적 사랑은 개인적 이기주의를 이겨낼 것이며, 모든 노동자의 힘을 집중시키고 확대시켜 나가는 중요한 원동력이 될 것입니다.

그렇게 될 때만이 모든 노동자들이 정당한 노동력의 대가를 받을 수 있으며, 사회적 경제적 지위가 확보되고 자유와 평등이 실현되는 진정으로 우리들이 염원하고 기대하는 사회가 이룩될 것임을 믿어 의심치 않습니다.

시기가 시기이니만큼 이 기회를 빌어 원풍산업을 포함한 국제그룹의 고위 경영진에게 임금인상 문제와 더불어 몇 말씀 당부하고자 합니다. 요즈음 문제가 되고 있는 한국노총위원장 김영태에게 어떠한 이유 때문인지는 모르지만 뇌물로 200여만 원을 지원하였다는 사실이 신문지상에 오르내리고 있습니다. 참으로 어처구니없는 일입니다. 생각하기로는 회사가 노동자에게 가하는 부당노동행위를 눈감아주겠다는 묵계로 지급된 부정한 돈임은 의심의 여지가 없을 것입니다.

이러한 반노동자적 행위에 대해서 사용자는 깊은 반성과 자제가 있어야 할 것이며, 앞으로는 추호도 이러한 행위가 있어서는 안 될 것입니다.

이와 함께 노동자의 고혈을 빨아서 잘 살아보려는 여하한 세력도 이 땅에 존재하여서는 안 될 것이며, 그러한 세력은 곧 사회악이기에 마땅히 정리되어야 할 것입니다. 모두가 잘 살 수 있으리라던 80년대를 맞은 노동자의 생활상은 그 어느 때보다도 가장 어렵고 절박한 처지에 놓여 있으므로, 회사 경영진은 노동조합이 요구하는 임금인상이 최소한의 생계비 요구임을 인식하고 노동자의 생존과 평화적인 노사관계 유지를 위하여 조속한 시일 내에 성과 있게 매듭짓기를 거듭 촉구하는 바입니다.

원풍산업의 최근 3년 동안의 경영실적 통계를 살펴보면 연평균 40%의 높은 성장률과 순이익금 중 축적된 적립금만도 72억 원을 넘는 이윤과 유형 고정자산, 감가상각비 75억 원만을 포함한다 해도 148억 원이라는 엄청난 이윤이 되므로, 임금인상에 따르는 지불 능력 여부는 변명의 여지가 없다고 보겠습니다.

오늘의 뜻 깊은 노동절 행사를 기념하면서 70년대가 권력가와 자본가를 위한 시대였다면, 80년대에는 노동자에게도 제 몫이 돌아오는 노동자가 중심이 되는 진정한 민중시대가 우리 앞에 열려져 있음을 다시 한 번 확신하면서 이러한 시대의 흐름을 거역하는 자는 역사적 준엄한 심판 앞에서 사라져 갈 것이며, 이러한 시대적 요구를 이해하고 행동하는 자만이 우리와 함께 이 땅 위에서 자유와 평화를 노래하며 정의의 깃발을 높이 들고 행복의 찬가를 부르면서 영원히 살아남게 될 것입니다.

오늘의 노동절 행사를 통해서 조합원 여러분과 함께 굳은 각오와 희망을 마음속에 새롭게 새기면서 그 어떠한 난관과 도전에도 바위처럼 굳건하게 맞서 싸워 나가면서 자유와 평등과 평화가 넘치는 새로운 역사를 창조한다는 긍지를 가지고 뜨거운 정열로 다 함께 그리고 힘차게 전진합시다. 감사합니다.

1980년 3월 10일
전국 섬유노동조합 원풍모방지부 지부장 방용석

# 민주농정 실현하고 농민의 생존권 보장하라

정부는 금년 쌀 생산목표를 4,200만 석으로 정하고, 이를 달성하기 위해 농민들의 강한 반대에도 불구하고 신품종 확대 재배에 전 행정력을 동원하여 강제 권장하고 있다.

각 지역별로 신품종 재배 의무지역을 설정하고, 그 지역엔 반드시 신품종을 재배하도록 하는 한편, 각 농가별로 재배 목표를 설정하여 그 계획에 비하여 적게 재배한 농가는 추곡수매 혜택을 제한하고, 불응 농가엔 영농자금 융자, 비료 외상판매 및 일체의 금융지원을 중단하는 등 행정지시에 순응하는 농가는 하곡을 전량 수매하고 영농자금을 특별지원하여 시상금까지 준다는 방침을 세우고 있다.

또한 이러한 행정의 규제조치 이외에 시도별 볍씨 침종일까지 결정하여 공무원들의 입회하에 확인 감독하도록 했으며, 도지사·시장·군수의 친서·경고장 등을 각 농가에 발송하고, 시·군·읍·면·리·동별 증산결의대회 및 각 농가의 소요자재 확인 점검, 공무원의 목표 할당제, 공무원 연고지 배치, 각서 받기 등등 온갖 수단과 방법을 다 동원하고 있다.

## 1. 국민의 식량자급 달성을 위해서 쌀은 증산되어야 하고, 국가 안보적 차원에서도 식량증산은 중대한 국가적 과제이다.

그러나 식량증산을 위한 목표달성이 생산자인 농민의 권익을 무시하는 일방적 행정의 강권에 의하여 자행될 수는 없다.

식량자급 달성을 위해선 불가피하다는 이러한 행정의 발상이 지금까지 얼마나 생산자인 농민을 울리고 농가경제를 파탄으로 이끌어 왔던 가! 더구나 증산의욕을 고취시키기 위한 것이라는 시상금제도라는 것이 강요된 경쟁으로 농민 내부의 분열을 조장함으로써 전통적 공동체의식을 파괴하고, 비인간화하는 용납할 수 없는 행위였음에도 이러한 강압과 사탕발림의 교활한 수법이 행정의 주된 형태로 또다시 나타난다는 것은 아직도 농민을 정책을 위한 수단이나 도구로 취급하는 전근대적 관료독재의 횡포라 아니할 수 없다. 정부가 금년 쌀 생산량 목표를 4,200만 석으로 설정한 것은 국민경제의 구체적 조건, 특히 적자영농에 허덕이는 농촌경제의 재생산구조를 전혀 고려하지 않은 과장행정의 숫자에 지나지 않는다. 더구나 소작농, 재벌의 토지투기, 골프장 등 비생산적 토지가 계속 늘어나 농민의 절대농지가 사실상 잠식되는 바탕 위에서 세워진 생산목표는 직접 생산자인 농민의 일방적 희생만을 강요하는 것이다.

## 2. 식량부족은 농정부재의 산물이다.

식량 수출국이던 우리나라의 식량자급도가 오늘날 그 절반밖에 안 되는 근본적인 원인은 그 동안의 농업정책이 농민의 이익을 위해 수행된 것이 아니라, 기본산업인 농업의 희생하에 일방적으로 실시된 기형적 근대화 추구의 정책적 산물이었음은 주지의 사실이다.

따라서 그 근본원인은 무분별한 해외 농산물 수입으로 말미암은 국내의 농업 생산기반의 파괴와 생산비에도 미달하는 저농산물 가격정책으로 인한 농가경제의 파탄으로 이루어져 온 왜곡된 경제정책에 있는 것이다.

그러므로 오늘날 식량부족의 책임을 마치 농민에게 있는 것처럼 강권을 발동하는 것은 그 본말을 전도시키는 행위이다.

국민경제의 균형 있는 발전과 농업소득 증대를 위한 농업정책의
목적에서 볼 때도 농민 부재의 이런 잘못된 농업정책을 근본적으로
바로잡지 않는 한 문제의 근원적 해결은 불가능한 것이다.

### 3. 경제적 측면에서 보더라도 생산비가 보장되지 않는 증산 강요는 오히려 농가경제를 파탄에 이르게 하고, 증산의욕 증진은커녕 영농을 기피하게 하는 것이다.

뿐만 아니라 현재 권장하고 있는 신품종 자체에 문제점이 있다.

특히 도열병, 백엽고, 백수현상 등 병충해 재해 등에 매우 약하다는
점이다. 절대로 도열병에 걸리지 않고 강하다는 신품종이 노풍 피해라
는 충격적 결과를 가져왔다. 또한 생산비가 많이 들고, 재배 기술상의
문제도 많다. 재배조건이 까다로워 재배상의 위험이 도사리고 있으며,
현재의 실제 수확량에 있어서도 일반 별 차이가 없다는 점이다.

더구나 시장가격에 있어서도 그 경제성이 일반 벼보다 훨씬 낮기
때문에 이런 수지맞지 않는 것을 기피하는 것은 당연한 것이라 할
수 있다. 따라서 이상 여러 문제점들이 충분히 보완되지 않는 한
그것이 쌀 생산목표 달성을 위한 것이라는 이유만으로 강제 권장될
순 없다. 오히려 이런 농민의 의사에 반하는 강제행정은 식량증산정
책에 역행된다.

소위 행정에 의한 100% 전면 재배라는 것이 신품종 부적격지인
산간답, 고냉지, 그늘진 논, 침수지, 해안지 등에도 강제 권장하고 있는
것이 그것이다.

시상금, 행정의 강행 등 경제외적 수법으로 부적격지에까지 무리하
게 재배를 강요하는 것은 결과적으로 식량의 감수를 가져올 것이 명백
한데, 이 책임은 누가 져야 하는가?

## 4. 농사의 주인은 농민이다.

농민의 자율적 의사를 완전히 무시하는 이러한 행정은 오늘날 품종선택권에서부터 재배과정, 수매에 이르기까지 강제되고 있다.

이것은 한마디로 농민의 인간적 존엄성과 국민의 기본적 자유권과 생존권에 대한 중대한 침해행위이다.

농민이 자기 의사에 따라 품종을 선택할 권리마저 없다면 그것은 또다른 형태의 농노에 불과한 것이다.

농업은 국가의 기본산업인 동시에 농민은 생산자로서 역사의 주체이며 국민의 실체이다. 또한 진정한 민주주의의 성립은 주권의 주체인 국민 개개인의 존엄을 기본으로 한 국민자치를 바탕으로 해야 한다. 그런데도 농민을 무시하고, 그 기본적 인격마저 짓밟고 한낱 생산을 위한 수단과 도구로 취급하는 이러한 행정은 명백히 관료독재의 망상으로 반역사적, 반국가적 행위이며, 특히 10·26사태 이후 모든 국민이 열망하는 민주발전을 정면으로 부정하고, 유신체제를 실질적으로 존속하려는 반동적 의도라고 단정할 수밖에 없는 것이다.

## 5. 이 땅의 농업정책은 그것이 어떤 목적에서든 농민의 자율을 중심으로 한 진정한 농민의, 농민에 의한, 농민을 위한 민주농정이 실시되지 않으면 안 된다.

민주사회의 건설은 농촌사회의 민주화 없이는 이루어질 수 없고, 이것은 민주농정의 구현으로 나타나야 한다.

따라서 우리는 국가안보적 측면과 국민경제의 균형 있는 발전을 통한 농업생산력 향상을 위하여, 특히 금년의 식량증산 목표달성과 농민의 증산의욕 증진을 위하여 다음과 같이 우리의 요구를 밝힌다.

1. 정부는 지금까지의 무분별한 농산물 수입을 즉각 중지하고, 저곡가정책에서 벗어나 생산비를 보장하고 사회적 평균 이윤을 얻도록 수매가를 결정하고, 생산의욕을 고취할 수 있도록 영농 시작 전에 추곡수매가를 예시할 것.

1. 정부는 농민이 안심하고 영농에 종사할 수 있도록 신품종 재배, 농업재해 등에 대한 피해보상에 대해 전적으로 책임을 질 것.

1. 어떠한 명목으로도 농민의 자율성은 침해될 수 없으며, 농업증산에 대한 행정은 영농정보 제공, 증산을 위한 협조에만 주력할 것.

우리는 민주농정의 실현과 농민의 생존권의 보장을 위해선 이상과 같은 최소한의 요구가 관철되어야 한다는 것을 확인하고, 이의 실현을 위해 끝까지 투쟁할 것을 밝힌다.

1980년 3월 27일

# 민주화 촉진 국민선언[1]

위대한 민중의 시대, 민주주의와 민족통일의 새 시대가 바로 우리의 눈앞에서 열리려 하고 있다. 4월혁명 이래 지난 20년간 바로 이 새 시대를 탄생시키기 위하여 피와 땀과 눈물, 그리고 생명까지도 바치는 온갖 고난과 희생을 무릅쓰며 불요불굴의 민주민권투쟁을 전개해온 각계각층의 민주 애국시민들을 향하여 호소하는 바이다.

무엇이 민주주의와 민권의 확고한 승리를 가져올 것인가? 낙관 속에서 수수방관하며 앉아서 기다리는 것인가? 아니다! 갈수록 노골화되어 가는 유신잔당의 독재 연장의 책동을 그대로 내버려둔 채 어떻게 민주화가 가능하단 말인가? 국민의 함성 속에서 독재자가 타도되었고 유신체제가 결정적인 파멸의 길로 들어선 오늘, 더 이상

---

[1] 1979년 10월 부산과 마산을 비롯한 경상남도 일대에 유신독재에 반대하는 학생 시민 등의 시위는 10월 26일 김재규 중앙정보부장의 박정희 대통령 총살사건으로 불똥이 튀어 마침내 '유신체제'의 종말과 민주화의 계기를 가져왔다. 그러나 통대선거에 의해 최규하가 대통령으로 당선된 지 일주일 만인 12월 12일 전두환, 노태우 등 일단의 군인들은 군사쿠데타를 일으켜 '헌법 개정과 민간민선정부의 수립'이라는 정치 일정을 지지하던 군부 안의 온건파 그룹을 제거했다. 1980년 '서울의 봄'은 찾아왔지만 정부는 새로운 민주헌법의 제정을 차일피일 미루기만 했다. 이에 1979년 3월 민주주의를 평화적으로 확립하고 민족통일을 이루기 위한 국민조직으로 만들어진 '민주주의와 민족통일을 위한 국민연합'(민통련)과, 김영삼 신민당 총재 등은 민주화의 촉진을 위하여 국민들의 참여를 호소하였다.

두려워해야 할 무엇이 남아 있단 말인가? 눈앞에 다가온 민주주의 승리를 확고하게 쟁취하기 위하여 우리는 일체의 안이하고 낙관적 환상과 일체의 비겁한 비관적 체념을 동시에 내던져 버리고 단호한 민중적 결단으로 민주화에 역행하려는 반민주세력의 책동을 대담하게 철저히 분쇄하지 않으면 안 된다.

유신잔당의 노골적인 독재연장 책동과 더불어 작금에 폭발적인 기세로 고양되어 가고 있는 근로자들, 청년 학생들의 장엄한 민주민권투쟁은 민주주의와 민족통일의 새 시대를 탄생시키는 최후의 진통이 이미 시작되었다는 사실에 대해 우리에게 똑똑히 보여주고 있다. 억압 대신에 자유를, 수탈 대신에 정의를, 특권 대신에 민권을, 비인간적 노예화 대신에 인간적 존엄을, 분단 대신에 통일을 쟁취하기 위한 이 숨가쁜 민족사의 결전장은 우리들 한 사람 한 사람의 단호한 시민적 행동을 통한 합류를 절실히 요청하고 있다.

이 엄숙한 역사적 시점에 서서 우리는 다음과 같이 선언한다.

1. 아무런 합법적 근거도 없이, 아무런 정당한 명분도 이유도 없이, 오로지 유신잔당들을 비호하고, 언론자유를 억압하고, 민주정치 발전의 일정을 방해하기 위하여 존재할 뿐인 불법 불의한 비상계엄령은 즉각 해제되어야 한다.

2. 과도정부의 책임 있는 자리에 있으면서 이른바 중립을 표방하고 민주정치 발전의 산파역을 자처하는 입장에서 유신체제를 미화, 찬양하고 유신정권에 의한 개헌 주도를 공언하는 등 국민을 경시, 우롱하는 방약무인한 언동을 일삼음으로써 전 국민적 분노를 촉발하고 있는 신현확 총리는 즉각 물러나야 한다.

3. 김재규 씨의 재판에 대한 사법권 독립을 침해하고, 중앙정보부

장직을 불법으로 겸직하여 노골적인 정치개입을 일삼음으로써 신성한 국군 전체의 명예와 긍지를 실추시키는 전두환 보안사령관은 모든 공직에서 물러나야 한다.

4. 유신체제에 반대하여 구속된 모든 정치범·양심범은 즉각 석방되어야 하며 완전 복권되어야 한다. 동일방직 해고근로자들, 동아투위, 조선투위의 해고언론인들을 비롯, 유신체제의 박해로 일터에서 추방되었던 모든 민주시민들은 즉각 전원 복직되어야 한다.

5. 왜곡보도와 반민주적 논설로써 민중들의 민주화 열망을 배반하고 유신잔당의 독재연장 음모에 협력하고 있는 일부 언론, 방송, 기업들은 역사와 민중의 준엄한 심판을 각오하여야 하며, 만약 그것을 면하려면 지금 이 순간부터 결연히 일어나 과감히, 자유언론투쟁을 전개함으로써 민중과 역사의 편에 확고하게 서기를 촉구한다.

6. 유신체제의 사생아이며 국민주권 찬탈의 상징인 유정회와 통일주체국민회의는 자진 해산되어야 한다.

7. 국민이 주체가 되어 민주헌법이 제정되어야 함에도 불구하고 국민의 의사를 무시한 채 유신잔당에 의한 또 한 차례의 국민투표 찬탈 음모를 획책하고 있는 이른바 정부개헌심의위원회는 해산되어야 하며, 명백한 국민적 항의를 외면하고 이원집정부제, 중선거구제를 민의를 위장선전하기 위해 획책되고 있는 정부개헌공청회는 포기되어야 하며, 그 누구도 이에 들러리가 되어서는 아니된다.

각 정당, 사회단체는 더 이상 안이한 환상에 사로잡혀 현 시국을 수수방관하지 말고 민주주의를 위한 전 국민적 투쟁에 결연히 합류하기를 촉구한다. 우리는 각계각층의 민주 애국시민들과 함께 모든 민주 역량을 총집결하여 유신잔당의 음모를 단호히 분쇄하는 민주화운동을 과감히 전개할 것을 엄숙히 선언한다.

1980년 5월 7일

윤보선·함석헌·김대중·고　은·김병걸·안병무·김용식·문익환
김승호·오태순·예춘호·서남동·김종환·김택암·한완상·이태영
함세웅·계훈제·장덕필·한승헌

# 확신을 가지고 슬기롭게 전진하자

## — 김영삼 총재 기자회견문 —

친애하는 국민 여러분!

작금의 정국의 추이와 관련하여 우리의 역사적 과업인 민주화의 조기 실현에 회의를 느끼는 국민들이 있습니다.

이에 나는 18년 동안 박정희 독재정권에 항거하여 민주회복운동을 주도해온 신민당의 총재로서 소신을 다시 천명하면서 국민 여러분의 적극적인 협조와 참여를 당부합니다.

지금 우리는 새로운 시대를 맞이하고 있습니다. 새로운 시대에는 새로운 도의와 새로운 신념이 필요합니다. 국민 모두가 새로운 도의와 새로운 신념으로 민주사회의 구현을 위하여 노력한다면 이 나라의 앞날은 비관할 아무런 이유가 없습니다. 세계는 우리의 민주화 과정을 주시하고 있습니다. 만일 우리가 민주화 과업을 조속한 시일 안에 성공적으로 수행치 못한다면 우리는 국제사회의 고아로서 자유세계로부터 버림받게 될 것입니다.

나는 먼저 이러한 역사적 전환점에 대한 올바른 인식 없이 과도정부의 기본적 책무를 수행하지 않고 있는 최규하 대통령에게 엄중히 경고합니다. 국민경제의 침체를 비롯하여 사회 각 분야에서 나타나고 있는 여러 가지 불안요인의 책임은 정통성의 기반 없는 과도정부의 장기화에 있습니다. 스스로 '위기관리정부'라는 현 정부가 오히려 위기상황을 조성하고 있습니다.


## 1. 과도정부에 촉구한다

나는 과도정부에 대하여 다음과 같은 조치를 즉각 취할 것을 촉구합니다.

① 유신체제의 통치방식을 시정해야 합니다. 정부의 행정이나 인사 등에서 유신체제를 온존시키려는 어떠한 기도도 국민은 묵과하지 않을 것입니다.

② 비상계엄을 해제해야 합니다. 정당성이 없는 비상계엄령을 6개월 간이나 계속하여 언론의 자유를 비롯한 국민의 기본권을 통제하는 일은 용납될 수 없으며, 나라의 기본질서를 정립하는 개헌작업이 계엄령 하에서 진행되는 일은 역사상 유례가 없는 일입니다. 계엄령 자체가 가장 불안요인입니다. 계엄령이 장기화됨에 따라 계엄을 담당해 온 군이 정치에 관여할 가능성에 대해 국민의 의구심이 있다는 사실을 명심해야 합니다.

오늘의 민주시대에는 군이 부당하게 정치에 이용당하는 일이 있어서는 안될 것이며, 군이 정치에 관여하는 일도 있어서는 안 될 것임을 경고해 둡니다.

③ 정부의 개헌심의기구는 해체되어야 합니다. 대통령중심제와 직선은 국민적 합의로 확인이 되었습니다. 그럼에도 과도징부가 직무의 한계를 벗어나 별도의 개헌안을 준비하는 데 국민의 의혹이 있습니다. 과도정부는 이른바 이원집정부제 등에 대한 국민의 의혹을 하루속히 불식시켜야 합니다. 정부는 국회가 성안한 개헌안을 바로 국민투표에 부쳐 확정할 것을 약속해야 합니다.

④ 정부는 정치일정을 앞당겨야 합니다. 개정되는 헌법에 따라 금년 내에 대통령 및 국회의원 선거의 관리를 끝내고 새로 수립되는 민주정부에 정권을 이양해야 합니다.

⑤ 정부는 아직도 구속 중인 민주인사를 석방하고 아직도 복권되지 않은 민주인사를 복권시켜야 합니다. 그리고 민주회복운동과 노동자 운동을 하다가 직장에서 추방된 지식인 및 근로자도 당연히 복직되어야 할 것입니다.


## 2. 학원사태에 대하여

민주주의 사회의 교육목표는 자유와 정의와 진리를 구현하는 가치관의 확립과 민주적 시민의 양성입니다.

오늘의 학원사태는 학원의 정상화와 민주사회의 구현을 위한 필연적인 진통입니다. 그럼에도 불구하고 정부는 학생들의 요구에 대해 유신체제하의 학원탄압 방식을 되풀이하려는 듯한 느낌을 주고 있습니다. 그러나 나는 어떤 형태의 학원탄압도 결코 좌시하지 않을 것입니다.

학원사태를 수습하는 길은 정부가 유신체제하에 학원탄압을 솔직히 시인하고 즉각적인 개선을 단행하는 일입니다. 권력의 비호 아래 학원 운영을 치부의 수단으로 이용하여 온 비리나, 안보의식의 고취보다는 학생 탄압의 목적에서 발상되고 운영되어 온 집체훈련 등의 불합리한 제 제도는 시급히 시정되어야 합니다. 또한 학생들의 정치적 요구는 그 동안 내가 거듭 천명해온 대로 모든 국민의 요구와 일치되는 것임을 정부는 명심해야 할 것입니다. 또한 학생들의 애국적 주장도 정당한 방법으로 표현되어야 한다는 것을 밝히는 바입니다.

## 3. 노사문제에 대하여

경제활동의 전반적인 침체와 잇단 중소기업의 도산 및 빈발하는 노사분규는 기본적으로 박정희 정권의 불합리한 경제정책에 의하여 누적되어 온 구조적 모순의 집중적 표현입니다.

그러한 문제점이 더욱 심화되고 있는 것은 과도정부가 정치일정에 대하여 명백한 태도를 표명하지 않고 시급히 필요한 일련의 조치를 강구하고 있지 않기 때문입니다.

기업인들은 투자의욕이 급격히 저하되면서 실업인구가 증가하고 근로자들은 생계비 이하의 저소득에서 생활의 위협을 받고 있습니다. 그럼에도 불구하고 정부는 기업 정상화와 임금문제 등에 대한 효율적인 방안도 제시하지 않은 채 마침내 국민소득의 마이너스 성장까지 가져오게 되었습니다.

나는 기업인에게 당부합니다. 새로운 민주정부는 곧 수립됩니다. 여러분의 기업활동은 새 민주시대의 기반입니다.

새로운 시대에 대한 확신과 사명감을 가지고 어려운 여건을 극복해 나가길 바랍니다. 새 시대에 필요한 새 도의가 기업윤리에서부터 발휘되기를 기대합니다. 기업경영을 근로자에 대한 저임금에 의존하려는 사고는 불식되어야 합니다.

또한 근로자들에게 당부합니다. 과도정부의 불합리한 경제정책과 국가경제의 여건으로 미루어 앞으로 국제수지는 더욱 악화되고, 따라서 국내 경제도 전반적으로 난국에 처하게 될 것으로 예상됩니다. 이러한 난국을 슬기롭게 극복해 나가기 위해서 우선 기업 내에서 노사 간의 협조체제가 이루어져야 합니다. 우리 당은 노동3권의 보장과 아울러 바람직한 노사협조체제의 정립을 저해해온 온갖 제도 및 법률적 모순을 시정하고 근로자의 권익을 옹호하기 위한 일련의 새로운 제도를 준비하고 있습니다. 그러므로 노사분규가 폭력사태로 번져 국민경제의 파탄을 초래하는 일이 없도록 자제해 주시기 바랍니다.

### 4. 국회는 즉각 소집되어야 한다

국회의 즉각 소집을 거듭 촉구합니다. 국회는 불안정의 요인을 제거할 책임이 있습니다. 국회는 정치일정의 단축, 개헌안의 확정, 계엄령의 해제 결의 등 당면한 중요 문제를 처리해야 합니다.

이런 막중한 책임을 인식하면서도 공화당이 국회소집을 기피하고 있다는 것은 아직도 과거의 미몽에서 깨어나지 못하고 있다는 증거라 하지 않을 수 없습니다.

공화당이 더 이상 국회소집을 기피한다면 나는 중대한 결심을 하지 않을 수 없다는 사실을 경고해 둡니다.

### 5. 민주화의 완결은 선거로!

이제 우리는 민주화에 확신을 가지고 슬기롭게 전진해가야 합니다.

그 어떤 독재권력도 우리 국민의 민주주의에 대한 신념을 앗아가지 못했습니다.

우리 국민은 이 땅의 민주질서 확립을 위해 값비싼 희생을 치러왔습니다.

30년의 전통을 이어 온 신민당은 국민의 민주투쟁에 앞장선 반독재 투쟁의 보루였습니다. 유신체제에 대한 신민당의 줄기찬 투쟁에 부딪쳐 박정희 정권은 야당 말살이란 무모한 탄압에까지 나섰지만 나는 굴복하지 않고 투쟁해 왔습니다. 우리 국민과 신민당은 자유가 압살당했던 민주주의의 폐허 위에서도 확고한 신념으로 박정희 정권에 대항하여 싸워왔고 승리를 쟁취했습니다.

민주화라는 온 국민의 일치된 합의를 누구도 배반할 수 없습니다. 민주시대로 가는 도도한 역사의 물결을 역류시킬 힘은 누구에게도 없다는 확신을 가져야 합니다.

정치인은 신념과 책임 있는 행동으로 국민에게 희망을 주어야 합니다.

유신체제는 무너졌습니다. 지금 이 시간은 민주질서를 세우기 위한 개헌작업이 진행되고 있습니다.

우리 국민 모두가 설정한 목표는 평화적 정권교체입니다.

그러기 위해 빠른 시일 안에 선거를 실시한다는 것이 국민적 합의입니다.

우리의 당면목표는 선거가 있게 하는 일입니다.

우리는 선거를 통해 유신의 잔재를 청소하고 민주화의 완성에 도달해야 합니다.

이런 시기에 또다시 국민의 희생을 강요하는 사태가 온다면 이 투쟁은 우리들 신민당이 맡고 나설 것임을 선언합니다.

이 땅의 민주질서 확립을 위해 필요하다면 나는 언제든지 민주제단에 신명을 바칠 각오가 되어 있습니다.

만의 하나라도 민주화의 길을 엉뚱한 방향으로 몰아가려는 불순한 음모가 표출되었을 때는, 이를 단호히 분쇄하고 민주화를 쟁취할 힘이 우리에게는 있습니다.

나는 학생과 근로자를 비롯한 각계의 주장이 정낭한 것임을 국민과 더불어 확인하고자 합니다.

만일 최근의 일련의 사태들을 특정한 목적에 이용하거나 민주화를 지연시키는 구실로 삼으려는 어떠한 음모나 기도가 있다면, 나는 국민과 더불어 강력히 투쟁해 나갈 것입니다.

유신독재의 길고 긴 치욕의 기간 중에 많은 청년학생들과 민주시민들이 치른 값비싼 희생을 상기합니다.

나는 지나간 치욕의 역사를 씻고 민주주의를 창조하는 데 또 다시 희생이 필요하다면 그것은 우리들 정치인이 맡아야 한다고 믿습니다. 백만 신민당원은 민주화 투쟁의 최일선에 설 것입니다.

나는 의로운 학생과 국민이 더 이상 나라의 민주화를 위해 희생되는 그런 불행한 사태는 없어야 한다는 확고한 신념을 가지고 있습니다.

차라리 우리 신민당이 희생되는 한이 있더라도 애국학생과 민주시민의 희생은 우리의 몸으로 막을 각오가 있음을 다시 한 번 확신합니다.

우리는 이성과 신념과 의지를 가지고 시국에 의연히 대처해 나가야 할 것입니다.

나는 오늘의 시국에 대처하기 위하여 가능한 한 많은 사람과 만나 논의하고 협력을 요청할 것입니다.

나는 김대중 동지와 가까운 시일 안에 서로 만나 나라와 국민을 위해 애국적 입장에서 허심탄회하게 의논할 것이며, 또한 그의 신민당 입당을 권유할 것입니다.

끝으로 나는 우리 국민의 민주화 요구를 관철하기 위해, 당원동지 여러분의 단합과 분발을 당부하며 국민 여러분의 성원을 호소해 마지 않습니다.

1980년 5월 9일

(이상은 김삼웅 편, 『서울의 봄 민주선언』)

# 우리는 왜 총을 들 수밖에 없었는가?[1])

  먼저 이 고장과 민주주의를 수호하기 위해 피를 흘리며 싸우다 목숨을 바친 시민, 학생들의 명복을 빕니다.

  우리는 왜 총을 들 수밖에 없었는가?

  그 대답은 너무나 간단합니다. 너무나 무자비한 만행을 더 이상 보고 있을 수만 없어서 너도나도 총을 들고 나섰던 것입니다. 본인이 알기로는 우리 학생들과 시민들은 과도정부의 중대 발표와, 또 자제하고 관망하라는 말을 듣고 학생들은 17일부터 학업에, 시민들은 생업에 종사하고 있었습니다.

---

  1) 1980년 5월 학생들과 시민들의 계엄철폐, 유신잔당 타도를 외치며 벌이는 민주화투쟁은 그칠 줄을 몰랐다. 1979년 '12·12 군사쿠데타'를 일으켜 실권을 장악하고 있던 전두환·노태우 등의 유신옹호 세력은 1980년 5월 17일 '확대된 소요사태'를 구실로 비상계엄 선포 지역을 서울에서 전국으로 확대하고, 그날 밤 학생운동의 지도부, 김대중 등 재야와 제도정치권의 주요 인사들을 체포 구속했다. 이러한 상황에서 전남 광주에서 18일 10시 전남대학교 학생들이 5·18 광주민중항쟁의 불을 댕겼다. 학생들과 합류한 광주시민들은 민주화를 요구하며 시위를 벌였다. 계엄군은 시위군중에게 무차별 총탄을 퍼부었다. 이에 분노한 목공, 공사장 인부 등의 막노동 노동자, 구두닦이, 넝마주이, 술집 웨이터 등의 기층 민중은 경찰서, 파출소 등에서 탈취한 카빈, M1소총 등으로 시민군을 만들어 계엄군에 맞서 싸워서 21일 오후 5시 무렵에 전남도청을 해방시켰다. 그리하여 5월 27일까지 10일 동안 광주시민군은 광주지역에서 '민중권력'을 수립했다.

그러나 정부 당국에서는 17일 야간에 계엄령을 확대선포하고 일부 학생과 민주인사, 정치인을 도저히 믿을 수 없는 구실로 불법 연행했습니다. 이에 우리 시민 모두는 의아해했습니다. 또한 18일 아침에 각 학교에 공수부대를 투입하고 이에 반발하는 학생들에게 대검을 꽂고 "돌격 앞으로"를 감행하였고, 이에 우리 학생들은 다시 거리로 뛰쳐나와 정부 당국의 불법처사를 규탄하였던 것입니다.

그러나 아! 이럴 수가 있단 말입니까! 계엄 당국은 18일 오후부터 공수부대를 대량 투입하여 시내 곳곳에서 학생, 젊은이들에게 무차별 살상을 자행하였으니!

아! 설마! 설마! 설마 했던 일들이 벌어졌으니, 우리의 부모형제들이 무참히 대검에 찔리고 귀를 잘리고 연약한 아녀자들이 젖가슴을 찔리우고, 참으로 입으로 말할 수 없는 무자비하고도 잔인한 만행이 저질러졌습니다. 또한 나중에 알고 보니 군 당국은 계획적으로 경상도 출신 제7공수병들로 구성하여 이들에게 지역감정을 충동질하였으며, 더구나 이놈들은 3일씩이나 굶기고, 더군다나 술과 흥분제를 복용시켰다 합니다.

시민 여러분!

너무나 경악스러운 또 하나의 사실은 20일 밤부터 계엄당국은 발포명령을 내려 무차별 발포를 시작했다는 것입니다. 이 고장을 지키고자 이 자리에 모이신 민주시민 여러분!

그런 상황에서 우리가 할 수 있는 일이 무엇이겠습니까? 우리가 어떻게 해야 되겠습니까? 묻고 싶습니다! 우리는 더 이상 당할 수만은 없었습니다. 그런데도 정부와 언론에서는 계속 불순배 폭도로 몰고 있습니다.

여러분!

잔인무도한 만행을 일삼았던 계엄군이 폭돕니까? 이 고장을 지키겠다고 나선 우리 시민군이 폭돕니까? 아닙니다. 그런데도 당국에서는 계속 허위사실을 날조 유포하는 데 혈안이 되어 있습니다.

시민 여러분!

우리 시민군은 온갖 방해에도 불구하고 여러분의 안전을 끝까지 지킬 것입니다. 또한 협상이 올바른 방향으로 진행되면 우리는 즉각 총을 놓겠습니다. 일부에서는 우리 시민군에 대한 오해가 많은 것 같습니다. 그러나 시민들은 절대로 시민 여러분을 괴롭히지 않습니다.

민주시민 여러분!

우리 시민군을 절대로 믿어 주시고 적극 협조해 주시기 바랍니다. 감사합니다.

1980년 5월 25일

# 대한민국 모든 지성인에게 고함

　지금 광주에서 일어나고 있는 모든 참상은 여러분이 상상조차
할 수 없는 사실들입니다. 지난 18일, 공수특전단들의 세계 역사상
없는 만행이 선량한 시민들을, 지성인들을 미치고 말게 했다는 사실
을 인지해 주십시오. 총칼 앞에 짓찢겨 죽은 자식을 안고 통곡하는
부모들이 대검에 찔려 죽고, 총상을 입은 수많은 젊은이들이 또한
죽어가고 있습니다. 잔인하기 짝이 없는 특전단의 악행은 필설로
형용할 수 없는, 오직 가슴을 치고 하늘을 향해 울부짖을 수밖에
없는 것이었습니다.

　모든 사람들은 6·25때도 이런 참혹한 살육전은 없었다고 울부짖으
며, "모두 죽자!", "죽여달라!"를 외치며 짐승 같은 계엄군과 맨몸으로
싸웠습니다. 악몽의 일주일이 지난 지금도 도청 앞 광장의 금남로에는
특전단의 총칼에 무참히 죽임을 당한 억울한 주검들이, 광주를 사수하
기 위해 나선 학생, 교수, 시민들의 절규와 통곡만이 쏟아지고 있습니다.

　몇 발자국 떨어져 있는 곳에서 내 나라 사람들이 이렇게 비인간적인
상황에서 죽어가고 있는 것을 관망만 하고 있다면, 도대체 학문이,
교육·양식이, 지식이 다 무슨 소용이겠습니까? 6·25동란에서도, 베트남
전쟁에서도 볼 수 없었던 참혹한 현실을 목전에 두고 지성인 여러분들
은 어찌 침묵하고 모른 체할 수 있단 말입니까?

　광주시민 모두가 분노에 끓어 극한 상황에 이르게 된, 무자비하고
형언할 수 없는 학살 현장의 사실을 우리 모두 통감합시다. 그리고

전두환에 의한 계엄사령부가 양심의 소리에 따라 행동한 학생, 교수, 시민을 폭도로 몰아 또다시 학살을 감행하리라는 것은 자명한 사실입니다. 우리 광주시민 모두가 원하는 것은 사태의 수습이 아니라 우리의 목적을 관철하는 것입니다. 우리 학생, 교수, 모든 지식인들의 결의는 흥분의 결과가 아니고 대한민국의 민주화를 위한 양보할 수 없는 결의입니다. 광주참상의 일주일이 지난 지금, 우리는 이것이 반민족적인 현 집권자의 태도와 행위에 대해서 죽음을 건 대결이라는 사실을 천명합니다.

이러한 결의는 전달이 일체 통제된 지금, 우선 엄청난 이 사태의 원인과 진실을 밝혀내는 투쟁이 언론 지성인을 비롯해 전국적으로 일어나야 할 것입니다. 그리고 명백한 사실에 대해 지성인다운 태도와 민주시민으로서의 행동이 전격적으로 나타나야 할 것입니다. 식량과 연탄의 공급이 의도적으로 차단되고 혈액 공급도 완전 중단된, 고립된 우리 광주의 시민들에게는 무엇보다도 한시가 절박합니다.

민주시민이여! 민주화를 위해, 우리의 삶을 위해 일어섭시다!

1980년 5월 24일

(이상은 김영진, 『충정작전과 광주항쟁』 하)

# '87 反公宣言文

오늘 제15회 환경의 날을 맞이하여 한반도를 둘러싸고 있는 핵 위협과 민중생존의 뿌리를 부식시키려는 공해상황을 다시 한 번 살펴보고 우리 민족의 나아갈 바를 천명코자 한다.

1. 이 땅의 핵·공해문제는 우리 민족의 자주적 통일과 민주화 의지를 원천 봉쇄하고 있는 현 군사독재집단의 정권유지 획책과 깊은 함수관계를 가지고 있으므로, 반공해를 주장하는 우리의 당면과제는 군사독재의 극복에 있음을 먼저 지적치 않을 수 없다.

전 세계가 반전·반핵의 깃발로 물결을 이루고 있음에도 불구하고 우리는 한반도의 핵 배치가 우리의 생존을 보장해주는 것으로 착각, 지구상에서 유일하게 반핵운동이 일어나지 않는 나라이다.

우리의 주변에는 갖가지 공해로 인해 건강한 삶이 파괴되고 있음에도 불구하고 공해문제를 해결하기 위한 치열한 노력을 볼 수 없음이 오늘의 현실이다.

박정희 유신 독재에서 비롯, 오늘까지 유지되어 오고 있는 군사독재 정권은 최대한의 물리력을 동원하여 핵문제, 공해문제를 철저히 은폐, 왜곡, 통제하고 있다.

정부가 이 지경이고 보니 자국에서는 발을 못 붙여 사양산업으로 전락한 공해산업이 한국으로 한국으로 물밀듯 쏟아져 들어오고 있다.

2. 금년 4월 8일자 『뉴욕 타임즈』지가 주한미군이 남한에 1천 개가 넘는 전술핵을 비치하고 있다고 밝힌 바도 있었듯이, 지금 이 땅에는 핵미사일, 핵폭탄, 핵지뢰, 핵배낭 등 갖가지 핵무기가 쌓여 있는 위에, 소련의 극동 군사기지에 있는 162기의 SS-20 중거리 핵미사일이 우리의 머리를 겨냥하고 있다.

미국이 대소 전진기지로서 이 땅에 군사기지를 설치, 이의 유지를 위해 군사정권을 도움으로써 오늘 세계의 독재 4인방이라 지칭받는 '남한의 군사독재정권'의 배후의 힘으로 작용해 오는 터이다. 83년 1월 미국 마이어 육군 참모총장은 중동에서 미소 석유분쟁이 발생할 경우 소련에 대한 전략으로 미군과 한국 지상군이 북한에 핵공격을 가할 것이라고 밝혔는가. 이렇듯 초강대국의 전술에 의해 이 땅은 쉽사리 핵전쟁의 희생물이 될 것이다.

우리는 지난 해 봄 온몸에 석유를 뿌린 채 반전·반핵 구호를 외치며 불을 댕겨 장렬하게 산화한 김세진, 이재호 열사의 분신을 상기하지 않을 수 없다.

핵의 공포는 비단 전쟁에서 비롯되는 것만은 아니다. 소련의 체르노빌 대참사 이후 각국이 핵발전소 건설을 중단 또는 계획 취소하는 데 반해 우리나라는 유독 기승을 떨며 핵발전소 건설에 박차를 가해, 작년 9월 30일 핵발전소 11, 12호기를 미국의 다국적 기업과 계약, 그 낙찰금액과 낙찰과정은 비밀에 붙여 놓고 있다.

현재 우리나라의 발전시설은 60% 이상이 남아돌고 있고, 한전은 63억 불의 외채를 짊어지고 있음에도 불구하고, 미 행정부와 다국적 기업의 압력에 순순히 굴복하는 것만 보아도 이 정권의 본질을 알 수 있다.

우리가 간절히 바라는 바는 핵의 위협으로부터의 해방이다. 우리나라, 우리 민족이 강대국 전쟁 놀음의 제물이 되는 것을 우리는 거부한다.

3. 서울, 부산을 비롯한 대도시는 그야말로 세계 공해박람회 격이다. 대기오염의 농축현상과 광화학 스모그가 연일 계속된다. 한 여성단체의 조사에 따르면 시민 85%가 '대기오염, 못 견딜 정도로 심하다'고 답변하고 있다.

이제 우리는 공기조차 마음 놓고 마실 수 없는 지경에 이르렀다. 어디 공기뿐인가. 김포, 경기평야에 공급되는 농업용수에 최고 70배나 기준치에 초과되는 중금속이 검출되어, 이 물을 받아 재배하는 농작물을 사서 먹는 우리가 당장의 피해자임을 일깨워 준다.

공장 폐수와 연간 16만 9천 톤이나 사용한다는 합성세제에 의해 모든 물은 원천적으로 썩고 있다. 기름과 쓰레기가 뒤엉켜 썩고 있는 도시의 하수, 이 하수들이 모여 시커멓게 넘실거리는 물이 우리의 한강이다.

'수영하지 맙시다.' '물고기를 잡지 맙시다.' 어떻게 보면 자연보호 캠페인 같은 이런 알쏭달쏭한 팻말을 붙여놓고 죽은 물을 은폐하면서 한강이 되살아났다고 요란하게 선전들을 한다. 물이 어떻게 죽어 우리에게 독수가 되고 있는지 가까운 예를 살펴보자.

최근 소래읍의 1천여 명 주민이 먹는 물에 독극물인 비소가 허용치의 5배나 들어 있어 집단 피부병이 발생했고, 광명시의 주민 3만여 명은 먹는 물인 지하수에서 화공약품, 시궁창 냄새가 나서 소동인데, 그 물은 철분이 기준치의 25배나 초과되어 있다는 것이다. 수돗물을 공급받지 못해 대신 먹는 지하수라는 것이 이 지경이다.

4. 공해문제의 피해를 가장 심각하게 온몸으로 받고 있는 계층은

생산현장의 노동자들이다. 국력의 원동력이요, 역사발전의 견인차인 이 땅의 노동자들의 실체는 한마디로 공해 속에 시들어 가는 직업병 환자들의 집단이라 할 수밖에 없다. 공해공장과 핵발전소의 공해는 그곳에서 작업하고 있는 노동자들의 건강을 위협하고 있다.

산업재해니 직업병이니 하는 것은 이윤 추구에만 혈안이 되어 있는 이 땅의 비인간적 자본주의 기업의 바로 그 본질이다. 우리가 입고 있는 옷, 먹고 있는 음식, 잠자리에 들기까지의 모든 일용 생활용품을 생산하는 노동자들이 어떤 조건에서 일하고 있는지를 한시도 잊어서는 안 되는 것은, 이들 물건 하나하나에 노동자들의 생명과 넋이 붙박혀 있기 때문이다.

환풍기 하나 없는 다락방의 숨 막히는 봉제공장에서 미싱을 돌리는 창백한 여성 노동자들은 그 혼탁한 공기로 인해 폐가 썩어들고 있다. TV 공장의 노동자들은 납에 노출되어 회복 불능한 납중독의 직업병에 썩고 있는 것이 오늘의 현실이다. 그리하여 수없이 쓰러져 가는 목숨들이 이따금씩은 이 땅의 제도언론을 통해서 보도되지만 그야말로 빙산의 일각에 지나지 않는다.

우리는 이 땅에서 산업재해를 추방하기 위해 혼신의 노력을 경주해 나가야 할 것이다.


5. 쾌적한 생활환경에서 영농하고 있다고 생각되어지는 농민에게 가장 심각한 것 중의 하나는 농약공해이다.

우리 농민들이 농약 중독으로 죽어가고 있다. 현재에 이르러서는 농약중독을 겪지 않은 농민이 거의 없을 정도이다. 농약문제의 본질은 농약살포가 자신에게 가장 큰 피해를 입힌다는 것을 알면서도 농약을 뿌리지 않을 수 없는 대다수 농민들의 삶 속에서 찾아져야 한다. 따라서 농약문제는 농산물 저가격정책, 외국 농축산물 수입개방정책 등 농업경영의 몰락화를 재촉하는 농촌 현실 속에서 그 실마리가 찾아져야 할 것이다.

우리는 소위 베트남 전쟁에서의 제초제 사용과 얼마 전의 '인도보팔 대참사'를 통하여 전쟁의 산물인 농약을 누가 만들어내어 누가 사용하기를 강요하는지를 똑똑히 보아왔다. 독극물 중의 독극물인 농약을 대량으로 제조하고 이익을 보는 것은 다국적 농약기업과 그 이윤활동을 보장해 주는 현지 매판관료 및 매판기업이며, 피해를 보는 것은 농약으로 죽어 가는 제3세계 농민과 농약으로 오염된 농산물을 먹는 제3세계 전체 민중이다.

우리나라에서는 현재 유엔에서 유해농약으로 규정한 농약 29종이 시판되고 있으며, 그 중 19종은 선진국에서 수입, 1년에 약 1천억 원에 달하는 농민의 피와 땀이 빠져나가고 있다.

농약은 첫 번째로 농민을 죽이며 땅을 더럽힐 뿐만 아니라 도시 소비자의 생명까지도 위협한다. 우리가 농약의 공포로부터 벗어나는 길은 농민과 대다수 국민들을 억압하는 모든 세력의 척결을 통해서만이 열린다는 것을 다시 한 번 강조하고자 한다.

6. 특히 최근 들어서 통치능력을 상실한 현 군사독재정권이 민주화의 여망을 압살하고 정권을 유지하려는 수단으로서 사용되는 최루탄에도 깊은 관심이 돌려졌다 한다. 사과탄, 직격탄, 다탄두연발, 페퍼포그의 사용으로 눈이 멀고 뇌수술을 받고, 손가락이 잘리고, 붉은 반점과 물집, 가려움증, 몸살 증세, 무력감을 느끼는 국민이 그 얼마인가? 이 가공할 최루탄을 만드는 공장이 현재 경남 양산군에 위치하고 있다. 이 공장이 가동되면서 하천은 잿빛으로 변해버렸고 물고기들은 떼죽음

을 당했음은 물론이다. 작년 10개월간 각종 민주화운동에 대한 탄압으로 발사된 최루탄이 31만 발 60억 원에 이르고 있다. 비싼 외화를 들여와 최루탄 공장을 만들어 전 국토와 전 국민을 최루가스로 질식케 하는 현 정권과 그 비호세력들을 민주화의 열기로 질식케 하는 것만이 우리가 살아남을 수 있는 유일한 길인 것이다.

7. 현 정권은 울산, 온산 공해지역 4만여 주민들의 아픔과 온산병의 충격이 채 가시지도 않은 작년 7월과 8월 주민들이 기대하는 바의 20%에도 못 미치는 이주 보상액 통고로 다시 한 번 공해 피해 주민과 국민을 우롱하였다. 뿐만 아니라 주민들의 정당한 요구와 항의를 폭력 경찰을 동원하여 무자비하게 짓밟아 버렸다.

이제 우리는 더 이상의 탄압과 억압이 계속된다면 태국과 같은 대규모 반공해 폭동도 일어날 수 있음을 엄중 경고하는 바이며, 다음과 같이 우리의 입장을 밝힌다.

### <우리의 입장>

1) 안전성이 의심스러울 뿐만 아니라 외세의 이익만 만족시켜 주는 핵발전소 건설은 중단되어야 하며, 민족의 생존권을 위협하는 한반도 주변의 모든 핵무기는 철수되어야 한다.

2) 노동자의 삶을 파괴하는 산업재해와 직업병은 공해문제와 같은 뿌리이다. 노동자의 단결과 민주세력의 참여로서 이 땅에서 산업재해, 직업병을 몰아낸다.

3) 농민을 병들게 하고 농약 사용을 강제하는 것은 외세의 다국적 농약기업과 이를 지원해 준 독재정권이다. 이제 농민과 도시 소비자

간의 굳건한 연대를 통해 이 땅에서 농약공해를 추방하자.

4) 최루탄은 민중탄압의 도구로 사용될 뿐만 아니라 민주시민의 건강을 위협하고 있다. 국민의 생명을 위협하는 최루탄 사용을 즉각 중단하라.

5) 현 정권은 '88올림픽'을 운운하면서 공해 관련 자료를 숨기고 있다. 공해 실상을 은폐, 왜곡, 통제하지 말고 국민 앞에 사실대로 공개하라.

6) 한반도는 선진국의 공해 쓰레기장이 되고 있다. 국민의 건강과 생명보다 다국적기업의 이익을 보장해 주는 군사독재정권을 몰아내고 공해의 원흉 다국적기업을 추방하자.

7) 형식상으로만 명시된 환경권은 오히려 공해문제를 더욱 심화시킬 뿐이다. 환경권을 무시하는 독재헌법을 철폐하고 민주헌법을 쟁취하자.

1987. 6. 5.
한국공해문제연구소

# 대회선언문1)

## 국민합의 배신한 4·13 호헌조치는 무효임을 전 국민의 이름으로 선언한다.

오늘 우리는 전 세계 이목이 우리를 주시하는 가운데 40년 독재정치를 청산하고 희망찬 민주국가를 건설하기 위한 거보를 전 국민과 함께

---

1) 1979년 12·12쿠데타와 1980년 5월 광주학살을 통해 수립된 전두환 독재체제의 비정통성과 비민주성에 대한 국민대중의 저항은 1985년 2· 12 총선에서의 신민당을 제1야당으로 만들고, 나아가 '대통령 직선제 개헌'을 요구하는 양상으로 나타났다. 이러한 상황에서 1987년 1월 '박종철 군 고문치사사건'이 발생하고, 이어서 직선제 개헌을 거부하는 전두환의 '4·13 호헌조치'와 5월 18일 박종철 군 고문치사 은폐조작이 알려졌다. 이에 대응하여 전체 민족민주운동권과 민주당 등 제도권 내의 야당 세력은 5월 27일 '민주헌법쟁취 국민운동본부'를 발족시켰다. 그러나 6월 10일 전두환은 노태우 민정당 대표를 대통령 후보로 승인하기 위해 잠실체육관에서 전당대회를 열었다. 같은 날 국민운동본부는 4·13 호헌조치 철폐, 군부독재 타도, 민주헌법 쟁취 등을 요구하는 국민대회 선언문을 발표했다. 서울을 비롯한 전국 각지에서 24만여 명의 학생, 시민들이 참여한 가운데 국민대회가 동시다발적으로 열렸다. 6월 10일 명동성당 집회, 18일 '최루탄추방대회', 28일 '국민평화대행진' 등 일련의 민주화 항쟁에 전국적으로 수백만 명의 국민대중이 참여하여 반독재 민주화투쟁을 벌였다. 그 결과 국민은 대통령직선제 등의 민주화 요구를 일부 수용하는 노태우의 이른바 '6·29선언'을 쟁취하게 되었다.

내딛는다. 국가의 미래요 소망인 꽃다운 젊은이를 야만적인 고문으로 죽여 놓고, 그것도 모자라서 뻔뻔스럽게 국민을 속이려 했던 현 정권에게 국민의 분노가 무엇인지를 분명히 보여주고, 국민적 여망인 개헌을 일방적으로 파기한 4·13폭거를 철회시키기 위한 민주장정을 시작한다.

오늘, 광주학살에 참여한 정치군인들 사이의 요식적인 자리바꿈을 위한 영구집권의 시나리오가 수만 전투경찰의 삼엄한 엄호 속에 치러졌다. 이번 민정당 전당대회는 국민 전체의 뜻을 배반한 독재자의 결정사항을 요란한 박수소리로 통과시키려는 또 하나의 폭거요 요식적인 국민기만 행위에 지나지 않는다. 따라서 우리는 그와 같은 민정당의 전당대회는 독재세력의 내부행사일 뿐, 국민의 민주적 여망과는 아무 관계가 없는 것임을 전 국민의 이름으로 선언한다.

우리 국민은 민정당이 대단한 결단이나 되는 것처럼 강조하는 현 대통령의 7년 단임 공약에 큰 기대를 걸고 있지 않다. 현 정권의 제1의 통치명분으로 내세워 온 평화적 정권교체라는 것도 실은 현 대통령의 형식적 퇴임 이후 친정체제와 수렴청정 하에 광주학살에 참여한 장성들 간의 자리바꿈에 지나지 않는다는 것을 자각하고 있는 국민이라면 상식으로 간주하고 있는 사실이다. 언제부턴가 평화적 '정권교체'라는 말이 '정부이양'이라는 애매모호한 말로 슬쩍 둔갑해 버린 것도 저들의 이러한 속셈을 잘 말해주고 있다. 그것은 군부독재의 통치를 영구화하려는 요식행위에 불과하다.

무엇보다도 우리는 이른바 4·13 대통령의 특별조치를 국민의 이름으로 무효임을 선언한다. 이 나라는 전제군주국가가 아니다. 이 나라의 엄연한 주인은 국민이요, 국민이 국가권력의 주체이다. 따라서 전 국민적 여망인 민주헌법쟁취를 통한 민주정부의 수립의지를 정면으로 거부한 이 폭거는 결코 인정될 수 없다. 광주학살 이후 계엄령 하에서

급조된 현행 헌법에서조차 대통령은 오직 헌법개정에 관한 발의권밖에 가지지 못하도록 되어 있다. 그런데도 행정부의 수반이 국민의 대표기관인 국회의 개헌논의 중지를 선언하고, 이를 재개하는 자를 의법 조치하겠다고 엄포를 놓은 것은 위헌적인 월권행위요, 민주주의의 요체인 3권분립을 파기한 폭군적 망동이었다. 헌법 개정의 주체는 오로지 국민이다. 국민 이외의 어느 누구도 이 신성한 권리를 대행하거나 파기할 수 없다. 그러므로 국민적 의사를 전적으로 묵살한 4·13 폭거는 시대적 대세인 민주화를 거스르려는 음모요, 국가권력의 주인인 국민을 향한 도전장이 아닐 수 없다. 결국 민주화를 요구하는 국민의 힘에 밀려 "여야가 국회에서 합의하면 개헌에 반대하지 않겠다"고한 전 대통령의 작년 4·30 발언은 영구집권 음모를 은폐하기 위한 한낱 속임수에 지나지 않았음이 분명해지고 말았다. 애초부터 개헌의 의사는 눈곱만치도 없었으며, 그 동안 마치 날치기 통과하고 강행할 것 같던 내각책임제 개헌안도 국민의 대통령 직선제 개헌 열망을 무마하고 민주세력을 이간시켜 탄압하면서 원래의 의도인 호헌의 명분을 만들기 위한 위장전술에 지나지 않았다. 따라서 모든 국민의 기대에 찬물을 끼얹고 국민들을 한없는 배신감과 절망으로 몰아간 4·13폭거는 마땅히 철회되어야 한다. 우리는 이러한 4·13조치에 기초하여 현 정권이 영구집권을 위한 시나리오를 강행한다면, 국내외의 조롱과 비난을 면치 못할 것이며 돌이킬 수 없는 엄청난 사태를 스스로 잉태하는 것임을 경고해 둔다.

이제 우리 국민은 이 민족의 40년 숙원인 민주화를 달성하기 위해 일어섰다. 이 민주화라는 과제가 88올림픽을 이유로 연기될 수 없다. 인류 평화의 제전이요 민족의 축제가 되어야 할 88올림픽이 민주화를 늦추고 현행 헌법대로 독재정권을 연장시키는 데 악용되어서는 안 된다. 우리는 민주화라는 '민족적 대사'를 완수한 이후에 전 국민의 압도적 지지 위에 세워진 튼튼한 민주정부 하에서 88올림픽을 민주시민의 감격과 긍지를 가지고 치러야 한다.

외세의 강점 하에 반도가 분단되어 허리 잘린 통한의 삶을 살아온 지 어언 40여 년, 그 동안 우리는 분단과 경제개발을 빌미로 한 독재권력에 의해 숨 한번 제대로 쉬지 못하고 살아왔지만, 지금 이 나라는 총칼로도 잠재울 수 없는 전 국민의 민주화 열기로 노도치고 있다. 성직자, 교수, 법조인, 작가, 미술인, 출판인, 영화감독, 의사, 정치인, 그리고 청년, 학생, 노동자, 농민, 도시빈민 등 각계각층에서 터져 나오는 양심의 소리는 독재로 찌든 조국을 흔들어 깨우고 있다.

이제 우리 국민은 그 어떠한 이유나 명분으로도 더 이상 민주화의 실현이 지연되어서는 안 된다고 요구하고 있다. 분단을 이유로, 경제개발을 이유로, 그리고 지금은 올림픽을 이유로 민주화를 유보하자는 역대 독재정권의 거짓 논리에서 이제는 깨어나고 있다.

오늘 고 박종철 군을 고문 살인하고 은폐 조작한 거짓 정권을 규탄하고 국민의 여망을 배신한 4·13 폭거가 무효임을 선언하는 우리 국민들의 행진은 이제 거스를 수 없는 역사의 대세가 되었다. 세계의 양심과 이성이 우리를 격려하고 민주제단에 피 뿌린 민주영령들이 우리를 향도하며, 민주화 의지로 사기충천한 온 국민의 민주화 결의가 큰 강줄기를 형성하니 무엇이 두려운가. 자! 이제 우리의 자리를 박차고 일어나 찬연한 민주새벽의 그날을 앞당기자. 민주·민권 승리의 확신과 필승의 의지를 가지고 오늘 우리 모두에게 맡겨진 민족의 과제 앞에 힘차게 전진하자.

1987. 6. 10.

(민주화추진협의회, 『민추사』 )

# 진실이 밝혀지기보다는 은폐되고 있다

"감추인 것은 드러나게 마련이고, 비밀은 알려지게 마련이다. 내가 어두운 데서 말하는 것을 너희는 밝은 데서 말하고, 귀에 대고 속삭이는 말을 지붕 위에서 외쳐라."(마태오 10:26~27)

우리는 우리 신앙의 양심으로 있는 힘을 다하여, "그러나 제 뜻대로 하지 마시고 아버지의 뜻대로 하십시오"(누가 22, 42). 기도하는 마음으로 지난 5월 18일, 박종철 군 고문살인사건의 조작 은폐와 관련한 성명을 발표한 바 있습니다. 그 동안 국민의 과분하고도 충정어린 성원과 격려, 그리고 진실을 갈구하는 국민 내부의 열망과 언론의 몸부림이 하나 되어 마침내 어둠 속에 갇혔던 진실의 일단이나마 밝혀질 수 있었음을 다행으로 생각합니다.

우리는 우리의 5·18 성명과 관계없이 그 이전부터 이미 검찰이 박종철 군 고문살인사건의 조작 은폐 사실을 알고, 철저한 조사에 착수하였다는 검찰의 발표를 액면 그대로 믿고 싶습니다. 그러나 검찰의 발표를 우리가 믿을 수 있기 위해서는 박종철 군의 고문살인의 진상은 물론 조작과 은폐의 과정이 한 점의 의혹도 없이 요연하게 검찰에 의하여 조사, 발표되었어야 함에도 불구하고, 검찰의 5월 29일의 발표는 전후 좌우의 모순과 허점으로 점철되어 있어, 진실의 규명보다는 오히려 사건의 종결과 호도에만 급급한 인상의 그것이었음을 지적하지 않을 수 없습니다. 무엇보다 검찰의 발표가 진실인 것으로 확인되기 위해서는 객관적 제3자의 검증이 필요한데도, 우리가 조사를 신뢰하고 있는 대한변협의 공정한 조사활동을 검찰이 오히려 봉쇄, 차단하고 있는 점에서 진실이 지금 이 순간에도 은폐, 조작되고 있다는 의구를 떨쳐버릴 수가 없습니다.

뿐만 아니라 우리의 발표로 어떤 사람이 보복이나 불이익을 강요당한다면 그것은 우리의 불찰이요 아픔일 수밖에 없는데, 조한경 경위와 강진규 경사가 몹시 공포에 떠는 모습으로 진술과 변호인 선임을 번복하고 있다는 소식은 우리를 불안하게 하고 있습니다. 우리는 이 사건의 진실은 검찰 차원에서 밝혀질 수도 없을 뿐만 아니라, 검찰 자체가 이 사건의 조작과 은폐에 개입한 정황이 너무도 명백하기 때문에 검찰이 진실을 밝혀낼 수 있으리라고는 처음부터 기대할 수 없었습니다.

오늘 우리는 박종철 군에 대한 고문살인과 사건 조작 은폐의 전 과정에 걸친 실체적 진실은 물론 이 나라 정치권력 자체의 양심의 마비상태, 즉 고문으로 한 젊은이를 죽게 하고, 그 사실마저 조작 은폐하는 그런 도덕적 기반 위에 서 있는 정치권력의 의식세계와 그에서 비롯되는 공권력의 원초적 부도덕성과 부정직성이 밝혀지고 청산되어질 수 있기 위해서는 국정조사권의 발동과 변협 조사활동의 자유가 먼저 보장되어야 한다는 우리의 확신을 거듭 내외에 천명하면서 이러한 조사활동이나 재판절차를 통하여 마땅히 밝혀져야 할 문제점들을 다음에 제시하는 바입니다.

## 1. 고문치사 과정의 진실

가) 박종철 군이 연행될 당시의 신분은 오직 박종운 군에 대한 참고인 자격이었다는 것이 우리의 확신입니다.

나) 연행시간과 연행된 장소가 명백하게 밝혀져야 합니다. 렌즈 소독기가 든 손가방과 학교 성적표가 없고, 전날 신고 나갔던 부츠와 하숙집

동료로부터 빌린 상아색 털목도리가 없는 점에 비추어 하숙집이 아닌 장소에서 발표와는 다른 시간에 연행되었다는 가족과 그 주변의 주장에 대한 납득할 만한 해명이 있어야 합니다.

다) 물고문 이외에도 폭행이 있었다는 사실이 밝혀졌지만 박 군의 몸에 얼룩진 반점에 대한 납득할 만한 해명이 없는 점과 연행시간 등의 의혹에 비추어 치안본부 대공수사 2단 5층 9호실이 아닌 장소(신문실)에서 제1차 고문이 선행되었을 가능성을 배제할 수 없습니다. 사체 부검사진의 공개와 함께 다른 고문의 의혹이 밝혀져야 할 것입니다.

라) 강진규 경사가 다른 반 반원으로서 박종철 군 조사에 참여하게 된 이유와 역할이 밝혀지지 않고 있는 가운데, 5월 30일, 이상수 변호사가 접견했을 때 공포에 질린 표정과 언동이었던 점 등에 비추어 조·강 두 경관에 대한 신변의 안전이 지켜진 가운데 변협 조사단과의 자유로운 면담에 협조해줄 것을 관계당국에 간곡히 요청하는 바이다.

## 2. 경찰

가) 박종철 군의 죽음이 고문치사로 밝혀진 뒤 당시의 강민창 치안본부장은 "처음 상황보고를 정확히 하지 않은 사람을 감찰 조사하겠다"고 하였으나 후속조치가 뒤따르지 않았고, 신길동 치안본부 특수수사2대에서 처음 조사할 때부터 "상부로부터 조한경 경위 등 2명을 조사하라는 지시를 받았다"는 수사반의 진술 등에 비추어 조작 은폐 사실을 치안본부장이 알고 있거나 지시 또는 그에 개입했음이 확실하다 할 것입니다.

나) 검찰은 박처원 치안감 등 경찰간부 3명을 범인도피 혐의로 구속하면서 이들이 두 경찰관을 교도소로 찾아와 자신들의 말을 듣지 않으면 가족 또는 관련자 5명을 모두 쏴 죽이겠다고 말하는 등의 협박에

대해서는 진상조사는 물론 납득할 만한 조치를 하지 않았습니다. 지금도 우리는 그와 같은 공갈과 협박이 교도소 안에서 계속되고 있으리라는 우려를 금할 수 없습니다.

다) 우리는 보다 많은 사람의 형사처벌 등을 결코 원하지는 않습니다. 그러나 적어도 이 사건 발생 당시 치안본부 대공수사2단 단장이었다가 직위해제 끝에 4월 8일 보직 발령된 전석린 경무관, 1월 15일부터 18일까지 줄곧 박종철 군의 가족을 동행, 감시하고 고문살인사건의 조작 은폐를 위한 가족의 회유와 금품제공 등에 가담한 홍승상 경감, 그리고 1차 보고서를 작성하고 가족면회 때마다 입회 감시한 이태훈, 여건주 경위에 대해서는 납득할 만한 조치나 문책 또는 해명이 있어야 한다고 믿습니다.

라) 우리는 박처원 치안감이 서울신탁은행 이촌동 지점에 조한경 경위와 강진규 경사 명의로 예치한 개발신탁 장기예금 4개 구좌 2억 원의 정체와 행방, 그리고 국민의 세금으로 만들어진 수사비가 비록 정권유지 자금적 성격을 지닌 것이라고 하더라도 그와 같이 방만하게 쓰여져도 되는 것인지 묻지 않을 수 없으며, 한 사람의 치안감이 쓸 수 있는 재량권이 그렇듯 큰 데 대해 국민이 느낄 수밖에 없는 배신감과 허탈감을 어떻게 위로, 보상할 것인지 밝힐 것을 국민의 이름으로 요구하는 바입니다.

마) 우리는 또한 사건 직후 강민창 치안본부장이 조·강 두 경관 가족에게 준 각 3백만 원과 2월 24일 이영창 치안본부장이 준 각 1천만 원 돈의 출처와 자금의 성격을 밝혀줄 것을 요구합니다. 경찰관이 결코 재벌이 아닐진대, 성금이라는 명목으로 치안본부와 서울시경 대공팀 소속 경찰관이 한 사람당 10만 원, 경사 15만 원, 경위와 경감 20만 원, 경정 30만 원, 총경 50만 원, 경무관 이상 100만 원씩 갹출했다

는 발표를 쉽게 납득할 수 없습니다.

바) 우리는 추가 구속된 3명의 고문경관이 사건 후 같은 날, 전보발령된 점에 비추어 인사권자인 당시 치안본부장은 고문 조작 은폐사실을 알고 있었음이 명백하다고 믿는데, 이에 대해서도 납득할 만한 해명이 있어야 할 것입니다.

## 3. 검찰

가) 정구영 전 서울지검장은 5월 21일의 발표에 이르기까지 그때마다 거짓 발표와 기자와의 기만적 일문일답을 하여왔음이 5월 29일의 검찰발표로도 명백히 밝혀졌습니다. 서울지검 안상수 검사는 2월 27일 조·강 두 경관으로부터 3명의 고문경관이 더 있다는 사실을 청취하고서도 "진실을 밝히는 것이 자신에게 유리할 것인지 잘 판단하라"면서 계속적인 은폐를 획책, 종용하고 이 같은 사실을 상부에 보고, 2월 28일 김성기 법무부장관이 영등포교도소를 방문, 새로운 사실이 밖에 알려지지 않도록 철저한 보안단속을 지시한 것이 확인되었습니다. 두 경관에 대한 3월 7일의 이감조치는 경찰로 하여금 두 경관에 대해 마음 놓고 회유와 설득을 하게 하기 위함이었음이 명백합니다. 3월 9일 가족 면회 때 조한경 경위는 동생에게 "검사에게 조작 사실을 폭로한 뒤 경찰로부터 죽이겠다는 협박을 당하고 있다. 빨리 변호사를 대라"고 한 사실에서도 분명한 것입니다. 이 같은 정황에 비추어 볼 때 적어노 2월 27일 이후 검찰은 조·강 두 경관의 심경의 변화를 경찰에 알려 합동으로 조작사실을 은폐 무마하려 했음이 확실합니다.

나) 조·강 두 구속경관에 대한 가족 면회가 토요일 오후에 특별면회로만 허용된 점, 또 조한경 경위에게는 이태훈 경위가, 강진규 경사에게는 여건주 경위가 입회한 상태 하에서만 면회가 이루어진 점, 3월 말경부

터 검사의 지시라며 3주간 면회가 금지된 점 등에 비추어, 검찰은 2월 27일 이전에 이미 조작 은폐 사실을 알고, 검찰과 교도소 당국과 연계하여 합동으로 조작 사실의 은폐를 공모, 혹은 적어도 묵인했음이 명백합니다.

다) 공정한 법운용의 표상이 되고 공익의 대표여야 할 검찰이 이 사건에서 위와 같이 수사지휘권을 포기하고 직무를 유기하며, 나아가 은폐 조작을 방조 묵인한 것은 움직일 수 없는 명백한 사실입니다. 경찰이 자체조사를 빙자하여 박종철 군 고문살인사건의 진상을 조작했던 것과 마찬가지로 검찰 역시 자체조사와 발표를 통하여 자신의 은폐 조작 방조의 범죄를 숨기고 있습니다. 이는 검찰에 의한 제2의 은폐 조작으로서 검찰권에 대한 신뢰의 위기를 스스로 자초하는 것인 바, 검찰이 그 자신의 마지막 남은 자존심과 명예를 걸고 진실을 더 이상 감추지 말기를 진심으로 호소하는 바입니다.

## 4. 법원

가) 공소제기 후 4개월이 지나도록 재판이 열리지 않았던 이례적인 상황을 재판부는 3, 4, 5월이라는 정치적으로 민감한 시간대를 피하려 했다고 변명하고 있지만, 이 사건 재판이 경찰의 차단과 봉쇄 속에 단 1회에 결심, 그 다음 기일에 선고하는 요식적 절차로 끝나리라는 근거 있는 소문이 일반화되고 있었던 점에 비추어 결과적으로 검찰과 경찰의 조작 은폐를 방조하고 기다려준 것에 다름 아니라고 판단됩니다.

나) 우리는 이 사건 재판의 결과와 관련하여 경찰에서 이미 1심에서는 10년 구형에 7년 선고, 2심에서는 7년 구형에 5년 선고, 그리고 3년 정도 살면 나오게 된다는 각본이 짜였던 점에 주목하지 않을 수 없으며, 청와대 비서관 출신이라는 재판장의 전력에 비추어 담합의

의혹도 전혀 배제할 수 없음을 유감으로 생각합니다.

다) 재판은 공개되어야 하고, 또한 모든 실체적 진실이 밝혀지는 법정이 되어야 하며, 법관은 선입견이나 예단 없이 이 사건에 임해야 합니다. 우리는 이 사건을 맡은 재판부 재판장이 조한경 경위의 지휘 책임의 법적 문제와 관련한 논평을 통하여 "서울 강남 서진 룸살롱 폭력배 집단 살해사건 재판에서 장진석 피고인도 지시만 하고 살인행위에는 직접 가담하지 않았지만 중형을 선고받았다"고 함으로써, 이 사건에 대해 이미 사전에 예단을 가지고 있음이 명백한 바 이 재판부에는 공정한 재판을 기대할 수 없다는 것이 우리의 판단이요 불안입니다.

## 5. 용공조작과 고문

가) 언제부터인가 '남영동'으로 통칭되는 치안본부 대공수사2단은 학생과 노동자운동가를 비롯, 유신시대 이래 민주·민중·민족운동에 헌신해오고 있는 사람들에게는 공포의 대상이 되어 있습니다. 그 공포는 용공조작에 대한 것과 그것을 위한 정신적, 육체적 고문에 대한 것이며, 학생운동단체 및 재야 민주·민중운동단체의 용공조작사건의 대부분이 여기서 조사, 조작, 발표되어 왔습니다. 그 과정 또한 지극히 도식적이어서 연행 또는 수배와 동시에 가택을 수색하여 이른바 문제 서적이나 유인물을 먼저 확보하고, 혐의사실로 용공 조작하기 위해서는 김근태 씨의 경우처럼 야만적 고문을 감행하고, 그것으로도 안 되면 이미 확보한 책자나 유인물을 가지고 용공좌경으로 채색, 발표하는 것입니다.

책자나 사상에 대한 감정은 처음부터 정체불명의 내외문제연구소라는 곳에 맡겨지는데, 개개의 경우 홍성문(홍지영이라는 이름과 함께 다섯 가지 가명을 쓰고 있음)이라는 수석연구위원이 천편일률적으로 허위감정 혹은 법정에서 모략 증언함으로써 재판을 통해 용공좌경의 너울을 씌우는 것을 하나의 확립된 절차로 하고 있는 것입니다.

다) 대공수사단에 의하여 용공좌경으로 채색되어 재판을 통하여 처단되는 공정(工程)이 이러하거니와, 우리는 대공수사단이 민주화운동, 민중운동 관련자에 대해 용공좌경이라는 도식적 틀에 맞추는 수사를 함으로써 고문이 이루어지고, 또 국사범과 민주 애국의 인사 사이에 혼동이 일어나게 하는 오래된 관행을 안타까워합니다. 이번 사건의 경우 역시 정치권력의 요구와 비위에 맞추기 위해 무리한 수사를 감행하다가 발생한 정치적 사건임에도 불구하고, 이 사건이 터지자 용공조작을 요구하고 그것을 정치적으로 이용하고 있는 정치권력이 그 책임을 오직 고문경찰관과 대공수사 간부에게만 전가한 측면을 도외시할 수가 없습니다. 우리는 용공조작은 국민 분열을 획책하는 민족자해 행위로써 그에 대한 반대와 거부의 뜻을 여러 차례 밝혔거니와, 정치적 목적을 위하여 시국과 관련한 사건수사를 대공수사단이나 그 요원에게 맡겨서는 안 된다는 우리의 간곡한 충고를 현 정권 당국에 전하는 바입니다.

## 6. 1월 17일의 정부대책회의

박종철 군 고문살인사건에 대한 조작은 1월 17일의 관계부처 장관과 유관기관 책임자가 참가한 정부대책회의에서 경찰 자체조사를 결정함으로써 비롯되어 조작이 이루어질 수 있었던 것입니다. 당시의 보도에 의하면 내무부장관과 치안본부장의 로비에 의해 그와 같은 결정에 이르렀다고 하는데, 이들이 필사적으로 경찰 자체조사를 관철한 뒷면에는 조작 은폐를 그 목적으로 하고 있었음 또한 자명합니다. 그렇지 않다면 수사상식에 반하는 이런 주장이 관철되어 그와 같은 결정이 이루어질 수 없었을 것이기 때문입니다. 결국 내무부장관과 치안본부장은 조작 은폐를 목적으로 하거나 그 사실을 알고 경찰 자체수사를 고집했을 것임이 명백한 것입니다.

두 사람의 당시의 언행(대공수사요원의 사기 운운)이 또한 이를 밑받침하고 있습니다. 우리는 1월 17일의 정부 대책회의의 전 과정과 내용이 밝혀지고, 그에 따른 책임도 규명되어져야 마땅하다고 거듭 주장하는 바입니다. 그렇지 않는 한 이 사건의 진실은 결코 밝혀졌다고 말할 수 없을 것입니다.

## 7. 정치권력의 도덕성

가) 앞서 밝힌 바와 같이 전 법무부장관은 박종철 군 고문살인사건의 조작 은폐 사실을 충분히 알고 있었음에도 불구하고 5월 8일의 임시국회 본회의 답변에서, 두 사람 이외의 다른 경찰관은 가담한 사실이 없는 것으로 밝혀졌다. 검찰로서는 철저하고 면밀한 수사를 하여 그 진상을 그대로 규명하였고, 그 결과에 따라 처벌했으므로 재수사할 필요는 없다고 생각한다고 위증하였으며, 내무부장관은 5·26 개각 발표 후 조작 은폐 사실이 밝혀진 데 대한 화풀이로 언론에 화살을 돌림으로써 현 정권의 도덕적 파탄 상태를 보여주었습니다. 우리는 현 정부의 경직되고 도식적인 지휘, 명령체계에 비추어볼 때 관계장관은 물론 국무총리, 나아가서는 대통령도 조작 은폐 사실을 알고 있었을지도 모른다는 의문을 완전히 떨쳐버릴 수 없습니다.

나) 노태우 민정당 대표위원은 박종철 군 고문치사사건 후 가진 1월 22일의 기자회견에서 '고문치사'란 말을 단 한 마디도 쓰지 않으면서 '박종철 군 사망사건'이라고만 썼습니다. 진상을 진상 그대로 보거나 표현하지 않으려 하는 가운데서는 양심적 반성도, 도덕성의 회복도

결코 이루어질 수 없습니다. 박종철 군의 고문살인사건의 조작 은폐 사실이 밝혀졌을 때도 민정당은 오직 체육관 선출 대통령후보 선출이라는 예정된 각본대로의 정치일정만을 우려했을 뿐, 진실한 반성이나 고뇌의 모습을 보여주지 않았습니다. 그 동안 있었던 2·7 추모집회, 3·3 국민대행진 등 행사와 관련, 그때마다 여러 차례 있어 온 당정회의를 통하여 민정당의 노태우 대표위원을 비롯한 당직자들이 법무부장관 등으로부터 은폐 조작 사실을 보고받았을 개연성 또한 우리는 배제할 수 없다고 보고 있습니다.

## 8. 진상은 밝혀지지 않았고, 반성도 이루어지지 않고 있다.

가) 국무총리를 비롯한 내각의 인책개편을 단행하면서도 대통령은 고문근절 선언이나 국민에 대해 정중한 사과의 뜻을 표명하지 않았습니다. 박종철 군 고문치사 및 사건 조작 은폐의 진상규명과 고문근절에 대한 대통령의 의지가 확고하게 표명되지 않는 속에서는 진상이 있는 그대로 밝혀질 수 없고, 고문 또한 근절되지 않을 것이며, 나아가 지금도 고문은 자행되고 있다는 것이 우리의 확신입니다.

나) 박종철 군 고문치사사건 발생 후 구성된 정부의 인권특별위원회에서는 의문의 변사사건에 대한 조사나 고문, 성고문에 대한 진상규명 보다는 법관의 영장 없는 임의동행 요구를 법제화할 움직임까지 보이는 등 현 정부는 어떻게 하면 법과 제도적 장치를 통하여 국민의 기본적 인권을 탄압, 유린할 수 있는가만을 연구, 획책하고 있습니다.

다) 이한기 국무총리 서리는 5월 30일의 담화를 통하여 "이 사건의 진상이 명백히 밝혀지고, 그에 따른 정치적, 법적 조치가 충분히 취해졌다"고 말하고 있으나 이 사건의 진상은 위에서 살펴본 바와 같이 전혀 밝혀지지 않았으며, 법적으로 뿐 아니라 도의적, 행정적 책임이나 조치

는 미흡하거나 전혀 이루어지지 않았습니다. 무엇보다 6월 10일의 "박종철 군 고문살인 조작 은폐 규탄 및 호헌철폐 국민대회"를 고문살인과 조작 은폐의 당사자인 경찰과 검찰이 염치없게도 원천봉쇄하고 다수의 민주애국 인사를 구속한 것은 이미 도덕성이 파탄난 공권력의 실상을 보여주는 것이었으며, 현 정권이 국민대회를 오히려 폭군적 압제의 빌미로 삼고 있다는 점에서 '광주사태에서 박종철 군 고문살인과 조작 은폐'를 거쳐 그 마지막 비극을 향해 줄달음치고 있다는 불안한 예감을 국민으로 하여금 갖게 하고 있습니다.

우리는 고문 없는 세상에서 살고 싶습니다. 우리는 민주화된 나라에서 모든 이웃 형제와 '더불어 함께', '인간답게' 살고 싶습니다. 나라의 민주화와 사회정의, 그리고 민족의 자존과 자주를 요구하는 것이 용공좌경일 수 없고, 그것으로 고문 받아야 할 이유는 없다는 것이 우리의 확신입니다. 우리는 누군가 처벌되고 처벌되지 않는 것을 바라는 것이 아니라 오직 진실이 밝혀지기를 바랍니다. 우리는 또한 고문해 죽여놓고 징계 정도의 처벌을 예상하는 공권력의 의식구조가 획기적으로 개선되기를 바랍니다. 우리는 우리가 구속을 각오하면서 발표한 '5·18 성명'의 그 마지막 구절을 오늘 인용하는 것으로 우리 모두의 기도와도 같은 호소를 다시 한 번 전하고자 합니다.

"이 사건 범인 조작의 진실이 박종철 군 고문살인 진상과 함께 명쾌하게 밝혀질 수 있느냐에 따라 우리나라에서 공권력의 도덕성이 회복되느냐 되지 않느냐는 결판이 날 것이다. 또한 우리 사회가 진실과 그리고 인간화와 민주화의 길을 걸을 수 있느냐 없느냐 하는 중대한 관건이 이 사건에 걸려 있다."

1987년 6월 22일
천주교 정의구현전국사제단

# 7·4 무안군 농민선언[1]

이제 우리의 싸움은 시작되었다.

민주화의 열기가 봇물처럼 터지기 시작한 6월 10일을 우리는 우리 역사의 위대한 승리의 날로 기록해 두자. 해방 이후 우리 국민은 '독재타도', '민주정부 수립'을 외치며 얼마나 기나긴 세월을 갇히고 쓰러지고 죽어가야만 했던가!

2천여 광주시민을 그놈들의 총칼에 바쳐버렸고, 박종철 군을 비롯한 수많은 학생, 시민, 근로자들을 민주화의 제단 위에 바쳐야만 하지 않았는가!

자! 이제 우리는 승리하였다. 민주화를 열망하는 우리 국민의 투쟁적 열기는 기어이 승리를 쟁취하고 새로운 진군의 나팔을 준비하고 있다. '6·29선언'은 우리에게 엄청난 흥분을 안겨다 주었으며, 우리 국민의 위대함을 민방에 과시한 쾌거였다.

그러나 웬일인가! 너도나도 민주화가 되었다고 소리치고 있으나 빚 때문에, 마늘·양파 값 폭락 때문에 죽어 가는 우리 농민의 마음은 왜 이다지도 한쪽 구석이 허전하기만 하는가?

---

1) 1987년 6월 항쟁의 결과 최소한의 정치적 민주화란 조건이 형성되었다. 이것을 그 동안 파쇼적인 군부독재정권에 의해 짓눌려 있던 각계 각층의 민중들이 능동적으로 활용했다. 민중들은 한 단계 높은 정치적·사회적·경제적 민주화를 요구하는 투쟁으로 발전시켜 나갔다. 무안군 농민들도 농민의 기본권과 생존권 등을 보장하는 헌법과 농축산물 수입을 강요하는 미국을 반대하는 정책의 수립 등을 정부에게 요구했다.

그것은 '6·29선언'만으로는 우리 농민의 마늘·양파 값이 보장되지 않고 농가부채 해결의 실마리가 보이지 않기 때문일 것이다. 이제 우리는 승리감에 자만하고만 있을 것이 아니라 군사독재가 이 땅에서 영원히 종식되고 농민의 제 권리가 쟁취될 때까지 한 발짝도 중단 없이 싸워나가자!

우리 농민의 싸움은 이제부터 시작이라고 만방에 선언하고 우리의 전열을 가다듬어 나가자!

농민기본권, 농민생존권 확보 조항을 새 헌법에 보장받을 수 있도록 끊임없는 싸움을 전개하자.


1. 우리 농민에게 진정한 민주헌법이 되려면 헌법 전문의 건국이념에 '갑오농민혁명정신'이 첨가되어야 하며, 경제적 약자인 농민·노동자의 보호조항이 삽입되어야 한다.

1. '농민은 인간다운 생활의 보장과 권익옹호를 위하여 자주적 권익단체의 결성과 정치적 활동의 권리를 갖는다'라는 농민기본권의 조항이 삽입되어야 한다.

1. 농민의 생존권 확보를 위하여 토지는 농민에게, 소작제도의 금지, 독점규제 등의 조항이 삽입되어야 한다.

농협법, 농지임대차관리법, 농산물가격 유지법 등의 농업관계 법률이 개정되어야 한다.

농지임대차관리법, 농협 임원 임명에 관한 임시조치법은 완전 철폐되어야 하며, 농축수협법 및 농촌근대화촉진법, 농산물가격유지법, 양곡관리법, 농산물 유통 및 가격안정법 등은 개정되어야 한다.

마늘·양파 생산비 보장 및 농가부채 해결, 외국 농축산물 수입 중지 등 제반 농업정책이 반드시 농민을 위하여 이루어져야 한다.

1. 진정한 민주화가 이룩되려면 경제적 약자인 농민의 이익이 국가적으로 보장되어야 한다. 특히 무안의 마늘·양파 생산비가 보장되지 않으면 어떠한 민주화도 가식적인 것일 수밖에 없다.

우리 농민은 조합을 우리 손으로 되찾아야 하고, 조합은 이번에 농민에게서 사들인 마늘·양파의 농민 측 손해액 마늘 516원(866-350), 양파 75원(140-65) 전액을 농민에게 배상해 주어야 한다.

농가부채는 농민에게 가장 무거운 짐이다.

농가부채는 현 전두환 군사독재정권의 반농민적 농업정책에 기인한 것이므로 민주화된 이 마당에 해결되어야 할 것이 아닌가.

1. 농축산물 수입을 강요하는 미국을 반대하는 농업정책이 강구되어야 한다.

무더기로 쏟아져 들어오는 미국 농축산물 때문에 이제 우리 농민은 무엇 하나 지어볼 농사가 없게 되었다. 이제 농민을 살리는 길은 미국 농축산물 수입을 전면 중단하여야 하고, 그러한 수입을 강요하는 미국을 반대하는 정책이 반드시 이루어져야 한다.

자! 이제 우리의 싸움은 시작되었다. 6·29 민주화 조치로 인하여 우리의 싸움은 결코 끝난 것이 아니라 정말 시작된 것이다. 이제 우리 천만 농민은 그 동안의 두려움과 직선제 개헌이면 다 된다는 안일한 생각에서 분연히 떨쳐 일어나 이 역사의 주인으로서 진정한 민주농민 헌법쟁취 투쟁에 나서자!

1987. 7. 4.

무안군 민주화 및 농민생존권운동협의회

한국가톨릭농민회 무안군협의회

무안군 기독교농민회

(한국기독교사회문제연구원 편, 『87 농촌사회사정』)

# 성명서—최근 미국 농축산물 수입개방 요구에 대한 우리의 입장[1])

미국은 왜 불난 집에 부채질하는가?

우리 농민은 분단 43년 동안 미국 잉여농산물 도입 때문에 국내 농업기반이 파괴될 대로 파괴되었고, 지난 84년에도 병든 외국소와 쇠고기 과잉 도입으로 모든 영세축산 농가들이 호당 4, 5백만 원 이상의 빚을 진 채 파산해왔다.

이제 또다시 대통령선거가 원천적 부정선거로 인해 온 국민의 민주 의지가 좌절로 끝나자마자 불난 집에 부채질하려는 듯이 미국 정부는 쇠고기·담배·보험시장 개방 등 경제침략을 노골화하고 있으며, 지난 1월 4일 한미통상협상에서 현 정부는 민족의 이익에 입각한 자주적 입장을 견지하지 않은 굴욕적인 자세로 일관하고 있다. 이는 농민의 생존과 민족의 자존에 대한 중대한 위협이라고 판단되며 이에 대한 우리의 입장을 밝힌다.

1. 미국의 수입개방 압력과 미 통상법 301호의 보복조치 위협은 힘의 우위에 기초한 노골적인 협박행위로 규정하지 않을 수 없다.

---

1) 앞서 본 '7·4무안군 농민선언'은 정부에게 미국의 농축산물 수입을 반대하는 정책을 수립하라고 요구했다. 그러나 이 '성명서'는 독재정권 을 보장받기 위해서 미국의 농축산물 수입을 개방하는 반농민적이고 반민족적인 정권을 규탄하는 동시에 미국의 제국주의적 정책에 대해 반대하는 투쟁을 벌이자고 촉구했다.

미국의 요구대로라면 한국의 소 입식 농가나 담배 재배농가는 파산을 면치 못할 것이며, 보험시장은 완전 미국의 손아귀에 장악될 것이다. 뿐만 아니라 저들의 경제침략은 계속 확대되어 전체 국민경제가 미국의 손아귀에 놀아나리라는 것은 불 보듯 뻔한 일이다. 미국은 우리의 우방이기 이전에 그간 막대한 정치·경제적 이익을 같은 방법으로 취해 왔다. 그럼에도 불구하고 부족해서 우리 농민의 숨통을 조이고 수입개방 압력을 강화하는 것은 노골적인 적대행위로 규정할 수밖에 없으며, 우리는 이에 대해 민족의 자존과 천만 농민의 생존을 위해 모든 애국세력과 맞서 싸울 것이다.

2. 아울러 우리는 이에 대처하는 현 정부의 매국적이고 기만적 자세를 규탄한다.

쇠고기는 절대 수입 안 한다고 떠들어대던 게 엊그제인데, 대통령선거가 끝나자마자 이제 쇠고기 수입과 담배가격 인하를 기정사실화하고 다만 그 시기에 대해 협상 운운하는 것이다. 결국 이번 한미 통상협상은 이에 정해진 결과를 놓고 미국과 현 정부가 벌인 국민 기만책에 다름 아니다.

우리는 대등한 입장에서의 국제교역 자체를 거부하는 것이 아니다. 그러나 굴욕적이고 매국적인 입장에서 진행되는 농축산물 수입개방은 절대 용납할 수 없으며, 특히 천만 농민을 담보로 잡히고 이루어지는 외세와 독재정권의 놀음에 단호히 대처할 것이다.

### <우리의 입장>

1. 미국은 즉각 쇠고기·양담배 수입개방, 보험시장개방 압력을 철회하라!

1. 굴욕적인 통상협상과 수입개방 요구에 단호히 대처하지 못한 책임을 지고 현 정권 및 민정당은 자폭하라!

　1. 민족의 자존을 지킬 수 없는 정권은 이미 도덕적 정당성을 상실한 것이다. 국민경제의 파국과 영원한 대미 종속의 책임을 지고 현 정권은 농민 앞에 사죄하고 물러나라!

　1. 우리는 천만 농민과 더불어 미국 농축산물 수입개방 반대투쟁에 총력을 기울일 것이며, 이번 총선과정에서 반농민적인 민정당과 군부독재 종식 투쟁을 끝까지 벌여 나갈 것이다.

1988. 1. 6.

민주쟁취국민운동　전국농민위원회

민주쟁취 강원도농민위원회, 민주쟁취 경기도농민위원회

민주쟁취 경북농민위원회, 민주쟁취 경남농민위원회

민주쟁취 전북농민위원회, 민주쟁취 전남농민위원회

민주쟁취 충북농민위원회, 민주쟁취 충남농민위원회

가톨릭여성농민회, 전국농민협회

한국가톨릭농민회, 한국기독교농민회총연합회

(위의 책)

# 8시간 노동하여 생활임금 쟁취하자!1)

7월 28일(화)부터 뜨겁게 달아오른 민주노조의 열망이 전 노동자의 피끓는 함성으로 천지를 뒤흔든다. "나에게 빵을 달라! 배가 고프다." 아! 이 아픔을 그 누가 알아 줄 것인가? 임금인상 25%, 고과차등제 폐지(상여금 차등제 폐지). 그 동안 말 못하고 억눌려 왔던 전 노동자의 소원은 결국 이루어지지 않는단 말인가?

29일(수) 우리의 요구사항으로,

·안전재해자에 대한 목욕탕, 이발소 운영권 인계

---

1) 1980년대 한국의 노동 상황은, 요컨대 저임금과 장시간 노동착취 열악한 작업환경, 노동3권의 부재 등이었다. 이러한 자본과 파쇼적인 군사독재정권의 노동억압적 정책에 대항하여 1980년 4월 19일 강원도 사북 광산노동자들의 지역 점거투쟁, 5·18 광주민중항쟁에 노동자들의 참여투쟁, 1985년 6월 구로지역 노동자들의 동맹파업투쟁, 1987년 6월 민주화항쟁에 노동자들의 참여투쟁 등으로 노동부문에 대한 국가의 통제력도 약화시켜 나갔다. 이상의 역사적 경험과 현재적 정세를 적극적으로 이용하여 노동자대중은 전국적이고 전 산업에 걸쳐 '7, 8, 9 노동자대투쟁'을 전개했다. 노동자대투쟁은 6월항쟁을 통해서 획득한 노동자와 민중의 최소한의 정치적 민주화에서 한 발 더 나아가 사회경제적 민주화로까지 확대시켜 나갔다. 이러한 노동자대투쟁은 남한 최대의 중공업 도시인 울산에서 7월 3일 현대엔진노동조합(위원장 권용목)의 결성을 계기로 현대그룹 산하의 전 노동자들이 노동쟁의를 일으킴으로써 시작되었다.

·안전재해자 평생 생활대책 보장
·출근시간 아침 8시로 실시(춘하추동)
·식사처우 개선
·작업 전 체조, 작업시간 인정 및 중식시간 체조를 1시에 실시
·훈련소 출신과 공채 입사자의 임금격차 해소
·두발 자유화
·3박 4일의 유급휴가 소급실시

그러나 이것으로 배고픔을 면할 수 있겠는가? 전 노동자는 원한다. '임금인상, 상여금 차등제 폐지!' 이의 관철을 위해 대책위원회에서 전 경영진과 29일 19시 1차 협상에 들어갔으나 결렬되고 22시 2차 협상에서도 시간을 두고 해결하자는 회사 측의 요구에 끝내 합의에 이르지 못하였다. 이에 본 대책위원회에서는 전 노동자의 소원이 이루어지는 날까지 집회를 계속할 것이며, 대책위원 전원은 무기한 단식투쟁에 들어갈 것을 천명하는 바이다. 현중 전 노동자 제위께서는 이제 시작하는 마음으로 함께 손을 잡고 계속적인 투쟁에 적극적인 지지를 호소합니다. "현중노동자 단결하여 민주노조 이룩하자."

1987. 7. 30.

(전국노동조합협의회 백서발간위원회, 『기나긴 어둠을 찢어 벌리고⑴』)

# 노동자의 정당한 요구는 쟁취되어야 한다[1]

　군부독재의 종식을 염원하며 활화산처럼 타오르던 6월 민주혁명의
큰 불길은 이제 온 국민이 각자 삶의 현장에서 생존권과 민주적인
제반 권리를 실질적으로 확보하려는 투쟁단계로 접어들고 있다. 그
중에서도 지나간 30년간 고도성장이라는 미명하에 온갖 억압과 수탈
을 당해오면서 오늘 이 나라 경제의 초석을 놓은 노동자들의 요구는
노동3권보장, 최저임금보장 등 최소한의 인간다운 삶을 보장하라고
외치면서 전국 각지에서 폭발적으로 고양되고 있다. 특히 과거와는
달리 재벌그룹 산하 기업에서조차 수천 명의 노동자들이 단결하여
두려움 없이 싸워나가는 것은 이 나라 노동자들이 언제까지나 독점재
벌의 노예이기를 거부하고 튼튼한 의식으로 뭉쳐져 있다는 것을 명백
히 보여주고 있다. 그럼에도 불구하고 최근의 노동사태를 보는 이
나라 정부 당국자, 기업가, 언론의 시각은 아직도 협박과 공갈로 노동자
들 위에 군림하던 구태의연한 작태를 계속하고 있어 모든 국민들의
분노를 자아내고 있다.

　그 동안 온갖 특혜와 권력의 비호 속에서 엄청난 이익을 얻으면서도

---

　1) 전국의 노동자들이 자주적이고 민주적인 경제적·사회적·정치적·
문화적인 제 권리의 보장을 요구하며 벌인 1987년 '7, 8, 9 노동자대투쟁'
은 노동자들만의 고립된 투쟁이 아니었다. 그것은 민주적인 제 정치단
체와 사회운동단체, 그리고 문화단체의 적극적 지지와 호응 속에서 전
개되었다.

노동자들의 기본적이고 정당한 요구를 억압해 왔던 기업들은 아직도 민주화 시대에 걸맞은 자기반성의 자세를 전혀 보여주지 않고 있다. 부산 국제상사의 예에서처럼 그들은 산업구조에서 차지하는 독립적 지위를 미끼로 정부권력의 개입을 스스로 유도하는 반민주적 작태를 자행하고 있다. 또 울산의 현대중공업, 현대자동차에서 보여주듯이 노동조합을 결성하려는 정당한 요구를 좌절시키기 위해서 어용노조를 미리 결성하는가 하면 노동자들의 생존권 박탈을 의미하는 사업장 폐쇄 등의 비열한 짓도 서슴없이 저지르고 있다.

이런 맥락에서 당국이 오랜 관료적 타성에 젖어 노동자들에게 거짓 화해와 타협 및 굴복을 강요하고 그들의 정당한 요구를 극력 과격으로 몰아붙이는 작태와 제도언론이 이에 편승하여 폭력, 기물파괴, 불법시위 등으로 왜곡보도를 일삼는 행위는 즉각 중지되어야 한다. 도대체 노동자들의 최소한의 권리인 노동조합의 건설과 인간으로서의 최소한의 요구인 임금인상의 요구가 어째서 과다하거나 무리하다고 정부와 제도언론이 대중조작을 일삼고 있는지 분명히 우리는 묻고자 한다.

우리는 민주화의 참된 시대가 요구하는 노동문제 해결방안에는 다음과 같은 내용이 관철되어야 함을 강조한다.

1. 현재 전국 각지에서 벌어지고 있는 쟁취투쟁의 근본 배경은 독재정권의 30년에 걸친 반민중적 경제정책의 구조적 반영으로서 정치일정이 원만히 진행되기 위해서는 노동자들의 생존권 문제에 대한 획기적인 대책이 수립되어야 한다.

2. 전국 각지에서 벌어지고 있는 민주노동조합 결성과 어용노조 민주화를 위한 노동자들의 투쟁은 정당하며 관철되어야 한다.

3. 70년대 이후 노동자들의 권익과 인간다운 삶을 쟁취하기 위해

싸우다 구속된 노동자운동가 및 노동자들은 모두 즉각 석방되어야 한다.

4. 70년대 이후 각 사업장에서 부당하게 해고된 모든 노동자는 원직으로 즉각 복직되어야 한다.

5. 노동자들의 기본권리인 노동3권은 완전히, 즉각 보장되어야 한다.

6. 현행의 제반 노동관계 악법은 즉각 철폐되고 새로운 민주적 관계 법률이 제정되어야 한다.

7. 3저 호황으로 기업들에게 돌아간 이윤은 허리띠를 졸라매고 고생한 노동자들에게 정당한 몫으로 배분되어야 한다. 그런 맥락에서 군사독재의 억압 하에서 일방적으로 체결된 '87년 임금협정은 다시 재개되어야 한다.

8. 세계 최장의 노동시간, 세계 최악의 노동조건, 세계 최저수준의 노동임금이 시정되기 위해서 8시간 노동제와 최저임금제는 즉각 실시되어야 한다.

우리는 이러한 노동자들의 생존권 요구를 위한 정당한 투쟁은 이 나라 민주화의 가장 핵심적 내용이기 때문에 반드시 관철되어야 하며, 이는 현 군부독재의 완전한 종식과 자주적인 민주정부가 수립될 때만이 실질적으로 이루어질 수 있음을 믿는다.

1987. 8. 1.
민주통일민중운동연합   한국교회사회선교협의회
한국노동자복지협의회   한국기독청년협의회,
한국노협인천지역협의회   한국기독학생회총연맹
가톨릭노동청년회   영등포산업선교회
청계피복노동조합   인천기독교도시산업선교회
한국가톨릭농민회   한국기독교농민회총연합

천주교정의구현전국사제단  천주교사회운동협의회
민주화운동청년연합  민주언론운동협의회
인천지역사회운동연합  자유실천문인협의회
민중불교운동연합  민중문화운동협의회
한국가톨릭노동자총연맹  명동천주교회청년단체연합회
대한가톨릭학생총연맹  민주통일민중운동연합 서울지부
한국기독교야학연합회  민주통일민중운동연합 경북지부
전남사회운동협의회  민주통일민중운동연합 경남지부
전남민주청년운동협의회  민주통일민중운동연합 강원지부
가톨릭노동청년회  광주대교구연합회
전남기독노동자총연맹

(위의 책)

# 군부독재종식 투쟁에 전국의 노동자는 단결 총궐기하자[1]

군부독재 종식을 위한 노동자선거대책위의 결성을 알리며!

6월의 거리에서 번득이던 눈동자들! 자욱한 최루탄 가스 속에서 눈물을 흘리면서도 더욱 확고해지기만 하던 우리의 결의! "이번에는 군부독재를 타도하고야 말리라."

7, 8월 투쟁 속에서 드높이 외치던 목소리들! '노동자도 인간이다. 이제는 더 이상 노예로 살 수 없다', '민주노조 인정하라!'

아! 그리고 저 거제도 노동수용소의 차가운 아스팔트 위에서 죽어간 우리 형제 이석규!

그토록 많은 희생을 치르고, 많은 눈물과 피땀을 흘려 쟁취해 낸 민주노조, 임금인상, 보다 나은 작업환경, 인간다운 대우 등 이는 아직 완전하지는 못하였지만 우리에게 소중하기 그지없는 승리의 전취물들이다. 그런데 이것들을 다시 빼앗으려는 자들이 있다. 9월 이후 권력에 눈이 어두운 야당들이 세력다툼을 벌이고 있는 사이, 모든 민중운동 진영이 사분오열되어 있는 틈을 타고, 모든 것들을 다시 이전의 상태로 되돌려 놓으려는 자들이 있다. 간교한 악덕 기업주들, 관리자들, 그들의

---

[1] 6월 민주화항쟁을 통해 획득한 '6·29 선언에' 의하여 12월 16일 13대 대통령 선거를 치르게 되었다. 이 격문은 민주화항쟁에서 요구되었던 국민대중의 최소한의 민주적 권리의 보장과 노동자대투쟁에서 제기했던 최소한의 노동자 민중의 생존권과 사회민주적 권리들을 확보하기 위해서는 적어도 군사독재정권을 끝장내고 민주정권을 수립해야 한다고 호소했다.

하수인 경찰! 지금 저들이 이토록 날뛰거늘 하물며 이번 대통령선거에서 노태우가 집권하여 군부독재가 연장된다면, 악덕 사장들은 얼마나 더 기승을 부리고, 경찰들은 또 얼마나 더 설칠 것인가? 그렇기 때문에 노태우의 집권만큼은 어떤 일이 있어도 막아야 한다.

이에 지금까지 따로따로 활동해오던 노동자운동단체들이 모두 모여 '군부독재 종식을 위한 노동자선거대책위원회'를 결성하고 이를 1,000만 노동자 동지들에게 알리는 바이다. '군부독재 종식을 위한 노동자선거대책위원회'는 먼저 이번 대통령 선거에서 1) 노태우의 집권을 막는다, 2) 민주세력의 조직적, 정치적 단결에 기여한다, 3) 노동자를 비롯한 민중의 요구를 널리 알린다는 목표를 설정하였다.

'군부독재 종식을 위한 노동자선거대책위원회'가 설정한 3대 목표의 의의는 각각 다음과 같다.

## 가. 노태우의 집권을 막는다.

어처구니없게도 전 국민으로부터 거부당한 군부독재가 노태우를 앞세워 재집권을 꾀하고 있다. 그러나 사람 좋게 보이려고 애쓰는 노태우의 웃는 얼굴 뒤에는, 12·12쿠데타를 주도하고 5·17쿠데타를 일으켜 2,000여 광주시민을 죽인 살인마의, 악마의 발톱이 웅크리고 있다. 정주영, 이병철, 김우중의 족벌재벌과 전두환, 노태우는 모두 한 통속이다. 노태우가 집권하면 모든 것을 6월 이전으로 되돌려 놓으려는 악덕 재벌들과 경찰이 마음 놓고 설칠 것이다. 그런데도 현재 안타깝게도 그 자의 거짓말에 속는 사람들이 없지 않다. 우리 노동자들은 단결된 힘으로 노태우의 집권을 저지하는 데 총력을 기울여야 한다! 사회를 지탱해 나가는 기둥이 우리 노동자들임은 말할 것도 없고, 가족까지 합쳐 이 사회의 반 이상의 숫자이다. 우리가 단결하면 대통령도 우리 뜻대로 바꿀 수 있다. 우리에게는 그런 힘이 있다!

## 나. 민주세력의 조직적 정치적 단결에 기여한다.

군부독재가 감히 재집권을 꿈꾸고, 사장 놈들이 벌써부터 주었던 것을 다시 빼앗아가려고 설치게 된 데에는 민주세력의 분열이 그 큰 원인의 하나이다. 특히 야당이 계파 이익에 어두워 분열하고 악덕업주들, 폭력경찰들의 노동자운동 탄압에 눈을 감고 있는 것이 그 이유인 것이다. 뿐만 아니라 이놈들의 발광에 대해 민중운동세력도 단결된 힘으로 공동 대처하지 못한 것도 또 하나의 더 큰 이유다. 그래서 '군부독재 종식을 위한 노동자선거대책위원회'는 먼저 노동자운동세력, 민중운동세력과 대동단결하고 나아가 야당까지 포함하는 민주세력 전체가 단결하여 군부독재 종식을 위해 싸우는 데 기여하여야만 한다. '군부독재 종식을 위한 노동자선거대책위원회'는 공명선거와 거국중립내각 수립을 위해 싸우는 학생들, 야권후보 단일화를 외치는 민주인사들, 민중의 대표를 대통령 후보로 내세우고자 하는 세력들 모두가 그 방법들을 달리하더라도 군부독재를 확실하게 종식시키기 위하여 범민주진영의 후보단일화가 이루어져야 한다고 믿으며, 이를 위해 모든 노력을 다할 것이다.

## 다. 노동자를 비롯한 민중의 요구를 널리 알린다.

지금 모든 대통령후보들이 제각각 달콤한 공약을 내세우고 있다. 그러나 우리는 우리 노동자의 공통된 열망과 민중의 요구를 분명히 제시하고 그것을 실현할 수 있는 의지와 능력을 가진 후보를 대통령으로 선출해야 한다. 우리가 제출하는 요구가 대통령 선거에 임하는 우리의 뚜렷한 판단기준이 될 것이다. 그 요구는 앞으로 많은 동지들의 의견을 수렴하여 더욱 분명하게 제시하겠으나 대체로 다음과 같다.

1. 노동3권 보장하라!
2. 8시간 노동에 생활임금 보장하라!
3. 산업재해 없는 작업환경 보장하라!
4. 노동조합의 정치활동을 보장하라!
5. 실업난을 없애고 완전고용 실현하며, 성별, 학력별, 직종별 등 각종 차별대우를 철폐하라!
6. 정당한 농수산물 가격을 보장하고, 외국의 농축산물 도입을 억제하며 농가부채를 탕감하라! 소작제를 전면 철폐하고, 농협을 민주화하라!
7. 영세상인, 도시빈민, 철거민의 생존권을 보장하라!
8. 독점재벌 해체하며, 부정축재 환수하라!
9. 미, 일 예속경제 타파하고, 농협을 민주화하라!
10. 의무교육을 고등학교까지 확대하라!
11. 모든 국민의 의료보험혜택을 보장하라!
12. 모든 무주택자에게 임대주택을 공급하라!
13. 언론, 출판, 집회, 결사, 사상의 자유을 유보조건 없이 전면 보장하라! 그리고 이를 제약하고 있는 국가보안법, 집시법, 정당법 등 제반 악법을 철폐 또는 민주적으로 개정하라!
14. 안기부, 보안사, 치안본부 대공분실, 선부경찰을 해체하라!
15. 민중을 억압하고, 고문·강간·살해해 온 모든 범죄자들과 전두환·노태우 일당을 처벌하고 구속된 노동자를 비롯한 모든 민주인사를 석방하라! 정치적 수배조치를 전면 해제하라!
16. 군사작전권을 회수하고 모든 외국과의 불평등한 조약협정을

폐기하라!

17. 사병의 인권과 민주적 권리를 보장하여 군대를 민주화하라!

18. 남북 간에 불가침조약을 체결하고 휴전협정을 평화협정으로 전환시켜 한반도의 긴장완화와 통일을 위한 실질적 조치를 취하라!

19. 민족 동질성의 회복을 위해 88올림픽을 공동 개최하고, 남북한 단일팀을 구성하라! 한반도 내 핵무기 배치상황을 전면 공개하고, 즉각 철수시켜라!


1,000만 노동자 형제들!

'군부독재 종식을 위한 노동자선거대책위원회'의 깃발 아래 일치단결·총궐기하여 이번 대통령선거에서 군부독재를 종식시키고 나아가 새로이 구성되는 정부에 우리의 뚜렷한 요구를 제시하고 이의 실현을 위해 끝까지 싸워나가자! 우리 자신의 힘, 오직 이것만이 우리의 인간다운 삶과 자유, 행복을 보장한다.

우리의 단결만이 우리의 무기이다! 이것을 잊지 말자!

1987. 11. 23

(위의 책)

# 전국교직원노동조합 결성선언문[1]

　겨레의 교육 성업을 수임받은 우리 전국의 40만 교직원은 오늘 역사적인 전국교직원노동조합의 결성을 선포한다. 오늘의 이 쾌거는 학생, 학부모와 함께 우리 교직원이 교육의 주체로 우뚝 서겠다는 엄숙한 선언이며, 민족, 민주, 인간화 교육 실천을 위한 참교육운동을 더욱 뜨겁게 전개해 나가겠다는 굳은 의지를 민족과 역사 앞에 밝히는 것이다.

　현재 우리 교육의 현실은 모순 그 자체이다. 일제 강점기의 민족교육이 민족의 해방과 조국의 독립일꾼을 길러내는 과업을 담당해야 했듯이, 오늘 우리의 교육은 수십 년 군사독재를 청산하여 민주화를 이루고 분단된 조국의 통일을 앞당길 동량을 키우는 민족사적 성업을 수행해야 한다. 그럼에도 우리 교직원은 교육의 자주성과 정치적 중립성을 유린한 독재정권의 폭압적인 강요로 인하여 집권세력의 선전대로 전락하여 국민의 올바른 교육적 요구에 부응하지 못하고, 결과적으로 진실

---

　1) 1987년 6월 민주화항쟁, 생존권 보장과 사회민주화를 요구하며 전국적이고 전 산업적인 범위에서 생산직 노동자들이 벌인 7, 8, 9월 노동자대투쟁 등의 영향을 받고, 한편 4·19 혁명기의 교원노조운동을 이어받은 지식인노동자로서의 교직원들도 1989년 5월 '전국교직원노동조합'을 결성했다. 전교조는 자주적이고 민주적인 '참교육' 운동을 벌이는 과정에서 독재정권으로부터 1,500여 명의 교사 노동자들이 해직을 당하는 수난을 겪었다. 전교조는 이에 굴하지 않고 민주노조운동의 한 부분으로서 꿋꿋하게 활동하고 있다.

된 교육을 받고자 하는 학생들의 학습권을 침해하는 잘못을 저질러 왔다.

독재권력이 강요한 사이비 교육은 교원의 권위를 땅에 떨어뜨렸고, 교단의 존경받는 스승은 더 이상 발붙일 수 없이 지식판매원, 입시기술자로 내몰렸다. 누가 우리더러 스승이라 부르는가?

역대 독재정권은 자신을 합리화하고 유지하기 위하여 교육을 악용하여 왔다. 그 결과 우리의 교육은 학생들을 공동체적인 삶을 실천하는 주체적인 인간으로 기르는 것이 아니라, 부끄럽게도 이기적이고 순응적인 인간으로 만듦으로써 민족과 역사 앞에서 제구실을 잃어버렸다. 가혹한 입시 경쟁교육에 찌든 학생들은 길 잃은 어린양처럼 헤매고 있으며, 학부모는 출세 지향적인 교육으로 인해 자기 자녀만을 생각하는 편협한 가족 이기주의를 강요받았다. 이러한 교육 모순은 학생들의 올바른 성장을 학부모에게 위임받아 책임져야 할 우리 교직원들로 하여금 교육 민주화의 대장정으로 떨쳐 일어나서도록 만들었다. 교육 민주화를 향한 대장정은 독재정권의 가혹한 탄압의 물결을 헤치고 4·19 교원노조 선배들의 목숨을 건 눈물겨운 투쟁을 시발로, 5·10 교육민주화 선언, 사학민주화 투쟁, 그리고 전국교사협의회 결성으로 이어져 왔다. 작년 교원들의 교육법 개정의 뜨거웠던 열기는 올해 발기인대회로 이어져 드디어 교직원노동조합의 결성을 보게 된 것이다. 우리의 교직원노동조합은 민주시민으로 자라야 할 학생들에게 교원 스스로 민주주의의 실천의 본을 보일 수 있는 최선의 교실이다. 이 사회의 민주화가 교육의 민주화에서 비롯됨을 아는 우리 40만 교직원은 반민주적인 교육제도와 학생과 교사의 참삶을 파괴하는 교육 현실을 그대로 둔 채 더 이상 민주화를 말할 수 없으며 민주주의를 가르칠 수 없다. 누구보다도 우리 교직원이 교육민주화운동의 구체적 실천인 전국교직원노동조합 건설에 앞장선 까닭이 여기에 있다. 그 동안 독재 정권과 문교부, 대한교련 등 교육 모리배들은 우리의 참뜻과 순결한 의지를 폭압적으로 왜곡하고 짓밟아 왔다. 역사의 진로를 막으려는 광란의 작태가 춤을 추고 있다.

그러나 보라! 민족사의 대의에 서서 진리와 양심에 따라 강철같이 단결한 40만 교직원의 대열은 저 간악한 무리들의 기도를 무위로 돌려 놓을 것이다. 우리가 두려워하는 것은 저들의 협박과 탄압이 아니라 우리를 따르는 학생들의 해맑은 웃음과 초롱초롱한 눈빛 바로 그것이기 때문이다.

동지여! 함께 떨쳐 일어선 동지여! 우리의 사랑스런 제자의 해맑은 웃음을 위해 굳게 뭉쳐 싸워 나가자! 교육 민주화와 사회 민주화 그리고 통일의 그 날까지 동지여, 전교조의 깃발 아래 함께 손잡고 나아가자! 민족교육 만세! 민주교육 만세! 인간화교육 만세! 전국교직원노동조합 만만세!

(전국노동조합협의회 백서발간위원회, 『노동자운동성명서/투쟁결의문(2)』)

# 전국노동조합협의회 창립 선언문[1]

　우리는 오늘 전국노동조합의 깃발을 높이 들어 이 땅에 자주적이고 민주적인 노동자운동의 새로운 역사가 시작되었음을 엄숙히 선언한다.

　우리 노동자가 이제까지 얼마나 긴 세월을 비인간적인 생활조건과 정치적 무권리 속에서 노예적인 삶을 강요당해 왔던가. 그러나 보라! 억압과 굴종의 사슬을 끊어버리고 역사의 전면에 우뚝 일어서서 힘차게 진군하기 시작한 노동자의 전국적 대오를!

　우리 노동자는 생산의 직접적 담당자로서 이 사회를 유지시키고

---

[1] 1945년 11월 5, 6일에 결성된 자주적이고 민주적인 노동조합의 전국조직이었던 '조선노동조합전국평의회'가 미군정과 자본 그리고 이들에 의해 조직된 대한노총 등의 반노동자적이고 반민주적인 탄압으로 파괴되었다. 4·19 전후에도 자주적이고 민주적인 노동조합의 전국적 조직운동은 시도되어 왔지만 노동 억압적인 파쇼적 군사독재정권에 의해 좌절되었다. 그러다가 1987년 6월 민주화 항쟁과 7, 8, 9월 노동자대투쟁, 1988년의 '노동악법개정투쟁' 등을 계기로 확보된 602개의 단위민주노조, 14개 지역노동조합협의회와 2개 업종별 노동조합협의회를 기반으로 조합원 19만 3천여 명이 소속된 1990년 1월 22일에 '전국노동조합협의회'가 결성되었다. 전노협은 한국노총으로 대표되는 노사협조주의와 어용적, 비민주적 노동조합운동을 지양하고 노동자의 처지를 근본적으로 바꿀 수 있는 사회경제구조의 개혁과 자본가 정권과 소수 재벌의 억압과 수탈을 제거하여 4천만 국민의 자유와 행복을 실현하고, 이 땅의 자주화·민주화·평화통일을 앞당기기 위해 제 민주세력과 연대하여 투쟁하고자 했다.

역사를 발전시켜 온 주체이다. 이 땅의 노동자들은 노동자와 전 민중의 인간다운 삶을 쟁취하기 위해 오랫동안 노동자운동을 전개해 왔다. 저 멀리 선배 노동자들의 피땀 어린 투쟁과 70년대 이후 민주노조운동의 발전, 그리고 장엄한 87년 노동자대투쟁의 성과를 계승하여 우리는 오늘 민주노조의 전국적 연대조직, 전노협의 깃발을 힘차게 일으켜 세웠다. 단위 사업장에서 노동조합을 조직하고 투쟁 속에서 지노협과 업종협을 결성하였으며, 마침내 지역과 업종을 넘어 전노협으로 결집한 것이다. 우리는 이제 이 땅의 노동자가 진정으로 자신의 경제, 사회, 정치적 지위를 향상시키고 자본과 권력의 탄압에 통일적으로 대처할 수 있는 전국조직을 갖게 되었음을 선언한다.

전노협의 건설로 한국노총으로 대표되는 노사협조주의와 어용적, 비민주적인 노동조합운동을 극복하고 자주적이고 민주적인 노동운동을 전개해 나갈 수 있는 한국 노동조합운동의 새로운 조직적 주체가 탄생하였음을 밝힌다. 우리는 또한 정권과 소수 재벌의 억압과 수탈을 제거하여 4천만 국민의 자유와 행복을 실현하기 위해, 제 민주세력과 힘차게 연대해 나갈 수 있는 전국 노동자의 조직적 대오가 출범하였음을 만천하에 선언한다.

전국 노동자의 단결의 구심인 전노협으로 결집한 우리는 비인간적인 노동조건을 개선하고 노동기본권을 쟁취함으로써 노동자의 인간다운 삶을 확보하기 위해 가열찬 투쟁을 전개할 것이다. 우리는 광범한 노동자가 참여할 수 있는 경제적 이익 실현을 위한 투쟁으로 대중적인 노동조합운동을 전개함으로써 우리의 조직과 의식을 발전시키는 기초 위에서, 노동자의 처지를 근본적으로 변화시킬 수 있는 경제사회구조의 개혁과 조국의 민주화, 자주화, 평화통일을 앞당기기 위해 제 민주세력과 굳게 연대하여 투쟁하여 나갈 것이다.

이 같은 기본목표를 실현하기 위해 우리는 민주노조운동의 조직역량을 확대·강화하는 한편, 업종별, 산업별, 공동투쟁과 통일투쟁을 발전시키는 속에서 기업별 노조체계를 타파하고 자주적인 산별노조의 전국 중앙조직을 건설하기 위해 총 매진할 것이다. 우리의 전진을 가로막는 자본과 권력의 탄압과 온갖 장애를 물리치고 우리는 기필코 승리할 것을 확신한다. 우리의 투쟁은 정의로운 것이며, 제 민주세력을 비롯하여 많은 국민들이 우리와 함께 하고, 우리의 나아갈 길이 역사의 발전방향과 일치하기 때문이다. 억압과 굴종의 세월, 어용과 비민주의 시대를 청산하고 전노협의 깃발 아래 강철같이 단결하여 자유와 평등의 사회를 향해 힘차게 진군하자!

　전국노동조합협의회 만세! 노동운동 만세!

1990. 1. 22.

(전국노동조합협의회 백서발간위원회 노동운동역사자료실, 「노동운동<br>성명서, 투쟁결의문(2)」, 『전노협백서』 13)

# 민주주의민족통일전국연합 결성 선언문[1])

　민중의 지혜와 힘을 모아 민주주의와 민족통일의 새날을 앞당기자!
　우리는 오늘 투쟁 속에서 성장한 전국의 각 부문과 모든 지역의 민족민주운동 역량을 하나로 결집하여 민주주의민족통일전국연합의 결성을 선포한다.
　백여 년에 걸친 장구한 세월 동안 우리 민중은 외세와 독재세력에 의해 빼앗긴 자유와 권리를 되찾고, 근로민중이 참 주인으로 우뚝 서는 진정한 민주사회, 자주적인 통일국가를 건설하기 위하여 정의로운 투쟁을 계속해 왔다. 갑오농민전쟁과 일제하 민족해방운동으로부터 시작하여, 해방 후 통일된 민주정부의 건설을 위한 피나는 투쟁, 4·19 혁명, 부마항쟁, 80년 광주민중항쟁을 거쳐 87년의 6월항쟁과

---

1) 1946년 2월 15일 38선 이남지역의 민주적 민족통일전선체인 '민주주의민족전선'이 '조선노동조합전국평의회' 등에 의해 결성된 후 3년 정도 활동했다. 이후 40여 년이 지나서 1987년 6월 민주화항쟁과 7, 8, 9월 노동자대투쟁, 그리고 전국적인 대중조직인 전국교직원노동조합, 전국빈민연합(1989. 11), 전국노동조합협의회, 전국농민회총연맹(1990. 4) 등을 기반으로 삼아 1991년 12월 1일에 민주적 민족통일전선체인 '민주주의민족통일전국연합'이 결성되어 '민주주의, 민족통일, 민중해방' 등을 실현하기 위하여 활동하고 있다. 이 전국연합은 1979년 3월 김대중, 윤보선, 함석헌 등의 명망가들이 대중적인 조직적 기반이 없이 만들었던 '민주주의와 민족통일을 위한 국민연합'(민통련)과는 다른 성격의 민주적 민족통일전선체이다.

7, 8월 노동자대투쟁, 91년의 5월 대투쟁에 이르기까지 민중들의 투쟁은 한순간도 끊이지 않고 이어져 내려왔다. 우리는 역사 속에 면면히 이어져 온 민중투쟁의 전통을 계승하면서, 특히 그간 전체 민족민주운동의 통일단결을 도모해 왔던 '전국민족민주운동연합'과 '민자당 일당독재 분쇄와 민중기본권 쟁취를 위한 국민연합'의 성과를 모아, 민주주의와 자주, 통일의 기치를 더욱 힘차게 들고자 '민주주의민족통일전국연합'을 결성하는 것이다.

이 순간 우리는 우리 민중이 지혜와 힘을 총결집하여 민주주의와 민족통일의 활로를 힘있게 열어 나가지 않으면 안 되는 중대한 전환기를 맞고 있음을 절감한다. 사회주의권의 대격변으로 냉전체제가 해체된 이래 미국은 자신을 중심으로 전 세계질서를 새롭게 구축하면서 한반도를 비롯한 제3세계에 대한 지배와 간섭을 강화하고 있다. 핵사찰을 구실로 북한에 대한 무력도발을 공공연히 제기하는가 하면, '전시접수국지원협정' 체결 등으로 군사적 예속을 강화하고 있으며, 경제의 전면적인 개방을 강요하고 있다. 이처럼 민족의 운명이 풍전등화의 지경에 있음에도 불구하고 외세에 편승한 독재정권과 독점재벌은 자신들의 기득권을 유지하는 데에만 골몰하고 있으며, 반민족적이고 반민중적인 경제정책과 남북대결, 민중운동에 대한 탄압 등으로 민중의 고통을 증대시키고 있을 뿐이다. 더욱이 지배세력은 권력 재편기에 임하여 자신들의 안정적인 재집권을 기도하고 기층 민중의 정치적 진출을 봉쇄하기 위해 더욱 광분하고 있다. 따라서 민중의 고통이 갈수록 심화되어 가는 속에서 현재의 지배질서가 그대로 안정화될 것인가, 아니면 민중의 단결된 힘으로 저들의 기도를 돌파하여 민주정부를 수립하고 급변하는 한반도 주변정세에 능동적으로 대응함으로써 평화통일의 길로 나아갈 것인가의 갈림길에 우리는 서 있는 것이다.

우리는 민중들이 더 이상 자신의 운명을 외세와 지배세력의 농간에 내맡기지 않을 것이며, 좌절과 고통 속에서도 이미 외세와 독재의 아성을 허물기 시작하고 있음을 확신한다. 우리 노동자, 농민, 도시빈민, 영세상공인, 교사, 지식인 등 각계각층 근로민중들은 지난 4년간의 조직적 진출과 연대의 강화를 통해 더욱 각성하게 되었고, 전례 없이 뜨거운 통일 단결의 의지로 뭉쳐 민주주의와 민족통일의 한 길로 힘차게 진군하고 있기 때문이다. 부당한 임금억제 기도를 분쇄하고 민주노조를 사수하려는 투쟁 속에서, 농축산물 수입개방을 저지하고 제값을 받기 위해 투쟁하면서, 그리고 참교육의 실현을 위해 싸워오면서 우리는 분명히 확인하고 있다.

제각기 하나하나의 물줄기를 이루어 왔던 각계각층의 민중운동이 민주주의와 민족통일의 대의에 함께 하는 모든 세력을 망라하여 이제 거대한 민중연대의 강물로 용솟음쳐야 함을! 전 민중적이고 전 민족적인 단결과 투쟁 속에서만 분단과 독재를 끝장내고 민중생존권이 보장되며, 민중이 주인 되고 민족이 하나 되는 그 날을 맞이할 수 있음을! 그 순간까지 어떠한 고난과 진통이 따를지라도 이제 마주잡은 손 놓지 않고 통일 단결된 민중의 힘으로 변혁과 건설의 역사를 창조해 나갈 주체로서 우뚝 서야 함을!

오늘 이 같은 민중투쟁 속에서 얻은 실천적 교훈과 각계각층 민중들의 결집된 힘을 바탕으로 결성되는 '민주주의민족통일전국연합'은 그간 민족민주운동이 축적해 온 귀중한 정치적, 조직적 역량들을 최대한 광범하게 결집하고자 노력할 것이다. 우리의 대오에는 지배세력의 교활한 공작과 되풀이되는 투옥에도 불구하고 민족민주운동의 대의를 올곧게 지켜온 지도적 인사들이 함께 하고 있으며, 비록 그 연륜이 짧다고 할지라도 파쇼적 폭압을 뚫고 전투적으로 성장해 온 민중운동

역량이 든든한 주력으로 자리잡고 있다.

'민주주의민족통일전국연합'은 온 힘을 다하여 민중생존권을 수호하고 사회 전 영역의 민주개혁을 실현하며, 외세의 간섭을 배격하고 민족자주권을 쟁취하는 데 앞장설 것이다. 그리고 한반도의 평화와 자주적 민족통일을 이룩해 갈 것이다. 또한 '민주주의민족통일전국연합'은 노골화되고 있는 지배세력의 장기집권 기도를 분쇄하기 위하여 앞장서 싸울 것이며, 모든 민주세력이 총단결하여 민주정부 수립이라는 승리의 열매를 얻도록 노력할 것이다. 이로써 대중 속에 부식되고 있는 패배주의와 정치적 허무주의를 일소하고, 지배세력의 갖은 탄압과 계량화 공세에 휘말려 변혁의 전망을 상실하고 타협하거나 동요하는 모든 세력들까지 다시 투쟁전선에 일으켜 세울 것이다.

'민주주의민족통일전국연합'은 기층 민중의 가열찬 투쟁의지와 민주주의를 갈망하는 국민대중의 요구에 부응하기 위하여 스스로의 정치, 조직적 결속을 더욱 강화할 것이며, 민족민주운동의 투쟁의 구심이자 정치적 대표체로서의 역사적 소임을 다할 것이다. 우리는 오로지 민중의 단결된 투쟁만이 우리 역사를 한 걸음씩 전진시켜 왔음을 되새기며, 민중의 투쟁이 있는 곳에는 언제나 '민주주의민족통일전국연합'의 깃발이 나부끼게 할 것이다. '민주주의민족통일전국연합'으로 총단결하여 민주주의, 민족통일, 민중해방의 새날을 힘찬 투쟁으로 맞이하자!

1991. 12. 1.

(전국노동조합협의회 백서발간위원회, 「노동자운동성명서/투쟁결의문(2)」,<br>『전노협백서』 13)

# 전국민주노동조합총연맹 창립선언문[1]

　생산의 주역이며 사회개혁과 역사발전의 원동력인 우리들 노동자는 오늘 자주적이고 민주적인 노동조합의 전국중앙조직, 전국민주노동조합총연맹의 창립을 선언한다.

　저 멀리 선배 노동자들은 일본 제국주의의 간고한 탄압 속에서 민족해방과 조국의 자주독립을 위해 피어린 투쟁을 전개했다. 해방 이후 우리 노동자들은 독재정권의 가혹한 탄압 속에서 민주노조를 지켜왔고, 87년 노동자대투쟁 이후 2,000여 명에 이르는 구속자와 5,000여 명이 넘는 해고자를 낳는 등 온갖 탄압 속에서도 조직을 확대 발전시켜 왔으며, 전국적 공동임투와 노동법 개정투쟁, 사회개혁투쟁 등을 전개하면서 통일 단결을 강화해 왔다.

---

　1) 남한 노동자들은 1990년 1월 '전국노동조합협의회'를 결성하여 권력과 자본의 온갖 탄압을 돌파하면서 5년여 간 '노동자의 처지를 근본적으로 바꿀 수 있는 사회경제구조의 개혁과 자본가 정권과 소수 재벌의 억압과 수탈을 제거'하기 위해 활동했다. 한편 전노협 등은 '협의회' 수준의 조직의 위상을 '연맹체' 수준으로 강화시킨 자주적이고 민주적인 노동조합의 전국조직인 '전국민주노동조합총연맹'을 1995년 11월 11일 결성했다. 민주노총은 '인간다운 삶과 존엄성을 유지할 수 있는 노동조건의 확보, 노동기본권의 쟁취, 노동현장의 비민주적인 요소 척결, 산업재해 추방과 남녀평등의 실현'과 '사회의 민주적 개혁을 통해 전체 국민의 삶의 질을 개선함과 더불어 조국의 자주, 민주, 통일'을 위해 투쟁하고, '전 세계 노동자들의 단결과 연대를 강화하고 침략전쟁과 핵무기 종식을 통해 세계평화 실현을 위해 노력할 것'이라고 강조했다.

이제 우리는, 이러한 통일 단결된 힘을 기초로 자주적이고 민주적인 노동조합의 전국중앙조직을 결성한다. 민주노총으로 결집한 우리는 인간다운 삶과 존엄성을 유지할 수 있는 노동조건의 확보, 노동기본권의 쟁취, 노동현장의 비민주적인 요소 척결, 산업재해 추방과 남녀평등의 실현을 위해 가열차게 투쟁할 것이다. 나아가 우리는 사회의 민주적 개혁을 통해 전체 국민의 삶의 질을 개선함과 더불어 조국의 자주, 민주, 통일을 앞당기기 위해 가열찬 투쟁을 전개할 것이다. 이와 함께 우리는 국경을 넘어서서 전 세계 노동자들의 단결과 연대를 강화하고 침략전쟁과 핵무기 종식을 통해 세계평화 실현을 위해 노력할 것이다.

이러한 과제를 실현하기 위해 우리는 미조직 노동자의 조직화와 조직의 확대, 강화에 박차를 가하는 한편 산업별 공동투쟁과 통일투쟁에 기초하여 산업별 노조에 기초한 전국중앙조직으로 발전할 것이다. 또한 우리는 정권과 자본으로부터 자주성과 조합 내 민주주의를 강화하고 전체 노동조합운동의 통일 단결을 위해 매진할 것이며, 제 민주세력과 연대하여 정치세력화를 실현할 것이다.

자! 자본과 권력의 어떠한 탄압과 방해에도 굴하지 않고 전국민주노동조합총연맹의 깃발을 높이 들고 인간의 존엄성과 평등이 보장되는 통일조국, 민주사회 건설의 그날까지 힘차게 전진하자!

1995. 11. 11

(전국노동조합협의회 백서 발간위원회 노동운동역사자료실,
「노동자운동성명서/투쟁결의문⑵」, 『전노협백서』 13)

# 알맹이 없는 대화는 국민을 또다시 우롱하는 짓입니다[1]

**4단계 총파업 투쟁에 돌입하면서 민주노총 조합원 동지들께 드리는 글**

우리의 요구는 날치기 무효와 올바른 법 개정입니다.

자랑스런 민주노총 조합원 동지 여러분!

온 나라를 분노하게 만든 노동법, 안기부법 날치기 통과의 총책임자

---

1) 1996년 12월 26일 김영삼 정권은 신한국당을 앞세워 오후 2시에 개회하게 되어 있는 국회 본회의를 새벽 6시에 야당에게는 알리지도 않고 열어 개악된 노동법 및 안기부법을 단 7분 만에 날치기로 통과시켰다. 개악된 노동법의 내용을 보면, '노동자의 밥줄을 마음대로 자르는 정리해고제', '잔업수당을 안 주고 노동시간을 고무줄처럼 늘여서 부려먹는 변형근로시간제', '퇴직금을 없애서 노후에 빈 깡통 차게 만드는 퇴직금 중간 정산제(2000년 이후 입사하는 노동자들의 경우 아예 퇴직금을 없앰)', '파업하면 다른 부서 사람 또는 관리자를 투입하여 공장을 가동함으로써 파업하나 마나 하게 만드는 대체근로제', '쟁의기간 임금을 지급하지 못하게 하여 원천적으로 파업을 못하게 만드는 무노동 무임금제', '노동자가 서로 연대·단결하는 것을 가로막는 제3자 개입금지의 존속', '관제 어용노조만을 합법으로 인정하는 복수노조 금지제도의 존속' 등이었다. 이에 반대하여 민주노총은 즉각 26일부터 미리 예고한 대로 '노동악법의 전면적 재개정'을 위한 총파업투쟁에 돌입했다. 그리하여 총파업투쟁에 1997년 1월 20일 현재 52만 민주노총 조합원의 81%에 달하는 40여만 명의 노동자들이 참여했다.

인 김영삼 대통령이 오늘 여야 영수회담을 갖습니다. 일체의 대화를 거부한 채 새벽 날치기를 저지른 이후 득의만만한 얼굴로 경제를 살리기 위해서는 어쩔 수 없었다고 강변하던 정부 여당이 이제 와서 대화를 하겠다고 나섰습니다. 그러나 우리가 한 달 가까이 총파업투쟁을 벌여왔던 것은 결코 대화를 구걸하기 위한 것이 아니었습니다. 잘못된 법안의 무효와 전면 재개정이 우리의 요구입니다. 잘못된 것을 실질적으로 바로잡기 위한 노력이 아닌 상황의 일시적 호도를 위한 대화는 국민들을 또다시 우롱하는 것에 지나지 않습니다. 이미 신한국당은 TV 토론 문제를 가지고도 이랬다저랬다 하는 모습을 보여준 바 있습니다. 현재의 난국을 초래한 본질적인 원인인 날치기 악법의 전면 재개정이 없는 어떤 해결책도 우리는 받아들일 수 없음을 분명히 해야 할 것입니다.

투쟁이 없으면 재개정도 없습니다.

동지 여러분, 문민 독재자의 날치기에 맞선 우리의 총파업 투쟁이 한 달째 이르고 있습니다.

지난 해 12월 26일부터 시작된 우리의 투쟁에 어떤 형태라도 동참한 동지들의 수는 40만 명을 넘어섰습니다. 이는 52만 민주노총 식구들의 81%에 이르는 놀라운 파업 참가율로 세계 노동자운동사에 찬란한 기록으로 남을 것입니다.

민주노총은 지난 17일 전국의 주요 지도부들이 모인 가운데 4단계 투쟁 방향을 결정한 바 있습니다. '수요일 총파업과 토요일 대규모 집회', 그리고 구정이 지난 2월 18일 전면 총파업을 주요 내용으로 하는 4단계 총파업 투쟁계획은 우리의 싸움이 결코 여기서 멈출 수 없다는 의지의 표현입니다. 여야 대표의 청와대 회동도 의미는 있겠지만, 중요한 것은 민주노총이 참여한 가운데 대다수 국민들과 조합원들의 뜻을 겸허히 받아들여 실질적인 해결책이 마련되어야 한다는 것입니다. 이를 위해서도 우리의 투쟁을 멈춰서는 안 됩니다.

역사와 국민에 책임지는 투쟁을 합시다.

동지 여러분, 우리의 총파업투쟁에 대해 많은 국민들께서도 지지하고 계십니다. 이는 김영삼 정권의 날치기에 대한 분노뿐 아니라 통과된 법안 내용에 대한 비판이기도 합니다. 이와 함께 개혁의 후퇴, 정책의 난맥상에 따른 경제위기 등 현 정권의 총체적 무능에 대한 국민들의 분노와 비판이 우리의 총파업 투쟁에 지지와 성원을 보내주시는 배경입니다. 이처럼 우리에게 보내주시는 국민들의 높은 지지를 우리는 겸허한 자세로 받아들이고 있습니다. 우리 투쟁 속에는 역사와 국민에 대한 책임도 함께 한다는 사실을 무거운 마음으로 되새겨야 될 때입니다.

정부 여당은 잘못을 고칠 생각 없이 '네 탓' 타령입니다.

동지 여러분, 그럼에도 날치기 주범인 정부 여당에서는 전혀 변한 것이 없습니다. '노동법 내용이 잘못 알려졌으니 홍보를 강화하자', '시행령 몇 개를 고치면 문제가 해결된다'는 식의 엉뚱한 짓만 하고 있습니다. 그리고 더욱 가관인 것은 청와대의 지령 하나로 꼭두각시처럼 몇 차례 일어났다 앉았다 하고 난 후 승리를 구가하던 자들이 이제 서로 네 책임이다, 아니다 하면서 자중지란을 일으키고 있다는 점입니다.

비전 제시와 올바른 정책입안에는 지극히 무능한 현 정권이 노조 탄압에는 매우 교활하고 능숙합니다. 현 정권에 대한 국민들의 비판 여론이 비등해지자 마치 대화를 모색하는 척하면서 현장 지도부 7명을 구속하고 20명에 가까운 우리 동지들을 수배했습니다. 여론이 무서워 겉으로는 대화를 앞세우고, 실제로는 우리의 투쟁을 폭력적으로 탄압하고 있는 권력의 두 얼굴을 우리는 보고만 있지 않을 것입니다.

강력한 투쟁만이 잘못을 바로잡을 수 있습니다.

동지 여러분, 아직은 우리의 긴장을 풀 때가 결코 아닙니다. 왜냐하면 우리의 요구 가운데 어떤 것도 관철되지 않았기 때문입니다. 우리의 투쟁 대오를 더욱 강고하게 유지하여 이른바 '대화국면'의 여론 호도책이라는 덫에 걸리지 말고 진실로 대다수 국민들과 우리 민주노총 동지들의 뜻이 관철되도록 끝까지 싸워야 합니다.

아직 제대로 신년 인사도 드릴 기회가 없었던 자랑스런 우리 동지들께 오늘도 투쟁의 다짐으로 인사를 대신합니다. 동지들과 가정에 건강과 행복이 함께 하시기를 빕니다.

1997년 1월 21일

위원장 권영길

# 김영삼 정권에 보내는 공개장[1]

## 김영삼 정권은 '노동법·안기부법 개악을 무효화하라'는 총파업 노동자의 정당한 요구를 전폭 수용하라!

노동법·안기부법 날치기 개악이 무효임을 시인하라!

1997년 정축년 새해가 시작되었습니다.

그러나 이 땅의 1천 2백만 노동자와 4천만 민중들은 희망찬 기쁨으로 새해를 맞이하지 못하고 있습니다.

이는 그 무엇보다도 지난해 12월 26일 새벽 6시에 신한국당 의원들만으로 단 7분 만에 날치기 통과 처리한 노동법·안기부법 개악 때문입니다.

이는 절차상으로도 무효일 뿐 아니라 법안의 내용상으로도 헌법이 보장한 노동자·민중의 생존권과 기본권을 심각하게 유린하는 파쇼적인 것으로서 원천적으로 무효입니다.

따라서 김영삼 정권은 일말의 민주적 양식을 가지고 있다면 지금이라도 자신의 잘못을 시인하고 이 법안들이 무효임을 선언해야 합니다.

---

1) 1996년 12월 26일부터 시작된 '노동악법 전면 재개정'을 위한 총파업투쟁은 1997년 1월에 걸쳐 전국적·전산업적으로 전개되었다. 이렇게 되자 농민, 도시빈민, 학생 등의 민중과, 양심적인 교수, 변호사, 기자 그리고 불교, 가톨릭, 기독교 종교단체들도 노동자의 총파업투쟁을 지지하는 연대투쟁을 전개했다.

그렇지 않고 이 법안들이 유효하다고 우기면서 공포·시행하고자 한다면 노동자들의 엄청난 저항에 직면할 것은 물론이고, 4천만 민중의 거센 정권퇴진 투쟁을 맞게 될 것입니다.

우리 '총파업 노동자와 함께 하는 민중연대 투쟁위원회'는 노동자·민중형제들의 이 정당한 요구와 투쟁에 주저 없이 함께할 것입니다. 또 필요하다면 기꺼이 앞장설 것입니다.

신파쇼체제 구축 기도를 포기하라!

아울러 우리는 신(新)파쇼체제를 구축하려는 불순한 기도를 포기할 것을 요구합니다. 개혁을 한다고 하더니 참된 개혁이 아니라 거짓이 통하지 않으니까 시계바늘을 거꾸로 돌려서라도 정권을 계승 또는 계속하려 하고 있다는 것을 온 국민이 알고 있습니다. 도대체 신(新)자만 늘어놓는데 무엇이 새롭습니까? 신노동법이라는데 복수노조 금지, 제3자 개입 금지가 새롭습니까? 이런 것들은 구시대에 군사파쇼체제와 정권을 유지하기 위해 만들어낸 파쇼적 법·제도들이었습니다. 새로 도입된 것이라고는 또 모조리 나쁜 것들뿐입니다. 정리해고제니 변형근로시간제니 대체근로제니 하는 듣도 보도 못하던 몹쓸 것들뿐입니다. 신노사관계라는 것도 알고 보니 '유연화'라는 그럴듯한 이름으로 노동자에 대한 초과착취와 무단적 통제를 더욱 강화하는 몹쓸 것임이 만천하에 드러났습니다. 이제 노동자·민중은 더 이상 속지 않습니다. 더 이상 당하고만 있지도 않을 것입니다. 민주노총, 한국노총 할 것 없이 총파업으로 들고 나서는 것을 보십시오. 이 투쟁은 완강하게 지속될 것이고 더욱 확대될 것이며, 4천만 민중들의 강력한 연대투쟁으로 발전될 것입니다

이제 노동자·민중을 우롱하는 말장난은 그만 하라!

김영삼 대통령은 신년사에서 '온 국민의 단결과 화합'을 제창했습니

다. 노동자·민중으로 하여금 굴욕감에 치를 떨게끔 반민주 악법들을 날치기 통과해 놓고 누가 누구와 화합하고 단결하라는 것입니까? 노동자가 천민재벌과 단결하라는 것입니까? 신파쇼정권과 민중이 화합하라는 것입니까? 이는 우리 노동자·민중을 철저하게 우롱하는 언사가 아닐 수 없습니다. 이런 따위의 교언(巧言)을 늘어놓지 마십시오! 끓어오르는 분노에 부채질하고 타는 불에 기름을 붓는 짓을 그만하십시오!

차라리 '모든 지배세력은 단결하자', '모든 가진 자들은 화합하자'고 얘기하십시오.

노동자·민중의 준엄한 심판투쟁을 각오하라!

노동법·안기부법 날치기 개악에 대해 무효선언할 것을 강력히 촉구합니다. 그리고 신파쇼체제 구축 기도를 포기할 것을 거듭 촉구합니다. 이것은 이 나라를 위하는 일임과 동시에 정권으로서도 좋은 선택일 것입니다. 만약 그렇게 하지 않을 때 금년 1년 내내 신한국당 해체, 김영삼 정권퇴진을 요구하는 노동자·민중의 준엄한 심판투쟁을 면할 수 없을 것이며, 나아가 훗날 전두환·노태우 정권처럼 대접받게 될 것임을 명심하십시오.

1997. 1.

고문 : 계훈제, 강희남, 백기완, 권처홍, 이소선
대표위원 : 오세철, 김승호, 양연수, 이태교, 운정석, 이천재,
권오창, 강민조, 노수희, 정광훈, 진관, 안병욱, 김세균, 김영규,
정인숙, 유덕상, 이규제, 김명희, 김진숙, 성희직, 노회찬, 성두현,
박은태, 정인화, 최도은, 김봉태, 정명기, 지현찬

# 노사정 공동선언문1)

우리는 지난해 말 세계 11위의 경제대국에서 부도국가로 전락할

---

1) 박정희 정권 이후의 미·일 자본에 종속적인 재벌 중심의 독점자본 주의 경제정책의 누적된 구조적 모순을 그대로 이어받은 김영삼 정권 의 '세계화' 경제정책 등의 결과 1997년 후반기에 들어가서 외환과 금융 위기를 중심으로 하여 한국자본주의 경제가 총체적 파탄 상태에 빠지 게 되었다. 김영삼 정권은 위기에 빠진 한국자본주의 경제를 구하기 위 하여 미국 등의 자본이 주도하는 국제금융기구인 'IMF'에 한국경제를 내맡기게 되었다. 이것은 당시 세계자본주의 경제체제의 위계서열에서 하위에 있는 동아시아 국가들의 공통적인 식민지적 경제현상이었다. 이 러한 상황 속에서 1997년 12월 제15대 대통령으로 당선된 김대중은 'IMF' 가 원하는 대로 이른바 '노사정이 사회협약'을 이루면 위기에 빠진 한국 자본주의 경제를 되살릴 수 있다고 보고 1998년 1월 15일에 자본주의 국 가기구의 하나인 '노사정위원회'를 구성해 2월 6일에 '노사정 사회협약' 을 이끌어 내었다. 이 협약은 노사정이라는 각 경제주체의 고통분담이 라는 형식을 띠고 있지만 실제로는 국가권력과 자본이 노동자들의 일 부를 선별적으로 포섭하여 '노동귀족'으로 개량화하는 대신 '노사정 합 의'라는 '합법성'을 구실 삼아 대다수 노동자대중을 마음대로 억압하고 착취하겠다는 일종의 현대판 '노예계약'에 지나지 않는 것이다. 즉 '정리 해고제' '파견근로제' 등이 그것에 해당된다. 이제 국가와 자본은 자본축 적에 방해된다고 생각되면 언제든지 노동자대중을 해고하여도 노동자 들은 '합법적'으로 꼼짝할 수 없이 당하게 되었다. 이것은 1996년 12월 26 일에 신한국당이 날치기 통과시켰지만 노동자들의 총파업투쟁에 의해 저지되었던 노동악법의 한 부분이 1998년 2월 6일에 와서는 '민주노총' 의 개량주의 지도부 등에 의해 '합법화'된 것이기도 하다.

절체절명의 위기를 맞았습니다. 국민은 경제파탄으로 야기된 국난을 맞아 망연자실할 따름이었고, 묵묵히 땀 흘려 일해 온 근로자들은 깊은 절망에 빠져 있습니다.

그러나 우리는 좌절할 수만은 없었습니다. 나라가 벼랑 끝에 서게 된 원인을 찾아내고 위기를 극복하여 다시 한 번 도약하기 위해서는 각 경제주체들이 솔직하고 허심탄회한 토론과 고통분담의 결의를 해야 한다는 신념으로 지난 1월 15일 노사정위원회를 구성했습니다.

노사정위는 지난 1월 20일 각 경제주체가 공정한 고통분담을 통해 국가적 경제위기를 극복하겠다는 의지를 담아 1차 노사정 공동선언을 발표한 바 있습니다.

이후 수차례의 논의를 거쳐 현재의 위기가 결코 일시적인 외환위기가 아님에 공감하고 국가 전체에 걸친 신속하고도 근본적인 개혁을 단행하지 않고서는 도저히 극복할 수 없는 총체적인 위기라는 데 인식을 같이 했습니다.

이 과정에서 우리 노사정 대표들은 현재의 국가적 경제위기가 초래된 것이 각 경제주체들이 맡은 바의 역할과 도리를 다하지 못했기 때문이라는 책임을 통감했습니다.

특히 정부와 기업은 무엇보다도 스스로 책임과 역할을 다하지 못했음을 인정하고 위기극복에 솔선수범하겠다는 의지를 표명하였습니다.

우리는 그 동안의 논의를 통해 현재의 국가적 위기를 극복하기 위해서 노사정 간의 국민협약을 이끌어내 각 경제주체들이 공정하면서도 뼈를 깎는 고통분담을 통해 상호 협력하기로 결의하였습니다.

우리 노사정 대표들은 무엇보다도 근로자들에게 가중될 수밖에 없는 대량실업과 고물가, 체불임금 등에 주목하고 이에 대한 집중적 논의를 통해 대책을 마련했습니다.

특히 경제개혁 및 구조조정 과정에서 불가피하게 시행될 고용조정제도가 불러올지도 모르는 부작용을 막기 위해 종합적 실업대책을 수립·실천하고 무분별한 해고 등 부당노동행위를 방지하는 데 향후 정책역점을 두기로 합의하였습니다.

오늘의 이 노사정 공동선언은 단순한 선언이 아니라 강제가 아닌 타협, 지배가 아닌 공존의 이념이 살아 숨쉬는 새로운 역사 창조이며, 우리 역사상 최초의 자발적인 국민대통합 선언입니다.

노사정 세 주체의 살을 깎는 살신성인의 결단과 양보, 그리고 전례 없는 성실한 논의를 통해 국가위기 극복이라는 공동의 절박한 목표를 위해 고통분담을 통한 대타협에 도달했다는 것을 강조 드립니다. 아울러 이번 노사정 공동선언이 전 국민이 일치단결해 국가 재도약에 동참할 수 있는 결정적 계기가 되기를 기대합니다.

이번 노사정 공동선언과 국민대통합의 정신에 따라 노사정은 앞으로도 계속 우리나라 민주주의와 경제발전을 위해 긴밀히 협의·협조해나갈 것을 약속드리며, 다시 한 번 국민 여러분의 적극적인 동참, 그리고 지속적인 성원을 부탁드립니다.

1998. 2. 6.

노사정위원회 위원 일동

# 노사정 합의에 대한 선진 노동자들의 입장[1])

## 노사정 합의사항 전면무효화, 지도부 불신임, 총파업을 조직하자!

2월 9일 중앙위원회, 대의원 대회에 참석한 동지 여러분!

정권과 자본가들은 국가경제 위기라는 미명하에 노동자 민중의 생존권을 말살하려 하고 있습니다. 뿐만 아니라 자본가 자신들의 경제위기를 노동자계급에게 고스란히 떠넘기며 노동자 민중의 삶을 고통의 벼랑으로 떨어뜨리고 있습니다.

그것은 지난 2월 6일 새벽 노사정위원회에서 정리해고제, 근로자파견제 등을 합법화하는 것으로 나타났습니다. 이것은 다름 아니라 1천 2백만 노동자들을 비롯한 모든 민중들의 생존권을 말살하는 살생부로 규정할 수밖에 없습니다.

노동자 민중의 생존권은 그 어떤 상황에서도 협상의 흥정물이 될 수 없음에도 불구하고 민주노총의 지도부는 자본가들의 노동자 죽이기 작전에 편승해 자본가들과 이른 새벽에 두 손을 꼬옥 마주잡고 제2의 노동법 개악 날치기를 감행하였습니다.

---

1) 1998년 2월 6일의 이른바 '노사정 사회협약'이 발표되자 'IMF' 체제 이후 더욱 심해지는 노동강도의 강화, 삭감되는 임금, 언제 닥칠지 모르는 해고 위협 등을 몸으로 직접 겪고 있는 단위 사업장의 선진 노동자들은 '민주노총' 지도부의 '노사정위' 탈퇴를 주장하고 노동자 생존권 확보를 위해 총파업투쟁을 조직할 것을 요구했다.

민주노총 지도부의 이러한 행위는 60만 민주노총 조합원들의 자랑스러운 투쟁의 역사에 먹칠을 하고 조합원들의 머리 위에 올라앉아 자본과 정권에게 노동자 민중들의 생존권을 팔아 자신들만의 기득권을 인정받으려 구걸하는 반노동자적 작태입니다.

이에 '총파업조직을 위한 공동실천단'(전해투, 전국 현장조직 대표자회의)은 민주노총 지도부의 반노동자적 작태를 제2의 노동법 개악 날치기라 규정하고 강력히 규탄하면서 다음과 같은 요구사항을 전달합니다.


### <우리의 요구사항>

1. 98년 2월 6일 발표한 노사정 합의는 노동자 민중의 생존권을 압살하는 살생부이다. 즉각적으로 합의사항을 무효화하고 노사정위원회를 탈퇴할 것을 요구한다.

1. 정리해고제, 근로파견제 등 노동자 살생부를 합의해 준 민주노총 지도부는 책임을 지고 총사퇴할 것을 요구한다.

1. 노동자계급의 대의와 요구를 기치로 정리해고, 근로자파견법 반대, 노동자운동탄압분쇄, 해고노동자 전원 원직복직 등 노동자, 민중의 생존권을 사수하기 위한 총파업 투쟁을 비롯한 총력투쟁을 즉각적으로 조직할 것을 강력히 요구한다.

1. 지금은 노동자 민중의 생존권 사수를 위해 총력투쟁을 전개할 시기이다. 민주노총 임원선거를 무기한 연기하고 실천투쟁에서 검증된 지도부를 조합원 직선제로 선출할 것을 요구한다.

1998년 2월 9일

아시아자동차(현장추), 기아자동차(평등회), 현대자동차(민투위),
현대정공(동지회연합), 현대중공업(전노회), 한라중공업(민투위),
만도기계(현장모임), 전북익산 AP(현민연), 한국타이어(실노회),

대우캐리어(현장모임), 기아정기(노민추),
현대자동차 전주지부(노동에서 해방까지 투쟁하는 사람들),
이상 전국현장조직대표자회의, 전해투,
한라공조(현장조직준비모임)

# 노동자 민중의 생존권 보장! 정리해고·근로자파견제 분쇄! 고용안정 쟁취! 노동자 생존권 압살하는 사회적 합의 완전무효!¹⁾

일천만 노동형제 동지들께 호소 드립니다.

이 땅의 노동해방과 민중해방을 위해 오늘도 정권과 자본에 맞서 투쟁을 전개하시는 일천만 노동형제 동지들께 힘찬 연대투쟁의 인사드립니다. 저희들은 수도권 지역 20여 개 대학에서 정리해고 분쇄와 고용안정 쟁취, 민중생존권 사수를 위해 노동자 민중들과 연대투쟁하고자 하는 청년학생들입니다.

사회적 합의는 정권과 자본이 자신들의 위기를 타개하기 위한 세련된 술책일 뿐입니다!

정권과 자본은 현재 6·25 이후 최대의 위기라고 선전하면서 그 고통을 모조리 노동자 민중들에게 전가하고 있습니다. 그 선봉에 '정권교체'로 지배계급의 권력을 장악한 김대중 당선자가 있는 것입니다. 이번

---

1) 노동자 대중의 하나인 아버지와 형제, 친척 등의 해고와 실업사태를 눈으로 직접 보고, 나아가서 자본주의 사회가 지속되는 한 스스로도 멀지 않는 미래에 이와 같은 처지의 노동자가 될 수밖에 없는 현재의 학생대중도 1998년 2월 6일에 발표된 이른바 '노사정 사회협약'의 본질을 알게 되었다. 그리하여 그들도 '노사정 사회협약'의 완전 무효화, 노동자 민중의 생존권 보장, 정리해고 반대, 고용안정 등을 확보하기 위해서는 천만 노동자의 총파업투쟁과 노동자와 학생 등의 연대투쟁이 절실하다고 호소했다.

노사정 사회적 합의란 도대체 무엇입니까? 정권과 자본이 그 동안 허용해 오지 않던 기본적인 노동조합의 민주적 활동에 대해 선심을 쓰는 양 허용해주는 대신 그들이 위기에서 벗어날 수 있도록 '노동자의 목숨'을 달라는 것 아니었습니까? 설사 사회적 합의가 가능하다고 해도 그것은 노동자 민중의 아래로부터의 투쟁에 기반하여 그 힘으로 노동자의 정치적이고 사회적인 요구를 쟁취하는 것이 당연한 것입니다. 어떻게 노동자의 목숨과 몇 가지 시혜적 조치를 합의라는 이름하에 맞바꿀 수 있단 말입니까?

또다시 날치기를 당할 수 없습니다. 정리해고와 근로자파견제 법제화에 대해 결사투쟁을 벌어야 합니다.

지난 97년 노동자 총파업을 우리는 생생히 기억하고 있습니다. 아마 한 번쯤이라도 노동자의 권리와 민주적이고 진보적인 사회에 대해 생각한 사람이라면 총파업의 대열에 함께 했을 것입니다. 오늘 여기 계신 노동형제들 모두도 총파업 투쟁을 펼치면서 거리에서 목이 터져라 '정권퇴진'과 '노동악법 철폐'를 외쳤을 것입니다. 그런데 지금은 어떠합니까? 한번 싸워보지도 않고 김대중 당선자와 자본가들이 하는 대로 '정리해고'와 '근로자파견제' 등에 대해 앉아서 날치기를 당할 것입니까? 이번 노사정 사회적 합의가 모양만 바꾼 '노동법 개악 날치기'가 아니고 무엇이란 말입니까? 정권과 자본의 탄압이 세련되어졌다고 해서 노동자 민중의 생존권을 저들의 속에 넘겨줄 수는 없을 것입니다. 재벌을 비롯한 자본가들이 '뼈를 깎는 개혁'이라면서 엄살을 피우지만 그야말로 생사의 기로에 놓여 있는 노동자들의 처지에 비할 수 없습니다. 정리해고제와 근로자파견제를 막아내고 고용안정을 비롯한 노동자 민중의 생존권을 쟁취하기 위한 투쟁을 해야 합니다.

이미 노동자 민중들은 고통 받을 대로 고통 받고 있습니다!

신문을 한 번 펼쳐보십시오. 아니, 노동형제 동지 여러분들이 저희보다 더 뼈저리게 느끼고 계실 것입니다. 버스 값이 오르고 기름 값이 오르고 각종 물가는 천정부지(天井不知)로 오르고 있습니다. 그런데도 임금은 오르기는커녕 삭감되거나 동결되고 그나마 각종 수당이나 보너스도 지급되지 않고 있습니다. 자녀들의 교육비도 감당하지 못할 정도로 노동자 민중들의 삶이 급격히 추락하고 있는 것입니다. 저희 학생들도 마찬가지입니다. 주변에서 아버지가 해고된 친구들도 많이 있고 어머니들은 생활고에 시달리고 있어서 학교를 다닌다는 것 자체가 불효라고 하기도 합니다. 아기 분유 값을 대지 못해서 도둑질을 하는 가장, 빚을 갚지 못해 자살하는 사업자, 취직을 하지 못해 비관하여 스스로 목숨을 끊는 실업자 등등 이미 생존권의 문제를 넘어서 온 사회를 황폐하게 만들고 있습니다. 고용안정기금이 몇 조인들 현실적으로 노동자들이 얼마나 혜택을 받겠습니까? 허울좋게 실업대책이니 고용대책이니 하면서 거의 매일 정책을 발표하지만 눈 가리고 아웅 하는 격이지, 실제 노동자 민중들의 생존을 보장하지 못하는 것입니다.

정권과 자본은 어떠한 고통분담도 경제파탄 책임자 처벌도 하지 않고 있습니다!

현재의 경제파탄과 국가부도의 위기는 과연 누가 만들어낸 것입니까? 노동자 민중은 그저 묵묵히 일만 하였을 뿐입니다. 노동자가 언제 권력과 빌어 붙어 특혜를 받았습니까? 아니면 부실하고 무능한 금융을 초래하였습니까? 오직 노동자의 삶과 권리를 희생하여 재벌은 부를 축적해왔던 것입니다. 거기에다 부패한 정권은 재벌과 결탁하여 권력에 필요한 비자금을 제공받고 각종 혜택을 주고, 한편으로는 권리를 주장하는 노동자들을 억압하고 착취해왔을 뿐입니다. 그렇습니다. 경제파탄에 이르게 한 주범은 바로 정치권력과 재벌들 그리고 무능한 정부 관료들인 것입니다. 이들을 철저히 처벌하지도 않고 그저 말로만 경제청문회 하겠습니다 한들 면죄부를 주는 것밖에 되지 않을 것입니다. 당연히 고통분담을 이야기하기 이전에 경제파탄 책임자에 대해 철저한 처벌이 이루어져야 합니다. 문민정권의 경제책임자, 정권담당자, 보수정치권, 재벌총수 모두가 재판대에 올라야 합니다. 재벌총수는 그 책임을 지고 당연히 사퇴해야 할 것이며, 그 재산은 환수하여 노동자 민중의 생존권을 보장하는 사회적 비용으로 써야 할 것입니다. 그런데 지금은 정반대입니다. 김대중 당선자는 겉으로 '재벌구조개혁'을 외치지만 재벌들은 복지부동하고 있고, 커다란 선심을 쓰는 양 몇 푼 내놓고 있습니다. 오히려 경제위기를 이용해 부당한 차익을 챙기기에 급급한 가진 자들이 엄청나게 많은 실정입니다.

오늘, 대의원대회에서는 반드시 노사정 사회적 합의를 즉각적으로 무효화하고 총파업 투쟁을 결의해야 합니다!

실제로 이번 사회적 합의가 임시국회에서 그대로 입법화되리라는 것도 불확실합니다. 당장 한나라당에서는 노동조합의 민주적 활동과 관련하여 정치활동 허용이나 교원노조 허용 등에 대해 반대하고 있기 때문입니다. 그렇게 된다면 지난 총파업 당시처럼 여야 간의 밀실합의를 통해 다시금 합의사항이 후퇴할 것입니다. 또한 대통령 직속기구로 노사정협의회를 상설적으로 운영한다고 하는데, 지금의 '정리해고'와 '근로자파견제' 처리만을 보너라도 이 기구의 앞날이 얼마나 민중생존권을 압살하는 데 합법적 기구로 활용될지는 불을 보듯 뻔하다고 하겠습니다. 따라서 민주노총 지도부는 조합원들에게 이러한 합의에 대한 책임을 지고 각성하여 노사정 합의의 무효를 선언하고 정리해고와 고용안정 쟁취를 위한 총파업 투쟁을 조직하는 것에 총력을 기울여야 할 것입니다. 다시 한 번 말씀드리지만, 노동자 민중들의 투쟁으로 정권과 자본에 위협을 가할 수 있을 때에만 그들과의 협상력도 높아질 수 있습니다. 투쟁으로 노동자의 정치적 요구를 쟁취하지 않고 협상에만 기댄다면 노동자 민중의 삶을 보장할 수도 없거니와, 87년 이후 10년이 넘는 세월 동안 노동자 민중의 피와 땀으로 쌓아 올린 모든 권리들을 하나씩 내주게 될 것입니다. 바야흐로 민주노조운동은 정권과 자본의 하위 파트너로 편입되어 노동자 민중의 정치적 주체로서의 위치를 잃어버릴 것인가, 아니면 지속적으로 노동자 민중의 정치적 요구를 투쟁으로 조직화하여 정권과 자본에 맞서는 세력이 될 것인가 하는 기로에 서 있습니다. 우리가 지향해야 할 것은 당연히 후자이어야 할 것입니다.

노동 형제 동지 여러분! 10년 노동자 투쟁의 성패와 미래가 여러분에게 달려 있습니다.

지금 즉시 '노사정 사회적 합의'를 무효화하고 즉각적인 투쟁에 나서지 않는다면 노동자의 미래는 그야말로 벼랑 끝으로 떨어지게 될 것입니다. 10년 노동자 투쟁의 성과가 계승되느냐 사라지느냐 하는 중대한 기로인 것입니다. 87년 이후의 노동자 투쟁의 성과를 계속 이어나가면서 노동자 민중의 미래를 개척하지 않으면 안 될 것입니다. 사회적 합의 무효화, 정리해고 분쇄, 고용안정 쟁취, 경제위기 책임자 처벌로 정권과 자본의 신자유주의적 공세를 막아내는 것이 노동자 민중의 정치세력화를 위한 지금의 시급한 과제라 하겠습니다. 노동자 민중이 진군하는 투쟁의 길, 해방의 길에 저희 청년학생들도 힘차게 연대하겠습니다.

　－ 사회적 합의 완전 무효화! 노동자 민중의 생존권 쟁취를 위한

즉각적인 투쟁으로!

　ㅡ 정리해고제·근로자파견제 임시국회 법제화 결사반대!

　ㅡ 천만 노동자 총파업투쟁으로 정리해고 분쇄하고 고용안정 쟁취하자!

　ㅡ 노동자 청년학생 연대투쟁으로 정리해고 분쇄하고 고용안정 쟁취하자!

　ㅡ 어제는 대권놀음 오늘은 정리해고, 민중생존 탄압하는 김대중은 각성하라!

1998. 2. 9.

# 노사정위원회 재협상을 제안하며 국민여러분께 드리는 글-민주노총은 '진정한 재벌개혁'을 촉구합니다1)

존경하는 국민 여러분!

IMF 관리체제 아래서 오늘도 뼈를 깎는 고통 속에 하루하루를 보내고 계신 여러분께 위로의 말씀을 전합니다. 전국의 1천 3백만 봉급생활을 대표한 민주노총이 다시 한 번 국민 여러분의 이해와 지지를 간곡히 호소하고자 합니다.

민주노총 대의원대회는 '노사정협약안'을 부결시켰습니다.

민주노총은 지난 9일 임시대의원대회에서 열띤 논의를 거듭한 끝에 6일 새벽 노사정위원회에서 잠정 합의한 '경제위기 극복을 위한 사회협약안'을 받아들이지 않기로 결정했습니다. 무엇보다도 외환위기 극복을 위해 노심초사, 눈물겨운 내핍을 감당하고 계신 여러분께서는 저희의 이번 결정이 당혹스럽고 착잡하실 수도 있을 것입니다. 만약 그 같은 심려를 끼쳐드렸다면 민주노총은 진심으로 송구스럽게

---

1) 1998년 2월 6일 '노사정 사회협약'이 발표되자 민주노총은 그것의 찬반 여부를 결정하기 위해 9일에 민주노총 임시대의원 대회를 열었다. 그리하여 대의원 272명 중에서 67.6%인 184명은 '노사정위에서 합의한 정리해고 입법화는 노동자의 생존권을 박탈하고 현장 노조 지도부를 자르는 사용자의 칼이 될 것' 등을 이유로 들어 '노사정 사회협약'을 부결시켰다. 그리고 대의원들은 민주노총 지도부를 총사퇴시키고 민주노총 비상대책위원회를 결성하여 '노사정 사회협약'의 재협상과 '재벌구조 개혁' 등을 요구하기 위해서 총파업투쟁에 나서기로 결정했다.

생각합니다.

 '협약안'은 재벌개혁을 외면하고 국민의 생존권을 위협했습니다.

 그러나 국민 여러분! 이번 협약안은 노동자들로서는 도저히 받아들일 수 없는 내용이었습니다.

 무엇보다 시대적 과제인 재벌체제개혁과 관련해 지극히 미흡할 뿐아니라 오히려 뒷걸음질친 내용조차 포함되어 있습니다. 30대 재벌총수 퇴진과 사재 헌납을 통한 부채청산이라는 범국민적 여론이 반영되어 있지 않습니다. 또한 노동자대표가 참여하는 사외이사·감사제 등 경영의 민주화와 투명성 제고를 위한 조치가 빠져 있고, 노동조합의 경영참가법 제정도 외면했습니다. 이는 '협약안'이 국민의 한결같은 여망을 저버린 껍데기뿐인 '개혁안'임을 보여주고 있습니다. 나아가 상호지급보증 100% 초과에 대한 3~5% 범칙금리 적용을 삭제하고, 재벌체제를 더욱 공고히 하는 지주회사를 허용하는 등 재벌정책은 되레 더욱 후퇴한 실정입니다.

 언론보도를 통해 그 살인적 영향력이 충분히 확인된 정리해고제와 근로자파견제도 법제화하기로 하였습니다. 벌써부터 실직한 가장들의 비관자살이 잇따르고 있습니다. 족히 2~3백만 명이 실직하게 될 것이라는 IMF시대, 또 얼마나 많은 사람이 소중한 목숨을 스스로 버려야 합니까? 근로자파견제는 중간착취와 현대판 인신매매를 공인하는 반인륜적 제도일 뿐만 아니라 노동자의 일자리를 크게 위협해 생계를 벼랑으로 내몰 것입니다.

 그밖에 실업대책과 사회보장제도 등 협약안에 담긴 '개혁조치'의 많은 부분이 국민적 기대에 훨씬 못 미칩니다. 노조 전임자 임금지급, 필수공익사업장 문제 따위도 노동기본권을 위협하는 독소를 지니고 있습니다.

이 때문에 전체 노동자를 대표하는 민주노총은 성난 노동자와 국민들의 빗발치는 항의로 곤욕을 치렀고, 그 분노는 9일의 임시대의원대회까지 이어졌습니다. 결국 그 자리에 모인 대의원의 2/3 이상이 협약안을 결코 받아들일 수 없다고 결론을 내렸던 것입니다.

제대로 된 재벌개혁을 위해 노사정위원회 재협상을 요구합니다.

민주노총은 이에 조직의 민주적 절차에 따른 노동자들의 뜻을 겸허히 받아들여 노사정협약을 주도한 지도부가 총사퇴하고 비상대책위원회를 구성하였습니다. 민주노총은 이를 바탕으로 이미 확정된 의제를 놓고 재협상에 들어갈 것을 정부와 사용자 쪽에 요구합니다. 여기서 확인할 것은 지난 6일 새벽 발표된 '협약안'은 확정된 합의내용이 아니라 '잠정합의안'이었다는 사실입니다. 애초 예정됐던 9일 아침의 조인식이 민주노총 대의원대회 때문에 하루 연기됐다는 점도 이를 입증하고 있습니다.

국민 여러분!

민주노총은 노동자와 국민의 여망을 충실히 대변한다는 역사적 사명감으로 재협상에 임할 것입니다. 나라경제를 파탄시켜 온 재벌체제를 해체하기 위해 재벌총수의 경영일선 퇴진과 사재 헌납을 강력히 촉구할 것입니다. 또한 노동자와 온 국민의 삶을 벼랑 끝으로 내몰 정리해고제와 파견근로제를 막아낼 것입니다. 공무원과 교사의 단결권 보장 등 사회발전단계에 걸맞은 노동기본권을 확보하겠습니다. 이는 '경제와 민주주의의 병행발전'이라는 김대중 당선자의 약속과도 일맥상통하는 조치입니다.

민주노총은 그 동안 '재벌개혁' 이라는 시대적 과업에 저항하는 재벌들과 기득권세력에 맞서 재벌 해체의 최전선에서 싸워왔습니다. 이는 '정리해고가 도입돼야 외환위기를 벗어날 수 있다'는 정부와 언론의 일방적인 여론공세 속에서 이루어진 것입니다.

저희에게 희망과 힘을 불어넣어 주십시오.

민주노총의 이 같은 요구는 모든 봉급생활자의 생존이 달린 문제일 뿐 아니라 온 국민을 살리고, 재벌이 무너뜨린 이 나라를 일으켜 세우는 지름길입니다. 때문에 정부와 사용자 쪽은 저희의 재협상 요구를 흔쾌히 받아들여야 합니다. 만에 하나 재협상 요구가 거절되고, 정부와 국회를 통해 일방적으로 입법을 강행할 경우 저희는 최후의 저항무기인 총파업으로 맞설 수밖에 없습니다. 저희는 지난해 겨울, 여러분께서 보내주신 뜨거운 지지와 성원을 결코 잊지 않고 있습니다.

존경하는 국민 여러분!

경제위기의 원흉인 재벌체제를 해체하고 국민과 노동자의 생존권을 지키기 위한 저희 민주노총의 결연한 투쟁에 여러분의 변함없는 지지와 성원을 호소합니다. 감사합니다.

1998년 2월 11일

# ● 참고문헌

민족문화추진위, 『한국문집총간』

강덕상 편,『현대사 자료』29, みすず書房, 1972.

경성고등법원 검사국 사상부,『사상월보』 제3권 6호. 1933. 9. 15.

조선노동공제회,『공제』2, 1920. 10.

구로역사연구소, 『우리나라 메이데이의 역사』, 거름, 1991.

김삼웅 편, 『항일 민족선언』, 한국학술정보, 2004.

김삼웅 편, 『민족민주민중선언』, 한국학술정보, 2003.

김삼웅 편, 『서울의 봄 민주선언』, 한국학술정보, 2003.

김영진, 『충정작전과 광주항쟁』 하, 동광출판사, 1989.

김준엽 · 김창순 공저,『한국공산주의운동사』5, 청계연구소, 1986.

김준엽·김창순 편, 『한국공산주의운동사 자료집』 2, 고려대아세아문제연
　　구소, 1980.

노민영 엮음, 『잠들지 않는 남도』, 온누리, 1988.

단재신채호선생기념사업회 편, 『단재 신채호 전집』하, 형설출판사, 1975.

독립운동사편찬위원회, 『독립운동사자료집-의병항쟁사자료집』1~3집,
　　1970~1971

―――,『동아일보』, 1922. 7. 31~8. 3.

류승렬, 『뿌리깊은 한국사 샘이깊은 이야기』, 솔출판사, 2002

민주주의민족전선 편, 『조선해방년보』, 문우인서관, 1946.

민주화추진협의회, 『민추사』, 1988.

배성찬 편역, 『식민지시대 사회운동론 연구』, 돌베개, 1987.

부마민주항쟁기념사업회·부마민주항쟁 10주년기념사업회,『부마민주항
　　쟁 10주년기념자료집』, 1989.

―――,『불꽃』7, 1926. 9. 1.

심지연 편, 『해방정국 논쟁사』1, 한울, 1986.

심지연 편저,『조선혁명론연구』, 실천문학사, 1987.

아라리연구원 엮음, 『제주민중항쟁』2, 소나무, 1988.

역사문제연구소, 『역사비평』 15, 1991, 겨울호.

외솔회, 『나라사랑』 15, 녹두장군 전봉준 특집호, 1974

이재화, 『한국 근현대 민족해방운동사』, 백산서당, 1988.

─────,『전국노동자신문』, 1946. 11. 22.

전국노동조합협의회 백서발간위원회, 『기나긴 어둠을 찢어 벌리고)』 1, 책동무 논장, 2003.

전국노동조합협의회 백서발간위원회, 『노동자운동성명서 / 투쟁결의문 (2)』 13, 책동무 논장, 2003.

조선총독부 경무국 도서과,『원산 노동쟁의에 관한 신문논조』, 1930.

한국기독교사회문제연구원 편, 『'87 농촌사회사정』, 민중사, 1988.

# 작자별 찾아보기